U0444333

国家社科基金后期资助项目

清至民国婺源县村落契约文书辑录

Contracts and Other Documents in Wuyuan County:
Qing Dynasty and Beyond

壹

总目录

黄志繁　邵　鸿　彭志军　编

商务印书馆
2014 年·北京

图书在版编目(CIP)数据

清至民国婺源县村落契约文书辑录：全18册/黄志繁，邵鸿，彭志军编.—北京：商务印书馆，2014
ISBN 978-7-100-10895-9

Ⅰ.①清… Ⅱ.①黄…②邵…③彭… Ⅲ.①契约—文书—汇编—婺源县—清代～民国 Ⅳ.①D927.564.36

中国版本图书馆CIP数据核字(2014)第267298号

所有权利保留。
未经许可，不得以任何方式使用。

清至民国婺源县村落契约文书辑录
（全18册）
黄志繁　邵　鸿　彭志军　编

商　务　印　书　馆　出　版
（北京王府井大街36号　邮政编码100710）
商　务　印　书　馆　发　行
北　京　冠　中　印　刷　厂　印　刷
ISBN 978-7-100-10895-9

2014年12月第1版	开本 787×1092　1/16
2014年12月北京第1次印刷	印张 610¾

定价：4980.00元

国家社科基金后期资助项目
出版说明

后期资助项目是国家社科基金设立的一类重要项目,旨在鼓励广大社科研究者潜心治学,支持基础研究多出优秀成果。它是经过严格评审,从接近完成的科研成果中遴选立项的。为扩大后期资助项目的影响,更好地推动学术发展,促进成果转化,全国哲学社会科学规划办公室按照"统一设计、统一标识、统一版式、形成系列"的总体要求,组织出版国家社科基金后期资助项目成果。

全国哲学社会科学规划办公室

前　言

　　本书以保持历史文献的原始状态和更丰富的信息为原则处理清至民国婺源县村落文献资料，希望能为后来研究者提供一套具有较高史料价值的文书辑录。本书取名为"契约文书辑录"，是基于中国乡村社会一直有重大事项"空口无凭，立约为证"的传统以及我们所收集的婺源县民间文书也大多是以"契约"的形式出现这一事实的考虑；与此同时，为了尽全文献的系统性及丰富性，本辑录实际也对"契约"以外的婺源相关民间文书予以了充分的关照和整理。

　　"文公阙里"——婺源县，位于江西省东北边陲，地处赣浙皖三省交界、五县（市）接壤的山区，总面积2947.5平方公里。东邻浙江开化县，南接德兴县，西连景德镇市，北界安徽休宁县，西南与乐平县毗邻。婺源县地处黄山余脉环抱之中，受无数溪流的冲刷切割，峰峦叠秀，峡谷秀丽；境域略成椭圆形，地势由东北向西南徐徐倾斜，东北群峰屹立，巍峨挺拔，以鄣公山主峰擂鼓锋为最高，而西南则以绵亘的丘陵为主。境内涧水旧流，溪河纵横，除江湾水由休宁县溪西入境，鳙水东流汇入浙江省钱塘江外，余均发源于境东北和西北山地，弯弯曲曲汇流于境西南入乐安河，属饶河水系，乐安河上游。县境现辖11个镇、12个乡：包括有紫阳镇、清华镇、秋口镇、江湾镇、思口镇、中云镇、赋春镇、镇头镇、许村镇、太白镇、溪头乡、段莘乡、浙源乡、沱川乡、大鄣山乡、珍珠山乡，等等。

　　商周之时婺源属扬州之域，春秋属吴、越，秦属鄣郡。汉属丹阳郡歙县地。三国吴属新都休阳县地，晋属新安郡海阳县地。隋属歙州休宁县地。唐开元二十八年（740）析休宁之回玉乡和乐平之怀金乡置婺源县，治设清华，隶于歙州。天复元年（901）县治由清华移至弦高镇（今城关镇）。唐开元二十四年（736），洪真谋反，以休宁县回玉乡鸡笼山为营寨，聚众活动于歙、衢、睦边境之遂安、开化、休宁等县。朝廷发兵经三年讨平。为便于统治，唐开元二十八年（740），析休宁之回玉乡和乐平之怀金乡地，纵横二百余里置立婺源县，以"地当婺水之源"而名。唐置婺源县后，该县便基本属皖南徽州"一府六县"之一，隶于歙州，北宋宣和三年（1121）隶属徽州。元属徽州路，元贞元年（1295）升为婺源州；明属徽州府，洪武二年（1369）降州为县。清沿明制。直到1934年才从安徽划入江西，隶第五行政区。1947年划回安徽，隶第十行政区。1949年解放复又划归江西，隶乐平专区。1950年属浮梁专区。1952年起隶属上饶地区至今。

相当长一段时期以来，婺源县同徽州其他县份一样，是一个富含"契约理性"且很"敬惜字纸"的传统乡村社会，至今留下了丰富的徽州契约文书及各类相关民间文献，为明清中国研究奠定了一个很好的史料基础。

中国史学界关于契约的收集和整理，学术界的成果已经非常丰硕，且达到了很高的水准。从早期方豪先生对徽州民间文献的收集，到1980年代章有义、周绍泉等人对徽州契约文书的收集和整理，乃至后来叶显恩、张海鹏、周绍泉、栾成显、唐力行、王振忠、卞利等诸多著名学者对徽州文书的研究，徽州文献的史学价值早已为学界所认识。多年来，笔者一直致力于对婺源县村落文书的收集、整理。在整理过程中，笔者还利用这批丰富的民间文献撰成《晚清至民国徽州小农的生产与生活——对5本婺源县排日账的分析》、《清至民国徽州钱会性质、规制之演化——基于婺源村落文书"会书"、会契之考察》（待刊）、《"会"与小农资产运作》（待刊）、《从祭祀酬神到资产运作：徽州"神会"会产之处置——以清至民国婺源村落会契、分家书为例》（待刊），以及与人合撰《试论清代婺源土地的税租化——兼谈清代卖田契中的土地表述问题》等数篇文章。完稿之余，笔者深深感到：民间文献的收集整理固然能为学术研究提供路径，但长期以来，由于徽州文献不断地被发现和编纂成集，徽州丰富的文献早已脱离了乡村，成为堆积在图书馆的文献典藏；尤其是随着形式多样、资料价值极高的各类徽州文书被陆续发现，学者又习惯于将珍贵的徽州文书以高价购置，然后成为独门资料加以研究。出于这样的考虑，本成果致力于出版以婺源村落为单位收集婺源县的契约文书，主要是想在前辈学者对契约文书的收集和整理基础上，进一步强调"地点"对于文献的意义。实际上，只有清楚了文献的地点，文献才能回到具体的情景中得到更深刻的理解，与之相关的族谱、碑刻，乃至口碑等资料才可与契约文书构成一个乡村的地方文献系统。

概而言之，本资料辑录还体现了以下几个方面的特点：

1、以村落为单位，强调了地方文献的地点感。

徽州文书的丰富性无庸质疑，也正因为其文献的丰富，所以，徽州文书的收集和整理一直是史学界工作的重点。但随着大量学者和文物贩子进入徽州乡村购买文书，地方文献的系统性已遭破坏。这显然给未来进一步的深入研究带来不便，甚至是致命的缺陷。正是基于这种局面，徽学学者刘伯山提出对徽州文书进行"归户"整理的主张。目前学界普遍要求文献"归户"，但能够归户的文献可遇不可求，而村落则是一个比较适中的单位，而且，在中国聚族而居的聚落格局下，按照村落归属文献有时侯即等于按照家族归属文献，也具备某种"归户"的性质。因此，本书严格地按照文献收集地所在村落为单位辑录文献，强调文献的属地，比较具有可操作性；同时，本书还附有各村镇的介绍，以便读者较好地了解文书所在各村的基本情况。也正因此，本成果创造性地提出了"村落契约"一词，以村落为单位来收集地方文献，从而可以村名来明确文献的地点性。学界可通过本书提供的文献属地，结合其他已经公开的徽州文献，最大限度地完善契约文书的信息。

2、不限文献种类，尽量原生态地保持文献完整性。

本书辑录文献的唯一标准是地点，即文献全部源自某一村落、某一家族，而不管文献是何种类型、性质。所以，尽管就单张文献而言，本成果收集的文献可能不如以往公开的文献那么惊艳，但整体上看文献种类亦非常丰富，精彩纷呈，同时也通过这种"无选择"地辑录文献的方式最大限度地保留了文献的完整性和系统性。本书收集的文献契约较多，6000多份（套）文献中，契约达到3000余份（套），另外，纳税凭证、状词和帐本也有一定数量，其余文献则五花八门，充分体现了乡村社会生活的复杂性。就笔者所见，本成果中出现的文献种类有供词、招告、托书、合墨、包书、包封、戏文、托字、杂单、手绘地图、分单、证明、售货清单、保证书、符、当会契、修屋清单、聘礼、礼单、药引、婚约、拼批等。从这些不同类型的文书中，不难看出传统乡村社会生活的丰富性。

3、文献目录尽量细化，以便后来研究者查阅。

本书对所有文献均进行了详细的编目。编辑目录的出发点不是为了整理的方便，而是充分考虑到后来研究者的需要，使研究者能够通过目录迅速获取文献信息。本书每份文献的目录均尽量按"地点—时间—文书性质—人物—行为或内容"顺序标明，例如"段莘乡万担源1·光绪三年·断骨出卖田租契·詹接登断骨出卖与本家兆洵"。研究者一眼就能明白文书的内容，极大地方便了研究者。

4、某些村落文献数量多且集中，是不可多得的研究资料。

在本成果中，大部分村落的文献都在 30 张以上。大鄣山乡江村、沱川乡某村（村名不详）、清华镇施村、清华镇清华村、段莘乡大汜村、浙源乡浙源山坑等 6 个村落文献均达到了 200 份（套）以上，其中，浙源山坑村的文献 527 份（套），秋口镇水末村汪家 319 份（套）。古坦乡水岚村、大鄣山乡鄣山、溪头乡龙池坦、溪头乡朝阳圲村李家、秋口镇毕家坑、秋口镇长径村、秋口镇里源、秋口镇鸿源吴家、秋口镇金盘村、秋口镇岭溪村、秋口镇油岭村、江湾镇圲口村、江湾镇晓容村、江湾镇晓村、江湾镇钟吕村等 15 个村落文献均在 100 份（套）以上。一个村落有如此多而集中的文献，无疑为后来的研究者提供了坚实的资料基础。同时，从上述村落的名称中就可看出，许多村落文书也具备家族文书的性质。这本具备一定深度和广度的资料集的问世，希望对推动徽州社会经济史，乃至中国社会经济史的研究有所贡献。

5、本资料集所涉文献时间跨度长，从时间跨度上提供了具有连续性的乡村社会生活画卷。

本成果所收集文献虽然主体时间为清至民国，但时间上最早文献为弘治十年（1503），最晚为 1980 年代，时间跨度很长。因而，等于保留了一套从明代至 1980 年代的乡村社会生活画卷。本成果中有弘治十年（1503）留下来的简单族谱，得以让我们管窥明代家庭谱系状况；也有 1950 年抗美援朝时的"捐助证"，让我们看到当时人民对国家的坚定支持；颇有意思的是，我们还找到了一份 1950 年代的婚前夫妻合同，女方在结婚前对属于自己的财产进行了公证，从中可见婚前财产公证并不是现代的时髦产物，而是有着深刻的社会经济史根源；我们还看到了 1980 年代的卖地文书和 1985 年的分家文书；另外，由于目所收集的契约基本都具有连贯性，我们甚至能发现一个家族连续上百年的土地契约；等等。这些时间跨度很长的文献使我们得以从比较长的时间段了解乡村社会生活的实际状况，其学术价值是不言而喻的。

以上仅对本书所辑录的诸多"契约文书"的大致特点及分类原则作了简要的概括，至于更多有关婺源县村落民间文献丰富的内容及其所反映的复杂的社会状况，读者可以通过目录按图索骥，一一探寻各份文书所承载的历史记忆。总之，本书辑录的文献无论是数量还是种类都很多，细致的目录编目也将极大方便读者查阅，而文献"归户"的做法使文献归属地做到尽可能明确（尽管书中有些标注的村落名称只是来源于当地人们的口语化叫法，并未被典籍文献所载，我们暂无法对其村落做出进一步的背景介绍，但这样的名称依然为我们今后的确认和研究留下了线索）。在这样的考量之下，希望读者可借助于本书，从中获得更多的有关徽州社会经济史的历史信息。

  本书的出版首先得益于全国哲学社会科学规划办的资助，两位评阅专家亦提出了极富建设性的建议。本书的出版发行，也是对笔者十多年来坚持搜集地方文献的鼓励和肯定，愿本书的问世能够对社会经济史研究起到一定的推动作用。

凡　例

一、本书收录的文书从时间上说，绝大多数为清至民国时期，但考虑到历史的连续性及文书的学术价值，也收录了少量中华人民共和国初期的文书；从内容上说，绝大多数为契约，但也酌收少量与社会、经济生活密切相关的其他文书，如账册、贴式、家谱等。

二、本书以婺源县文书所在乡镇、村落为单位分类，文书完整的命名包括六个字段，依次为"乡镇—村落—编号—年代—文书性质—事件"，如"秋口镇鹤溪村6·道光二十年·断骨绝卖楼房屋地·俞鸣栢卖与李亲眷"，但有些文书信息不完整或字迹不清晰，故有所缺失；文书中若字迹残损或无法辨认，命名时，字数确定的用等量的"□"代替，不确定时用"☒"；若字迹尚可辨认，但不确定时，则在该字后以"（？）"示意。

三、在搜集的文书中，有些成捆或成套文书，涉及同一地点，或人物、事件之间关系密切，这些文书用一个命名，所含各单件文书则标以阿拉伯数字区分，如"秋口镇鹤溪30-1……"、"秋口镇鹤溪30-2……"；有时候一件文书纸张过大，扫描时要切割成几个图片，则以罗马数字区分，如"秋口镇水末［沬］村汪家235·康熙四十四年·结宗账单"由于太宽，从中间裁成两部分，分别命名为"秋口镇水末［沬］村汪家235-i·康熙四十四年·结宗账单（右半部分）"和"秋口镇水末［沬］村汪家235-ii·康熙四十四年·结宗账单（左半部分）"。

四、有些文书虽然同属一村，但收集的时间和批次不一，则分别制作目录，在村名后标注"A"、"B"、"C"等，以示区别。

五、文书村镇名后的数字（如1、2等）是依据文书收集的先后顺序而编定，表示该文书在该村文书中的序号，如"秋口镇东坑村2"，表明该文书在东坑村所有文书中序号为2。由于文书编号以收集的时间为依据，因此，文书编号的顺序与文书形成年代并不一致，但本书文书的编排又以文书形成年代为序，如"秋口镇江村余姓50"在"秋口镇江村余姓16"的前面;书中契约编号有断号现象,这是因为文献虽然已经收集,并已编号,但有的文书破损严重,难窥全貌;有的内容过于简单,价值不大,未予收录,如"秋口镇鹤溪村13"和"秋口镇鹤溪村21",中间的"14"至"20"共7件文书没有收录。

六、本书中所列乡镇名称均为婺源县现行乡镇名称,个别也可能涉及新中国成立后曾经使用过的公社或大队名称,尽量使文书上所写村镇名与现行村镇名相符合;现行村名与历史上的名称不一致时,历史村名在现行村名后以方括号加注,如"秋口镇水末[沫]村汪家"。凡地名后标有"村"字者,皆为自然村或行政村,若地名后没有标"村"字者,则为一自然聚落,可能为一个自然村,也可能代表若干个自然村的片村,这是为了尊重乡民约定俗成的称呼。

七、本书所收录的文书来自众多村落,书中对这些村落的背景情况作了简要的说明,但是,有些村落名称尚无法与相关文献记载对上号,这些村落后面标明存疑,以待日后确认修订。

八、本书收录的文书均出自黄志繁、邵鸿的个人收藏。

九、民间文书数量巨大,内容庞杂,作者水平有限,整理过程中难免有各种缺憾乃至谬误,敬请读者批评指正。

婺源各村镇简介

以下关于各乡、镇、村落概况的介绍多参考婺源县地名委员会办公室编《江西省婺源县地名志》（1985年版）及由程必定、汪建设等主编《徽州五千村（婺源县卷）》（合肥：黄山书社，2004年），特此说明。

秋口镇

秋口是婺源境内最大的镇，地处县东部低山丘陵地带，东邻江湾镇，南连西坑和武口邻近紫阳镇，西接思口，北与浙源、段莘接壤，东南毗邻德兴县，总面积225.52平方公里。该镇地势东南和北部较高，西南河中部偏低。境内地表水丰盈，段莘水由东部上新村入境，西流纳秋溪和词坑水，在王村与穿过境西南角的古坦水汇合注入武口茶场，东南部则有潋溪横贯。秋口地形属丘陵地带，平均海拔在100~150米之间，气候四季分明，降雨充沛。秋口镇驻地下街（位于城关镇北偏东18公里、词坑与段莘水汇合处，初名词坑口），南偏西距城关镇18公里。下辖白石、王村、鱼潭、秋口、黄源、李坑、占才、言坑、岭溪、官桥、秋溪、里源、词坑、梓槎、洙西等15个行政村和沙城洪社区居委会，有101个自然村。

东坑村

该村位于下街北偏西7.5公里的山坞内小坑（溪）东侧。清乾隆间（1736—1795），附近洙坦吴姓建村。

鹤溪村

该村位于下街南3公里的河东岸。以村后小山鹄立而名鹄川，后误为今名。

鹤溪村西南侧的万贯洲，南宋绍兴年间（1131—1162）民族英雄岳飞讨李成过婺源时屯兵扎寨于此。《俞氏世系谱》有载:唐景福间（892—893），附近长田俞姓建村。

上坞村

该村位于下街东偏南10公里的潋溪东岸山坞口处。北宋天圣、嘉祐间（1023—1063），邑内西坑俞家墓祠俞文献建村。

江村余姓

在下街北偏东15公里的溪曲。邑内理坑余姓建村，以鱼（余）水（江）相依之兆而名。

水末[沫]村汪家

在秋口西北部、梓槎村境内的山坞里，以该地水流湍急，浪溅瀑沫而名水沫，与洪、吴二姓于不同时间先后迁入于此，形成由洪、吴、汪三个自然村组成的片村，汪家是其中一个自然村。

毕家坑

该村位于下街东偏南12公里。南宋绍兴间（1131—1162），当地汪村坦（现已废）毕姓始居于山坞内的坑（溪）旁，取名毕家坑。数十年后，毕姓迁言坑，继有孙姓从附近孙家坞（已废）迁此，沿用原名。

长径村

该村位于婺源县东部五珠山南麓的小溪旁，距紫阳镇24公里。据县志所载南唐初，邑内仁洪程温隐居于此，以地当长而狭窄的道路旁而名。又据光绪《婺源县志》"程湘"条记载:唐乾符间（874—879），检校工部尚书程湘领兵镇婺，遂家焉……其孙温，字嗣恭，性耽图史，雅慕林泉，隐居长径，自附晋陶彭泽三径之致云。长径是婺源傩舞之乡，傩是驱鬼逐疫的一种祭仪，植根于古代原始宗教的巫文化之巫舞，意为"惊驱疫疠之魂"。长径的傩文化极具特色，傩班在跳傩前是走巷串户"追王"。家家户户放鞭炮，在八仙桌上摆好糕点，泡上幽香的"婺绿"茶，争相迎进"傩神"。乡间流行的傩舞剧目主要包括《开天辟地》、《后羿射日》、《太白金星下凡》、《和合舞》等28个。表演形式有独舞、双人舞和群舞，跳傩者为村里的青壮年汉子。据1993年新编《婺源县志》记载:傩舞"由明嘉靖间任陕西苑马寺卿的程文著（长径人）

从陕西引来，在长径、秋溪及附近一带流传。"但据前人考证，此说有误，其缘由为早在程文著于嘉靖四十一年（1562）中进士前，婺源早就有了跳傩的傩班的存在。休宁县茗洲村《吴氏宗谱》之《茗洲吴氏家记》云："正统十四年（1449），社中议，首春行傩人。婺源州香头角抵之戏，皆春秋社首酿米物，酬与诸行傩者，遂为例。"可知长径傩文化历史悠久。

里源

在秋口北部山区地带，下辖4个自然村，分别为里蕉、江村、坑头村、吴村等。各村分别由休宁县吴姓、邑内理坑余姓、邑内清华胡姓和休宁县吴姓建村。辖区建国前夕属庆源乡第七保，1949年属沱东区庆源乡，1950年隶三区析置里源乡，1952年改属一区，1956年并属庆源乡；1958年属段莘公社，沿用原乡名成立里源大队，1961年改属大汜公社，1963年复属段莘公社，1965年划属秋口公社，1968年改称曙光大队，1972年恢复今名。

港头村方家

港头村含上港头、下港头两个自然村，在秋口东北部、秋溪境内。明万历年间（1573—1620），邑内清华方坑（已废）方姓建村于山间溪（港）水源头，初名港头，后理坑余姓建居溪下游，称下港头，故此地改为上港头。港头方家即指上港头之地。

鸿源吴家（因无载籍，暂存疑。）

金盘村

该村在下街南偏西6公里的河东土岗下。明初，休宁县五城何姓始居，以村前有水碓取名碓村；至清朝初年，至金姓迁入后以村基似圆盘而改今名。

坑头村胡家

该村位于下街南偏西14公里处。邑内清华胡姓建村于山坞内的坑（溪）水源头，已超53代。

里蕉村

原里源大队驻地，下街南偏西14公里处。原以坞内多为薪炭林而称蕉源，后改名里蕉。据《吴氏宗谱》所载，该村为休宁县金竹吴姓建村，至今已超过45代。

岭溪村

西北距下街9公里，宋绍兴年间（1131—1162）邑内岩前戴姓建村在潋溪北侧山腰，以宅基形似莲花故称莲溪，后改迁长子岭下溪边，故改为今名。

沙城洪

由洪、俞、李姓三个自然村共同组成沙城片村之一，各姓分别建村在原拟筑城的沙滩上，故名沙城。在下街东1公里的河南岸土岗上。北宋末年，邑内段莘官坑洪敏建村于沙城俞村东侧，故名。1965年改称反帝，1969年恢复今名。

沙城江氏（因无载籍，暂存疑。）

沙城俞氏

原秋口大队驻地，位于西距下街0.5公里。俞姓与洪、李姓一起，由各姓建立的三个自然村共同组成沙城片村，各姓分别建村在原拟筑城的沙滩上，故名沙城，沙城俞即其中之一。据《俞氏支谱》记载：北宋天圣年间（1023—1032），当地长田（已废）俞姓建村。

油岭村

位于豸山尖南侧岭下，西北距下街14公里，以"山川秀丽绿油然"取名。根据《俞氏宗谱》所记载：北宋康定辛巳年（1041），邑内水养崛（今西坑）俞兴山建村。

仔槎村陈家

原仔槎大队驻地，在梓木成林的小溪岔（误作槎）口处，故名。南偏西东距下街8公里。附近长径程姓建村，已超过37代。

吴家

在下街北偏西10.5公里的山坞中。明初，当地里蕉吴姓建村。

江湾镇

江湾镇是婺源著名特产"江湾雪梨"的产地，位于县境东部，东邻大畈、晓鳙，南界德兴县占才之地，西连秋口镇，北靠段莘、溪头乡，总面积约156平方公里。该镇地势东、南、北三面高，为峰峦连绵的山区。主要河流江湾水由大畈公社灌注东向西流；段莘水在上坦入境，北往南流，两水于汪口汇合西流入秋口公社，南部则有潋溪流过。江湾镇西偏南距城关镇36公里，古为通徽州府陆路要冲，为婺东农村集镇，聚落沿婺休公路南侧呈曲尺状分布，是明代学者江旭奇（著有《尚书传翼》、《考经疏义》、《学诗略》、《通纪集要》等64卷录入《四库全书》），清代著名经学家、音韵学家江永故里。境内湖山有春秋吴王太子鸿墓和江永墓；汪口村西侧有由江永设计的"曲尺碣"，东北有岳飞为遥望敌人旌旗、燧烟示警的"烟楼峰"。境内江湾村位于婺源县境东部、江湾水下游梨园河的一个河湾处，唐初，有滕、叶、鲍姓等云集河湾聚居，因名"云湾"。北宋元丰二年（1079），萧江八世祖江敌由附近旃坑迁此，后子孙繁衍成巨族，易村名云湾为江湾，江湾镇亦以江湾村名名之。江湾村处于群山环抱的河谷地带，梨园河由东而西呈"S"形经村南侧流过。村落坐北朝南，背靠后龙山，前临梨园河。自古以来，江湾就是婺东至徽州府城与浙江衢州的通衢，现在仍为黄山市屯溪的交通要道，原村头亭内的楹联"赴省出休，大路进源登五岭；通衢到浙，长河直上往三浯"可以证佐。

圲口村（因无载籍，暂存疑。）

金田村

在原晓鳙公社西北部，栗木坑大队境内的山坞里。含上、下金田2个自然村，习惯统称金田。休宁县南田黄田姓始居。

洪坦村

以驻地洪村和辖区内茅坦村各一字定名。在公社中部的河谷地带，共9个自然村，分别为洪村、茅坦、深渡、江庄、油榨、汪家、龙宅、岭北、龙田等。其中，洪村古称鸿川，在段莘水西岸的小丘上，东偏南距江湾6公里，据《洪氏宗谱》记载：当地中平洪姓建村；茅坦位于段莘水河曲南岸，东偏南离江湾6公里，当地洪村洪姓建村于茅坦草地上。建国前夕洪坦辖区属荷田乡第六保和汪口乡第五保。1949年隶江湾区荷田乡，1950年改属二区，1956年划属汪口乡；1950年置洪村大队时隶汪口公社，1959年改属江湾公社，1961年复属汪口公社，1963年重属江湾公社，1983年更名为洪坦大队。

篁岭村

篁岭大队驻地。篁岭大队在原晓鳙公社中部山区。有3个自然村，篁岭即其中之一。篁岭大队辖区建国前夕属江湾乡第九保。1949年属江湾区大源乡，1950年改属二区晓鳙乡；1958年属晓鳙公社晓鳙大队，1960年划属江湾公社，1961年复属晓鳙公社，1962年成立篁岭大队，1968年划归江湾公社并入晓鳙大队，1972年重属晓鳙公社。篁岭村在栗木坑南偏东3.5公里的山岭旁。据县志所载："其地多竹，大者径尺，因名。"邻村晓鳙曹姓建村。

岭背村汪家

洪坦片村境内一自然村，乐平县洪家岭（早废）洪姓建村于山岭背后的小丘上，东离江湾7公里。汪家当为后来迁入之姓。

下坦村

位于南偏东距江湾7公里。歙县篁墩陈炳宜建村，已超过34代。村处河畔两块毗邻的平坦之下（南）块，因名。

荷田村

荷田村是为荷田大队驻地，亦称荷源，在江湾西偏北10公里的山下。唐代末年，开化县塘头方姓在田畈中建村，初名下田。后以田植荷极盛，改为今称。

晓容村（因无载籍，暂存疑。）

大潋村

原晓鳙公社境内大潋村，是大潋大队驻地。大潋大队在晓鳙西南部，石耳山西北部谷地中，2个自然村；辖区建国前夕属江湾乡第八保，1949年属江湾区大源乡，1950年改属二区晓鳙乡；1958年立大潋大队，1960年划属江湾公社，1961年复属晓鳙公社，1968年并入江湾公社占坑大队，1972年恢复为晓鳙公社大潋大队。大潋村即属大潋大队，该村在栗木坑南偏西13公里的山谷中。取苏轼《饮湖上初晴后雨》诗："水光潋滟晴方好，山色空蒙雨亦奇。"名潋川，又称大潋。南宋初，邑内段莘西安詹姓建村。

胡溪村（因无载籍，暂存疑。）

下金田

晓鳙公社（曾属江湾）境内下金田村，在栗木坑北1公里的山坞内。清初，邻村金田黄姓迁其村小溪下游建居，故名。

下晓起村汪姓

亦称下晓川，原晓起大队驻地。大队境内下晓起村以汪姓建村，故称下晓起村汪姓。该村在婺源县东部、江湾西北5公里的溪、河汇合口处。唐乾符年间（874—879），歙县篁墩汪万武始居，以逃乱至此天刚破晓启明而名晓起。后洪姓建村于溪流上游取名上晓起，此地遂改称今名。又据《晓川汪氏宗谱》（抄本）记载：始祖思胜公，为歙州衙前兵马使、婺源镇都虞侯汪道安十五世孙，于南宋绍兴年间由休宁深渠迁此建居。下晓起村南侧是海拔133米的小山包，山上长满了郁郁葱葱的古树，把这座叫"塔岭"的小山包遮盖得严严实实。林中青石步阶是北至休宁、南至婺源县城的要道。由塔岭下行约50米，就是村落。村落的房屋处在青石护岸的溪流北岸，临溪有石阶下到水边。村落由两条东西向主巷和数条南北向小巷分割成若干小方块组成。村中自古多茶商，民国《婺源县志》载有"业茶武昌"的汪执中、"与叔业茶"的汪春高、"以业茶小康"的汪智炎、"经商武汉"的汪承显、"业茶于浙"的汪承修以及"服贾汉皋"的汪智烈，等等。其中，最为著名者为汪晋和，幼承先人茶业，艰苦经营，累资巨万，并在屯溪创立"林茂昌"茶号，经营业务为屯溪之最。村中古屋多属茶商宅居，均为2~3层，建筑型制较一般，突出点是大门门楼的砖雕非常精致。

晓村（因无载籍，暂存疑。）

晓起岭下村

东南距江湾7公里，邑内太子桥周奇山徙此山岭下芦竹丛生的小溪旁。初名芦溪，后荷田筑岭通此地，村在岭脚，遂改称今名。

中[钟]吕村

在原钟吕大队境内。钟吕大队在江湾南部的山间，境内的钟吕村是为钟吕大队驻地，在江湾南偏西7.5公里的河曲。相传汉钟离、吕洞宾常经此地，故有"钟吕仙乡"之称。当地古汀俞姓徙此，至今已超过44代。

段莘乡

段莘位于县东北部的边缘山区，东邻溪头，南连江湾、秋口，西与浙源接壤，北界安徽休宁县，总面积约 171 平方公里。境内群山绵亘，峰峦叠嶂，地势北高南低，东北隅赣、皖边界上的五龙山主峰为最高点，海拔 1468.5 米；最低在南部的九都溪柄村附近，海拔 114 米。元至正间（1341—1368），境内阆山曾创办"阆山书院"，清光绪间（1875—1908）还设有"东山学社"等，境内原段莘村，为明南京兵部尚书汪应蛟、汪应蛟裔孙清代著名学者汪绂故里。

万担源

位于双峰尖（笔架尖）南麓，北偏东离中村 5 公里。清初，邻村东山詹姓建村。相传村人的辛勤劳动感动了"五谷神"，有一年，村口一丘稻田收割时，头天收完第二天又长满，连复几天共收割到稻谷万担，故名。

官坑村

段莘林场所在地，在中村北 6 公里的方小山北麓。据县志所载：宣歙观察使洪经纶与子全游，于唐建中（780—783）后，从黄石隐居此两小坑（溪）汇合口，为表敬慕之意，故名。

六坑

在原金坑大队境内，金坑大队在段莘中部的段莘水库沿岸。该村在中村东南 2 公里，段莘水库旁的土丘上。原村前小坑（溪）塝用石块垒成，俗称垒坑。因方言"垒"、"罗"谐音，误为罗坑。南宋中叶，当地坞头上村王宗头建村。

大汜村

在原大汜大队境内，大汜村即大队驻地。大汜村亦称汜川，在中村南偏西 10 公里的山下小溪旁。当地余村庙（早废）余姓建村，已超过 35 代。以村头有大石桥（古时"汜"、"圯"有混用，作"桥"解）而名。

裔村

在原裔村大队境内，裔村即为裔村大队驻地。该村在大余山南麓的小溪西侧。南偏西距中村 9 公里。叶姓始居名叶村，唐代末年休宁县回岭汪姓迁入，以处婺源边陲改称"裔村"。

阆山村

在原阆山大队境内。阆山大队驻地王家村，由辖区内阆山片村——包括王家、布源、坦里、外山 4 个自然村和碎石坞、新寺等六个自然村组成。境内阆山片村自然村之王家村是为阆山大队驻地，在中村东偏南15公里的山坳上，清代康熙年间（1662—1722）由附近李家山汪姓建村，后有曹姓迁入；阆山片村自然村之二布源，在形如布袋的山湾内，称布袋湾，雅称布源，西偏北离中村16.5公里，清康熙年间（1662—1722）当地汪溪汪姓建村；阆山片村自然村之三坦里，由当地洋边方文意建村，位于中村东偏南15公里的山坳里，故名；而阆山片村自然村之四外山，则在阆山片村外围的山岗上，西偏北距中村15公里，清代康熙年间（1662—1722）当地仰坦源（早废）汪天楠建村。

大秋岭村

在中村南16公里的山岭上，以山势秋秋跄跄、腾骧磊落而名。明末当地庆源詹姓建村。

东山村

在原东石大队境内，为大队驻地。该村在中村南偏西5公里的山峡中。明初，当地江村江姓建村，继有邑内庐坑詹姓迁入，系引《诗·豳风》篇名"东山"而名。

沅头村胡家（因无载籍，暂存疑。）

大鄣山乡

在县境北部的边缘山区，以鄣公山而名。东邻沱川，南接清华，西连古坦，北以鄣公山脊与安徽休宁县为界，面积约92平方公里。地处鄣公山南部，山地约占总面积的90%。境内地势北高南低，境北鄣公山之巅擂鼓峰为婺源"屋脊"，海拔1629.9米；最低点在南部的吾村附近，海拔约107米。源出鄣公山诸峰的洪源、考源、白石源水纵贯境内，注入由水路村西入境的古坦水，蜿蜒南流经吾村出境。历史上的鄣山是长期闭塞的边缘山区，交通不便，现有清华——古坦公路经过。鄣公山上景色秀丽，云海蔚为奇观，飞瀑势若悬河，既是风景胜地，又是皖赣两省的战略要地。西汉间，张公隐此采药炼丹数十年；后来，有新安谢姓迁此建居，形成村落；继而又有沱川余姓迁入合居；最后迁入的是种龙下汪姓，时为明万历年间。

鄣山村

在原鄣山大队境内，地处鄣山公社北部，北邻安徽休宁县，含里村、外村2自然村，在鄣山北部，以余姓、汪姓建村于鄣公山上得名，是著名的鄣山云雾茶产地。大鄣山，雄踞于婺源县境北百二十里，《山海经》称之为"三天子都"。弘治《徽州府志》、民国《婺源县志》载：一名"率山"。俗名"张公山"，以昔有张公修炼于此而名，亦称"鄣公山"。鄣山村位于大鄣山主峰擂鼓尖南坡，聚落位于海拔920米的山坳里，宅居呈条带状沿鄣溪水两侧分布。物产以"大鄣山茶"著称，该茶不仅以"香高、汤碧、味厚、汁浓"的独特品味历代列为贡品，而且获中国各种茶类重大奖项。鄣山峰挂百练，由于大鄣山群峰林立，接落雨水面积大，一旦遇到暴雨，则飞泉流泻，泉瀑或以磅礴飞势引人入胜，或因水花细溅令人赞美。

通元观村

俗称通元村，在横龙岗东麓的山谷中，始建于北宋仁宗时期（1023—1063）。据《汪氏宗谱·灵岩续修统宗正脉序》所载："公道公由大畈畲田而迁灵岩，唐越国公讳华之二十一世孙也……公少孤，及长，好仙术。壮岁，以道者游遍江淮诸名山，茫然无得，及游婺北灵岩四洞，乐山川灵异，多仙踪迹，仿若方壶，虽蓬莱不是过也，因挈家居焉，是为灵岩始祖。里中向有通元道观，始自唐开成间，真人郑全福创建修真处也。"可见早在汪公道未建村之前，其地就有通元道观，汪氏来此建居时，遂以"通元观"为村名，并沿用至今。宋庆元元年（1195），通元观由道士程弥远重建后，规模再次扩大，直至明朝末年遭火毁后，道观始衰败。境内灵岩洞群闻名遐迩，早在唐宋时，灵岩洞群就是"景绝尘寰"的游览胜地，南宋《方舆胜览》有记。

江村

西偏南距车田村1.5公里。据《平阳郡汪氏宗谱》记载：明初，邑内槎口汪舍音建村，以村处河曲，如江中水榭而名。

车田村

鄣山公社、车田大队驻地。在城关镇北偏西40公里的山区河曲。据《洪氏通宗谱》记载：唐代，洪延寿从歙县篁墩迁此，以处荆棘丛生的土墩上取名黄荆墩。后以地接通、洪两源，二水环绕，村基似车轮，沿溪多田畴而改称车田，又称轮溪。

总 目 录[*]

壹 总目录

贰 秋口镇（一）

东坑村·鹤溪村·江村余姓·水末[沫]村汪家·长径村（1）·················· 1 / 1

叁 秋口镇（二）

长径村（2）·里源·毕家坑·港头村方家 ·································· 29 / 641

肆 秋口镇（三）

鸿源吴家·金盘村·坑头村胡家·里蕉村·岭溪村 ······················ 53 / 1205

伍 秋口镇（四）

岭溪村戴家·沙城洪·沙城江氏·沙城俞氏 ······························ 81 / 1865

陆 秋口镇（五）

油岭村·仔槎村陈家·吴家 ·· 99 / 2363

柒 江湾镇（一）

圩口村 ·· 121 / 2961

捌 江湾镇（二）

金田村·洪坦村·篁岭村·岭背村汪家·下坦村 ······················ 143 / 3419

玖 江湾镇（三）

荷田村·晓容村·大潋村·胡溪村·下金田·下晓起 村汪姓 ············ 163 / 3893

---

[*] 为方便查阅，这里每个分册后面有两个表示页码的数字，前一个是目录册的起始页码，后一个是正文的起始页码。

拾　江湾镇（四）

晓村·晓起岭下村·中[钟]吕村（1） ················· 185 / 4413

拾壹　江湾镇（五）

中[钟]吕村（2） ················· 215 / 5023

拾贰　段莘乡（一）

金万担源·宧坑·六坑·大汜村（1） ················· 247 / 5645

拾叁　段莘乡（二）

大汜村（2） ················· 263 / 6035

拾肆　段莘乡（三）

裔村·大秋岭村·阆山村 ················· 283 / 6657

拾伍　段莘乡（四）

东山村·官坑村·沅头村胡家 ················· 305 / 7189

拾陆　大鄣山乡（一）

鄣山·鄣山村·鄣山通元村 ················· 323 / 7707

拾柒　大鄣山乡（二）

江村（1） ················· 339 / 8047

拾捌　大鄣山乡（三）

江村（2）·车田村 ················· 367 / 8667

分册目录

贰 秋口镇（一）

东坑村·鹤溪村·江村余姓·水末[沫]村汪家·长径村（1）

秋口镇东坑村 1—17 3
 秋口镇东坑村 2·嘉庆元年·杜绝卖断骨地契·汪永和卖与人骖 3
 秋口镇东坑村 8·咸丰元年·议墨·汪天长同兄弟
  天仁、天福、天禧、天寿等 4
 秋口镇东坑村 12·光绪二年·出典屋批·方明点典与游柏达 5
 秋口镇东坑村 9·光绪十六年·出典楼屋批·游百林典与汪樟州 6
 秋口镇东坑村 14·光绪十六年·出典楼屋批·方阿叶氏好桂典与
  眷边汪樟州 7
 秋口镇东坑村 16·光绪二十六年·出典埂地批·王大应典与
  眷边汪祖发 8
 秋口镇东坑村 3·民国十五年·出允议屋字·吴有娥出允与侄万高寿 ... 9
 秋口镇东坑村 4·民国十九年·允议字·方庆功植下裔孙方官清等 ... 10
 秋口镇东坑村 15·民国二十一年·出典楼屋字·邹荣森典与
  义父汪荣田 11
 秋口镇东坑村 17·民国二十八年·出典田皮批·方金田典与
  眷边汪荣田 12
 秋口镇东坑村 5·民国三十二年·出典田皮批·方人寿典与汪春福 ... 13
 秋口镇东坑村 7·民国三十二年·出典茶子字·方高荣典与汪春发 ... 14
 秋口镇东坑村 13·民国三十二年·出典田皮批·方人寿典与汪春福 ... 15
 秋口镇东坑村 6·民国三十三年·议墨·联济公裔孙汪克强、
  联泗公裔孙汪敦仁、联汝公裔孙汪待清等 16
 秋口镇东坑村 11·议墨合同·汪天长公裔孙汪荣田天等 17

秋口镇鹤溪村 1—30 ··· 18
 秋口镇鹤溪村 26·乾隆三十八年·断骨出卖基地并浮屋契·
  伯元松卖与堂侄□ ·· 18
 秋口镇鹤溪村 27·乾隆四十年·契尾 ·· 19
 秋口镇鹤溪村 18·乾隆四十六年·断骨出卖园地契·起晋卖与仁熙 ······ 20
 秋口镇鹤溪村 8·道光九年·断骨出卖坦契·俞茂青卖与房侄□ ············ 21
 秋口镇鹤溪村 9·道光十二年·断骨出卖茶丛地契·何兴顺卖与
  亲眷李 ··· 22
 秋口镇鹤溪村 6·道光二十年·断骨绝卖楼房屋地契·俞鸣栢卖与
  李亲眷 ··· 23
 秋口镇鹤溪村 13·道光二十七年·断骨出卖坦地契·俞万贵卖与
  李亲眷 ··· 24
 秋口镇鹤溪村 21·道光二十七年·断骨出卖坦皮茶丛契·俞万贵卖与
  李亲眷 ··· 25
 秋口镇鹤溪村 3·道光二十八年·断骨出卖坦契·俞成连卖与
  程接桂 ··· 26
 秋口镇鹤溪村 2·道光二十九年·断骨出卖茶丛地契·
  何成保同弟再保、取保卖与李亲眷 ··· 27
 秋口镇鹤溪村 4·咸丰二年·断骨出卖找价屋地契·俞汝春、
  俞发祥等卖与李理源 ··· 28
 秋口镇鹤溪村 16·咸丰四年·断骨出卖坦契·俞益全卖与□ ···················· 29
 秋口镇鹤溪村 19·咸丰四年·断骨出俵坦皮契·俞德培断骨出俵与
  李亲眷 ··· 30
 秋口镇鹤溪村 22·咸丰四年·推单·振耀户推与成立户 ·························· 31
 秋口镇鹤溪村 1·咸丰十年·断骨出卖正租佃租契·朱德明卖与
  李理源 ··· 32
 秋口镇鹤溪村 5·咸丰十年·断骨出卖坦契·朱兆新同弟福新等卖与
  李亲眷理源 ·· 33
 秋口镇鹤溪村 12·咸丰十年·断骨出卖田租坦租并坦皮契·俞德培卖与
  李亲眷理源 ·· 34
 秋口镇鹤溪村 25·咸丰十年·推单·万根户付与成立户 ·························· 35
 秋口镇鹤溪村 20·咸丰十一年·出典屋契·俞植槐典与俞志姐 ··············· 36

秋口镇鹤溪村 30-1 · 同治元年 · 税粮实征册 · 绪德户 ·················· 37
秋口镇鹤溪村 30-2 · 同治元年 · 税粮实征册 · 绪德户 ·················· 38
秋口镇鹤溪村 30-3 · 同治元年 · 税粮实征册 · 绪德户 ·················· 39
秋口镇鹤溪村 30-4 · 同治元年 · 税粮实征册 · 绪德户 ·················· 40
秋口镇鹤溪村 23 · 同治三年 · 具状词 · ☐告俞焕森 ·················· 41
秋口镇鹤溪村 11 · 同治四年 · 断骨出卖基地契 · 俞均和卖与李理源 ····· 42
秋口镇鹤溪村 17 · 同治五年 · 劝议墨 · 李信行、俞平书等 ············ 43
秋口镇鹤溪村 10 · 同治九年 · 断骨出卖坦契 · 俞关发卖与李理源 ······· 44
秋口镇鹤溪村 29-1 · 光绪六年 · 税粮实征册 · 绪德户 ·················· 45
秋口镇鹤溪村 29-2 · 光绪六年 · 税粮实征册 · 绪德户 ·················· 46
秋口镇鹤溪村 29-3 · 光绪六年 · 税粮实征册 · 绪德户 ·················· 47
秋口镇鹤溪村 29-4 · 光绪六年 · 税粮实征册 · 绪德户 ·················· 48
秋口镇鹤溪村 29-5 · 光绪六年 · 税粮实征册 · 绪德户 ·················· 49
秋口镇鹤溪村 29-6 · 光绪六年 · 税粮实征册 · 绪德户 ·················· 50
秋口镇鹤溪村 29-7 · 光绪六年 · 税粮实征册 · 绪德户 ·················· 51
秋口镇鹤溪村 7 · 光绪二十一年 · 断骨出卖坦契 · 李连喜卖与俞灶德 ··· 52
秋口镇鹤溪村 15 · 光绪二十二年 · 断骨出卖田、坦租契 ·
　朱东贵同弟毓苏、泮深卖与丁丑会 ································· 53
秋口镇鹤溪村 14 · 宣统三年 · 断骨出卖早佃皮契 · 李连喜卖与
　朱亮明 ··· 54
秋口镇鹤溪村 24 · 具投状 · 张俞氏告☐ ································ 55
秋口镇鹤溪村 28-1 · 税粮实征册 · 成立户 ···························· 56
秋口镇鹤溪村 28-2 · 税粮实征册 · 成立户 ···························· 57
秋口镇鹤溪村 28-3 · 税粮实征册 · 成立户 ···························· 58
秋口镇鹤溪村 28-4 · 税粮实征册 · 成立户 ···························· 59
秋口镇鹤溪村 28-5 · 税粮实征册 · 成立户 ···························· 60
秋口镇鹤溪村 28-6 · 同治元年 · 推单 · 五都四图五甲振衢、美太户推入
　绪德户 ··· 61
秋口镇鹤溪村 28-7 · 道光十二年 · 税粮实征册 · 江兴户推入☐ ········ 62

秋口镇江村余姓 1—68 ··· 63
　秋口镇江村余姓 4-1 · 乾隆四十四年 · 税粮实征册 · 余庆元户 ······· 63

秋口镇江村余姓4–2·乾隆四十四年·税粮实征册·余庆元户……64
秋口镇江村余姓4–3·乾隆四十四年·税粮实征册·余庆元户……65
秋口镇江村余姓4–4·乾隆四十四年·税粮实征册·余庆元户……66
秋口镇江村余姓4–5·乾隆四十四年·税粮实征册·余庆元户……67
秋口镇江村余姓4–6·乾隆四十四年·税粮实征册·余庆元户……68
秋口镇江村余姓4–7·乾隆四十四年·税粮实征册·余庆元户……69
秋口镇江村余姓4–8·乾隆四十四年·税粮实征册·余庆元户……70
秋口镇江村余姓4–9·乾隆四十四年·税粮实征册·余庆元户……71
秋口镇江村余姓4–10·乾隆四十四年·税粮实征册·余庆元户……72
秋口镇江村余姓4–11·乾隆四十四年·税粮实征册·余庆元户……73
秋口镇江村余姓4–12·乾隆四十四年·税粮实征册·余庆元户……74
秋口镇江村余姓4–13·乾隆四十四年·税粮实征册·余庆元户……75
秋口镇江村余姓4–14·乾隆四十四年·税粮实征册·余庆元户……76
秋口镇江村余姓4–15·乾隆四十四年·税粮实征册·余庆元户……77
秋口镇江村余姓62·道光十年·出卖田皮并骨租契·吴垂喜卖与囗福兄……78
秋口镇江村余姓66·道光十年·出断俵田皮约·吴礼焘俵与
　余秀川兄……79
秋口镇江村余姓52·道光十九年·断骨出卖田皮契·余永英卖与
　房侄广英……80
秋口镇江村余姓1–1·咸丰五年·税粮实征册·新贵户……81
秋口镇江村余姓1–2·咸丰五年·税粮实征册·新贵户……82
秋口镇江村余姓1–3·咸丰五年·税粮实征册·新贵户……83
秋口镇江村余姓1–4·咸丰五年·税粮实征册·新贵户……84
秋口镇江村余姓1–5·咸丰五年·税粮实征册·新贵户……85
秋口镇江村余姓53·咸丰十年·出卖田皮并骨租契·余初喜卖与
　余福兴……86
秋口镇江村余姓56·同治元年·断骨出卖骨租契·吴宇时、
　吴礼炜卖与余来喜兄……87
秋口镇江村余姓59·同治十三年·断骨出卖田租契·吴兆喜、
　吴发丁卖与余广英……88
秋口镇江村余姓63·同治十三年·断骨出卖佃约·吴兆喜卖与
　余广英兄……89

秋口镇江村余姓67·光绪二十三年·断骨出卖田皮契约·余灶春卖与春旺公 …… 90

秋口镇江村余姓68·宣统元年·断骨出卖茶丛契·余门洪氏根姜卖与本家焕耀侄 …… 91

秋口镇江村余姓10·民国四年·纳米执照·新贵 …… 92

秋口镇江村余姓12·民国六年·纳米执照·新贵 …… 93

秋口镇江村余姓57·民国十年·断骨出卖田皮茶丛地培契·余文杰卖与族叔炳槐 …… 94

秋口镇江村余姓8·民国十三年·纳米执照·新贵 …… 95

秋口镇江村余姓6·民国十四年·纳米执照·新贵 …… 96

秋口镇江村余姓9·民国十六年·纳米执照·新贵 …… 97

秋口镇江村余姓58·民国十八年·出当骨租税契·吴桂茂当与余焕荣兄 …… 98

秋口镇江村余姓7·民国二十年·纳米执照·新贵 …… 99

秋口镇江村余姓11·民国二十一年·纳米执照·新贵 …… 100

秋口镇江村余姓14·民国二十三年·田赋串票·新贵 …… 101

秋口镇江村余姓2-1·民国二十四年·税粮实征册·庆元户 …… 102

秋口镇江村余姓2-2·民国二十四年·税粮实征册·庆元户 …… 103

秋口镇江村余姓2-3·民国二十四年·税粮实征册·庆元户 …… 104

秋口镇江村余姓2-4·民国二十四年·税粮实征册·庆元户 …… 105

秋口镇江村余姓2-5·民国二十四年·税粮实征册·庆元户 …… 106

秋口镇江村余姓3-1·民国二十四年·税粮实征册·新生发兴户 …… 107

秋口镇江村余姓3-2·民国二十四年·税粮实征册·新生发兴户 …… 108

秋口镇江村余姓3-3·民国二十四年·税粮实征册·新生发兴户 …… 109

秋口镇江村余姓3-4·民国二十四年·税粮实征册·新生发兴户 …… 110

秋口镇江村余姓3-5·民国二十四年·税粮实征册·新生发兴户 …… 111

秋口镇江村余姓5·民国二十五年·纳米执照·新贵 …… 112

秋口镇江村余姓13·民国二十六年·纳米执照·新贵 …… 113

秋口镇江村余姓15·民国二十八年·罚金收据·春旺 …… 114

秋口镇江村余姓44·一九五〇年·通知·吴锦澎 …… 115

秋口镇江村余姓54·一九五〇年·断骨出卖山皮契·余天成卖与余盛泉弟 …… 116

秋口镇江村余姓 43·一九五一年·通知·吴锦澎 ……………………… 117
秋口镇江村余姓 17·一九五三年·农业税收据·余盛全 …………… 118
秋口镇江村余姓 50·一九五四年·调解书·余洪泉、余盛泉 ……… 119
秋口镇江村余姓 16·政府批复·江村村长 …………………………… 120
秋口镇江村余姓 18·山林看评表·余盛全 …………………………… 121
秋口镇江村余姓 19·收条 ……………………………………………… 122
秋口镇江村余姓 33·税粮实征册·新生耀新户 ……………………… 123
秋口镇江村余姓 34·税粮实征册·新生耀新户 ……………………… 124
秋口镇江村余姓 35·慰问信·致民工 ………………………………… 125
秋口镇江村余姓 36·账单 ……………………………………………… 126
秋口镇江村余姓 37·账单 ……………………………………………… 127
秋口镇江村余姓 38·杂文 ……………………………………………… 128
秋口镇江村余姓 39·账单 ……………………………………………… 129
秋口镇江村余姓 40·致军工家属慰问信·吴锦澎 …………………… 130
秋口镇江村余姓 41·账单 ……………………………………………… 131
秋口镇江村余姓 45·流水账 …………………………………………… 132
秋口镇江村余姓 46·流水账 …………………………………………… 133
秋口镇江村余姓 47·通知·吴锦澎 …………………………………… 134
秋口镇江村余姓 48·通知·汪荣盛 …………………………………… 135
秋口镇江村余姓 49·流水账 …………………………………………… 136
秋口镇江村余姓 51·流水账 …………………………………………… 137
秋口镇江村余姓 60-1·账单 …………………………………………… 138
秋口镇江村余姓 60-2·账单 …………………………………………… 139
秋口镇江村余姓 64·账单 ……………………………………………… 140
秋口镇江村余姓 65·杂文 ……………………………………………… 141

秋口镇水末[沫]村汪家 1—319 …………………………………… 142
秋口镇水末[沫]村汪家 294·顺治十二年·断骨卖房屋契·汪道璋
　卖与房弟道璇 ………………………………………………………… 142
秋口镇水末[沫]村汪家 173·康熙二十七年·典租约·洪起社当到汪□ …… 143
秋口镇水末[沫]村汪家 233·康熙二十八年·坟地记载 …………… 144
秋口镇水末[沫]村汪家 258·康熙二十八年·卖断骨房屋契·汪起林卖与
　房兄□ ………………………………………………………………… 145

秋口镇水末[沫]村汪家291·康熙三十一年·断骨卖山契·汪起华卖与起福兄弟 …… 146

秋口镇水末[沫]村汪家11-1·康熙三十二年·税粮实征册·汪添进户 …… 147

秋口镇水末[沫]村汪家11-2·康熙三十二年·税粮实征册·汪添进户 …… 148

秋口镇水末[沫]村汪家11-3·康熙三十二年·税粮实征册·汪添进户 …… 149

秋口镇水末[沫]村汪家11-4·康熙三十二年·税粮实征册·汪添进户 …… 150

秋口镇水末[沫]村汪家10-1·康熙三十五年·税粮实征册·汪添进户 …… 151

秋口镇水末[沫]村汪家10-2·康熙三十五年·税粮实征册·汪添进户 …… 152

秋口镇水末[沫]村汪家10-3·康熙三十五年·税粮实征册·汪添进户 …… 153

秋口镇水末[沫]村汪家10-4·康熙三十五年·税粮实征册·汪添进户 …… 154

秋口镇水末[沫]村汪家10-5·康熙三十五年·税粮实征册·汪添进户 …… 155

秋口镇水末[沫]村汪家10-6·康熙三十五年·税粮实征册·汪添进户 …… 156

秋口镇水末[沫]村汪家10-7·康熙三十五年·税粮实征册·汪添进户 …… 157

秋口镇水末[沫]村汪家10-8·康熙三十五年·税粮实征册·汪添进户 …… 158

秋口镇水末[沫]村汪家10-9·康熙三十五年·税粮实征册·汪添进户 …… 159

秋口镇水末[沫]村汪家10-10·康熙三十五年·税粮实征册·汪添进户 …… 160

秋口镇水末[沫]村汪家10-11·康熙三十五年·税粮实征册·汪添进户 …… 161

秋口镇水末[沫]村汪家170·康熙三十九年·推单·王羽次弟侄永锡弟侄卖与汪☐ …… 162

秋口镇水末[沫]村汪家156·康熙四十年·推单·汪起初付与本户查收 …… 163

秋口镇水末[沫]村汪家150·康熙四十一年·推单·汪起初付与房弟起新 …… 164

秋口镇水末[沫]村汪家181·康熙四十一年·出佃佃皮约·汪起初佃与汪起禄 …… 165

秋口镇水末[沫]村汪家175·康熙四十三年·推单·汪起初付与本户 …… 166

秋口镇水末[沫]村汪家235-i·康熙四十四年·结宗账单（右半部分）…… 167

秋口镇水末[沫]村汪家235-ii·康熙四十四年·结宗账单（左半部分）…… 168

秋口镇水末[沫]村汪家142·康熙四十五年·推单·王子烈同侄宗文付与亲眷汪☐ …… 169

7

秋口镇水末[沫]村汪家176·康熙四十七年·出俵田皮约·
洪起龙俵与房兄□ ……………………………………………… 170

秋口镇水末[沫]村汪家257·康熙四十七年·议墨·程志仁、
田锡等 ………………………………………………………… 171

秋口镇水末[沫]村汪家314·康熙四十八年·断骨卖田契·
汪学三卖与亲眷吴□ …………………………………………… 172

秋口镇水末[沫]村汪家272·康熙四十九年·断骨卖山契·
汪德高卖与房叔禄祈 …………………………………………… 173

秋口镇水末[沫]村汪家179·康熙五十年·断骨出卖芋头田契·
汪起初卖与房弟□ ……………………………………………… 174

秋口镇水末[沫]村汪家193·康熙五十年·字据·汪于盘 …… 175

秋口镇水末[沫]村汪家299·康熙五十年·断骨卖山契·
胡文江卖与亲眷汪□ …………………………………………… 176

秋口镇水末[沫]村汪家154·康熙五十一年·推单·汪于盘付与
宗兄汪□ ………………………………………………………… 177

秋口镇水末[沫]村汪家161·康熙五十一年·推单·汪金兴付与
俞□ ……………………………………………………………… 178

秋口镇水末[沫]村汪家167·康熙五十三年·字据·汪起祐 … 179

秋口镇水末[沫]村汪家239·康熙五十三年·具状词·汪福美
抱投枝孙起祈 …………………………………………………… 180

秋口镇水末[沫]村汪家255·康熙五十三年·字据·汪起祐 … 181

秋口镇水末[沫]村汪家195·康熙五十四年·字据·汪于盘卖与
宗兄□ …………………………………………………………… 182

秋口镇水末[沫]村汪家8-1·康熙五十五年·税粮实征册·
汪添进户 ………………………………………………………… 183

秋口镇水末[沫]村汪家8-2·康熙五十五年·税粮实征册·
汪添进户 ………………………………………………………… 184

秋口镇水末[沫]村汪家8-3·康熙五十五年·税粮实征册·
汪添进户 ………………………………………………………… 185

秋口镇水末[沫]村汪家8-4·康熙五十五年·税粮实征册·
汪添进户 ………………………………………………………… 186

秋口镇水末[沫]村汪家8-5·康熙五十五年·税粮实征册·
汪添进户 ………………………………………………………… 187

秋口镇水末[沬]村汪家8-6·康熙五十五年·税粮实征册·
汪添进户 ………………………………………………………… 188

秋口镇水末[沬]村汪家8-7·康熙五十五年·税粮实征册·
汪添进户 ………………………………………………………… 189

秋口镇水末[沬]村汪家298·康熙五十六年·断骨卖山契·
汪德高卖与禄叔辉弟 …………………………………………… 190

秋口镇水末[沬]村汪家186·康熙五十八年·字据·汪起福 ……… 191

秋口镇水末[沬]村汪家160·雍正二年·借田约·胡良玉借到汪囗 …… 192

秋口镇水末[沬]村汪家226·雍正四年·合同·汪宗达公枝孙人等 …… 193

秋口镇水末[沬]村汪家199·雍正五年·议墨·程灿若、王仲理、
吴圣友、汪子宜等 ……………………………………………… 194

秋口镇水末[沬]村汪家208·雍正五年·钱款往来记录·汪德辉 …… 195

秋口镇水末[沬]村汪家219·雍正五年·议墨·程灿若、王仲理、
吴圣友、汪子宜等 ……………………………………………… 196

秋口镇水末[沬]村汪家310·乾隆元年·喜帖·朱惟龙同妻韩氏 …… 197

秋口镇水末[沬]村汪家165·乾隆二年·包约·程振堂、振飞、
振都等包到亲眷汪姓囗 ………………………………………… 198

秋口镇水末[沬]村汪家282·乾隆二年·出当田租契·汪德沧当与
房兄囗 …………………………………………………………… 199

秋口镇水末[沬]村汪家289·乾隆二年·断骨卖田契·汪德仑卖与
房兄囗 …………………………………………………………… 200

秋口镇水末[沬]村汪家305·乾隆五年·断骨出俵田皮约·光添
出俵与房叔囗 …………………………………………………… 201

秋口镇水末[沬]村汪家1-1·乾隆六年·税粮实征册·汪德鸿户 …… 202

秋口镇水末[沬]村汪家1-2·乾隆六年·税粮实征册·汪德鸿户 …… 203

秋口镇水末[沬]村汪家1-3·乾隆六年·税粮实征册·汪德鸿户 …… 204

秋口镇水末[沬]村汪家1-4·乾隆六年·税粮实征册·汪德鸿户 …… 205

秋口镇水末[沬]村汪家1-5·乾隆六年·税粮实征册·汪德鸿户 …… 206

秋口镇水末[沬]村汪家1-6·乾隆六年·税粮实征册·汪德鸿户 …… 207

秋口镇水末[沬]村汪家1-7·乾隆六年·税粮实征册·汪德鸿户 …… 208

秋口镇水末[沬]村汪家1-8·乾隆六年·税粮实征册·汪德鸿户 …… 209

秋口镇水末[沬]村汪家1-9·乾隆六年·税粮实征册·汪德鸿户 …… 210

秋口镇水末[沫]村汪家1-10·乾隆六年·税粮实征册·汪德鸿户……211
秋口镇水末[沫]村汪家277·乾隆七年·断骨卖田契·程尚义枝孙程茂廉、茂彰、光添、光钏等卖与亲眷汪☐……212
秋口镇水末[沫]村汪家280·乾隆七年·断骨卖田契·汪德岚卖与房兄☐……213
秋口镇水末[沫]村汪家225·乾隆八年·欠约·汪光文、光武、光汉欠孙公清明……214
秋口镇水末[沫]村汪家6-1·乾隆十一年·税粮实征册·汪德辉户……215
秋口镇水末[沫]村汪家6-2·乾隆十一年·税粮实征册·汪德辉户……216
秋口镇水末[沫]村汪家6-3·乾隆十一年·税粮实征册·汪德辉户……217
秋口镇水末[沫]村汪家6-4·乾隆十一年·税粮实征册·汪德辉户……218
秋口镇水末[沫]村汪家6-5·乾隆十一年·税粮实征册·汪德辉户……219
秋口镇水末[沫]村汪家6-6·乾隆十一年·税粮实征册·汪德辉户……220
秋口镇水末[沫]村汪家6-7·乾隆十一年·税粮实征册·汪德辉户……221
秋口镇水末[沫]村汪家6-8·乾隆十一年·税粮实征册·汪德辉户……222
秋口镇水末[沫]村汪家6-9·乾隆十一年·税粮实征册·汪德辉户……223
秋口镇水末[沫]村汪家12-1·乾隆十一年·税粮实征册·汪德辉户……224
秋口镇水末[沫]村汪家12-2·乾隆十一年·税粮实征册·汪德辉户……225
秋口镇水末[沫]村汪家12-3·乾隆十一年·税粮实征册·汪德辉户……226
秋口镇水末[沫]村汪家12-4·乾隆十一年·税粮实征册·汪德辉户……227
秋口镇水末[沫]村汪家12-5·乾隆十一年·税粮实征册·汪德辉户……228
秋口镇水末[沫]村汪家12-6·乾隆十一年·税粮实征册·汪德辉户……229
秋口镇水末[沫]村汪家12-7·乾隆十一年·税粮实征册·汪德辉户……230
秋口镇水末[沫]村汪家12-8·乾隆十一年·税粮实征册·汪德辉户……231
秋口镇水末[沫]村汪家12-9·乾隆十一年·税粮实征册·汪德辉户……232
秋口镇水末[沫]村汪家12-10·乾隆十一年·税粮实征册·汪德辉户……233
秋口镇水末[沫]村汪家12-11·乾隆十一年·税粮实征册·汪德辉户……234
秋口镇水末[沫]村汪家13-1·乾隆十一年·税粮实征册·汪起禄户……235
秋口镇水末[沫]村汪家13-2·乾隆十一年·税粮实征册·汪起禄户……236
秋口镇水末[沫]村汪家13-3·乾隆十一年·税粮实征册·汪起禄户……237
秋口镇水末[沫]村汪家13-4·乾隆十一年·税粮实征册·汪起禄户……238
秋口镇水末[沫]村汪家13-5·乾隆十一年·税粮实征册·汪起禄户……239

秋口镇水末[沫]村汪家13-6·乾隆十一年·税粮实征册·汪起禄户……240
秋口镇水末[沫]村汪家13-7·乾隆十一年·税粮实征册·汪起禄户……241
秋口镇水末[沫]村汪家306·乾隆十一年·断骨卖田契·汪阿查
　同男汪光案卖与房伯囗…………………………………………242
秋口镇水末[沫]村汪家295·乾隆十二年·断骨卖竹园山契·
　汪光添卖与房兄光朗……………………………………………243
秋口镇水末[沫]村汪家259·乾隆十三年·断骨卖田契·汪林修
　卖与亲叔囗………………………………………………………244
秋口镇水末[沫]村汪家285·乾隆十七年·断骨卖田契·汪光藕
　兄弟等卖与房伯囗………………………………………………245
秋口镇水末[沫]村汪家189·乾隆十八年·出当房屋契·汪光焕当与
　房伯囗……………………………………………………………246
秋口镇水末[沫]村汪家254·乾隆十八年·遗字·汪德辉…………247
秋口镇水末[沫]村汪家215·乾隆十九年·杂文·汪德辉…………248
秋口镇水末[沫]村汪家318·乾隆二十二年·断骨绝卖田契·
　汪光葱卖与亲眷王囗……………………………………………249
秋口镇水末[沫]村汪家237·乾隆二十三年·议墨·汪德振、
　德鸿等……………………………………………………………250
秋口镇水末[沫]村汪家296·乾隆二十三年·断骨出卖屋地基契
　（含上手契）·汪光添卖与房叔囗………………………………251
秋口镇水末[沫]村汪家309·乾隆二十三年·领回继子字约·
　汪光英……………………………………………………………252
秋口镇水末[沫]村汪家157·乾隆二十五年·断骨出卖猪栏约·
　汪光英卖与房叔…………………………………………………253
秋口镇水末[沫]村汪家5-1·乾隆二十六年·税粮实征册·汪德辉户……254
秋口镇水末[沫]村汪家5-2·乾隆二十六年·税粮实征册·汪德辉户……255
秋口镇水末[沫]村汪家5-3·乾隆二十六年·税粮实征册·汪德辉户……256
秋口镇水末[沫]村汪家5-4·乾隆二十六年·税粮实征册·汪德辉户……257
秋口镇水末[沫]村汪家5-5·乾隆二十六年·税粮实征册·汪德辉户……258
秋口镇水末[沫]村汪家5-6·乾隆二十六年·税粮实征册·汪德辉户……259
秋口镇水末[沫]村汪家5-7·乾隆二十六年·税粮实征册·汪德辉户……260
秋口镇水末[沫]村汪家5-8·乾隆二十六年·税粮实征册·汪德辉户……261

秋口镇水末[沬]村汪家5–9·乾隆二十六年·税粮实征册·汪德辉户……262
秋口镇水末[沬]村汪家5–10·乾隆二十六年·税粮实征册·汪德辉户……263
秋口镇水末[沬]村汪家5–11·乾隆二十六年·税粮实征册·汪德辉户……264
秋口镇水末[沬]村汪家5–12·乾隆二十六年·税粮实征册·汪德辉户……265
秋口镇水末[沬]村汪家5–13·乾隆二十六年·税粮实征册·汪德辉户……266
秋口镇水末[沬]村汪家5–14·乾隆二十六年·税粮实征册·汪德辉户……267
秋口镇水末[沬]村汪家5–15·乾隆二十六年·税粮实征册·汪德辉户……268
秋口镇水末[沬]村汪家5–16·乾隆二十六年·税粮实征册·汪德辉户……269
秋口镇水末[沬]村汪家17·乾隆二十六年·纳户执照·社祖…………270
秋口镇水末[沬]村汪家18·乾隆二十六年·纳户执照·德嵩…………271
秋口镇水末[沬]村汪家185·乾隆三十年·税粮实征册·汪德辉户……272
秋口镇水末[沬]村汪家263·乾隆三十年·断骨绝卖田契·汪武谤
　　兄弟等卖与房兄囗………………………………………………273
秋口镇水末[沬]村汪家307·乾隆三十二年·断骨绝卖山契·汪武谤
　　同弟武诚等卖与房兄囗…………………………………………274
秋口镇水末[沬]村汪家9–1·乾隆三十三年·税粮实征册·汪光葱户……275
秋口镇水末[沬]村汪家9–2·乾隆三十三年·税粮实征册·汪光葱户……276
秋口镇水末[沬]村汪家9–3·乾隆三十三年·税粮实征册·汪光葱户……277
秋口镇水末[沬]村汪家9–4·乾隆三十三年·税粮实征册·汪光葱户……278
秋口镇水末[沬]村汪家9–5·乾隆三十三年·税粮实征册·汪光葱户……279
秋口镇水末[沬]村汪家9–6·乾隆三十三年·税粮实征册·汪光葱户……280
秋口镇水末[沬]村汪家9–7·乾隆三十三年·税粮实征册·汪光葱户……281
秋口镇水末[沬]村汪家14–1·乾隆三十三年·税粮实征册·汪德鸿户……282
秋口镇水末[沬]村汪家14–2·乾隆三十三年·税粮实征册·汪德鸿户……283
秋口镇水末[沬]村汪家14–3·乾隆三十三年·税粮实征册·汪德鸿户……284
秋口镇水末[沬]村汪家14–4·乾隆三十三年·税粮实征册·汪德鸿户……285
秋口镇水末[沬]村汪家14–5·乾隆三十三年·税粮实征册·汪德鸿户……286
秋口镇水末[沬]村汪家14–6·乾隆三十三年·税粮实征册·汪德鸿户……287
秋口镇水末[沬]村汪家14·乾隆三十三年·推单·胡文烽推至本家户下……288
秋口镇水末[沬]村汪家288·乾隆三十六年·断骨卖山并地契·王有实
　　卖与汪囗……………………………………………………………289
秋口镇水末[沬]村汪家316·乾隆三十六年·断骨绝卖屋基地并
　　晒穀楼仓屋契·汪光蓁卖与房侄武信……………………………290

秋口镇水末[沫]村汪家22·乾隆三十七年·推单·王统万户与汪德辉户……291

秋口镇水末[沫]村汪家147·乾隆三十七年·推单·王临万付与汪起禄……292

秋口镇水末[沫]村汪家182·乾隆三十七年·议墨·汪起新枝孙光万、光藕兄弟等……293

秋口镇水末[沫]村汪家270·乾隆三十七年·断骨绝卖田契·王临万卖与亲眷汪囗……294

秋口镇水末[沫]村汪家190·乾隆四十年·包约·程德芝卖坟地与亲眷俞囗……295

秋口镇水末[沫]村汪家283·乾隆四十年·断骨绝卖生荒山契·程德松卖与亲眷汪囗……296

秋口镇水末[沫]村汪家2-1·乾隆四十二年·税粮实征册·汪光葱户……297

秋口镇水末[沫]村汪家2-2·乾隆四十二年·税粮实征册·汪光葱户……298

秋口镇水末[沫]村汪家2-3·乾隆四十二年·税粮实征册·汪光葱户……299

秋口镇水末[沫]村汪家2-4·乾隆四十二年·税粮实征册·汪光葱户……300

秋口镇水末[沫]村汪家2-5·乾隆四十二年·税粮实征册·汪光葱户……301

秋口镇水末[沫]村汪家2-6·乾隆四十二年·税粮实征册·汪光葱户……302

秋口镇水末[沫]村汪家2-7·乾隆四十二年·税粮实征册·汪光葱户……303

秋口镇水末[沫]村汪家284·乾隆四十二年·断骨卖田契·程正苗卖与亲眷汪囗……304

秋口镇水末[沫]村汪家317·乾隆四十六年·断骨绝卖房屋基地契·汪武谤卖与族弟汪武佳……305

秋口镇水末[沫]村汪家290·乾隆四十八年·断骨绝卖田契并山契·汪武谤卖与武信兄……306

秋口镇水末[沫]村汪家7-1·乾隆四十九年至嘉庆六年·税粮实征册·汪德辉户……307

秋口镇水末[沫]村汪家7-2·乾隆四十九年至嘉庆六年·税粮实征册·汪德辉户……308

秋口镇水末[沫]村汪家7-3·乾隆四十九年至嘉庆六年·税粮实征册·汪德辉户……309

秋口镇水末[沫]村汪家7-4·乾隆四十九年至嘉庆六年·税粮实征册·汪德辉户……310

秋口镇水末[沫]村汪家7-5·乾隆四十九年至嘉庆六年·税粮实征册·汪德辉户……311

秋口镇水末[沫]村汪家7-6·乾隆四十九年至嘉庆六年·
税粮实征册·汪德辉户 ………………………………………… 312

秋口镇水末[沫]村汪家7-7·乾隆四十九年至嘉庆六年·
税粮实征册·汪德辉户 ………………………………………… 313

秋口镇水末[沫]村汪家7-8·乾隆四十九年至嘉庆六年·
税粮实征册·汪德辉户 ………………………………………… 314

秋口镇水末[沫]村汪家7-9·乾隆四十九年至嘉庆六年·
税粮实征册·汪德辉户 ………………………………………… 315

秋口镇水末[沫]村汪家7-10·乾隆四十九年至嘉庆六年·
税粮实征册·汪德辉户 ………………………………………… 316

秋口镇水末[沫]村汪家7-11·乾隆四十九年至嘉庆六年·
税粮实征册·汪德辉户 ………………………………………… 317

秋口镇水末[沫]村汪家7-12·乾隆四十九年至嘉庆六年·
税粮实征册·汪德辉户 ………………………………………… 318

秋口镇水末[沫]村汪家7-13·乾隆四十九年至嘉庆六年·
税粮实征册·汪德辉户 ………………………………………… 319

秋口镇水末[沫]村汪家7-14·乾隆四十九年至嘉庆六年·
税粮实征册·汪德辉户 ………………………………………… 320

秋口镇水末[沫]村汪家7-15·乾隆四十九年至嘉庆六年·
税粮实征册·汪德辉户 ………………………………………… 321

秋口镇水末[沫]村汪家7-16·乾隆四十九年至嘉庆六年·
税粮实征册·汪德辉户 ………………………………………… 322

秋口镇水末[沫]村汪家7-17·乾隆四十九年至嘉庆六年·
税粮实征册·汪德辉户 ………………………………………… 323

秋口镇水末[沫]村汪家153·乾隆五十二年·出当押约·刘氏当与
族叔囗 ……………………………………………………………… 324

秋口镇水末[沫]村汪家197·乾隆五十三年·当房屋契·汪武代
当与房弟囗 ………………………………………………………… 325

秋口镇水末[沫]村汪家212·乾隆五十三年·出当厨房屋·汪武代
当与堂弟武仪 ……………………………………………………… 326

秋口镇水末[沫]村汪家25·乾隆五十四年·饬行简明易知单·汪起禄 …… 327

秋口镇水末[沫]村汪家26·乾隆五十四年·饬行简明易知单·汪天进 …… 328

秋口镇水末[沫]村汪家262·乾隆五十四年·断骨绝卖山契·汪武代卖与房弟汪☐ ……329

秋口镇水末[沫]村汪家315·乾隆五十六年·断骨绝卖山契·王天埈卖与亲眷汪☐ ……330

秋口镇水末[沫]村汪家19·乾隆五十七年·纳户执照·德辉 ……331

秋口镇水末[沫]村汪家20·乾隆五十七年·纳户执照·以成 ……332

秋口镇水末[沫]村汪家95·乾隆五十七年·纳米执照·德辉 ……333

秋口镇水末[沫]村汪家96·乾隆五十七年·纳米执照·以成 ……334

秋口镇水末[沫]村汪家210·嘉庆三年·合议金立碑据·汪以成、郎国忠 ……335

秋口镇水末[沫]村汪家229·嘉庆三年·劝议·董公义、汪万成、曹蕴山等 ……336

秋口镇水末[沫]村汪家268·嘉庆四年·断骨卖地契·汪道瑞公支孙武怀、武忻等出便与房兄武信 ……337

秋口镇水末[沫]村汪家205·嘉庆五年·断骨绝卖猪栏基地契·汪武譁卖与房兄汪☐ ……338

秋口镇水末[沫]村汪家217·嘉庆五年·断骨出俵田皮约·汪光富俵与房侄武信 ……339

秋口镇水末[沫]村汪家264·嘉庆五年·断骨绝卖田租契·汪光富卖与房侄武信 ……340

秋口镇水末[沫]村汪家213·嘉庆九年·碑刻抄文 ……341

秋口镇水末[沫]村汪家198·嘉庆二十五年·卖生茔字约·王尚仪卖与亲眷汪立蕃兄弟 ……342

秋口镇水末[沫]村汪家68·道光元年·纳米执照·立蕃 ……343

秋口镇水末[沫]村汪家256·道光三年·合墨·王世美等 ……344

秋口镇水末[沫]村汪家69·道光七年·纳米执照·立蕃 ……345

秋口镇水末[沫]村汪家218·道光十三年·劝谕·约邻族众等 ……346

秋口镇水末[沫]村汪家251-i·道光十三年·山田地契合同借券总底·汪立蕃（右半部分）……347

秋口镇水末[沫]村汪家251-ii·道光十三年·山田地契合同借券总底·汪立蕃（左半部分）……348

秋口镇水末[沫]村汪家65·道光十五年·纳米执照·立蕃 ……349

秋口镇水末[沫]村汪家300·道光十五年·断骨卖山地契·汪兴根
卖与润、滋二孙 ………………………………………………… 350
秋口镇水末[沫]村汪家266·道光十七年·断骨卖地契·王汪氏卖与
族孙兆坤 ……………………………………………………… 351
秋口镇水末[沫]村汪家269·道光十七年·调换房屋契·王汪氏同男
起姚换与族侄孙兆坤 ………………………………………… 352
秋口镇水末[沫]村汪家293·道光十九年·断骨卖山地契·汪武忻
卖与族侄中滋 ………………………………………………… 353
秋口镇水末[沫]村汪家308·道光十九年·断骨卖山地契·汪信辉、
武忻卖与族侄中滋 …………………………………………… 354
秋口镇水末[沫]村汪家214·道光二十年·合同·汪中润、中滋、
兴根等 ………………………………………………………… 355
秋口镇水末[沫]村汪家273·道光二十年·断骨卖田租契·汪兴根
卖与兴润、兴滋二叔 ………………………………………… 356
秋口镇水末[沫]村汪家227·道光二十一年·合墨·汪福美公支裔
四房人等 ……………………………………………………… 357
秋口镇水末[沫]村汪家275·道光二十二年·断骨卖山契·汪中泽等
卖与房兄中湖、中滋 ………………………………………… 358
秋口镇水末[沫]村汪家274·道光二十三年·断骨卖苗山契·汪中泽
卖与房兄□ …………………………………………………… 359
秋口镇水末[沫]村汪家304·道光二十九年·断骨卖茶丛地约契·
汪巨森同男文焕卖与本家滋□ ……………………………… 360
秋口镇水末[沫]村汪家151·道光三十年·收领字·汪兴粮 ……… 361
秋口镇水末[沫]村汪家144·咸丰三年·推单·起源户付与汪立藩户 …… 362
秋口镇水末[沫]村汪家202·咸丰三年·出俵田皮约·程江祖卖与
汪亲眷 ………………………………………………………… 363
秋口镇水末[沫]村汪家211·咸丰三年·合墨·李大士、汪兴本 …… 364
秋口镇水末[沫]村汪家267·咸丰三年·断骨卖山契·余成美卖与
汪□ …………………………………………………………… 365
秋口镇水末[沫]村汪家224·咸丰五年·断骨卖山并杉松树木契·
汪兴振同弟兴琪卖与族兄中滋 ……………………………… 366
秋口镇水末[沫]村汪家171·咸丰八年·租约·汪连新租族叔汪中泽 …… 367

秋口镇水末[沫]村汪家297·咸丰九年·合墨字据·汪兴根同堂弟
兴椿、兴本、侄汪文 …………………………………………………… 368

秋口镇水末[沫]村汪家302·咸丰十年·断骨卖苗山竹木契约·
汪锡林卖与房伯☐ ……………………………………………………… 369

秋口镇水末[沫]村汪家149·同治四年·租茶丛约·恒新租到中泽叔
清明 …………………………………………………………………… 370

秋口镇水末[沫]村汪家152·同治四年·租茶丛约·兴梓租到中泽叔
清明 …………………………………………………………………… 371

秋口镇水末[沫]村汪家172·同治四年·租茶丛约·兴杭租到中泽叔
清明 …………………………………………………………………… 372

秋口镇水末[沫]村汪家207·同治四年·租茶丛约·汪桂林租到
中泽叔清明 …………………………………………………………… 373

秋口镇水末[沫]村汪家301·同治四年·出典房屋契·汪兴本典与
堂侄旭初 ……………………………………………………………… 374

秋口镇水末[沫]村汪家166·同治六年·租约·汪用钦租到起祈公 … 375

秋口镇水末[沫]村汪家238·同治六年·具状词·汪俞氏 …………… 376

秋口镇水末[沫]村汪家271·同治十年·断骨卖地契·汪锡林卖与☐ … 377

秋口镇水末[沫]村汪家236·同治十三年·禁约合墨·汪福美公支
裔人等 ………………………………………………………………… 378

秋口镇水末[沫]村汪家188·光绪二年·断骨卖菜园地契·汪兴锐
本家族侄昆玉 ………………………………………………………… 379

秋口镇水末[沫]村汪家303·光绪四年·断骨卖菜园地契·汪兴锐
卖与族侄☐ …………………………………………………………… 380

秋口镇水末[沫]村汪家286·光绪七年·断骨卖柽子树山契·汪锡松
卖与族弟日初 ………………………………………………………… 381

秋口镇水末[沫]村汪家287·光绪七年·断骨卖茶丛地契·汪王氏
卖与房叔日初 ………………………………………………………… 382

秋口镇水末[沫]村汪家192·光绪八年·断骨卖松山契·汪兴枳
卖与本家房兄 ………………………………………………………… 383

秋口镇水末[沫]村汪家222·光绪八年·断骨卖杉松木山契·汪锡松
卖与族弟汪日初 ……………………………………………………… 384

秋口镇水末[沫]村汪家228·光绪八年·会书·汪喜新七贤会 ……… 385

秋口镇水末[沫]村汪家240·光绪八年·具状词·程和尚告程卓卿 … 386

17

秋口镇水末[沫]村汪家241·光绪八年·具状词·汪日初告色新……… 387
秋口镇水末[沫]村汪家243·光绪八年·具状词·汪日初告色新……… 388
秋口镇水末[沫]村汪家244·光绪八年·具状词·王☐美祠告王君荣
兄弟等……………………………………………………………… 389
秋口镇水末[沫]村汪家276·光绪八年·断骨卖杉松柽子树山契·
汪兴琪卖与族侄日初……………………………………………… 390
秋口镇水末[沫]村汪家183·光绪九年·断骨卖茶丛并地坦契·
汪锡椿卖与本家中元会…………………………………………… 391
秋口镇水末[沫]村汪家194·光绪十年·断骨卖茶丛坦契·汪米瑞
卖与族兄日初……………………………………………………… 392
秋口镇水末[沫]村汪家221·光绪十年·断骨卖苗山契·汪锡枝
卖与本家族弟日初………………………………………………… 393
秋口镇水末[沫]村汪家223·光绪十年·断骨卖茶丛坦地契·汪锡松
卖与本家族弟日初………………………………………………… 394
秋口镇水末[沫]村汪家265·光绪十年·断骨卖田塍茶丛地坦契·
汪兴琪卖与本家元旦会…………………………………………… 395
秋口镇水末[沫]村汪家169·光绪十一年·断骨出卖柽子树山契·
汪意和卖与本家族日初…………………………………………… 396
秋口镇水末[沫]村汪家75·光绪十六年·纳米执照·汪天进……… 397
秋口镇水末[沫]村汪家73·光绪十七年·纳米执照·汪天进……… 398
秋口镇水末[沫]村汪家248·光绪十七年·具状词·叶用和告汪清舫、
汪炳齐………………………………………………………………… 399
秋口镇水末[沫]村汪家278·光绪十九年·断骨卖杉松杂木契·
汪祺洲卖与族内日初叔…………………………………………… 400
秋口镇水末[沫]村汪家49·光绪二十二年·纳米执照·汪天进…… 401
秋口镇水末[沫]村汪家220·光绪二十二年·断骨出俵散业基地契·
汪玉林率子汪明新卖与道璇公清明……………………………… 402
秋口镇水末[沫]村汪家4-1·光绪二十六年·税粮实征册·新生发仪户…… 403
秋口镇水末[沫]村汪家4-2·光绪二十六年·税粮实征册·新生发仪户…… 404
秋口镇水末[沫]村汪家4-3·光绪二十六年·税粮实征册·新生发仪户…… 405
秋口镇水末[沫]村汪家4-4·光绪二十六年·税粮实征册·新生发仪户…… 406
秋口镇水末[沫]村汪家4-5·光绪二十六年·税粮实征册·新生发仪户…… 407
秋口镇水末[沫]村汪家4-6·光绪二十六年·税粮实征册·新生发仪户…… 408

秋口镇水末[沫]村汪家66·光绪二十八年·纳米执照·光葱 …………… 409

秋口镇水末[沫]村汪家67·光绪二十八年·纳米执照·汪天进 …………… 410

秋口镇水末[沫]村汪家146·光绪二十八年·收领约·吴程氏文容
　　收到汪赏新兄 …………… 411

秋口镇水末[沫]村汪家249·光绪二十八年·具状词·程洪氏 …………… 412

秋口镇水末[沫]村汪家312·光绪二十九年·断骨卖田皮骨租契·
　　王吴氏卖本家王兴万兄弟 …………… 413

秋口镇水末[沫]村汪家62·光绪三十年·纳米执照·立蕃 …………… 414

秋口镇水末[沫]村汪家70·光绪三十一年·纳米执照·武忆 …………… 415

秋口镇水末[沫]村汪家93·光绪三十一年·纳米执照·锡金 …………… 416

秋口镇水末[沫]村汪家29·光绪三十二年·纳米执照·立蕃 …………… 417

秋口镇水末[沫]村汪家44·光绪三十二年·纳米执照·益美 …………… 418

秋口镇水末[沫]村汪家61·光绪三十二年·纳米执照·德鸿 …………… 419

秋口镇水末[沫]村汪家64·光绪三十二年·纳米执照·汪天进 …………… 420

秋口镇水末[沫]村汪家76·光绪三十二年·纳米执照·兴望 …………… 421

秋口镇水末[沫]村汪家77·光绪三十二年·纳米执照·锡金 …………… 422

秋口镇水末[沫]村汪家79·光绪三十二年·纳米执照·锡余 …………… 423

秋口镇水末[沫]村汪家281·光绪三十三年·断骨卖柽子树山契·
　　汪繁清卖与族弟焕章 …………… 424

秋口镇水末[沫]村汪家177·光绪三十四年·租屋基地字·汪郁廷
　　租到本房道璇公众 …………… 425

秋口镇水末[沫]村汪家86·宣统元年·纳米执照·锡林 …………… 426

秋口镇水末[沫]村汪家91·宣统元年·纳米执照·锡金 …………… 427

秋口镇水末[沫]村汪家319·宣统元年·合墨·汪孝友堂支裔人等 …… 428

秋口镇水末[沫]村汪家163·宣统二年·断骨出卖茶丛地坦契·
　　汪敬新卖与洪宅桂新、坤瑞 …………… 429

秋口镇水末[沫]村汪家102·民国元年·纳米执照·锡林 …………… 430

秋口镇水末[沫]村汪家103·民国元年·纳米执照·锡余 …………… 431

秋口镇水末[沫]村汪家105·民国元年·纳米执照·汪天进 …………… 432

秋口镇水末[沫]村汪家110·民国元年·纳米执照·日初 …………… 433

秋口镇水末[沫]村汪家113·民国元年·纳米执照·茂兴 …………… 434

秋口镇水末[沫]村汪家115·民国元年·纳米执照·茂盛 …………… 435

秋口镇水末[沫]村汪家127·民国元年·纳米执照·光葱…………436
秋口镇水末[沫]村汪家129·民国元年·纳米执照·立蕃…………437
秋口镇水末[沫]村汪家15-1·民国二年·卷拢账·王启桂户…………438
秋口镇水末[沫]村汪家15-2·民国二年·卷拢账·王启桂户…………439
秋口镇水末[沫]村汪家15-3·民国二年·卷拢账·王启桂户…………440
秋口镇水末[沫]村汪家15-4·民国二年·卷拢账·王启桂户…………441
秋口镇水末[沫]村汪家33·民国四年·纳米执照·兴望…………442
秋口镇水末[沫]村汪家116·民国四年·纳米执照·汪天进…………443
秋口镇水末[沫]村汪家117·民国四年·纳米执照·茂兴…………444
秋口镇水末[沫]村汪家128·民国六年·纳米执照·茂盛…………445
秋口镇水末[沫]村汪家108·民国七年·纳米执照·汪天进…………446
秋口镇水末[沫]村汪家246·民国七年·具状词·洪明开告洪彩文
　父子…………447
秋口镇水末[沫]村汪家247·民国七年·具状词·洪明开告洪彩云、
　焕林、焕泉、焕培…………448
秋口镇水末[沫]村汪家107·民国八年·纳米执照·日初…………449
秋口镇水末[沫]村汪家245·民国八年·具状词·汪益新…………450
秋口镇水末[沫]村汪家313·民国八年·断骨卖骨租契·王进元
　同侄傩意、傩根卖与汪德辉公支孙…………451
秋口镇水末[沫]村汪家112·民国十二年·纳米执照·日初…………452
秋口镇水末[沫]村汪家126·民国十二年·纳米执照·起新…………453
秋口镇水末[沫]村汪家130·民国十二年·纳米执照·光葱…………454
秋口镇水末[沫]村汪家111·民国十三年·纳米执照·立蕃…………455
秋口镇水末[沫]村汪家104·民国十五年·纳米执照·起新…………456
秋口镇水末[沫]村汪家118·民国十五年·纳米执照·日初…………457
秋口镇水末[沫]村汪家119·民国十五年·纳米执照·光葱…………458
秋口镇水末[沫]村汪家121·民国十七年·纳米执照·光葱…………459
秋口镇水末[沫]村汪家122·民国十七年·纳米执照·日初…………460
秋口镇水末[沫]村汪家114·民国十八年·纳米执照·日初…………461
秋口镇水末[沫]村汪家120·民国十八年·纳米执照·光葱…………462
秋口镇水末[沫]村汪家57·民国十九年·纳米执照·日初…………463
秋口镇水末[沫]村汪家109·民国十九年·纳米执照·光葱…………464

秋口镇水末[沫]村汪家123·民国二十年·纳米执照·光葱…………465

秋口镇水末[沫]村汪家124·民国二十年·纳米执照·日初…………466

秋口镇水末[沫]村汪家125·民国二十年·纳米执照·起新…………467

秋口镇水末[沫]村汪家97·民国二十一年·纳米执照·日初…………468

秋口镇水末[沫]村汪家131·民国二十二年·纳米执照·光葱…………469

秋口镇水末[沫]村汪家140·民国二十一年·纳米执照·光葱…………470

秋口镇水末[沫]村汪家139·民国二十二年·纳米执照·起新…………471

秋口镇水末[沫]村汪家135·民国二十三年·田赋串票·起新…………472

秋口镇水末[沫]村汪家136·民国二十三年·田赋串票·日初…………473

秋口镇水末[沫]村汪家137·民国二十三年·田赋串票·光葱…………474

秋口镇水末[沫]村汪家99·民国二十四年·田赋串票·日初…………475

秋口镇水末[沫]村汪家133·民国二十四年·田赋串票·起新…………476

秋口镇水末[沫]村汪家138·民国二十四年·田赋串票·光葱…………477

秋口镇水末[沫]村汪家174·民国二十四年·借字·汪焕章借到

    洪秀山……………………………………………………………………478

秋口镇水末[沫]村汪家132·民国二十五年·纳米执照·光葱…………479

秋口镇水末[沫]村汪家134·民国二十五年·纳米执照·起新…………480

秋口镇水末[沫]村汪家184·民国二十五年·断骨卖菜园地并茶丛契·

    汪焕章当与洪权保……………………………………………………481

秋口镇水末[沫]村汪家232·民国二十五年·流水账…………………482

秋口镇水末[沫]村汪家200·民国二十六年·合墨·汪福泰、

    汪岩刚…………………………………………………………………483

秋口镇水末[沫]村汪家155·民国二十八年·收据·滕义训…………484

秋口镇水末[沫]村汪家16-1·文集·棉麻事宜……………………485

秋口镇水末[沫]村汪家16-2·文集·棉麻事宜……………………486

秋口镇水末[沫]村汪家16-3·文集·棉麻事宜……………………487

秋口镇水末[沫]村汪家16-4·文集·棉麻事宜……………………488

秋口镇水末[沫]村汪家16-5·文集·棉麻事宜……………………489

秋口镇水末[沫]村汪家16-6·文集·棉麻事宜……………………490

秋口镇水末[沫]村汪家16-7·文集·棉麻事宜……………………491

秋口镇水末[沫]村汪家16-8·文集·棉麻事宜……………………492

秋口镇水末[沫]村汪家21·调查证·婺源县北一区十段调查员………493

秋口镇水末[沫]村汪家28·调查证·婺源县十四区八段调查长 ……… 494

秋口镇水末[沫]村汪家143·杂文 ……………………………… 495

秋口镇水末[沫]村汪家145·账单 ……………………………… 496

秋口镇水末[沫]村汪家148·账单 ……………………………… 497

秋口镇水末[沫]村汪家158·包封 ……………………………… 498

秋口镇水末[沫]村汪家159·具投状 …………………………… 499

秋口镇水末[沫]村汪家162-i·杂文（第一面）………………… 500

秋口镇水末[沫]村汪家162-ii·杂文（第二面）……………… 501

秋口镇水末[沫]村汪家164·具状词 …………………………… 502

秋口镇水末[沫]村汪家168·断骨卖茶丛坦契·汪敬新卖与
洪桂新兄 ………………………………………………………… 503

秋口镇水末[沫]村汪家178·书信 ……………………………… 504

秋口镇水末[沫]村汪家180·民国二十五年·书信·汪岩淦寄与
父母大人 ………………………………………………………… 505

秋口镇水末[沫]村汪家187·流水账 …………………………… 506

秋口镇水末[沫]村汪家191·劝议·董公义、汪万成、曹蕴山等 … 507

秋口镇水末[沫]村汪家196·艺文·汪以成兄令堂董孺人节孝序 … 508

秋口镇水末[沫]村汪家201·具状词·吴初庆告囗 …………… 509

秋口镇水末[沫]村汪家203·书信 ……………………………… 510

秋口镇水末[沫]村汪家204·书信·亦意寄与双亲 …………… 511

秋口镇水末[沫]村汪家206·账单 ……………………………… 512

秋口镇水末[沫]村汪家209·合墨·汪福美公支裔四房人等 … 513

秋口镇水末[沫]村汪家216·供词 ……………………………… 514

秋口镇水末[沫]村汪家230·流水账 …………………………… 515

秋口镇水末[沫]村汪家231·流水账 …………………………… 516

秋口镇水末[沫]村汪家234·房户示意图 ……………………… 517

秋口镇水末[沫]村汪家250·继嗣文书·杨载玉同室徐氏 …… 518

秋口镇水末[沫]村汪家252·流水账 …………………………… 519

秋口镇水末[沫]村汪家253·修屋清单 ………………………… 520

秋口镇水末[沫]村汪家260·流水账 …………………………… 521

秋口镇水末[沫]村汪家261·断骨卖田契·王大胜卖与亲眷汪囗 … 522

秋口镇水末[沫]村汪家279-i·咸丰四年·断骨绝卖山契·汪锡堂卖与房兄（右半部分）………523

秋口镇水末[沫]村汪家279-ii·咸丰四年·断骨绝卖山契·汪锡堂卖与房兄（左半部分）………524

秋口镇水末[沫]村汪家292·断骨出卖山契·汪起华卖与起福兄弟………525

秋口镇水末[沫]村汪家311·附永盛公记股单………526

秋口镇长径村Ａ1—72………527

秋口镇长径村Ａ8-1·康熙四十一年·遗嘱及家谱·叶华万公………527

秋口镇长径村Ａ8-2·康熙四十一年·遗嘱及家谱·叶华万公………528

秋口镇长径村Ａ8-3·康熙四十一年·遗嘱及家谱·叶华万公………529

秋口镇长径村Ａ8-4·康熙四十一年·遗嘱及家谱·叶华万公………530

秋口镇长径村Ａ8-5·康熙四十一年·遗嘱及家谱·叶华万公………531

秋口镇长径村Ａ8-6·康熙四十一年·遗嘱及家谱·叶华万公………532

秋口镇长径村Ａ8-7·康熙四十一年·遗嘱及家谱·叶华万公………533

秋口镇长径村Ａ8-8·康熙四十一年·遗嘱及家谱·叶华万公………534

秋口镇长径村Ａ8-9·康熙四十一年·遗嘱及家谱·叶华万公………535

秋口镇长径村Ａ8-10·康熙四十一年·遗嘱及家谱·叶华万公………536

秋口镇长径村Ａ8-11·康熙四十一年·遗嘱及家谱·叶华万公………537

秋口镇长径村Ａ8-12·康熙四十一年·遗嘱及家谱·叶华万公………538

秋口镇长径村Ａ8-13·康熙四十一年·遗嘱及家谱·叶华万公………539

秋口镇长径村Ａ8-14·康熙四十一年·遗嘱及家谱·叶华万公………540

秋口镇长径村Ａ8-15·康熙四十一年·遗嘱及家谱·叶华万公………541

秋口镇长径村Ａ8-16·康熙四十一年·遗嘱及家谱·叶华万公………542

秋口镇长径村Ａ8附·一九五三年·农业税收据·叶忠原………543

秋口镇长径村Ａ6-1·道光元年·分关文书·仰山………544

秋口镇长径村Ａ6-2·道光元年·分关文书·仰山………545

秋口镇长径村Ａ6-3·道光元年·分关文书·仰山………546

秋口镇长径村Ａ6-4·道光元年·分关文书·仰山………547

秋口镇长径村Ａ6-5·道光元年·分关文书·仰山………548

秋口镇长径村Ａ6-6·道光元年·分关文书·仰山………549

秋口镇长径村 A 6-7·道光元年·分关文书·仰山 ……………… 550
秋口镇长径村 A 6-8·道光元年·分关文书·仰山 ……………… 551
秋口镇长径村 A 6-9·道光元年·分关文书·仰山 ……………… 552
秋口镇长径村 A 31·同治五年·卖砖契·朱干堂卖与叶步蟾 ……… 553
秋口镇长径村 A 10·同治六年·欠条·金童欠圣喜 ………………… 554
秋口镇长径村 A 28·同治八年·借约·吴金源借到亦意嫂 ………… 555
秋口镇长径村 A 39·同治八年·断骨出卖屋并地契·叶冀明卖与
　　叶开盛 …………………………………………………………… 556
秋口镇长径村 A 24·同治九年·押茶丛地约·叶冀明押与程占魁 … 557
秋口镇长径村 A 26·同治九年·断骨出卖茶丛地约·叶冀明卖与
　　程占魁 …………………………………………………………… 558
秋口镇长径村 A 27·同治九年·借约·吴金元借到叶开盛 ………… 559
秋口镇长径村 A 58·光绪元年·断骨出卖楼房屋并基地契·叶善祖
　　卖与圣喜族弟 …………………………………………………… 560
秋口镇长径村 A 7-1·光绪五年至民国二十一年·税粮实征册·
　　叶茂文户 ………………………………………………………… 561
秋口镇长径村 A 7-2·光绪五年至民国二十一年·税粮实征册·
　　叶茂文户 ………………………………………………………… 562
秋口镇长径村 A 7-3·光绪五年至民国二十一年·税粮实征册·
　　叶茂文户 ………………………………………………………… 563
秋口镇长径村 A 15·光绪五年·推单·万和户付与棂云户 ………… 564
秋口镇长径村 A 69·光绪五年·断骨出卖正租、皮租契·叶开盛
　　卖与程务本堂名下 ……………………………………………… 565
秋口镇长径村 A 65·光绪十二年·断骨出卖皮租、正租契·叶开盛
　　卖与祝彩和 ……………………………………………………… 566
秋口镇长径村 A 32·光绪十四年·租地契·程利源租到叶九弟 …… 567
秋口镇长径村 A 18·光绪十七年·转典正租契·叶开盛转押典与
　　朱彦炘 …………………………………………………………… 568
秋口镇长径村 A 30·光绪十八年·转当田皮契·程瑞卿转押与朱灶科 … 569
秋口镇长径村 A 53·光绪十八年·断骨出卖正租契·叶开盛卖与
　　朱灶科 …………………………………………………………… 570
秋口镇长径村 A 54·光绪十八年·断骨出卖皮租契·叶开盛卖与
　　朱灶科 …………………………………………………………… 571

秋口镇长径村 A 56·光绪十八年·断骨出卖正租契·叶开盛卖与
　　朱灶科 572

秋口镇长径村 A 66·光绪十八年·断骨出卖皮租契·叶开盛卖与
　　朱灶科 573

秋口镇长径村 A 67·光绪十八年·断骨出卖正租、皮租契·祝彩和
　　卖与朱步云 574

秋口镇长径村 A 68·光绪十八年·断骨出卖皮租契·叶开盛卖与
　　程瑞卿 575

秋口镇长径村 A 48·光绪二十一年·收字·万老六 576

秋口镇长径村 A 70·光绪二十一年·断骨出卖茶丛锄头业契·叶开盛
　　卖与朱绣腾 577

秋口镇长径村 A 59·光绪二十二年·断骨出卖住屋并地基契·叶义泰
　　卖与程莲舫 578

秋口镇长径村 A 33·光绪二十三年·借约·叶观富借到程莲舫 579

秋口镇长径村 A 57·光绪二十三年·断骨出卖茶丛屋基地契·叶圣喜
　　卖与☐舫先名下 580

秋口镇长径村 A 23·光绪二十九年·收字·程瑞卿收到叶转发 581

秋口镇长径村 A 40·光绪二十九年·会书·叶聋荣 582

秋口镇长径村 A 19·民国七年·租批约·郑顺富立到九兄 583

秋口镇长径村 A 72-1·民国十四年·流水帐·忠源、忠盛外项往来 584

秋口镇长径村 A 72-2·民国十四年·流水帐·忠源、忠盛外项往来 585

秋口镇长径村 A 72-3·民国十四年·流水帐·忠源、忠盛外项往来 586

秋口镇长径村 A 72-4·民国十四年·流水帐·忠源、忠盛外项往来 587

秋口镇长径村 A 72-5·民国十四年·流水帐·忠源、忠盛外项往来 588

秋口镇长径村 A 72-6·民国十四年·流水帐·忠源、忠盛外项往来 589

秋口镇长径村 A 72-7·民国十四年·流水帐·忠源、忠盛外项往来 590

秋口镇长径村 A 72-8·民国十四年·流水帐·忠源、忠盛外项往来 591

秋口镇长径村 A 72-9·民国十四年·流水帐·忠源、忠盛外项往来 592

秋口镇长径村 A 72-10·民国十四年·流水帐·忠源、忠盛外项往来 593

秋口镇长径村 A 72-11·民国十四年·流水帐·忠源、忠盛外项往来 594

秋口镇长径村 A 63·民国十五年·断骨出卖茶丛地契·朱志卿
　　卖与叶转发 595

秋口镇长径村A 61·民国十七年·断骨出卖菜园地鱼塘契·程美泰
卖与叶转发 ··· 596

秋口镇长径村A 25·民国十九年·卖驱傩会契·程阳生卖与叶转德 ······ 597

秋口镇长径村A 51·民国二十年·押正、皮租契·叶义进押与朱绣卿 ····· 598

秋口镇长径村A 62·民国二十年·押正、皮租契·叶义进押与朱绣卿 ····· 599

秋口镇长径村A 14·民国二十一年·推单·肇濂户推与叶仁根户 ········ 600

秋口镇长径村A 37-i·民国二十一年·礼单（右半部分）··············· 601

秋口镇长径村A 37-ii·民国二十一年·礼单（左半部分）·············· 602

秋口镇长径村A 50·民国二十一年·断骨出卖田契·朱彦兴卖与叶转发 ··· 603

秋口镇长径村A 44·民国二十二年·卖驱傩会契·俞旭元卖与叶转德 ····· 604

秋口镇长径村A 55·民国二十四年·断骨出卖正皮租契·朱灶科卖与
程庆祥 ··· 605

秋口镇长径村A 34·民国二十五年·卖驱傩会契·程全可卖与叶转发 ····· 606

秋口镇长径村A 2-1·民国二十六年·分关文书（二房阄书）·
叶忠源同弟忠盛 ··· 607

秋口镇长径村A 2-2·民国二十六年·分关文书（二房阄书）·
叶忠源同弟忠盛 ··· 608

秋口镇长径村A 2-3·民国二十六年·分关文书（二房阄书）·
叶忠源同弟忠盛 ··· 609

秋口镇长径村A 2-4·民国二十六年·分关文书（二房阄书）·
叶忠源同弟忠盛 ··· 610

秋口镇长径村A 2-5·民国二十六年·分关文书（二房阄书）·
叶忠源同弟忠盛 ··· 611

秋口镇长径村A 2-6·民国二十六年·分关文书（二房阄书）·
叶忠源同弟忠盛 ··· 612

秋口镇长径村A 2-7·民国二十六年·分关文书（二房阄书）·
叶忠源同弟忠盛 ··· 613

秋口镇长径村A 2-8·民国二十六年·分关文书（二房阄书）·
叶忠源同弟忠盛 ··· 614

秋口镇长径村A 16·民国二十六年·田赋执照·永隆 ················· 615

秋口镇长径村A 17·民国二十六年·田赋执照·朱复兴 ··············· 616

秋口镇长径村A 20·民国二十六年·字据·程元泰 ··················· 617

秋口镇长径村A 45·民国二十六年·合议字·叶见祥、叶水生等 ……… 618

秋口镇长径村A 12·民国二十七年·征收田赋通知单·仁桂 ……………… 619

秋口镇长径村A 35·民国二十八年·转押皮骨租契·朱甲忠转押与
　　王亮辉 ………………………………………………………………… 620

秋口镇长径村A 60·民国二十八年·断骨出卖皮骨租契·叶水生、
　　叶灶生卖与朱甲仁 …………………………………………………… 621

秋口镇长径村A 21·民国二十九年·出押茶丛契·叶忠盛押与朱玉生 … 622

秋口镇长径村A 22·民国二十九年·出押茶丛契·叶忠盛押与朱玉生 … 623

秋口镇长径村A 49·民国二十九年·加押字·叶见祥押与朱绣卿 ……… 624

秋口镇长径村A 13·民国三十七年·推单·起旺户推与转发户 ………… 625

秋口镇长径村A 38·民国三十七年·流水账·叶灶生 …………………… 626

秋口镇长径村A 64·民国三十七年·断骨出卖正租契·程原泰卖与
　　叶中源、叶中盛 ……………………………………………………… 627

秋口镇长径村A 11·民国三十八年·推单·北壁户推与转发户 ………… 628

秋口镇长径村A 52·民国三十八年·断骨出卖骨租契·程源泰
　　卖与叶忠盛 …………………………………………………………… 629

秋口镇长径村A 36·一九五三年·夫妻公约·程英利、程凤娇 ………… 630

秋口镇长径村A 47·一九八二年·卖契·朱甲华卖与叶关生 …………… 631

秋口镇长径村A 1-1·税粮实征册·叶茂文户光模兄弟 ………………… 632

秋口镇长径村A 1-2·税粮实征册·叶茂文户光模兄弟 ………………… 633

秋口镇长径村A 1-3·税粮实征册·叶茂文户光模兄弟 ………………… 634

秋口镇长径村A 1-4·税粮实征册·叶茂文户光模兄弟 ………………… 635

秋口镇长径村A 9·流水账 …………………………………………………… 636

秋口镇长径村A 41·礼单 …………………………………………………… 637

秋口镇长径村A 42·一九一七年·婚约 …………………………………… 638

秋口镇长径村A 43·聘礼礼单 ……………………………………………… 639

秋口镇长径村A 46·跌打通身药引 ………………………………………… 640

叁 秋口镇（二）

长径村（2）·里源·毕家坑·港头村方家

秋口镇长径村 B 1—111 641

秋口镇长径村 B 45·康熙七年·断骨凑局契·詹石涵兄弟等凑便与李兴初 641

秋口镇长径村 B 94·康熙九年·断骨出卖基地契·廷鉴卖与侄□ 642

秋口镇长径村 B 57·康熙十年·合同·程启逢等 643

秋口镇长径村 B 1-1·康熙二十年·分关文书·程泰交 644

秋口镇长径村 B 1-2·康熙二十年·分关文书·程泰交 645

秋口镇长径村 B 1-3·康熙二十年·分关文书·程泰交 646

秋口镇长径村 B 1-4·康熙二十年·分关文书·程泰交 647

秋口镇长径村 B 1-5·康熙二十年·分关文书·程泰交 648

秋口镇长径村 B 1-6·康熙二十年·分关文书·程泰交 649

秋口镇长径村 B 1-7·康熙二十年·分关文书·程泰交 650

秋口镇长径村 B 1-8·康熙二十年·分关文书·程泰交 651

秋口镇长径村 B 1-9·康熙二十年·分关文书·程泰交 652

秋口镇长径村 B 1-10·康熙二十年·分关文书·程泰交 653

秋口镇长径村 B 1-11·康熙二十年·分关文书·程泰交 654

秋口镇长径村 B 1-12·康熙二十年·分关文书·程泰交 655

秋口镇长径村 B 1-13·康熙二十年·分关文书·程泰交 656

秋口镇长径村 B 1-14·康熙二十年·分关文书·程泰交 657

秋口镇长径村 B 1-15·康熙二十年·分关文书·程泰交 658

秋口镇长径村 B 1-16·康熙二十年·分关文书·程泰交 659

秋口镇长径村 B 1-17·康熙二十年·分关文书·程泰交 660

秋口镇长径村 B 1-18·康熙二十年·分关文书·程泰交 661

秋口镇长径村 B 1-19·康熙二十年·分关文书·程泰交 662

秋口镇长径村 B 1-20·康熙二十年·分关文书·程泰交 663

秋口镇长径村 B 1-21·康熙二十年·分关文书·程泰交 664

秋口镇长径村 B 1-22·康熙二十年·分关文书·程泰交 665

秋口镇长径村 B 1-23·康熙二十年·分关文书·程泰交 666

秋口镇长径村B 1-24·康熙二十年·分关文书·程泰交 ················ 667
秋口镇长径村B 1-25·康熙二十年·分关文书·程泰交 ················ 668
秋口镇长径村B 1-26·康熙二十年·分关文书·程泰交 ················ 669
秋口镇长径村B 1-27·康熙二十年·分关文书·程泰交 ················ 670
秋口镇长径村B 1-28·康熙二十年·分关文书·程泰交 ················ 671
秋口镇长径村B 102·康熙二十一年·断骨出卖地契·孙启忠等卖与
　枝孙进 ··· 672
秋口镇长径村B 91·康熙二十五年·出卖厝堂契·洪于渐等卖与
　妹夫☐ ··· 673
秋口镇长径村B 98·康熙三十七年·断骨出卖基地契·幼明卖与
　弟☐ ··· 674
秋口镇长径村B 47·康熙五十年·出典屋契·天标典与兄☐ ········· 675
秋口镇长径村B 55·康熙五十年·合同·吉华、梾于、允嘉 ········· 676
秋口镇长径村B 69·康熙五十年·断骨出卖地契·元魁同侄天俊
　卖与侄彩于、吉华、允嘉 ·· 677
秋口镇长径村B 101·康熙五十年·断骨出卖屋并地契·天标卖与
　兄☐ ··· 678
秋口镇长径村B 58·康熙五十八年·分扒里役合同·程芝璋等 ······ 679
秋口镇长径村B 65·康熙六十年·断骨出卖水碓契·詹阿汪卖与
　叔祖☐ ··· 680
秋口镇长径村B 73·乾隆二十年·断骨出卖地契·元锟同侄兆汝卖与
　弟☐ ··· 681
秋口镇长径村B 97·乾隆二十一年·断骨出卖山契·詹天养同弟
　詹天福卖与兄☐ ·· 682
秋口镇长径村B 75·乾隆二十五年·断骨出卖清明并地契·其煜卖与
　兄☐ ··· 683
秋口镇长径村B 89·乾隆二十六年·断骨出卖生荦契·汪梅同侄汪杨万
　卖与詹☐ ·· 684
秋口镇长径村B 64·乾隆三十四年·出卖大充口本等碓·时礼卖与
　兄☐ ··· 685
秋口镇长径村B 96·乾隆三十六年·断骨出卖老屋并园地契·舜成
　卖与端仁 ·· 686

秋口镇长径村 B 85·乾隆四十年·断骨出卖坟地契·蔡应凤等卖与程涵菲、徐新满兄弟 …… 687

秋口镇长径村 B 53·乾隆五十一年·合议墨·铨培 …… 688

秋口镇长径村 B 90·乾隆五十一年·断骨绝卖楼屋、厨屋基地余地契·詹方氏卖与叔公 …… 689

秋口镇长径村 B 77·嘉庆十九年·出拌杉木约·程天成等出拌与宗兄 …… 690

秋口镇长径村 B 78·嘉庆十九年·断骨出卖广济会契·烨三卖与祖欣兄弟 …… 691

秋口镇长径村 B 106·嘉庆二十年·断骨出卖春社契·思灏卖与叔□ …… 692

秋口镇长径村 B 51·道光九年·劝议书·程胜先四甥分家 …… 693

秋口镇长径村 B 52·道光九年·劝议书·程胜先四甥分家 …… 694

秋口镇长径村 B 72·道光十一年·断骨出卖茶丛地契·浩然卖与族叔国锡 …… 695

秋口镇长径村 B 76·道光十二年·断骨出卖菜园地契·社喜卖与房叔 …… 696

秋口镇长径村 B 79·道光十二年·断骨出卖辛田会契·詹阿余氏同男神保卖与家叔 …… 697

秋口镇长径村 B 44·道光十三年·还收字·德辉 …… 698

秋口镇长径村 B 81·道光十三年·断骨出卖茶丛地契·廷保卖与房叔国锡 …… 699

秋口镇长径村 B 83·道光十三年·断骨出卖茶丛地契·全瑛、润身等卖与房叔国锡 …… 700

秋口镇长径村 B 68·道光十四年·断骨出卖官会契·孟椿卖与房叔国锡 …… 701

秋口镇长径村 B 104·道光十四年·断骨出卖胡帅会契·孟椿卖与房叔国锡 …… 702

秋口镇长径村 B 105·道光十四年·断骨出卖玄坛会契·全瓒卖与族叔□ …… 703

秋口镇长径村 B 13·道光十五年·纳米执照·永裕 …… 704

秋口镇长径村 B 99·道光十五年·断骨出卖地契·文镒卖与国锡 …… 705

秋口镇长径村 B 87·道光十八年·断骨出卖观音会契·士发卖与
国锡 ………………………………………………………………… 706
秋口镇长径村 B 88·道光二十一年·断骨出卖菜园地契·詹阿余氏
同男宗锭卖与国锡 ………………………………………………… 707
秋口镇长径村 B 70·道光二十二年·断骨出卖佃皮契·程茂喜等卖与
詹国锡 ……………………………………………………………… 708
秋口镇长径村 B 48·道光二十五年·出典屋契·詹华庆 ……………… 709
秋口镇长径村 B 17·咸丰二年·纳米执照·腾芳 ……………………… 710
秋口镇长径村 B 103·咸丰八年·断骨出卖园地契·宗鋐卖与国锡 …… 711
秋口镇长径村 B 26·同治四年·纳米执照·腾芳 ……………………… 712
秋口镇长径村 B 36·同治六年·纳米执照·腾芳 ……………………… 713
秋口镇长径村 B 5·同治七年·便民易知由单·腾芳 …………………… 714
秋口镇长径村 B 37·同治七年·纳米执照·腾芳 ……………………… 715
秋口镇长径村 B 3·同治九年·便民易知由单·承裕 …………………… 716
秋口镇长径村 B 32·同治十一年·纳米执照·腾芳 …………………… 717
秋口镇长径村 B 28·同治十二年·纳米执照·腾芳 …………………… 718
秋口镇长径村 B 74·同治十二年·断骨出卖田契·程廷棣卖与
中秋会众 …………………………………………………………… 719
秋口镇长径村 B 6·同治十三年·纳米执照·德旺 ……………………… 720
秋口镇长径村 B 84·光绪二年·断骨出卖田契·高保卖与福香姐 …… 721
秋口镇长径村 B 92·光绪二年·出卖田租、佃皮、会次契·詹高保
卖与詹氏福香姐 …………………………………………………… 722
秋口镇长径村 B 10·光绪三年·纳米执照·祖全 ……………………… 723
秋口镇长径村 B 34·光绪三年·纳米执照·腾芳 ……………………… 724
秋口镇长径村 B 46·光绪三年·出当会约·詹阿江氏同男高保 ……… 725
秋口镇长径村 B 100·光绪三年·当田皮契·詹阿江氏当与李翔高 …… 726
秋口镇长径村 B 18·光绪五年·纳米执照·腾芳 ……………………… 727
秋口镇长径村 B 14·光绪六年·纳米执照·玄坛 ……………………… 728
秋口镇长径村 B 24·光绪八年·纳米执照·腾芳 ……………………… 729
秋口镇长径村 B 42·光绪八年·收复字·李翔高收到詹高保 ………… 730
秋口镇长径村 B 31·光绪九年·纳米执照·腾芳 ……………………… 731
秋口镇长径村 B 33·光绪九年·纳米执照·腾芳 ……………………… 732

秋口镇长径村 B 80·光绪九年·卖茶丛地契·思洺卖与寿姬嫂 733

秋口镇长径村 B 107·光绪九年·断骨出卖会契·桂林卖与思洺房叔 734

秋口镇长径村 B 41·光绪十四年·借字·詹思洺借到黄坭圻 735

秋口镇长径村 B 56·光绪十四年·合议墨·程养源会、程积庆堂 736

秋口镇长径村 B 11·光绪二十三年·纳米执照·腾芳 737

秋口镇长径村 B 59·光绪二十五年·讣告·俞声支、俞声兆 738

秋口镇长径村 B 21·光绪二十六年·纳米执照·腾芳 739

秋口镇长径村 B 22·光绪二十七年·纳米执照·腾方 740

秋口镇长径村 B 19·光绪二十八年·纳米执照·腾芳 741

秋口镇长径村 B 7·光绪二十九年·纳米执照·鹤麟 742

秋口镇长径村 B 8·光绪二十九年·纳米执照·良栥 743

秋口镇长径村 B 20·光绪二十九年·纳米执照·腾芳 744

秋口镇长径村 B 39·光绪三十一年·纳米执照·腾芳 745

秋口镇长径村 B 30·光绪三十二年·纳米执照·腾芳 746

秋口镇长径村 B 40·光绪三十二年·租基地字·灶炎租到文寓公众 747

秋口镇长径村 B 25·光绪三十三年·纳米执照·腾芳 748

秋口镇长径村 B 86·光绪三十三年·断骨出卖春社会契·詹永盛
卖与观叩公 749

秋口镇长径村 B 50·民国二年·具状词·詹崇礼堂汉臣等 750

秋口镇长径村 B 71·民国二年·断骨出卖茶丛契·詹永盛卖与
观仰公 751

秋口镇长径村 B 82·民国二年·断骨出卖会契·詹松树卖与
詹观印 752

秋口镇长径村 B 93·民国二年·断骨出卖永壹会契·坤盛、灶开
卖与思洺房公 753

秋口镇长径村 B 49·民国三年·具状词·洪灶元 754

秋口镇长径村 B 43·民国十八年·收字·程忠海收到詹麻缔 755

秋口镇长径村 B 67-i·民国十八年·转卖茶丛契·詹蕴华转卖与
詹林保（右半部分） 756

秋口镇长径村 B 67-ii·民国十八年·转卖茶丛契·詹蕴华转卖与
詹林保（左半部分） 757

秋口镇长径村 B 110·民国三十一年·证明·德兴县商会 758

秋口镇长径村 B 2·账单 759

秋口镇长径村 B 54·合同·詹樟村、詹观得 ············ 760
秋口镇长径村 B 60-1·杂文 ············ 761
秋口镇长径村 B 60-2·杂文 ············ 762
秋口镇长径村 B 61·戏文 ············ 763
秋口镇长径村 B 62·账单 ············ 764
秋口镇长径村 B 63·流水账 ············ 765
秋口镇长径村 B 95·断骨出卖茶丛园地契·思洺卖与房侄文炀 ············ 766
秋口镇长径村 B 108·书信 ············ 767
秋口镇长径村 B 109·书信·光九寄与兄 ············ 768
秋口镇长径村 B 111·书信 ············ 769

秋口镇里源 1—168 ············ 770

秋口镇里源 151·乾隆二年·出卖中溪桥会契·吴奇琥卖与族叔祖□ ······ 770
秋口镇里源 75·乾隆九年·断骨出卖楼房屋基地契·吴正镁卖与
　本族叔祖□ ············ 771
秋口镇里源 76·乾隆九年·断骨出卖地契·吴正铎卖与正镁 ············ 772
秋口镇里源 39·乾隆十五年·借约·余宗兴兄弟借到亲眷吴□ ············ 773
秋口镇里源 111·乾隆十五年·借银约·奇生借到族兄□ ············ 774
秋口镇里源 124·乾隆十五年·借约·天董借到族叔祖□ ············ 775
秋口镇里源 113·乾隆十六年·断骨出卖兴嘉会契·吴永洪兄弟
　卖与族叔□ ············ 776
秋口镇里源 135·乾隆十七年·出卖冬至会契义观公清明会契·
　吴双红卖与族叔祖 ············ 777
秋口镇里源 143·乾隆十七年·当冬至会契·吴继震当与族弟 ············ 778
秋口镇里源 150·乾隆十七年·断骨出卖玄帝会契·吴方佣同弟卖与
　族叔 ············ 779
秋口镇里源 41·乾隆十八年·借约·吴大裕借于族叔□ ············ 780
秋口镇里源 146·乾隆十九年·牛批约·天肫承到族叔祖□ ············ 781
秋口镇里源 139·乾隆二十一年·出茶园坦契·吴就喜当与族叔 ············ 782
秋口镇里源 120·乾隆二十二年·出卖菜园地契·吴起森卖与
　房弟起杠 ············ 783
秋口镇里源 136·乾隆二十三年·借约·吴就喜借到族叔□ ············ 784

秋口镇里源167·乾隆二十五年·合同·吴起杠同侄高羔、高煌、
　　高辉、高㷝、高煋 ………………………………………………… 785

秋口镇里源66·乾隆三十年·断骨出卖会契·吴高羔卖与房叔囗 ……… 786

秋口镇里源91·乾隆三十年·断骨出卖竹园山地契·吴高羔卖与
　　房叔囗 …………………………………………………………… 787

秋口镇里源162·乾隆二十九年·断骨出卖桥会契·吴阿詹卖与
　　族叔囗 …………………………………………………………… 788

秋口镇里源145·乾隆四十年·借银约·吴高熊同弟高㷝借于
　　族侄孙囗 ………………………………………………………… 789

秋口镇里源082·乾隆四十三年·断骨出卖田契·吴胡女同弟任女
　　卖与族叔记宝 …………………………………………………… 790

秋口镇里源71·乾隆五十七年·断骨出卖基地并楼屋契·吴桂宝
　　卖与胞弟吴新宝、吴福宝 ……………………………………… 791

秋口镇里源109·乾隆五十七年·借约·吴桂宝借于新保、福保 ……… 792

秋口镇里源2-1·嘉庆七年至十二年·流水账（来往会簿）·
　　吴耀明 …………………………………………………………… 793

秋口镇里源2-2·嘉庆七年至十二年·流水账（来往会簿）·
　　吴耀明 …………………………………………………………… 794

秋口镇里源2-3·嘉庆七年至十二年·流水账（来往会簿）·
　　吴耀明 …………………………………………………………… 795

秋口镇里源2-4·嘉庆七年至十二年·流水账（来往会簿）·
　　吴耀明 …………………………………………………………… 796

秋口镇里源2-5·嘉庆七年至十二年·流水账（来往会簿）·
　　吴耀明 …………………………………………………………… 797

秋口镇里源108·嘉庆十二年·出佃田皮约·詹世江佃与吴耀明 ……… 798

秋口镇里源6-1·嘉庆十五年至二十二年·借据·王周和
　　借到吴囗 ………………………………………………………… 799

秋口镇里源6-2·嘉庆十五年至二十二年·借据·王周和
　　借到吴囗 ………………………………………………………… 800

秋口镇里源6-3·嘉庆十五年至二十二年·借据·王周和
　　借到吴囗 ………………………………………………………… 801

秋口镇里源110·嘉庆十六年·收字·吴耀明同侄邦堦等收百喜侄 …… 802

秋口镇里源 1-1·嘉庆二十年至道光十五年·流水账（往来账目）·
　　耀记 …………………………………………………………… 803

秋口镇里源 1-2·嘉庆二十年至道光十五年·流水账（往来账目）·
　　耀记 …………………………………………………………… 804

秋口镇里源 1-3·嘉庆二十年至道光十五年·流水账（往来账目）·
　　耀记 …………………………………………………………… 805

秋口镇里源 1-4·嘉庆二十年至道光十五年·流水账（往来账目）·
　　耀记 …………………………………………………………… 806

秋口镇里源 1-5·嘉庆二十年至道光十五年·流水账（往来账目）·
　　耀记 …………………………………………………………… 807

秋口镇里源 1-6·嘉庆二十年至道光十五年·流水账（往来账目）·
　　耀记 …………………………………………………………… 808

秋口镇里源 1-7·嘉庆二十年至道光十五年·流水账（往来账目）·
　　耀记 …………………………………………………………… 809

秋口镇里源 100·嘉庆二十年·笔据·吴连子、吴连玉 …………… 810
秋口镇里源 148·嘉庆二十年·立限期票·吴盛高 ………………… 811
秋口镇里源 141·嘉庆二十一年·借会银约·吴齐借到元庆、八寿 …… 812
秋口镇里源 144·嘉庆二十一年·借会银约·吴新庆借到元庆、八寿 … 813
秋口镇里源 73·嘉庆二十四年·断骨出卖茶丛地契·吴进兴卖与
　　叔祖耀明 ……………………………………………………… 814
秋口镇里源 86·嘉庆二十四年·断骨出卖田皮约·吴玄保卖与
　　亲眷詹□ ……………………………………………………… 815
秋口镇里源 89·嘉庆二十四年·断骨出卖茶丛地契·吴顺兴卖与
　　叔祖耀明 ……………………………………………………… 816
秋口镇里源 99·嘉庆二十四年·公同劝议书·汪正洋等 ………… 817
秋口镇里源 161·嘉庆二十四年·议墨书·吴仁甦之裔凤华等 …… 818
秋口镇里源 38·道光三年·借约·吴其声借到詹子安 …………… 819
秋口镇里源 116·道光三年·借字·其声借到耀明叔 ……………… 820
秋口镇里源 164·道光三年·断骨租契·吴其声卖与詹子安 …… 821
秋口镇里源 74·道光四年·出佃田皮约·吴通远出佃与堂叔□ …… 822
秋口镇里源 83·道光四年·出佃田皮约·吴通远佃与永济会耀明等 … 823
秋口镇里源 117·道光四年·租约·邦堵同弟邦填租与叔父 ……… 824

秋口镇里源123·道光四年·承种约·吴亮祖承到永济会 ………… 825

秋口镇里源134·道光四年·承种约·吴亮祖承到耀明叔祖 ………… 826

秋口镇里源153·道光四年·租约·邦堵同弟邦填租叔父 ………… 827

秋口镇里源68·道光六年·断骨出卖租契·吴长兴卖与耀明太公 ………… 828

秋口镇里源84·道光六年·断骨出佃田皮约·吴长兴出佃与耀明
太公 ………… 829

秋口镇里源49-1·道光十年·会书·六合会式 ………… 830

秋口镇里源49-2·道光十年·会书·六合会式 ………… 831

秋口镇里源49-3·道光十年·会书·六合会式 ………… 832

秋口镇里源49-4·道光十年·会书·六合会式 ………… 833

秋口镇里源49-5·道光十年·会书·六合会式 ………… 834

秋口镇里源77·道光十年·出佃田皮约·程兴元佃与吴观林 ………… 835

秋口镇里源81·道光十二年·断骨出卖茶丛地契·吴观保卖与
族叔观麟 ………… 836

秋口镇里源142·道光十二年·出卖柽子树契·吴观保卖与族叔观麟 ………… 837

秋口镇里源87·道光十三年·断骨出卖租契·吴万成同侄寿庆卖与
族弟吴观麟 ………… 838

秋口镇里源92·道光十三年·断骨出卖基地契·吴酉保卖与
族弟观林 ………… 839

秋口镇里源128·道光十四年·出卖茶丛契·吴祝德卖与观林叔 ………… 840

秋口镇里源157·道光十九年·出当会契·吴观顺出当与房兄龙光 ………… 841

秋口镇里源79·道光二十一年·出当楼屋契·吴细爱出当与
族叔龙贵 ………… 842

秋口镇里源166·道光二十一年·出当山契·吴成高当与族弟龙贵 ………… 843

秋口镇里源62·道光二十一年·出当屋地契·吴成高当与族弟龙贵 ………… 844

秋口镇里源70·道光二十四年·断骨出卖楼屋房契·吴细爱卖与
吴养忠 ………… 845

秋口镇里源7-1·道光二十五年·流水账·仁寿堂 ………… 846

秋口镇里源7-2·道光二十五年·流水账·仁寿堂 ………… 847

秋口镇里源114·道光二十六年·割滕挖根出卖赠价屋契·吴细爱
卖与族叔吴观林 ………… 848

秋口镇里源64·道光二十七年·断骨出卖租契·吴金保等卖与
族弟吴裕昌 …………………………………………………………… 849

秋口镇里源78·道光二十八年·出当屋地基契·吴庆新当与
族叔宝芝 ……………………………………………………………… 850

秋口镇里源44·道光二十九年·割滕挖根赠价屋契·吴接新卖与
族叔裕昌 ……………………………………………………………… 851

秋口镇里源65·道光二十九年·断骨杜卖屋基地契·吴接新同弟
庆新卖与族叔裕昌 …………………………………………………… 852

秋口镇里源104·道光二十九年·断骨出卖楼屋契·吴阿叶氏同男
庆新、接新卖与族叔裕昌 …………………………………………… 853

秋口镇里源131·咸丰三年·租批·吴发新租到族叔裕昌 ………… 854

秋口镇里源137·咸丰三年·出当茶丛契·吴庆新当与族叔裕昌 … 855

秋口镇里源149·咸丰四年·出当厨屋契·吴裕昌同弟裕龙、裕亨
当与房兄芳谷 ………………………………………………………… 856

秋口镇里源88·咸丰七年·断骨出卖山契·吴罗接卖与族叔裕昌 … 857

秋口镇里源90·同治元年·断骨出卖柽子树契·吴罗接卖与族叔裕昌 … 858

秋口镇里源112·同治二年·断骨出卖茶丛契·吴祀林卖与吴裕昌叔 … 859

秋口镇里源61·同治三年·断骨出卖柽子树山税契·吴富林卖与
族叔裕昌 ……………………………………………………………… 860

秋口镇里源127·同治九年·收复字·吴初旺收到裕昌兄弟 ……… 861

秋口镇里源102·光绪四年·秋收租额 ……………………………… 862

秋口镇里源93·光绪五年·具状词·汪元兴告吴裕亨 ……………… 863

秋口镇里源95·光绪五年·具状词·汪元兴告吴裕亨 ……………… 864

秋口镇里源96·光绪五年·具状词·汪元兴告吴裕亨 ……………… 865

秋口镇里源97·光绪五年·具状词·汪元兴告吴裕亨 ……………… 866

秋口镇里源98·光绪五年·具状词·汪元兴告吴裕亨 ……………… 867

秋口镇里源119·光绪七年·秋收周王会租额单 …………………… 868

秋口镇里源125·光绪九年·出卖周王会约·吴仁太卖与叔公 …… 869

秋口镇里源156·光绪九年·当茶丛契·吴长生当与本房秀生兄 … 870

秋口镇里源43·光绪十三年·出当茶丛约·吴观榜当与囗 ………… 871

秋口镇里源63·光绪十四年·断骨出卖茶丛并柽子树契·吴观榜卖与
本房囗 ………………………………………………………………… 872

秋口镇里源118·光绪十四年·出当茶丛契·吴长生当与再泰 ………… 873

秋口镇里源152·光绪十四年·当茶丛契·吴长生当与族内再泰 ……… 874

秋口镇里源31·光绪二十四年·纳米执照·其生 ………………………… 875

秋口镇里源17·光绪二十五年·纳米执照·其生 ………………………… 876

秋口镇里源80·光绪二十五年·承充缮书·吴烈庭承到本房友善

 公众名下 …………………………………………………………………… 877

秋口镇里源19·光绪三十年·纳米执照·裕龄 …………………………… 878

秋口镇里源20·光绪三十年·纳米执照·邦堦 …………………………… 879

秋口镇里源21·光绪三十年·纳米执照·其生 …………………………… 880

秋口镇里源22·光绪三十年·纳米执照·时兴 …………………………… 881

秋口镇里源23·光绪三十年·纳米执照·源庆 …………………………… 882

秋口镇里源24·光绪三十年·纳米执照·陆顺 …………………………… 883

秋口镇里源10·光绪三十二年·纳米执照·邦堦 ………………………… 884

秋口镇里源126·宣统元年·收据·天桥支孙收族内富生 ……………… 885

秋口镇里源67·民国元年·断骨出卖楼屋地基契·吴元尧卖与

 本房吴华生 ………………………………………………………………… 886

秋口镇里源154·民国元年·自代加当契·吴富生加当与本家俊娥嫂 … 887

秋口镇里源26·民国二年·纳米执照·邦堦 ……………………………… 888

秋口镇里源94·民国六年·具状词·吴富兴、吴富仲公支裔等告

 裴灶林父子 ………………………………………………………………… 889

秋口镇里源159·民国六年·断骨绝卖猪栏浮屋契·吴□卖与

 蕉源宅吴□ ………………………………………………………………… 890

秋口镇里源155·民国八年·当田皮骨租契·吴富生当与本房

 新灯会众友 ………………………………………………………………… 891

秋口镇里源27·民国十一年·纳米执照·其生 …………………………… 892

秋口镇里源45·民国十三年·田赋及借粮收据 …………………………… 893

秋口镇里源46·民国十三年·田赋及借粮收据·得沅 …………………… 894

秋口镇里源34·民国二十二年·查税粮单·查裕亨户 …………………… 895

秋口镇里源132·民国二十二年·过继书·胞弟程亨将一子过继与

 胞兄 ………………………………………………………………………… 896

秋口镇里源105·民国二十四年·出当骨租契·吴富生当与朝爱娇 …… 897

秋口镇里源101·民国三十年·断骨出卖骨祖契·吴□□卖与

 堂侄□□ …………………………………………………………………… 898

秋口镇里源 158 · 民国三十年 · 出当骨租契 · 吴富生当与吴显光 ……… 899

秋口镇里源 129 · 民国三十一年 · 出当租契 · 吴富生当与荣桂 ………… 900

秋口镇里源 140 · 民国三十三年 · 出当田皮契 · 吴富生当与劝慰
　　储蓄会 ……………………………………………………………… 901

秋口镇里源 147 · 民国三十三年 · 断骨出卖猪栏浮屋契 · 吴志彪卖与
　　吴祀龙 ……………………………………………………………… 902

秋口镇里源 51 · 一九六五年 · 订婚书 · 吴志标 ……………………… 903

秋口镇里源 58 · 一九六五年 · 适嫁礼物礼单 · 吴加子 ……………… 904

秋口镇里源 165 · 流水账 …………………………………………………… 905

秋口镇里源 3-1 · 税粮实征册（含排目账若干页）· 吴世增户
　　理观公股 …………………………………………………………… 906

秋口镇里源 3-2 · 税粮实征册（含排目账若干页）· 吴世增户
　　理观公股 …………………………………………………………… 907

秋口镇里源 3-3 · 税粮实征册（含排目账若干页）· 吴世增户
　　理观公股 …………………………………………………………… 908

秋口镇里源 3-4 · 税粮实征册（含排目账若干页）· 吴世增户
　　理观公股 …………………………………………………………… 909

秋口镇里源 3-5 · 税粮实征册（含排目账若干页）· 吴世增户
　　理观公股 …………………………………………………………… 910

秋口镇里源 3-6 · 税粮实征册（含排目账若干页）· 吴世增户
　　理观公股 …………………………………………………………… 911

秋口镇里源 3-7 · 税粮实征册（含排目账若干页）· 吴世增户
　　理观公股 …………………………………………………………… 912

秋口镇里源 3-8 · 税粮实征册（含排目账若干页）· 吴世增户
　　理观公股 …………………………………………………………… 913

秋口镇里源 3-9 · 税粮实征册（含排目账若干页）· 吴世增户
　　理观公股 …………………………………………………………… 914

秋口镇里源 3-10 · 税粮实征册（含排目账若干页）· 吴世增户
　　理观公股 …………………………………………………………… 915

秋口镇里源 3-11 · 税粮实征册（含排目账若干页）· 吴世增户
　　理观公股 …………………………………………………………… 916

秋口镇里源 3-12 · 税粮实征册（含排目账若干页）· 吴世增户
　　理观公股 …………………………………………………………… 917

秋口镇里源 3-13·税粮实征册（含排目账若干页）·吴世增户理观公股 ································· 918

秋口镇里源 3-14·税粮实征册（含排目账若干页）·吴世增户理观公股 ································· 919

秋口镇里源 3-15·税粮实征册（含排目账若干页）·吴世增户理观公股 ································· 920

秋口镇里源 3-16·税粮实征册（含排目账若干页）·吴世增户理观公股 ································· 921

秋口镇里源 3-17·税粮实征册（含排目账若干页）·吴世增户理观公股 ································· 922

秋口镇里源 4-1·具状词·吴接富、吴积有等 ············· 923

秋口镇里源 4-2·具状词·吴接富、吴积有等 ············· 924

秋口镇里源 4-3·具状词·吴接富、吴积有等 ············· 925

秋口镇里源 4-4·具状词·吴接富、吴积有等 ············· 926

秋口镇里源 4-5·具状词·吴接富、吴积有等 ············· 927

秋口镇里源 4-6·具状词·吴接富、吴积有等 ············· 928

秋口镇里源 4-7·具状词·吴接富、吴积有等 ············· 929

秋口镇里源 4-8·具状词·吴接富、吴积有等 ············· 930

秋口镇里源 4-9·具状词·吴接富、吴积有等 ············· 931

秋口镇里源 4-10·具状词·吴接富、吴积有等 ············ 932

秋口镇里源 4-11·具状词·吴接富、吴积有等 ············ 933

秋口镇里源 4-12·具状词·吴接富、吴积有等 ············ 934

秋口镇里源 4-13·具状词·吴接富、吴积有等 ············ 935

秋口镇里源 4-14·具状词·吴接富、吴积有等 ············ 936

秋口镇里源 4-15·具状词·吴接富、吴积有等 ············ 937

秋口镇里源 4-16·具状词·吴接富、吴积有等 ············ 938

秋口镇里源 5-i·流水帐 ······························· 939

秋口镇里源 5-ii·流水帐 ······························ 940

秋口镇里源 8·书信·季文 ······························ 941

秋口镇里源 35-1·信封·光远寄与富生房叔 ················ 942

秋口镇里源 35-2·书信·光远寄与富生房叔 ················ 943

秋口镇里源 36·田亩号码 ······························ 944

秋口镇里源 37·田亩号码 ... 945
秋口镇里源 40·流水账 ... 946
秋口镇里源 42·流水帐 ... 947
秋口镇里源 47·记条 ... 948
秋口镇里源 52·礼目 ... 949
秋口镇里源 55·礼目 ... 950
秋口镇里源 56·鸳鸯礼书 ... 951
秋口镇里源 57·一九六五年·聘礼礼单 ... 952
秋口镇里源 59·流水账 ... 953
秋口镇里源 60·租额·元庆 ... 954
秋口镇里源 69·婚礼请客单 ... 955
秋口镇里源 72·税粮清单 ... 956
秋口镇里源 85-i·税粮清单·凤字号田（右边部分）... 957
秋口镇里源 85-ii·税粮清单·凤字号田（中间部分）... 958
秋口镇里源 85-iii·税粮清单·凤字号田（左边部分）... 959
秋口镇里源 103·家族夜饭名单 ... 960
秋口镇里源 107·议合墨约·蕉源合族会首等 ... 961
秋口镇里源 115·流水账 ... 962
秋口镇里源 121·书信 ... 963
秋口镇里源 122·书信 ... 964
秋口镇里源 130·流水账 ... 965
秋口镇里源 133·土地四至说明书 ... 966
秋口镇里源 138·流水账 ... 967
秋口镇里源 160·流水账 ... 968
秋口镇里源 163·流水账 ... 969

秋口镇毕家坑 1—117 ... 970

秋口镇毕家坑 87·雍正十一年·借约·孙国佳借到房兄□ ... 970
秋口镇毕家坑 89·雍正十一年·断骨出卖佃皮契·孙国佳卖与房兄□ ... 971
秋口镇毕家坑 14·乾隆五年·推单·江应昇户付与曹美有户 ... 972
秋口镇毕家坑 82·乾隆五年·欠地价银约·曹公笔欠到□ ... 973

秋口镇毕家坑92·乾隆十七年·断骨出卖田坦契·孙启何卖与
江虞乡 ··· 974

秋口镇毕家坑113·乾隆二十七年·断骨出卖山契·光远堂支孙启横
卖与光远堂 ··· 975

秋口镇毕家坑76·乾隆二十九年·断骨出俵佃皮约·江元澍俵与
孙启何 ··· 976

秋口镇毕家坑83·乾隆三十二年·借约·茂材借到☐ ············· 977

秋口镇毕家坑95·乾隆三十六年·断骨绝卖荒山契·李弘陞卖与
孙☐ ··· 978

秋口镇毕家坑107·乾隆三十六年·断骨绝卖荒山契·李弘升同弟
弘埕绝卖与亲眷孙☐ ··· 979

秋口镇毕家坑108·乾隆三十六年·绝卖荒山契·李弘升同弟
弘埕断骨绝卖与亲眷孙☐ ·· 980

秋口镇毕家坑80·乾隆三十七年·还字·李弘升绝卖与亲眷孙 ········ 981

秋口镇毕家坑81·乾隆三十七年·还字约·李弘升绝卖与亲眷孙 ······· 982

秋口镇毕家坑17·乾隆四十一年·推单·有栢户推与孙华户 ········· 983

秋口镇毕家坑88·乾隆四十四年·断骨出卖楼房契·孙茂材卖与
堂弟茂高 ·· 984

秋口镇毕家坑85·乾隆四十六年·断骨出卖佃皮约·孙洪贤卖与
房叔 ··· 985

秋口镇毕家坑98·乾隆四十六年·断骨出卖田租契·孙洪贤卖与
包叔茂庶 ··· 986

秋口镇毕家坑72·乾隆四十七年·断骨出卖佃皮约·孙洪贤卖与
房叔☐ ·· 987

秋口镇毕家坑79·乾隆四十七年·断骨出俵佃皮约·孙洪贤出俵与
房叔☐ ·· 988

秋口镇毕家坑103·乾隆四十八年·断骨出卖田契·孙德良卖与
房叔☐ ·· 989

秋口镇毕家坑97·乾隆四十九年·断骨出卖山契·孙启根卖与
房侄茂高 ··· 990

秋口镇毕家坑115·乾隆五十年·断骨出卖山契·孙洪铜卖与
房叔茂高 ··· 991

秋口镇毕家坑 116·乾隆五十年·断骨出卖田租契·孙洪贤卖与
茂高 ·· 992

秋口镇毕家坑 104·乾隆五十一年·断骨出卖坦契·孙洪贤卖与
房叔囗 ·· 993

秋口镇毕家坑 117·乾隆五十一年·断骨出卖田租契·孙洪贤卖与
房叔囗 ·· 994

秋口镇毕家坑 86·乾隆五十二年·借约·孙德良借房叔 ·········· 995

秋口镇毕家坑 10·乾隆五十四年·推单·广兴推与林进户 ········ 996

秋口镇毕家坑 96·乾隆五十四年·断骨绝卖田契·俞树廷卖与孙囗 ······ 997

秋口镇毕家坑 2-1·嘉庆四年·税粮实征册·孙林进户 ············ 998

秋口镇毕家坑 2-2·嘉庆四年·税粮实征册·孙林进户 ············ 999

秋口镇毕家坑 2-3·嘉庆四年·税粮实征册·孙林进户 ············ 1000

秋口镇毕家坑 2-4·嘉庆四年·税粮实征册·孙林进户 ············ 1001

秋口镇毕家坑 2-5·嘉庆四年·税粮实征册·孙林进户 ············ 1002

秋口镇毕家坑 2-6·嘉庆四年·税粮实征册·孙林进户 ············ 1003

秋口镇毕家坑 2-7·嘉庆四年·税粮实征册·孙林进户 ············ 1004

秋口镇毕家坑 2-8·嘉庆四年·税粮实征册·孙林进户 ············ 1005

秋口镇毕家坑 70·嘉庆十四年·清白出卖山契·五都李熤户宏达等
卖与孙太来 ·· 1006

秋口镇毕家坑 1-1·嘉庆十五年·收早谷账本·佃人俞双 ·········· 1007

秋口镇毕家坑 1-2·嘉庆十五年·收早谷账本·佃人俞双 ·········· 1008

秋口镇毕家坑 1-3·嘉庆十五年·收早谷账本·佃人俞双 ·········· 1009

秋口镇毕家坑 1-4·嘉庆十五年·收早谷账本·佃人俞双 ·········· 1010

秋口镇毕家坑 1-5·嘉庆十五年·收早谷账本·佃人俞双 ·········· 1011

秋口镇毕家坑 1-6·嘉庆十五年·收早谷账本·佃人俞双 ·········· 1012

秋口镇毕家坑 1-7·嘉庆十五年·收早谷账本·佃人俞双 ·········· 1013

秋口镇毕家坑 1-8·嘉庆十五年·收早谷账本·佃人俞双 ·········· 1014

秋口镇毕家坑 1-9·嘉庆十五年·收早谷账本·佃人俞双 ·········· 1015

秋口镇毕家坑 1-10·嘉庆十五年·收早谷账本·佃人俞双 ········· 1016

秋口镇毕家坑 1-11·嘉庆十五年·收早谷账本·佃人俞双 ········· 1017

秋口镇毕家坑 1-12·嘉庆十五年·收早谷账本·佃人俞双 ········· 1018

秋口镇毕家坑 1-13·嘉庆十五年·收早谷账本·佃人俞双 ········· 1019

秋口镇毕家坑1-14·嘉庆十五年·收早谷账本·佃人俞双 …… 1020

秋口镇毕家坑15·嘉庆十五年·推单·炯、煜二户推与霖进户 …… 1021

秋口镇毕家坑110·嘉庆十五年·断骨绝卖山契·李宏陆、宏达同侄
观禄等绝卖与孙宅 …… 1022

秋口镇毕家坑19·嘉庆十六年·推单·量户付与永进户 …… 1023

秋口镇毕家坑61·嘉庆十六年·借条·☐借得意婶 …… 1024

秋口镇毕家坑66·嘉庆十七年·出当山契·孙旺发当与亲春江 …… 1025

秋口镇毕家坑18·嘉庆二十二年·推单·芳奇户付与永进户 …… 1026

秋口镇毕家坑90·道光六年·断骨出卖基地契·孙洪荣同弟洪盛
卖与房兄大成、房侄本添 …… 1027

秋口镇毕家坑12·道光十三年·推单·芳奇户付与永进户 …… 1028

秋口镇毕家坑93·道光十三年·断骨出卖田皮约·俞振钧卖与
孙瑞堂 …… 1029

秋口镇毕家坑75·道光十四年·断骨出卖基地契·孙茂俞同弟茂海
同侄洪龙、洪烜等卖与族侄大成 …… 1030

秋口镇毕家坑102·道光十四年·断骨出卖荒山契·孙本寿卖与☐ …… 1031

秋口镇毕家坑71·道光十七年·推单·元榕户付与永进户 …… 1032

秋口镇毕家坑91·道光十七年·断骨出卖田租契·江荣万卖与
孙瑞堂 …… 1033

秋口镇毕家坑69·道光二十年·断骨出卖田皮约·江亦镒卖与
孙瑞堂翁 …… 1034

秋口镇毕家坑84·道光二十年·承种佃皮约·俞旺寿承到
孙瑞堂亲台 …… 1035

秋口镇毕家坑3-1·道光二十三年·税粮实征册·永进户新升
兴进户 …… 1036

秋口镇毕家坑3-2·道光二十三年·税粮实征册·永进户新升
兴进户 …… 1037

秋口镇毕家坑3-3·道光二十三年·税粮实征册·永进户新升
兴进户 …… 1038

秋口镇毕家坑3-4·道光二十三年·税粮实征册·永进户新升
兴进户 …… 1039

秋口镇毕家坑3-5·道光二十三年·税粮实征册·永进户新升
兴进户 …… 1040

秋口镇毕家坑 3-6·道光二十三年·税粮实征册·永进户新升
兴进户 ··· 1041

秋口镇毕家坑 3-7·道光二十三年·税粮实征册·永进户新升
兴进户 ··· 1042

秋口镇毕家坑 4-1·道光二十三年至同治七年·税粮实征册·
永进户 ··· 1043

秋口镇毕家坑 4-2·道光二十三年至同治七年·税粮实征册·
永进户 ··· 1044

秋口镇毕家坑 4-3·道光二十三年至同治七年·税粮实征册·
永进户 ··· 1045

秋口镇毕家坑 4-4·道光二十三年至同治七年·税粮实征册·
永进户 ··· 1046

秋口镇毕家坑 4-5·道光二十三年至同治七年·税粮实征册·
永进户 ··· 1047

秋口镇毕家坑 4-6·道光二十三年至同治七年·税粮实征册·
永进户 ··· 1048

秋口镇毕家坑 4-7·道光二十三年至同治七年·税粮实征册·
永进户 ··· 1049

秋口镇毕家坑 4-8·道光二十三年至同治七年·税粮实征册·
永进户 ··· 1050

秋口镇毕家坑 109·咸丰元年·出典屋字约·江有和典与兄有华 ········ 1051

秋口镇毕家坑 65·咸丰九年·断骨出卖田皮契·江荣万卖与孙日高 ········ 1052

秋口镇毕家坑 94·咸丰九年·断骨出卖田地契·江荣万卖与孙日高 ········ 1053

秋口镇毕家坑 112·咸丰九年·断骨出卖地业契·江二九卖与
孙日高 ··· 1054

秋口镇毕家坑 13·咸丰十年·推单·江贤户容德户江二九付与
兴进户 ··· 1055

秋口镇毕家坑 16·咸丰十年·推单·江万户江荣万付与兴进户 ··········· 1056

秋口镇毕家坑 77·咸丰十年·断骨出卖田皮正租约·孙日高卖与
江成大兄 ··· 1057

秋口镇毕家坑 114·同治二年·断骨出卖荒山契·俞明亮卖与
孙洪庭 ··· 1058

秋口镇毕家坑 37·同治三年·纳米执照·林进 …………………………… 1059

秋口镇毕家坑 78·光绪二年·典押佃皮字·俞当时典押与孙发荣 …… 1060

秋口镇毕家坑 106·光绪四年·断骨出卖田皮正租契·孙炳炤卖与

 俞光裕堂 ………………………………………………………………… 1061

秋口镇毕家坑 30·光绪三十年·纳米执照·兴进 …………………… 1062

秋口镇毕家坑 32·光绪三十年·纳米执照·孙广 …………………… 1063

秋口镇毕家坑 33·光绪三十年·纳米执照·秋社 …………………… 1064

秋口镇毕家坑 38·光绪三十一年·纳米执照·永进 ………………… 1065

秋口镇毕家坑 58·光绪三十一年·纳米执照·兴进 ………………… 1066

秋口镇毕家坑 101·光绪三十一年·断骨出卖基址契·孙荫全卖与

 家叔孙炳昭 ……………………………………………………………… 1067

秋口镇毕家坑 31·光绪三十二年·纳米执照·孙广 ………………… 1068

秋口镇毕家坑 39·光绪三十二年·纳米执照·兴进 ………………… 1069

秋口镇毕家坑 40·民国三年·纳米执照·孙广 ……………………… 1070

秋口镇毕家坑 41·民国三年·纳米执照·兴进 ……………………… 1071

秋口镇毕家坑 46·民国四年·纳米执照·孙广 ……………………… 1072

秋口镇毕家坑 47·民国四年·纳米执照·兴进 ……………………… 1073

秋口镇毕家坑 105·民国九年·转押山场茶丛字·孙聚和转押与

 孙有明 …………………………………………………………………… 1074

秋口镇毕家坑 28·民国十三年·纳米执照·兴进 …………………… 1075

秋口镇毕家坑 29·民国十三年·纳米执照·永进 …………………… 1076

秋口镇毕家坑 43·民国十三年·纳米执照·孙广 …………………… 1077

秋口镇毕家坑 44·民国十四年·纳米执照·孙广 …………………… 1078

秋口镇毕家坑 45·民国十四年·纳米执照·永进 …………………… 1079

秋口镇毕家坑 48·民国十四年·纳米执照·兴进 …………………… 1080

秋口镇毕家坑 99·民国十四年·会书·孙养生 ……………………… 1081

秋口镇毕家坑 36·民国十五年·纳米执照·承进 …………………… 1082

秋口镇毕家坑 34·民国十八年·纳米执照·兴进 …………………… 1083

秋口镇毕家坑 35·民国十八年·纳米执照·孙广 …………………… 1084

秋口镇毕家坑 42·民国十八年·纳米执照·永进 …………………… 1085

秋口镇毕家坑 54·民国二十一年·纳米执照·春社 ………………… 1086

秋口镇毕家坑55·民国二十一年·纳米执照·永进 …………………… 1087
秋口镇毕家坑56·民国二十一年·纳米执照·敷丁 …………………… 1088
秋口镇毕家坑57·民国二十一年·纳米执照·年头 …………………… 1089
秋口镇毕家坑59·民国二十一年·纳米执照·兴进 …………………… 1090
秋口镇毕家坑60·民国二十一年·纳米执照·孙广 …………………… 1091
秋口镇毕家坑49·民国二十二年·纳米执照·孙广 …………………… 1092
秋口镇毕家坑50·民国二十二年·纳米执照·永进 …………………… 1093
秋口镇毕家坑51·民国二十二年·纳米执照·兴进 …………………… 1094
秋口镇毕家坑52·民国二十四年·田赋串票·孙广 …………………… 1095
秋口镇毕家坑53·民国二十四年·田赋串票·兴进 …………………… 1096
秋口镇毕家坑62·民国二十五年·字据·孙日华 …………………… 1097
秋口镇毕家坑111·民国二十五年·押当田皮契·孙光远堂众押当与
孙灶生 …………………………………………………………………… 1098
秋口镇毕家坑5·民国二十七年·征收田赋收据·林进 …………… 1099
秋口镇毕家坑20·民国二十七年·征收田赋收据·孙广 …………… 1100
秋口镇毕家坑23·民国二十七年·征收田赋收据·兴进 …………… 1101
秋口镇毕家坑11·民国二十八年·征收田赋收据·兴进 …………… 1102
秋口镇毕家坑21·民国二十八年·征收田赋收据·兴进 …………… 1103
秋口镇毕家坑22·民国二十八年·征收田赋收据·孙广 …………… 1104
秋口镇毕家坑24·民国二十八年·征收田赋税单·孙广 …………… 1105
秋口镇毕家坑100·民国二十八年·会书·隆枝七贤会 …………… 1106
秋口镇毕家坑6·民国三十年·征收田赋收据·林进 ……………… 1107
秋口镇毕家坑7·民国三十年·征收田赋收据·永进 ……………… 1108
秋口镇毕家坑8·民国三十年·征收田赋收据·孙广 ……………… 1109
秋口镇毕家坑9·民国三十年·征收田赋收据·兴进 ……………… 1110
秋口镇毕家坑26·信封·孙夺锞寄与孙夺月 ……………………… 1111
秋口镇毕家坑27·包封·宁邑十三都云梯交元茂昌宝号交孙观松 … 1112
秋口镇毕家坑63·土地四至说明书·汪斯渍、汪斯湛 …………… 1113
秋口镇毕家坑64·书信·鉴明 ………………………………………… 1114
秋口镇毕家坑67·路记 ………………………………………………… 1115
秋口镇毕家坑68·书信·孙观生寄 …………………………………… 1116

秋口镇毕家坑73·流水账·江益茂店 ································· 1117
秋口镇毕家坑74·字奉 ·· 1118

秋口镇港头村方家1—97 ·· 1119

秋口镇港头村方家4-i·道光九年·出当茶丛地约·方玉书当与众会友
（右半部分） ·· 1119

秋口镇港头村方家4-ii·道光九年·出当茶丛地约·方玉书当与众会友
（左半部分） ·· 1120

秋口镇港头村方家5·道光九年·出当田皮约·方肇乐当与众会友 ···· 1121

秋口镇港头村方家6·道光九年·出当田皮约·方竞和当与众会友 ···· 1122

秋口镇港头村方家10·道光九年·出当租约·方大喜当与众会友 ···· 1123

秋口镇港头村方家11·道光九年·出当园地契·方汪氏出当与
众会友 ·· 1124

秋口镇港头村方家12·道光九年·出当菜园地契·方大柏当与
众会友 ·· 1125

秋口镇港头村方家13·道光九年·出当园地约·方同寅当与众会友 ···· 1126

秋口镇港头村方家18·道光十五年·承借茶丛租批字·方同珠租到
观音会 ·· 1127

秋口镇港头村方家17·道光二十八年·出当茶丛约·汪法金当与
方才喜 ·· 1128

秋口镇港头村方家70·同治九年·纳米执照·观胜 ······················· 1129

秋口镇港头村方家71·同治十年·纳米执照·观胜 ························ 1130

秋口镇港头村方家76·同治十一年·纳米执照·观胜 ···················· 1131

秋口镇港头村方家73·同治十二年·纳米执照·观胜 ···················· 1132

秋口镇港头村方家20·光绪三年·出当房楼屋契·方同星、方同增
卖与方财喜叔 ·· 1133

秋口镇港头村方家95·光绪三年·纳米执照·宗叙 ······················· 1134

秋口镇港头村方家21·光绪四年·出当楼屋契·吴兴太当与士贤会
会友 ·· 1135

秋口镇港头村方家94·光绪八年·纳米执照·广万 ······················· 1136

秋口镇港头村方家97·光绪十年·纳米执照·和生 ······················· 1137

秋口镇港头村方家19·光绪十四年·断骨出卖茶丛地坦约·方大旺
卖与房侄日章兄弟 ··· 1138

秋口镇港头村方家 74·光绪十四年·纳米执照·观胜 …………… 1139
秋口镇港头村方家 91·光绪十七年·纳米执照·和生 …………… 1140
秋口镇港头村方家 22·光绪十八年·议墨·方金全公支孙等 …… 1141
秋口镇港头村方家 2·光绪十九年·断骨出卖荒茶丛地约·方万林卖与
　方春发 ……………………………………………………………… 1142
秋口镇港头村方家 90·光绪二十年·纳米执照·和生 …………… 1143
秋口镇港头村方家 82·光绪二十三年·纳米执照·观胜 ………… 1144
秋口镇港头村方家 7·光绪二十七年·收字·胡祯林、胡天林收
　方永法洋元 ………………………………………………………… 1145
秋口镇港头村方家 96·光绪二十八年·纳米执照·良兴 ………… 1146
秋口镇港头村方家 86·光绪二十九年·纳米执照·亨荣 ………… 1147
秋口镇港头村方家 92·光绪三十年·纳米执照·良兴 …………… 1148
秋口镇港头村方家 9·光绪三十四年·出当屋字·石金富当与
　方春发 ……………………………………………………………… 1149
秋口镇港头村方家 83·民国四年·纳米执照·赵广 ……………… 1150
秋口镇港头村方家 79·民国十二年·纳米执照·观胜 …………… 1151
秋口镇港头村方家 80·民国十三年·纳米执照·观胜 …………… 1152
秋口镇港头村方家 78·民国十四年·纳米执照·观胜 …………… 1153
秋口镇港头村方家 75·民国十六年·纳米执照·观胜 …………… 1154
秋口镇港头村方家 77·民国十八年·纳米执照·观胜 …………… 1155
秋口镇港头村方家 46·民国二十一年·田赋征收存根·和生 …… 1156
秋口镇港头村方家 81·民国二十一年·纳米执照·亨荣 ………… 1157
秋口镇港头村方家 84·民国二十三年·田赋串票·观胜 ………… 1158
秋口镇港头村方家 28·民国二十五年·田赋税照·观胜 ………… 1159
秋口镇港头村方家 1·民国三十一年·借据·陈攀槐借到方克修 …… 1160
秋口镇港头村方家 30·民国三十一年·征收田赋通知单·观胜 … 1161
秋口镇港头村方家 36·民国三十一年·赋税征收收据·招吉 …… 1162
秋口镇港头村方家 55·民国三十一年·田赋征收收据·和生 …… 1163
秋口镇港头村方家 29·民国三十二年·征收田赋通知单·观胜 … 1164
秋口镇港头村方家 31·民国三十二年·田赋征收存根·和生 …… 1165
秋口镇港头村方家 32·民国三十二年·田赋征收存根·招吉 …… 1166
秋口镇港头村方家 33·民国三十二年·田赋征收存根·招吉 …… 1167

秋口镇港头村方家34·民国三十二年·田赋征收存根·招吉……1168
秋口镇港头村方家35·民国三十二年·田赋征收存根·招吉……1169
秋口镇港头村方家48·民国三十二年·田赋征收存根·和生……1170
秋口镇港头村方家56·民国三十二年·田赋征收存根·和生……1171
秋口镇港头村方家59·民国三十二年·田赋征收存根·和生……1172
秋口镇港头村方家57·民国三十三年·田赋及借粮收据·招吉……1173
秋口镇港头村方家38·民国三十四年·田赋及借粮收据·和生……1174
秋口镇港头村方家39·民国三十六年·田赋征收收据·和生……1175
秋口镇港头村方家47·民国三十六年·田赋征收收据·克成……1176
秋口镇港头村方家24·一九五一年·代税票·方克修……1177
秋口镇港头村方家27·一九五一年·货物税完税照·方克修……1178
秋口镇港头村方家43·一九五一年·收条·方克修……1179
秋口镇港头村方家45·一九五一年·发货票·方克修……1180
秋口镇港头村方家49·一九五一年·代税票·方克修……1181
秋口镇港头村方家50·一九五一年·代税票·方克修……1182
秋口镇港头村方家51·一九五一年·代税票·方克修……1183
秋口镇港头村方家52·一九五一年·代税票·方克修……1184
秋口镇港头村方家53·一九五一年·代税票·方克修……1185
秋口镇港头村方家60·一九五一年·榨油记录单·方克修……1186
秋口镇港头村方家62·一九五一年·货物税完税照·方克修……1187
秋口镇港头村方家63·一九五一年·货物税完税照·方克修……1188
秋口镇港头村方家64·一九五一年·货物税完税照·方克修……1189
秋口镇港头村方家65·一九五一年·交款书·方克修……1190
秋口镇港头村方家44·一九五二年·农业税收据联·方克修……1191
秋口镇港头村方家23·一九五三年·货物税完税照·方克修……1192
秋口镇港头村方家26·一九五三年·农业税收据·方克修……1193
秋口镇港头村方家61·一九五四年·农业税预送收据联·叶多娇……1194
秋口镇港头村方家42·一九五五年·收条·方庆辉……1195
秋口镇港头村方家25·一九五八年·收贷计数单·叶多娇……1196
秋口镇港头村方家8·账单……1197
秋口镇港头村方家14·出当佃皮契·石起丁当与方才喜……1198
秋口镇港头村方家15·土地遵守表·方克修……1199

秋口镇港头村方家16·房田登记表·方克修 …………………………… 1200
秋口镇港头村方家37·征借粮草通知单·方克修 ………………… 1201
秋口镇港头村方家40·农业税通知单·叶多娇 …………………… 1202
秋口镇港头村方家41·公粮收据·方旺林 ………………………… 1203
秋口镇港头村方家58·田赋征收给价证·招吉 …………………… 1204

肆　秋口镇（三）

鸿源吴家·金盘村·坑头村胡家·里蕉村·岭溪村

秋口镇鸿源吴家 1—150 ⋯⋯⋯⋯⋯⋯⋯⋯⋯⋯⋯⋯⋯⋯⋯⋯⋯⋯⋯⋯ 1205

秋口镇鸿源吴家 126·康熙十八年·断骨出卖山契·吴文思卖与
　侄应象 ⋯⋯⋯⋯⋯⋯⋯⋯⋯⋯⋯⋯⋯⋯⋯⋯⋯⋯⋯⋯⋯⋯⋯⋯⋯⋯ 1205

秋口镇鸿源吴家 144·康熙二十七年·断骨出卖园地契·王应祥
　卖与吴□ ⋯⋯⋯⋯⋯⋯⋯⋯⋯⋯⋯⋯⋯⋯⋯⋯⋯⋯⋯⋯⋯⋯⋯⋯⋯ 1206

秋口镇鸿源吴家 113·康熙四十五年·断骨出卖水碓并田契·士究
　卖与正橚 ⋯⋯⋯⋯⋯⋯⋯⋯⋯⋯⋯⋯⋯⋯⋯⋯⋯⋯⋯⋯⋯⋯⋯⋯⋯ 1207

秋口镇鸿源吴家 98·康熙四十八年·断骨出卖春秋会契·吴士□
　卖与族叔□ ⋯⋯⋯⋯⋯⋯⋯⋯⋯⋯⋯⋯⋯⋯⋯⋯⋯⋯⋯⋯⋯⋯⋯⋯ 1208

秋口镇鸿源吴家 40·康熙四十九年·断骨出卖会契·天场卖与
　房叔□ ⋯⋯⋯⋯⋯⋯⋯⋯⋯⋯⋯⋯⋯⋯⋯⋯⋯⋯⋯⋯⋯⋯⋯⋯⋯⋯ 1209

秋口镇鸿源吴家 63·康熙五十年·出卖田字据·王应桂卖与吴□ ⋯⋯ 1210

秋口镇鸿源吴家 72·康熙五十年·断骨出卖地契·吴士焰卖与
　叔□ ⋯⋯⋯⋯⋯⋯⋯⋯⋯⋯⋯⋯⋯⋯⋯⋯⋯⋯⋯⋯⋯⋯⋯⋯⋯⋯⋯ 1211

秋口镇鸿源吴家 6·康熙六十一年·继单·吴詹两姓 ⋯⋯⋯⋯⋯⋯⋯ 1212

秋口镇鸿源吴家 9·康熙六十一年·继单·詹吴两姓 ⋯⋯⋯⋯⋯⋯⋯ 1213

秋口镇鸿源吴家 33·雍正九年·断骨出卖新灯会契·吴阿李卖与
　房叔□ ⋯⋯⋯⋯⋯⋯⋯⋯⋯⋯⋯⋯⋯⋯⋯⋯⋯⋯⋯⋯⋯⋯⋯⋯⋯⋯ 1214

秋口镇鸿源吴家 110·乾隆二年·断骨出卖田契·士炅卖与房兄□ ⋯ 1215

秋口镇鸿源吴家 23·乾隆三年·租地基约·吴天明租到文一公 ⋯⋯⋯ 1216

秋口镇鸿源吴家 57·乾隆十二年·断骨出卖田契·天辉卖与
　房叔士莹 ⋯⋯⋯⋯⋯⋯⋯⋯⋯⋯⋯⋯⋯⋯⋯⋯⋯⋯⋯⋯⋯⋯⋯⋯⋯ 1217

秋口镇鸿源吴家 73·乾隆二十一年·断骨出卖茶丛山坦契·天腴卖与
　族弟□ ⋯⋯⋯⋯⋯⋯⋯⋯⋯⋯⋯⋯⋯⋯⋯⋯⋯⋯⋯⋯⋯⋯⋯⋯⋯⋯ 1218

秋口镇鸿源吴家 61·乾隆四十五年·限约·元锈借到房兄 ⋯⋯⋯⋯⋯ 1219

秋口镇鸿源吴家 60·嘉庆五年·借银字·天圭借到房侄孙□ ⋯⋯⋯⋯ 1220

秋口镇鸿源吴家 142·嘉庆七年·断骨出卖田契·吴宇诠卖与
　房弟宇洄 ⋯⋯⋯⋯⋯⋯⋯⋯⋯⋯⋯⋯⋯⋯⋯⋯⋯⋯⋯⋯⋯⋯⋯⋯⋯ 1221

53

秋口镇鸿源吴家39·嘉庆八年·断骨出卖老灯会契·吴宇淦卖与
　　房兄宇洄 ………………………………………………………… 1222
秋口镇鸿源吴家133·嘉庆十年·断骨出卖田契·宇澄、宇淦卖与□ …… 1223
秋口镇鸿源吴家11·嘉庆十一年·清单·吴宇洄同弟宇淞 ………… 1224
秋口镇鸿源吴家70·嘉庆十一年·清单·吴宇洄同弟宇淞 ………… 1225
秋口镇鸿源吴家19·嘉庆十二年·出佃约·吴元锽当与房侄□ …… 1226
秋口镇鸿源吴家90·嘉庆十五年·断骨出卖田契·吴悦华同弟悦蔼等
　　卖与族叔□ ……………………………………………………… 1227
秋口镇鸿源吴家135·嘉庆二十一年·断骨出卖山契·吴士享卖与
　　族侄□ …………………………………………………………… 1228
秋口镇鸿源吴家136·嘉庆二十一年·断骨出卖山契·吴士享卖与
　　族侄□ …………………………………………………………… 1229
秋口镇鸿源吴家35·嘉庆二十五年·断骨出卖山契·詹朝雪卖与
　　吴亲眷 …………………………………………………………… 1230
秋口镇鸿源吴家56·嘉庆二十五年·断骨出卖山契·詹朝雪卖与
　　吴亲眷 …………………………………………………………… 1231
秋口镇鸿源吴家32·道光五年·换地税契·吴宇渭当与胞兄宇凌 … 1232
秋口镇鸿源吴家48·道光二十三年·断骨出卖山田契·吴宇洄卖与
　　族叔元镈 ………………………………………………………… 1233
秋口镇鸿源吴家111·道光二十四年·断骨出卖新灯会契·吴礼炳
　　卖与房叔悦柽 …………………………………………………… 1234
秋口镇鸿源吴家28·道光二十六年·出当田皮骨租契·吴礼照当与
　　房叔祖宇凌 ……………………………………………………… 1235
秋口镇鸿源吴家96·道光二十六年·断骨出卖山契·吴元锣卖与
　　本房志公众 ……………………………………………………… 1236
秋口镇鸿源吴家79·道光二十八年·断骨出卖地坦山税契·吴礼煊
　　卖与族叔悦英 …………………………………………………… 1237
秋口镇鸿源吴家148·道光二十八年·复议合墨·吴凤华等 ………… 1238
秋口镇鸿源吴家76·道光三十年·断骨出卖田租契·吴大清明支裔
　　司正元俱、宇渭等卖与吴悦英 ………………………………… 1239
秋口镇鸿源吴家143·咸丰元年·断骨出卖基地契·吴应裕支裔
　　悦桐等卖与房叔祖天达公众 …………………………………… 1240
秋口镇鸿源吴家146·咸丰元年·合同·吴天达公支孙悦柽等 ……… 1241

秋口镇鸿源吴家24·咸丰二年·出当田皮约·吴悦桢当与树德众人 …… 1242

秋口镇鸿源吴家25·咸丰二年·出当田皮约·吴□□卖与树德众人 …… 1243

秋口镇鸿源吴家26·咸丰二年·出转当茶丛契·吴得来当与房侄
二九 …… 1244

秋口镇鸿源吴家49·咸丰二年·出当茶丛契·吴悦桢当与长兴叔 …… 1245

秋口镇鸿源吴家105·咸丰三年·断骨出卖新灯会契·吴悦棋卖与
房兄悦柽 …… 1246

秋口镇鸿源吴家58·咸丰四年·出当田皮约·吴礼照当与
元针公清明 …… 1247

秋口镇鸿源吴家109·咸丰四年·断骨出卖田皮田税契·吴悦榜卖与
房兄悦柽 …… 1248

秋口镇鸿源吴家30·咸丰六年·出当田皮骨租约·吴悦桢当与元俱 …… 1249

秋口镇鸿源吴家74·咸丰六年·断骨出卖田皮契·吴阿詹氏卖与
族公悦英 …… 1250

秋口镇鸿源吴家100·咸丰六年·断骨出卖田租契·吴阿詹氏卖与
族公悦英 …… 1251

秋口镇鸿源吴家150·咸丰六年·分阄山税合同·吴宇潮、
吴宇凌等 …… 1252

秋口镇鸿源吴家41·咸丰七年·出当新灯会契·吴礼炳卖与
房叔悦柽 …… 1253

秋口镇鸿源吴家75·咸丰七年·出卖田皮契·吴悦桢卖与堂兄悦柽 …… 1254

秋口镇鸿源吴家99·咸丰七年·断骨出卖基地契·吴悦桢卖与
兄悦柽 …… 1255

秋口镇鸿源吴家128·咸丰七年·断骨出卖田皮骨租茶丛山税契·
吴悦楹卖与堂兄悦柽 …… 1256

秋口镇鸿源吴家130·咸丰八年·断骨出卖田租契·吴元银卖与□ …… 1257

秋口镇鸿源吴家31·咸丰九年·断骨出卖松木契·吴悦桦卖与
堂兄悦柽 …… 1258

秋口镇鸿源吴家118·咸丰九年·出当田皮契·吴悦英当与族叔宇皋 …… 1259

秋口镇鸿源吴家120·咸丰九年·断骨出卖田租契·吴悦英卖与
吴宇华 …… 1260

秋口镇鸿源吴家43·咸丰十年·出当关帝会并茶丛契·吴悦樵当与
房兄悦柽 …… 1261

秋口镇鸿源吴家 47·咸丰十年·出当新灯会契·吴时高当与
房兄悦柽 ··· 1262

秋口镇鸿源吴家 125·咸丰十年·断骨出卖田皮骨租契·吴悦棋、
悦橚卖与房兄悦柽 ·· 1263

秋口镇鸿源吴家 138·咸丰十年·断骨出卖基地契·吴悦德卖与
房侄礼焞 ··· 1264

秋口镇鸿源吴家 22·同治元年·断骨出卖新灯会契·吴敦大卖与
房公悦柽 ··· 1265

秋口镇鸿源吴家 59·同治元年·断骨出卖茶丛契·吴礼煦卖与
房叔悦柽 ··· 1266

秋口镇鸿源吴家 64·同治元年·账单·荣生 ·························· 1267

秋口镇鸿源吴家 80·同治元年·断骨出卖地坦山税契·吴礼煦卖与
房伯悦柽 ··· 1268

秋口镇鸿源吴家 108·同治元年·断骨出卖竹园苗山税契·吴礼燵
卖与族公宇忠 ··· 1269

秋口镇鸿源吴家 65·同治二年·借银字·吴福兴借到荣发兄 ······ 1270

秋口镇鸿源吴家 84·同治二年·断骨出卖山税契·吴礼炊卖与
房叔悦柽 ··· 1271

秋口镇鸿源吴家 87·同治二年·断骨出卖地坦契·宇滟卖与
房侄悦柽 ··· 1272

秋口镇鸿源吴家 103·同治二年·断骨出卖树契·吴悦桄卖与
族兄悦柽 ··· 1273

秋口镇鸿源吴家 107·同治二年·断骨出卖田租契·吴悦盈卖与
族祖寄皋 ··· 1274

秋口镇鸿源吴家 119·同治二年·出当田皮骨租契·吴元钊公支裔等
当与吴悦柽 ·· 1275

秋口镇鸿源吴家 121·同治二年·出当骨租契·吴松林当与
问灯会中友 ·· 1276

秋口镇鸿源吴家 36·同治三年·断骨出卖新灯会契·吴悦盈卖与
房弟悦柽 ··· 1277

秋口镇鸿源吴家 78·同治三年·断骨出卖山税契·吴悦盈卖与
吴悦柽 ·· 1278

秋口镇鸿源吴家92·同治三年·断骨出卖大清明契·吴元钿卖与
房侄悦柽·· 1279
秋口镇鸿源吴家97·同治三年·断骨出卖山税契·吴悦盈卖与
房弟悦柽·· 1280
秋口镇鸿源吴家16·同治四年·当屋字·吴源兴当与弟媳爱姬········· 1281
秋口镇鸿源吴家18·同治四年·出当茶丛地税约·吴悦万当与
吴悦柽·· 1282
秋口镇鸿源吴家20·同治四年·出当牛约·吴福兴当与房兄荣法····· 1283
秋口镇鸿源吴家38·同治四年·出当基地契·吴敦任当与吴悦柽······ 1284
秋口镇鸿源吴家114·同治四年·断骨出卖山税契·吴悦榜卖与
房兄☐·· 1285
秋口镇鸿源吴家123·同治四年·断骨出卖基地并茶丛山税契·
吴悦楷卖与房兄☐·· 1286
秋口镇鸿源吴家124·同治四年·断骨出卖田皮骨租契·吴敦盛
卖与房公悦柽·· 1287
秋口镇鸿源吴家131·同治四年·断骨出卖山税并柽子树契·吴然生
卖与房伯悦柽·· 1288
秋口镇鸿源吴家140·同治四年·断骨出卖基地契·吴礼焞卖与
房叔礼泰、悦柽··· 1289
秋口镇鸿源吴家37·同治五年·出当租契·吴宇池当与新门灯会······ 1290
秋口镇鸿源吴家129·同治五年·断骨出卖山税契·吴悦桃卖与
胞兄悦柽·· 1291
秋口镇鸿源吴家137·同治五年·断骨出卖厨屋基地契·吴魁仁卖与
姉母余氏·· 1292
秋口镇鸿源吴家145·同治七年·复议合同·吴信三公支裔等············ 1293
秋口镇鸿源吴家7·同治八年·分阄合同·吴悦柽、悦楹兄弟等········ 1294
秋口镇鸿源吴家17·同治八年·出当基地契·吴悦榜当与房兄悦柽··· 1295
秋口镇鸿源吴家89·同治八年·断骨出卖房屋契·吴悦盈卖与吴悦耆··· 1296
秋口镇鸿源吴家115·同治八年·断骨出卖山税契·吴悦楹卖与
堂兄悦柽·· 1297
秋口镇鸿源吴家122·同治八年·断骨出卖田皮契·吴树德众下支裔
卖与吴悦柽·· 1298

秋口镇鸿源吴家129·同治八年·断骨出卖骨租契·吴树德众支裔
卖与吴悦栓 ………………………………………………………… 1299

秋口镇鸿源吴家139·同治八年·断骨出卖地税契·吴悦盈卖与
房弟悦荇 ………………………………………………………… 1300

秋口镇鸿源吴家13·同治九年·出当楼屋并基地契·吴礼焞卖与
族叔悦蕃 ………………………………………………………… 1301

秋口镇鸿源吴家82·同治九年·断骨出当楼屋契·吴悦德卖与
房公悦栓 ………………………………………………………… 1302

秋口镇鸿源吴家134·同治九年·出卖楼屋契·吴悦盈卖与
房弟悦栓 ………………………………………………………… 1303

秋口镇鸿源吴家45·同治十年·增屋价契·吴礼熹增到房叔悦栓 …… 1304

秋口镇鸿源吴家21·同治十一年·转当楼屋契·吴悦蕃当与
族兄悦栓 ………………………………………………………… 1305

秋口镇鸿源吴家14·同治十二年·议复造水碓合同·兴公、
仲公支孙众裔 …………………………………………………… 1306

秋口镇鸿源吴家29·光绪二年·出当苗竹山税约·吴全泰当与
本族复胜戏会 …………………………………………………… 1307

秋口镇鸿源吴家91·光绪三年·断骨出卖山税契·吴悦桄卖与
家兄悦栓 ………………………………………………………… 1308

秋口镇鸿源吴家55·光绪四年·断骨出卖田皮契·吴进兴卖与
族侄兄悦栓 ……………………………………………………… 1309

秋口镇鸿源吴家83·光绪四年·断骨出卖田皮契·吴进兴卖与
族侄兄吴悦栓 …………………………………………………… 1310

秋口镇鸿源吴家69·光绪七年·收字·允钦 ……………………… 1311

秋口镇鸿源吴家85·光绪十一年·断骨出卖山税契·吴元铼卖与
族侄礼杰 ………………………………………………………… 1312

秋口镇鸿源吴家46·光绪十二年·出当杉苗并山税契·吴财喜当与
族侄炳林 ………………………………………………………… 1313

秋口镇鸿源吴家86·光绪十二年·断骨出卖山税契·吴冬来卖与
族侄炳林 ………………………………………………………… 1314

秋口镇鸿源吴家104·光绪十二年·断骨出卖山税契·吴发来卖与
族侄炳林 ………………………………………………………… 1315

秋口镇鸿源吴家51·光绪十四年·出当田皮骨租契·吴泰来、
　　吴荣来当与炳林侄兄 ··· 1316
秋口镇鸿源吴家68·光绪十八年·出当骨租税契·吴悦祥、
　　吴悦裕兄弟同侄五保等典与族侄炳林 ····································· 1317
秋口镇鸿源吴家27·光绪十九年·出当茶丛、棋子树约·吴乾太
　　当与老朝香会众友 ·· 1318
秋口镇鸿源吴家42·光绪十九年·出当茶丛园地田租契·吴魁旺
　　当与本族老朝香会众友 ·· 1319
秋口镇鸿源吴家71·光绪二十四年·断骨出卖屋契·吴礼焯卖与
　　族侄敦夫 ·· 1320
秋口镇鸿源吴家77·光绪二十四年·断骨出卖山税契·吴金五卖与
　　祯祺 ·· 1321
秋口镇鸿源吴家116·光绪二十四年·断骨出卖屋契·吴礼焯卖与
　　房侄敦夫 ·· 1322
秋口镇鸿源吴家132·光绪二十四年·断骨出卖田租税契·吴瑞坤、
　　旭坤卖与吴祯祺 ·· 1323
秋口镇鸿源吴家102·光绪二十七年·断骨出卖田皮契·吴舜卿卖与
　　祯祺族侄 ·· 1324
秋口镇鸿源吴家44·光绪二十九年·出当菜园地茶丛字据·吴开旺
　　当与族旭东宗兄 ·· 1325
秋口镇鸿源吴家141·光绪三十一年·断骨出卖茶丛山税契·吴起富
　　卖与祯祺侄兄 ·· 1326
秋口镇鸿源吴家53·光绪三十二年·出当骨租约·吴志晦当与
　　征其 ·· 1327
秋口镇鸿源吴家106·民国二年·断骨出卖茶丛、树、田塝税契·
　　吴炎太卖与吴曾其 ·· 1328
秋口镇鸿源吴家15·民国四年·包做石碣契·吴端旺 ························· 1329
秋口镇鸿源吴家147·民国五年·议茶会合同·富兴、富仲公支裔 ······ 1330
秋口镇鸿源吴家112·民国六年·断骨绝卖地契·吴灶富卖与
　　曾其兄 ·· 1331
秋口镇鸿源吴家52·民国八年·出当住屋契·吴天法当与老香会、
　　兰盆会 ·· 1332

秋口镇鸿源吴家127·民国八年·断骨出卖厨屋并地税契·吴麟泰卖与本房征骐弟 ……………………………………………………… 1333

秋口镇鸿源吴家81·民国九年·断骨出卖地坦山税契·吴元尧卖与吴征骐 ……………………………………………………………………… 1334

秋口镇鸿源吴家101·民国九年·断骨出卖骨租税契·吴元尧卖与吴征骐 ……………………………………………………………………… 1335

秋口镇鸿源吴家149·民国十一年·承种字·吴上保种到新灯会众友 ……………………………………………………………………………… 1336

秋口镇鸿源吴家34·民国十二年·当田皮骨租茶丛园地契·吴天法当与新朝香众友 ……………………………………………………………… 1337

秋口镇鸿源吴家94·民国十三年·断骨出卖田皮税契·吴春树卖与新灯会众友 ……………………………………………………………………… 1338

秋口镇鸿源吴家1-1·民国十六年至三十年·鸿源永和桥会簿 ………… 1339
秋口镇鸿源吴家1-2·民国十六年至三十年·鸿源永和桥会簿 ………… 1340
秋口镇鸿源吴家1-3·民国十六年至三十年·鸿源永和桥会簿 ………… 1341
秋口镇鸿源吴家1-4·民国十六年至三十年·鸿源永和桥会簿 ………… 1342
秋口镇鸿源吴家1-5·民国十六年至三十年·鸿源永和桥会簿 ………… 1343
秋口镇鸿源吴家1-6·民国十六年至三十年·鸿源永和桥会簿 ………… 1344
秋口镇鸿源吴家1-7·民国十六年至三十年·鸿源永和桥会簿 ………… 1345
秋口镇鸿源吴家1-8·民国十六年至三十年·鸿源永和桥会簿 ………… 1346
秋口镇鸿源吴家1-9·民国十六年至三十年·鸿源永和桥会簿 ………… 1347
秋口镇鸿源吴家1-10·民国十六年至三十年·鸿源永和桥会簿 ………… 1348
秋口镇鸿源吴家1-11·民国十六年至三十年·鸿源永和桥会簿 ………… 1349
秋口镇鸿源吴家1-12·民国十六年至三十年·鸿源永和桥会簿 ………… 1350
秋口镇鸿源吴家1-13·民国十六年至三十年·鸿源永和桥会簿 ………… 1351
秋口镇鸿源吴家1-14·民国十六年至三十年·鸿源永和桥会簿 ………… 1352
秋口镇鸿源吴家1-15·民国十六年至三十年·鸿源永和桥会簿 ………… 1353
秋口镇鸿源吴家1-16·民国十六年至三十年·鸿源永和桥会簿 ………… 1354
秋口镇鸿源吴家1-17·民国十六年至三十年·鸿源永和桥会簿 ………… 1355
秋口镇鸿源吴家1-18·民国十六年至三十年·鸿源永和桥会簿 ………… 1356
秋口镇鸿源吴家1-19·民国十六年至三十年·鸿源永和桥会簿 ………… 1357
秋口镇鸿源吴家1-20·民国十六年至三十年·鸿源永和桥会簿 ………… 1358

秋口镇鸿源吴家1-21·民国十六年至三十年·鸿源永和桥会簿 ········· 1359

秋口镇鸿源吴家1-22·民国十六年至三十年·鸿源永和桥会簿 ········· 1360

秋口镇鸿源吴家1-23·民国十六年至三十年·鸿源永和桥会簿 ········· 1361

秋口镇鸿源吴家1-24·民国十六年至三十年·鸿源永和桥会簿 ········· 1362

秋口镇鸿源吴家1-25·民国十六年至三十年·鸿源永和桥会簿 ········· 1363

秋口镇鸿源吴家1-26·民国十六年至三十年·鸿源永和桥会簿 ········· 1364

秋口镇鸿源吴家1-27·民国十六年至三十年·鸿源永和桥会簿 ········· 1365

秋口镇鸿源吴家1-28·民国十六年至三十年·鸿源永和桥会簿 ········· 1366

秋口镇鸿源吴家1-29·民国十六年至三十年·鸿源永和桥会簿 ········· 1367

秋口镇鸿源吴家1-30·民国十六年至三十年·鸿源永和桥会簿 ········· 1368

秋口镇鸿源吴家1-31·民国十六年至三十年·鸿源永和桥会簿 ········· 1369

秋口镇鸿源吴家1-32·民国十六年至三十年·鸿源永和桥会簿 ········· 1370

秋口镇鸿源吴家1-33·民国十六年至三十年·鸿源永和桥会簿 ········· 1371

秋口镇鸿源吴家1-34·民国十六年至三十年·鸿源永和桥会簿 ········· 1372

秋口镇鸿源吴家1-35·民国十六年至三十年·鸿源永和桥会簿 ········· 1373

秋口镇鸿源吴家1-36·民国十六年至三十年·鸿源永和桥会簿 ········· 1374

秋口镇鸿源吴家1-37·民国十六年至三十年·鸿源永和桥会簿 ········· 1375

秋口镇鸿源吴家1-38·民国十六年至三十年·鸿源永和桥会簿 ········· 1376

秋口镇鸿源吴家1-39·民国十六年至三十年·鸿源永和桥会簿 ········· 1377

秋口镇鸿源吴家1-40·民国十六年至三十年·鸿源永和桥会簿 ········· 1378

秋口镇鸿源吴家1-41·民国十六年至三十年·鸿源永和桥会簿 ········· 1379

秋口镇鸿源吴家1-42·民国十六年至三十年·鸿源永和桥会簿 ········· 1380

秋口镇鸿源吴家1-43·民国十六年至三十年·鸿源永和桥会簿 ········· 1381

秋口镇鸿源吴家1-44·民国十六年至三十年·鸿源永和桥会簿 ········· 1382

秋口镇鸿源吴家1-45·民国十六年至三十年·鸿源永和桥会簿 ········· 1383

秋口镇鸿源吴家1-46·民国十六年至三十年·鸿源永和桥会簿 ········· 1384

秋口镇鸿源吴家1-47·民国十六年至三十年·鸿源永和桥会簿 ········· 1385

秋口镇鸿源吴家1-48·民国十六年至三十年·鸿源永和桥会簿 ········· 1386

秋口镇鸿源吴家1-49·民国十六年至三十年·鸿源永和桥会簿 ········· 1387

秋口镇鸿源吴家1-50·民国十六年至三十年·鸿源永和桥会簿 ········· 1388

秋口镇鸿源吴家1-51·民国十六年至三十年·鸿源永和桥会簿 ········· 1389

秋口镇鸿源吴家1-52·民国十六年至三十年·鸿源永和桥会簿 ········· 1390

秋口镇鸿源吴家 1-53・民国十六年至三十年・鸿源永和桥会簿 ………… 1391
秋口镇鸿源吴家 1-54・民国十六年至三十年・鸿源永和桥会簿 ………… 1392
秋口镇鸿源吴家 1-55・民国十六年至三十年・鸿源永和桥会簿 ………… 1393
秋口镇鸿源吴家 1-56・民国十六年至三十年・鸿源永和桥会簿 ………… 1394
秋口镇鸿源吴家 1-57・民国十六年至三十年・鸿源永和桥会簿 ………… 1395
秋口镇鸿源吴家 1-58・民国十六年至三十年・鸿源永和桥会簿 ………… 1396
秋口镇鸿源吴家 1-59・民国十六年至三十年・鸿源永和桥会簿 ………… 1397
秋口镇鸿源吴家 1-60・民国十六年至三十年・鸿源永和桥会簿 ………… 1398
秋口镇鸿源吴家 1-61・民国十六年至三十年・鸿源永和桥会簿 ………… 1399
秋口镇鸿源吴家 1-62・民国十六年至三十年・鸿源永和桥会簿 ………… 1400
秋口镇鸿源吴家 1-63・民国十六年至三十年・鸿源永和桥会簿 ………… 1401
秋口镇鸿源吴家 2・民国二十年・纳米执照・永和 …………………… 1402
秋口镇鸿源吴家 3・民国二十一年・纳米执照・永和 ………………… 1403
秋口镇鸿源吴家 88・民国二十二年・断绝出卖骨租税契・吴樟保
　　卖与征其叔 ……………………………………………………… 1404
秋口镇鸿源吴家 95・民国二十二年・断绝出卖骨租税契・吴樟保
　　卖与征其叔 ……………………………………………………… 1405
秋口镇鸿源吴家 93・民国二十四年・断绝出卖骨租契・吴季文等
　　卖与征其 ………………………………………………………… 1406
秋口镇鸿源吴家 117・民国二十四年・出当居住屋半堂契・吴新年
　　当与旭东兄 ……………………………………………………… 1407
秋口镇鸿源吴家 5・书信 ………………………………………………… 1408
秋口镇鸿源吴家 8・分阄书・吴悦桎、吴悦楹等 ……………………… 1409
秋口镇鸿源吴家 10・流水账 …………………………………………… 1410
秋口镇鸿源吴家 12・买茶人名单 ……………………………………… 1411
秋口镇鸿源吴家 62・还字据・吴□□ ………………………………… 1412
秋口镇鸿源吴家 66・具状词 …………………………………………… 1413
秋口镇鸿源吴家 67・淞股田皮字约 …………………………………… 1414

秋口镇金盘村 1—116 ……………………………………………… 1415
秋口镇金盘村 19-1・乾隆十三年・分关文书・张四生 ……………… 1415
秋口镇金盘村 19-2・乾隆十三年・分关文书・张四生 ……………… 1416

秋口镇金盘村19-3·乾隆十三年·分关文书·张四生 …………… 1417

秋口镇金盘村13-1·乾隆五十二年·田税单·俞成悦 …………… 1418

秋口镇金盘村13-2·乾隆五十二年·田税单·俞成悦 …………… 1419

秋口镇金盘村13-3·乾隆五十二年·田税单·俞成悦 …………… 1420

秋口镇金盘村13-4·乾隆五十二年·田税单·俞成悦 …………… 1421

秋口镇金盘村13-5·乾隆五十二年·田税单·俞成悦 …………… 1422

秋口镇金盘村13-6·乾隆五十二年·田税单·俞成悦 …………… 1423

秋口镇金盘村13-7·乾隆五十二年·田税单·俞成悦 …………… 1424

秋口镇金盘村13-8·乾隆五十二年·田税单·俞成悦 …………… 1425

秋口镇金盘村14-1·乾隆五十四年·税粮实征册·俞思义 …………… 1426

秋口镇金盘村14-2·乾隆五十四年·税粮实征册·俞思义 …………… 1427

秋口镇金盘村14-3·乾隆五十四年·税粮实征册·俞思义 …………… 1428

秋口镇金盘村14-4·乾隆五十四年·税粮实征册·俞思义 …………… 1429

秋口镇金盘村14-5·乾隆五十四年·税粮实征册·俞思义 …………… 1430

秋口镇金盘村7-1·道光十二年·税粮实征册·俞☐户 …………… 1431

秋口镇金盘村7-2·道光十二年·税粮实征册·俞☐户 …………… 1432

秋口镇金盘村7-3·道光十二年·税粮实征册·俞☐户 …………… 1433

秋口镇金盘村7-4·道光十二年·税粮实征册·俞☐户 …………… 1434

秋口镇金盘村7-5·道光十二年·税粮实征册·俞☐户 …………… 1435

秋口镇金盘村7-6·道光十二年·税粮实征册·俞☐户 …………… 1436

秋口镇金盘村7-7·道光十二年·税粮实征册·俞☐户 …………… 1437

秋口镇金盘村5-1·道光二十七年·税粮实征册·俞才镕户 …………… 1438

秋口镇金盘村5-2·道光二十七年·税粮实征册·俞才镕户 …………… 1439

秋口镇金盘村5-3·道光二十七年·税粮实征册·俞才镕户 …………… 1440

秋口镇金盘村5-4·道光二十七年·税粮实征册·俞才镕户 …………… 1441

秋口镇金盘村5-5·道光二十七年·税粮实征册·俞才镕户 …………… 1442

秋口镇金盘村5-6·道光二十七年·税粮实征册·俞才镕户 …………… 1443

秋口镇金盘村5-7·道光二十七年·税粮实征册·俞才镕户 …………… 1444

秋口镇金盘村5-8·道光二十七年·税粮实征册·俞才镕户 …………… 1445

秋口镇金盘村5-9·道光二十七年·税粮实征册·俞才镕户 …………… 1446

秋口镇金盘村15-1·道光二十八年·五十两银会会书·张献荣 ……… 1447

秋口镇金盘村15-2·道光二十八年·五十两银会会书·张献荣 ……… 1448

秋口镇金盘村15-3·道光二十八年·五十两银会会书·张献荣 ……… 1449
秋口镇金盘村15-4·道光二十八年·五十两银会会书·张献荣 ……… 1450
秋口镇金盘村18-1·同治十三年·税粮实征册·懋禄户 ……………… 1451
秋口镇金盘村18-2·同治十三年·税粮实征册·懋禄户 ……………… 1452
秋口镇金盘村18-3·同治十三年·税粮实征册·懋禄户 ……………… 1453
秋口镇金盘村18-4·同治十三年·税粮实征册·懋禄户 ……………… 1454
秋口镇金盘村18-5·同治十三年·税粮实征册·懋禄户 ……………… 1455
秋口镇金盘村18-6·同治十三年·税粮实征册·懋禄户 ……………… 1456
秋口镇金盘村18-7·同治十三年·税粮实征册·懋禄户 ……………… 1457
秋口镇金盘村6-1·光绪六年·分关文书·张思德堂裔克铣、
克铭兄弟 ………………………………………………………………… 1458
秋口镇金盘村6-2·光绪六年·分关文书·张思德堂裔克铣、
克铭兄弟 ………………………………………………………………… 1459
秋口镇金盘村6-3·光绪六年·分关文书·张思德堂裔克铣、
克铭兄弟 ………………………………………………………………… 1460
秋口镇金盘村6-4·光绪六年·分关文书·张思德堂裔克铣、
克铭兄弟 ………………………………………………………………… 1461
秋口镇金盘村6-5·光绪六年·分关文书·张思德堂裔克铣、
克铭兄弟 ………………………………………………………………… 1462
秋口镇金盘村6-6·光绪六年·分关文书·张思德堂裔克铣、
克铭兄弟 ………………………………………………………………… 1463
秋口镇金盘村6-7·光绪六年·分关文书·张思德堂裔克铣、
克铭兄弟 ………………………………………………………………… 1464
秋口镇金盘村43·光绪十一年·纳米执照·才溶 …………………… 1465
秋口镇金盘村4-1·光绪十二年·分关关书·张茂盛 ………………… 1466
秋口镇金盘村4-2·光绪十二年·分关关书·张茂盛 ………………… 1467
秋口镇金盘村4-3·光绪十二年·分关关书·张茂盛 ………………… 1468
秋口镇金盘村4-4·光绪十二年·分关关书·张茂盛 ………………… 1469
秋口镇金盘村4-5·光绪十二年·分关关书·张茂盛 ………………… 1470
秋口镇金盘村4-6·光绪十二年·分关关书·张茂盛 ………………… 1471
秋口镇金盘村61·光绪十三年·纳米执照·懋禄 …………………… 1472
秋口镇金盘村105·光绪十八年·纳米执照·懋禄 ………………… 1473

秋口镇金盘村60·光绪二十年·纳米执照·茂禄 …………… 1474

秋口镇金盘村65·光绪二十年·纳米执照·懋禄 …………… 1475

秋口镇金盘村64·光绪二十二年·纳米执照·懋禄 ………… 1476

秋口镇金盘村63·光绪二十四年·纳米执照·懋禄 ………… 1477

秋口镇金盘村62·光绪二十六年·纳米执照·懋禄 ………… 1478

秋口镇金盘村2-1·光绪二十八年·税粮实征册·显光居户 …… 1479

秋口镇金盘村2-2·光绪二十八年·税粮实征册·显光居户 …… 1480

秋口镇金盘村2-3·光绪二十八年·税粮实征册·显光居户 …… 1481

秋口镇金盘村2-4·光绪二十八年·税粮实征册·显光居户 …… 1482

秋口镇金盘村2-5·光绪二十八年·税粮实征册·显光居户 …… 1483

秋口镇金盘村2-6·光绪二十八年·税粮实征册·显光居户 …… 1484

秋口镇金盘村2-7·光绪二十八年·税粮实征册·显光居户 …… 1485

秋口镇金盘村32·光绪二十九年·纳米执照·显光 …………… 1486

秋口镇金盘村58·光绪二十九年·纳米执照·懋禄 …………… 1487

秋口镇金盘村30·光绪三十年·纳米执照·显光 ……………… 1488

秋口镇金盘村56·光绪三十年·纳米执照·懋禄 ……………… 1489

秋口镇金盘村29·光绪三十一年·纳米执照·显光 …………… 1490

秋口镇金盘村55·光绪三十一年·纳米执照·才溶 …………… 1491

秋口镇金盘村57·光绪三十一年·纳米执照·懋禄 …………… 1492

秋口镇金盘村59·光绪三十二年·纳米执照·懋禄 …………… 1493

秋口镇金盘村66·光绪三十二年·纳米执照·显光 …………… 1494

秋口镇金盘村97·光绪三十二年·推单·起成户推与俞显光户 … 1495

秋口镇金盘村27·光绪三十三年·纳米执照·才溶 …………… 1496

秋口镇金盘村44·光绪三十三年·纳米执照·起成 …………… 1497

秋口镇金盘村9-1·光绪三十四年·税粮实征册·张显户怀德股 … 1498

秋口镇金盘村9-2·光绪三十四年·税粮实征册·张显户怀德股 … 1499

秋口镇金盘村9-3·光绪三十四年·税粮实征册·张显户怀德股 … 1500

秋口镇金盘村9-4·光绪三十四年·税粮实征册·张显户怀德股 … 1501

秋口镇金盘村9-5·光绪三十四年·税粮实征册·张显户怀德股 … 1502

秋口镇金盘村9-6·光绪三十四年·税粮实征册·张显户怀德股 … 1503

秋口镇金盘村9-7·光绪三十四年·税粮实征册·张显户怀德股 … 1504

秋口镇金盘村10-1·光绪三十四年·税粮实征册·张显户兰室股 … 1505

秋口镇金盘村 10-2·光绪三十四年·税粮实征册·张显户兰室股 …… 1506

秋口镇金盘村 10-3·光绪三十四年·税粮实征册·张显户兰室股 …… 1507

秋口镇金盘村 10-4·光绪三十四年·税粮实征册·张显户兰室股 …… 1508

秋口镇金盘村 11-1·宣统三年至民国七年·清华往来折 …… 1509

秋口镇金盘村 11-2·宣统三年至民国七年·清华往来折 …… 1510

秋口镇金盘村 25·民国二年·纳米执照·显光 …… 1511

秋口镇金盘村 86·民国二年·纳米执照·才溶 …… 1512

秋口镇金盘村 91·民国二年·纳米执照·茂禄 …… 1513

秋口镇金盘村 92·民国二年·纳米执照·才连 …… 1514

秋口镇金盘村 41·民国三年·推单·之锦户推与显光户 …… 1515

秋口镇金盘村 28·民国四年·纳米执照·才溶 …… 1516

秋口镇金盘村 45·民国四年·纳米执照·懋禄 …… 1517

秋口镇金盘村 47·民国四年·纳米执照·才连 …… 1518

秋口镇金盘村 12·民国五年·租折 …… 1519

秋口镇金盘村 80·民国七年·纳米执照·才连 …… 1520

秋口镇金盘村 81·民国七年·纳米执照·显光 …… 1521

秋口镇金盘村 82·民国七年·纳米执照·才溶 …… 1522

秋口镇金盘村 46·民国八年·纳米执照·显光 …… 1523

秋口镇金盘村 75·民国八年·纳米执照·才连 …… 1524

秋口镇金盘村 101·民国九年·纳米执照·懋禄 …… 1525

秋口镇金盘村 8-1·民国十年·分关文书（季股关书）·俞显光 …… 1526

秋口镇金盘村 8-2·民国十年·分关文书（季股关书）·俞显光 …… 1527

秋口镇金盘村 8-3·民国十年·分关文书（季股关书）·俞显光 …… 1528

秋口镇金盘村 8-4·民国十年·分关文书（季股关书）·俞显光 …… 1529

秋口镇金盘村 8-5·民国十年·分关文书（季股关书）·俞显光 …… 1530

秋口镇金盘村 8-6·民国十年·分关文书（季股关书）·俞显光 …… 1531

秋口镇金盘村 8-7·民国十年·分关文书（季股关书）·俞显光 …… 1532

秋口镇金盘村 8-8·民国十年·分关文书（季股关书）·俞显光 …… 1533

秋口镇金盘村 8-9·民国十年·分关文书（季股关书）·俞显光 …… 1534

秋口镇金盘村 8-10·民国十年·分关文书（季股关书）·俞显光 …… 1535

秋口镇金盘村 8-11·民国十年·分关文书（季股关书）·俞显光 …… 1536

秋口镇金盘村 8-12·民国十年·分关文书（季股关书）·俞显光 …… 1537

秋口镇金盘村 8-13·民国十年·分关文书（季股关书）·俞显光 …… 1538
秋口镇金盘村 8-14·民国十年·分关文书（季股关书）·俞显光 …… 1539
秋口镇金盘村 16-1·民国十年·税粮实征册·新生伯福规户 …………… 1540
秋口镇金盘村 16-2·民国十年·税粮实征册·新生伯福规户 …………… 1541
秋口镇金盘村 16-3·民国十年·税粮实征册·新生伯福规户 …………… 1542
秋口镇金盘村 16-4·民国十年·税粮实征册·新生伯福规户 …………… 1543
秋口镇金盘村 16-5·民国十年·税粮实征册·新生伯福规户 …………… 1544
秋口镇金盘村 16-6·民国十年·税粮实征册·新生伯福规户 …………… 1545
秋口镇金盘村 16-7·民国十年·税粮实征册·新生伯福规户 …………… 1546
秋口镇金盘村 16-8·民国十年·税粮实征册·新生伯福规户 …………… 1547
秋口镇金盘村 31·民国十年·纳米执照·仲禄 ……………………………… 1548
秋口镇金盘村 49·民国十年·纳米执照·季寿 ……………………………… 1549
秋口镇金盘村 50·民国十年·纳米执照·显光 ……………………………… 1550
秋口镇金盘村 51·民国十年·纳米执照·才连 ……………………………… 1551
秋口镇金盘村 52·民国十年·纳米执照·懋禄 ……………………………… 1552
秋口镇金盘村 53·民国十年·纳米执照·才溶 ……………………………… 1553
秋口镇金盘村 54·民国十年·纳米执照·伯福 ……………………………… 1554
秋口镇金盘村 83·民国十一年·纳米执照·伯福 …………………………… 1555
秋口镇金盘村 1-1·民国十四年·流水账 …………………………………… 1556
秋口镇金盘村 1-2·民国十四年·流水账 …………………………………… 1557
秋口镇金盘村 108·民国十四年·收租串票·张金树 ……………………… 1558
秋口镇金盘村 67·民国十六年·纳米执照·伯福 …………………………… 1559
秋口镇金盘村 68·民国十六年·纳米执照·季寿 …………………………… 1560
秋口镇金盘村 69·民国十六年·纳米执照·仲禄 …………………………… 1561
秋口镇金盘村 37·民国十七年·纳米执照·才溶 …………………………… 1562
秋口镇金盘村 38·民国十七年·纳米执照·显光 …………………………… 1563
秋口镇金盘村 70·民国十七年·纳米执照·仲禄 …………………………… 1564
秋口镇金盘村 71·民国十七年·纳米执照·伯福 …………………………… 1565
秋口镇金盘村 84·民国十七年·纳米执照·季寿 …………………………… 1566
秋口镇金盘村 22-1·民国十八年·清明存底·伯仲季三房同订 ………… 1567
秋口镇金盘村 22-2·民国十八年·清明存底·伯仲季三房同订 ………… 1568
秋口镇金盘村 22-3·民国十八年·清明存底·伯仲季三房同订 ………… 1569

秋口镇金盘村22-4·民国十八年·清明存底·伯仲季三房同订 ········ 1570
秋口镇金盘村22-5·民国十八年·清明存底·伯仲季三房同订 ········ 1571
秋口镇金盘村22-6·民国十八年·清明存底·伯仲季三房同订 ········ 1572
秋口镇金盘村22-7·民国十八年·清明存底·伯仲季三房同订 ········ 1573
秋口镇金盘村22-8·民国十八年·清明存底·伯仲季三房同订 ········ 1574
秋口镇金盘村33·民国十八年·纳米执照·才溶 ·· 1575
秋口镇金盘村34·民国十八年·纳米执照·才连 ·· 1576
秋口镇金盘村35·民国十八年·纳米执照·伯福 ·· 1577
秋口镇金盘村36·民国十八年·纳米执照·懋禄 ·· 1578
秋口镇金盘村48·民国十八年·纳米执照·显光 ·· 1579
秋口镇金盘村72·民国二十年·纳米执照·伯福 ·· 1580
秋口镇金盘村74·民国二十年·纳米执照·懋禄 ·· 1581
秋口镇金盘村76·民国二十年·纳米执照·才连 ·· 1582
秋口镇金盘村77·民国二十年·纳米执照·显光 ·· 1583
秋口镇金盘村79·民国二十年·纳米执照·才溶 ·· 1584
秋口镇金盘村95·民国二十年·征收田赋通知单·显光 ······························ 1585
秋口镇金盘村102·民国二十年·借字·张炳红借到俞养林 ······················· 1586
秋口镇金盘村39·民国二十一年·田赋征收存根·伯福 ····························· 1587
秋口镇金盘村90·民国二十二年·纳米执照·伯福 ······································ 1588
秋口镇金盘村73·民国二十三年·田赋串票·才溶 ······································ 1589
秋口镇金盘村85·民国二十三年·田赋串票·懋禄 ······································ 1590
秋口镇金盘村112·民国二十三年·田赋串票·显光 ···································· 1591
秋口镇金盘村113·民国二十三年·田赋串票·伯福 ···································· 1592
秋口镇金盘村115·民国二十三年·田赋串票·仲禄 ···································· 1593
秋口镇金盘村94·民国二十七年·征收田赋通知单·才连 ·························· 1594
秋口镇金盘村96·民国二十七年·征收田赋通知单·显光 ·························· 1595
秋口镇金盘村98·民国二十七年·征收田赋通知单·才溶 ·························· 1596
秋口镇金盘村99·民国二十七年·征收田赋收据·伯福 ····························· 1597
秋口镇金盘村103·民国二十七年·征收田赋通知单·才溶 ························ 1598
秋口镇金盘村104·民国二十七年·征收田赋通知单·伯福 ························ 1599
秋口镇金盘村111·民国二十七年·征收田赋收据·才连 ··························· 1600
秋口镇金盘村116·民国二十七年·推单·伯福户押推与腾嘘户 ················ 1601
秋口镇金盘村88·民国三十年·田赋征收收据·秀寿 ································· 1602

秋口镇金盘村42·民国三十一年·田赋征收存根·伯福 …………… 1603

秋口镇金盘村87·民国三十一年·田赋收据·秀寿 ………………… 1604

秋口镇金盘村106·民国三十二年·征收田赋通知单·秀寿 ………… 1605

秋口镇金盘村110·民国三十二年·田赋征收存根·伯福 …………… 1606

秋口镇金盘村107·民国三十六年·征收田赋收据·伯福 …………… 1607

秋口镇金盘村109·民国三十六年·征收田赋收据·仲禄 …………… 1608

秋口镇金盘村3-1·乾隆十八年·税粮实征册·张显户 ……………… 1609

秋口镇金盘村3-2·乾隆十八年·税粮实征册·张显户 ……………… 1610

秋口镇金盘村3-3·乾隆十八年·税粮实征册·张显户 ……………… 1611

秋口镇金盘村3-4·乾隆十八年·税粮实征册·张显户 ……………… 1612

秋口镇金盘村3-5·乾隆十八年·税粮实征册·张显户 ……………… 1613

秋口镇金盘村3-6·乾隆十八年·税粮实征册·张显户 ……………… 1614

秋口镇金盘村20-1·税粮实征册·张显户 …………………………… 1615

秋口镇金盘村20-2·税粮实征册·张显户 …………………………… 1616

秋口镇金盘村20-3·税粮实征册·张显户 …………………………… 1617

秋口镇金盘村20-4·税粮实征册·张显户 …………………………… 1618

秋口镇金盘村20-5·税粮实征册·张显户 …………………………… 1619

秋口镇金盘村20-6·税粮实征册·张显户 …………………………… 1620

秋口镇金盘村21-1·税粮实征册·任芳户 …………………………… 1621

秋口镇金盘村21-2·税粮实征册·任芳户 …………………………… 1622

秋口镇金盘村21-3·税粮实征册·任芳户 …………………………… 1623

秋口镇金盘村21-4·税粮实征册·任芳户 …………………………… 1624

秋口镇金盘村21-5·税粮实征册·任芳户 …………………………… 1625

秋口镇金盘村21-6·税粮实征册·任芳户 …………………………… 1626

秋口镇金盘村21-7·税粮实征册·任芳户 …………………………… 1627

秋口镇金盘村40·田赋征收存根·伯福 ……………………………… 1628

秋口镇金盘村93·田地四至说明·余鸣雷 …………………………… 1629

秋口镇金盘村114·税单·才溶、才连、伯福户 …………………… 1630

秋口镇坑头村胡家1—22 …………………………………………… 1631

秋口镇坑头村胡家11·雍正二年·断骨出卖田契·汪慕消卖与
胡☐ ………………………………………………………………… 1631

秋口镇坑头村胡家 9·嘉庆十六年·断骨出佃田皮约·吴正河、
　　吴正洲佃与胡☐ ··· 1632
秋口镇坑头村胡家 7·道光六年·永源众信喜助齐云山名单·胡兴福、
　　胡兴栅 ··· 1633
秋口镇坑头村胡家 6·道光十九年·流水账·吴时棋户 ···················· 1634
秋口镇坑头村胡家 10·咸丰十年·断骨出卖田租契·胡尚如卖与
　　新社会众友 ·· 1635
秋口镇坑头村胡家 20·同治四年·流水账 ······································ 1636
秋口镇坑头村胡家 15·同治七年·具状词·胡岩松告胡进富 ············· 1637
秋口镇坑头村胡家 3·光绪十四年·交租额单 ································· 1638
秋口镇坑头村胡家 1·账单 ··· 1639
秋口镇坑头村胡家 2-i·流水账（右第一部分） ······························ 1640
秋口镇坑头村胡家 2-ii·流水账（右第二部分） ····························· 1641
秋口镇坑头村胡家 2-iii·流水账（右第三部分） ···························· 1642
秋口镇坑头村胡家 2-iv·流水账（左第三部分） ···························· 1643
秋口镇坑头村胡家 2-v·流水账（左第二部分） ····························· 1644
秋口镇坑头村胡家 2-vi·流水账（左第一部分） ···························· 1645
秋口镇坑头村胡家 4·流水账·进业花户 ······································· 1646
秋口镇坑头村胡家 5·礼单 ··· 1647
秋口镇坑头村胡家 8-i·流水账（右半部分） ································· 1648
秋口镇坑头村胡家 8-ii·流水账（左半部分） ································ 1649
秋口镇坑头村胡家 12·流水账 ·· 1650
秋口镇坑头村胡家 13·具状词 ·· 1651
秋口镇坑头村胡家 14·具状词 ·· 1652
秋口镇坑头村胡家 16·会书 ··· 1653
秋口镇坑头村胡家 17-i·流水账（右半部分） ······························· 1654
秋口镇坑头村胡家 17-ii·流水账（左半部分） ····························· 1655
秋口镇坑头村胡家 18-i·同治三年·流水账（右半部分） ················ 1656
秋口镇坑头村胡家 18-ii·同治三年·流水账（左半部分） ·············· 1657
秋口镇坑头村胡家 19-i·流水账（右半部分） ······························· 1658
秋口镇坑头村胡家 19-ii·流水账（左半部分） ····························· 1659
秋口镇坑头村胡家 21·流水账 ·· 1660
秋口镇坑头村胡家 22·流水账 ·· 1661

秋口镇里蕉村 1—7 ·· 1662
 秋口镇里蕉村 7-1·道光二十七年·分关文书·吴济 ············ 1662
 秋口镇里蕉村 7-2·道光二十七年·分关文书·吴济 ············ 1663
 秋口镇里蕉村 7-3·道光二十七年·分关文书·吴济 ············ 1664
 秋口镇里蕉村 7-4·道光二十七年·分关文书·吴济 ············ 1665
 秋口镇里蕉村 7-5·道光二十七年·分关文书·吴济 ············ 1666
 秋口镇里蕉村 7-6·道光二十七年·分关文书·吴济 ············ 1667
 秋口镇里蕉村 7-7·道光二十七年·分关文书·吴济 ············ 1668
 秋口镇里蕉村 7-8·道光二十七年·分关文书·吴济 ············ 1669
 秋口镇里蕉村 7-9·道光二十七年·分关文书·吴济 ············ 1670
 秋口镇里蕉村 7-10·道光二十七年·分关文书·吴济 ··········· 1671
 秋口镇里蕉村 7-11·道光二十七年·分关文书·吴济 ··········· 1672
 秋口镇里蕉村 7-12·道光二十七年·分关文书·吴济 ··········· 1673
 秋口镇里蕉村 7-13·道光二十七年·分关文书·吴济 ··········· 1674
 秋口镇里蕉村 7-14·道光二十七年·分关文书·吴济 ··········· 1675
 秋口镇里蕉村 7-15·道光二十七年·分关文书·吴济 ··········· 1676
 秋口镇里蕉村 7-16·道光二十七年·分关文书·吴济 ··········· 1677
 秋口镇里蕉村 5-1·道光二十五年·分关文书·吴胡氏 ········· 1678
 秋口镇里蕉村 5-2·道光二十五年·分关文书·吴胡氏 ········· 1679
 秋口镇里蕉村 5-3·道光二十五年·分关文书·吴胡氏 ········· 1680
 秋口镇里蕉村 5-4·道光二十五年·分关文书·吴胡氏 ········· 1681
 秋口镇里蕉村 5-5·道光二十五年·分关文书·吴胡氏 ········· 1682
 秋口镇里蕉村 5-6·道光二十五年·分关文书·吴胡氏 ········· 1683
 秋口镇里蕉村 5-7·道光二十五年·分关文书·吴胡氏 ········· 1684
 秋口镇里蕉村 5-8·道光二十五年·分关文书·吴胡氏 ········· 1685
 秋口镇里蕉村 5-9·道光二十五年·分关文书·吴胡氏 ········· 1686
 秋口镇里蕉村 5-10·道光二十五年·分关文书·吴胡氏 ········ 1687
 秋口镇里蕉村 5-11·道光二十五年·分关文书·吴胡氏 ········ 1688
 秋口镇里蕉村 5-12·道光二十五年·分关文书·吴胡氏 ········ 1689
 秋口镇里蕉村 6-1·同治四年·分关文书·吴瑞祥同第振祥 ······ 1690
 秋口镇里蕉村 6-2·同治四年·分关文书·吴瑞祥同第振祥 ······ 1691
 秋口镇里蕉村 6-3·同治四年·分关文书·吴瑞祥同第振祥 ······ 1692

秋口镇里蕉村 6-4·同治四年·分关文书·吴瑞祥同第振祥 ………… 1693

秋口镇里蕉村 6-5·同治四年·分关文书·吴瑞祥同第振祥 ………… 1694

秋口镇里蕉村 6-6·同治四年·分关文书·吴瑞祥同第振祥 ………… 1695

秋口镇里蕉村 6-7·同治四年·分关文书·吴瑞祥同第振祥 ………… 1696

秋口镇里蕉村 6-8·同治四年·分关文书·吴瑞祥同第振祥 ………… 1697

秋口镇里蕉村 6-9·同治四年·分关文书·吴瑞祥同第振祥 ………… 1698

秋口镇里蕉村 2-1·同治八年至光绪年间·流水账 ………………… 1699

秋口镇里蕉村 2-2·同治八年至光绪年间·流水账 ………………… 1700

秋口镇里蕉村 2-3·同治八年至光绪年间·流水账 ………………… 1701

秋口镇里蕉村 2-4·同治八年至光绪年间·流水账 ………………… 1702

秋口镇里蕉村 2-5·同治八年至光绪年间·流水账 ………………… 1703

秋口镇里蕉村 2-6·同治八年至光绪年间·流水账 ………………… 1704

秋口镇里蕉村 2-7·同治八年至光绪年间·流水账 ………………… 1705

秋口镇里蕉村 2-8·同治八年至光绪年间·流水账 ………………… 1706

秋口镇里蕉村 2-9·同治八年至光绪年间·流水账 ………………… 1707

秋口镇里蕉村 2-10·同治八年至光绪年间·流水账 ……………… 1708

秋口镇里蕉村 2-11·同治八年至光绪年间·流水账 ……………… 1709

秋口镇里蕉村 2-12·同治八年至光绪年间·流水账 ……………… 1710

秋口镇里蕉村 2-13·同治八年至光绪年间·流水账 ……………… 1711

秋口镇里蕉村 2-14·同治八年至光绪年间·流水账 ……………… 1712

秋口镇里蕉村 2-15·同治八年至光绪年间·流水账 ……………… 1713

秋口镇里蕉村 2-16·同治八年至光绪年间·流水账 ……………… 1714

秋口镇里蕉村 2-17·同治八年至光绪年间·流水账 ……………… 1715

秋口镇里蕉村 2-18·同治八年至光绪年间·流水账 ……………… 1716

秋口镇里蕉村 1-1·一九五六年·流水账 …………………………… 1717

秋口镇里蕉村 1-2·一九五六年·流水账 …………………………… 1718

秋口镇里蕉村 1-3·一九五六年·流水账 …………………………… 1719

秋口镇里蕉村 1-4·一九五六年·流水账 …………………………… 1720

秋口镇里蕉村 1-5·一九五六年·流水账 …………………………… 1721

秋口镇里蕉村 1-6·一九五六年·流水账 …………………………… 1722

秋口镇里蕉村 1-7·一九五六年·流水账 …………………………… 1723

秋口镇里蕉村 1-8·一九五六年·流水账 …………………………… 1724

秋口镇里蕉村1-9·一九五六年·流水账 ······ 1725
秋口镇里蕉村1-10·一九五六年·流水账 ······ 1726
秋口镇里蕉村1-11·一九五六年·流水账 ······ 1727
秋口镇里蕉村1-12·一九五六年·流水账 ······ 1728
秋口镇里蕉村1-13·一九五六年·流水账 ······ 1729

秋口镇岭溪村1—142 ······ 1730

秋口镇岭溪村1·雍正十年·借约·戴廷森借到重年所会 ······ 1730
秋口镇岭溪村13·雍正十二年·议墨·戴文社、成昌、文起 ······ 1731
秋口镇岭溪村132·乾隆三年·出裱佃皮约·王禹裱与房东存余 ······ 1732
秋口镇岭溪村2·乾隆五年·借约·戴廷樑同弟廷树、廷棋借到
　成嘉嫂 ······ 1733
秋口镇岭溪村99·乾隆五年·断骨出卖田契·戴廷根同弟廷楹、
　廷鸿卖与房兄囗 ······ 1734
秋口镇岭溪村71·乾隆六年·断骨出卖田契·戴廷棋卖与房兄囗 ······ 1735
秋口镇岭溪村91·乾隆六年·断骨出卖田契·戴连樑卖与房兄囗 ······ 1736
秋口镇岭溪村118·乾隆六年·断骨出卖田契·戴廷棋卖与房兄囗 ······ 1737
秋口镇岭溪村105·乾隆七年·断骨出卖田契·戴廷樑卖与房兄囗 ······ 1738
秋口镇岭溪村78·乾隆八年·断骨出卖田契·戴廷樑卖与房兄囗 ······ 1739
秋口镇岭溪村104·乾隆八年·断骨出卖中秋会契·戴廷松卖与
　房兄囗 ······ 1740
秋口镇岭溪村127·乾隆八年·断骨出卖中秋会契·戴文庆卖与
　房侄囗 ······ 1741
秋口镇岭溪村14·乾隆九年·议墨·江锦秀、董月斋等 ······ 1742
秋口镇岭溪村113·乾隆十五年·断骨出俵田皮约·程文立出俵与
　戴天奇 ······ 1743
秋口镇岭溪村136·乾隆十三年·断骨出卖田契·戴存梅卖与
　房侄囗 ······ 1744
秋口镇岭溪村81·乾隆十九年·断骨出卖田皮契·戴成表与房兄 ······ 1745
秋口镇岭溪村90·乾隆二十四年·断骨出卖田皮约·戴卿望卖与
　房侄囗 ······ 1746
秋口镇岭溪村93·乾隆三十一年·断骨出卖地塘契·程文树同侄起盛、
　起荣卖与亲眷戴囗 ······ 1747

秋口镇岭溪村 17·乾隆四十五年·村规 ················· 1748
秋口镇岭溪村 86·乾隆五十一年·断骨出卖田皮约·戴文社、文福
　　卖与房孙 ··· 1749
秋口镇岭溪村 100·嘉庆元年·断骨出俵田皮约·李建万俵与亲眷
　　戴同俞 ··· 1750
秋口镇岭溪村 115·嘉庆元年·断骨出俵田皮约·李建万俵与亲眷
　　俞同戴 ··· 1751
秋口镇岭溪村 7·嘉庆十年·赁房屋约·方万远赁到房弟接发 ········· 1752
秋口镇岭溪村 133·嘉庆十九年·断骨出俵田皮约·戴明周同弟连子
　　卖与房兄 ··· 1753
秋口镇岭溪村 131·嘉庆二十一年·断骨出俵佃皮约·李汉章俵与
　　亲眷戴☐ ··· 1754
秋口镇岭溪村 116·嘉庆二十三年·断骨出卖山契·戴志仲卖与
　　房侄起发 ··· 1755
秋口镇岭溪村 110·道光三年·断骨出卖田契·李光大卖与戴亲眷 ···· 1756
秋口镇岭溪村 103·道光四年·断骨出卖佃皮约·戴降同男德新卖与
　　房兄振远 ··· 1757
秋口镇岭溪村 119·道光四年·断骨出卖田契·戴振远同男名儒卖与
　　本家士桂公支孙等 ··· 1758
秋口镇岭溪村 123·道光四年·断骨出卖田契·戴士桂公支孙卖与
　　房弟振远 ··· 1759
秋口镇岭溪村 68·道光五年·断骨出俵田皮约·李建万俵与
　　亲眷戴 ··· 1760
秋口镇岭溪村 95·道光十年·断骨出俵租田皮约·戴荣光俵与
　　房侄戴红花 ··· 1761
秋口镇岭溪村 120·道光十四年·断骨出卖晚租税并佃皮契·俞得光
　　卖与李翠华 ··· 1762
秋口镇岭溪村 75·道光十五年·断骨出卖晚佃皮契·李珍碧卖与
　　李翠华叔 ··· 1763
秋口镇岭溪村 101·道光十五年·断骨出俵田皮约·戴敬铨俵与
　　亲眷李翠华 ··· 1764
秋口镇岭溪村 108·道光十五年·断骨出俵佃皮约·俞大臭卖与
　　亲眷李翠华 ··· 1765

秋口镇岭溪村5·道光十六年·借佃皮约·戴名儒借到李翠华 …………… 1766

秋口镇岭溪村142·道光十六年·断骨出卖柿树园地契·戴有元卖与
　房侄孙名儒 …………………………………………………………… 1767

秋口镇岭溪村117·道光二十一年·断骨出卖佃皮约·戴云同弟有发
　卖与亲眷李☐ ………………………………………………………… 1768

秋口镇岭溪村83·道光二十二年·断骨出卖碓水磨榨约·戴林万
　卖与房侄名儒 ………………………………………………………… 1769

秋口镇岭溪村114·道光二十二年·断骨出卖荒山契·戴门俞氏菊
　卖与房侄☐ …………………………………………………………… 1770

秋口镇岭溪村124·道光二十二年·出卖断骨田皮契·汪永德卖与
　江丰亭兄 ……………………………………………………………… 1771

秋口镇岭溪村134·道光二十二年·断骨出卖胡帅会契·戴细保卖与
　房兄尔承 ……………………………………………………………… 1772

秋口镇岭溪村141·道光二十二年·断骨出卖骨租胡帅会契·戴细保
　卖与房叔名儒 ………………………………………………………… 1773

秋口镇岭溪村128·道光二十三年·断骨出俵田皮约·戴菊卖与
　房侄名儒 ……………………………………………………………… 1774

秋口镇岭溪村70·道光二十八年·出俵田皮约·戴名儒俵与王社 …… 1775

秋口镇岭溪村106·道光三十年·出俵田皮约·戴明如卖与
　房弟天德 ……………………………………………………………… 1776

秋口镇岭溪村130·道光三十年·断骨出卖胡老会契·戴聚大卖与
　房侄尔承 ……………………………………………………………… 1777

秋口镇岭溪村139·道光三十年·断骨出卖胡老会契·戴光大卖与
　房侄尔承 ……………………………………………………………… 1778

秋口镇岭溪村84·咸丰五年·断骨出卖田租契·俞宝兴、宝田卖与
　戴亲眷明如 …………………………………………………………… 1779

秋口镇岭溪村87·咸丰五年·出卖断骨田皮契·张德锦卖与
　江丰亭兄 ……………………………………………………………… 1780

秋口镇岭溪村107·咸丰五年·断骨出卖山契·李维章卖与戴亲眷 …… 1781

秋口镇岭溪村111·咸丰五年·断骨出卖山契·李维章卖与戴亲眷 …… 1782

秋口镇岭溪村126·咸丰五年·出卖断骨田皮契·张德辉、裘维旺
　卖与江丰亭 …………………………………………………………… 1783

秋口镇岭溪村 89·咸丰六年·出当契约·戴尔承出当与房叔公鸣远 …… 1784

秋口镇岭溪村 109·咸丰六年·断骨出卖山契·李洪氏同男章远、
　　章勋、章补、章伦卖与☐ …………………………………………… 1785

秋口镇岭溪村 112·咸丰六年·断骨出卖山契·李洪氏卖同男章远、
　　章勋、章补、章伦卖与☐ …………………………………………… 1786

秋口镇岭溪村 96·咸丰八年·断骨出卖鱼塘莱园地契·戴旺孙同弟
　　旺富卖与房兄名儒 ……………………………………………………… 1787

秋口镇岭溪村 4·咸丰十年·借耷·李海宽借到江☐亭兄 …………… 1788

秋口镇岭溪村 129·同治四年·断骨出卖屋契·吴兴江卖与江德宝 … 1789

秋口镇岭溪村 88·同治五年·出俵田皮约·李允诚俵与☐ …………… 1790

秋口镇岭溪村 50·同治十一年·账单 …………………………………… 1791

秋口镇岭溪村 73·同治十三年·断骨出卖生莘契·王时欣卖与
　　戴义和 …………………………………………………………………… 1792

秋口镇岭溪村 102·光绪元年·断骨杜卖皮骨山并杂树木契·戴义荣
　　卖与堂兄大道 …………………………………………………………… 1793

秋口镇岭溪村 121·光绪元年·断骨绝卖田佃契·戴义和卖与
　　☐仁兄 …………………………………………………………………… 1794

秋口镇岭溪村 92·光绪二年·断骨出卖水牛约·戴义荣、义和卖与
　　堂兄大道 ………………………………………………………………… 1795

秋口镇岭溪村 10·光绪三年·存堂字据·李允钦 ……………………… 1796

秋口镇岭溪村 76·光绪十三年·断骨出卖田皮约·戴汝林卖与
　　李成章兄 ………………………………………………………………… 1797

秋口镇岭溪村 77·光绪十三年·断骨出卖田皮约·戴大道卖与
　　李成章兄 ………………………………………………………………… 1798

秋口镇岭溪村 26·光绪十七年·收字·李财富 ………………………… 1799

秋口镇岭溪村 79·光绪十九年·断骨出卖佃皮骨租契·戴广进、
　　广富、进源、君元卖与长意婆 ………………………………………… 1800

秋口镇岭溪村 98·光绪十九年·断骨出卖佃皮骨租约·戴广进卖与
　　尚义堂 …………………………………………………………………… 1801

秋口镇岭溪村 72·光绪二十一年·断骨出卖佃皮骨租契·戴子铨
　　同侄再金卖与房侄连泰 ………………………………………………… 1802

秋口镇岭溪村 82·光绪二十二年·断骨出卖茶丛约·戴广进当与
　　根保公 …………………………………………………………………… 1803

秋口镇岭溪村97·光绪二十四年·断骨出卖田租约·戴汝林卖与
　　得春 ··· 1804

秋口镇岭溪村74·光绪二十八年·断骨出卖茶丛契·戴广进卖与
　　君元弟 ··· 1805

秋口镇岭溪村85·光绪二十八年·断骨出卖佃皮约·戴义荣、广进、
　　广富卖与胞弟君元 ··· 1806

秋口镇岭溪村137·光绪二十八年·断骨出卖茶丛字约·戴广进
　　同汝全叔卖与君元 ··· 1807

秋口镇岭溪村135·光绪三十一年·断骨出卖茶丛地约·戴日、戴荣
　　卖与房侄君元 ·· 1808

秋口镇岭溪村3·光绪三十三年·合同·俞敦睦堂 ············· 1809

秋口镇岭溪村12·民国七年·出典住屋契·俞起富典与戴有余 ····· 1810

秋口镇岭溪村6·民国十五年·收字·朱笃材收到对君元兄 ········· 1811

秋口镇岭溪村69·民国十五年·赎约包封·戴启记赎自朱笃材 ····· 1812

秋口镇岭溪村94·民国十八年·断骨绝卖茶丛地坦契·俞□□卖与
　　戴□□伯 ··· 1813

秋口镇岭溪村122·民国十八年·绝卖茶丛地坦契·俞樟盛等卖与
　　戴君元伯 ··· 1814

秋口镇岭溪村80·民国十九年·断骨出卖茶丛地坦契·俞张盛卖与
　　戴君元 ·· 1815

秋口镇岭溪村125·民国二十九年·断骨出卖田字约·俞和清卖与
　　戴君元 ·· 1816

秋口镇岭溪村138·民国三十年·断骨出卖基地契·戴□□卖与
　　戴□□ ·· 1817

秋口镇岭溪村8·合同·孙庆五、孙明万、孙有贞、孙胡保等 ········· 1818

秋口镇岭溪村9-1·花色单 ··· 1819

秋口镇岭溪村9-2·花色单 ··· 1820

秋口镇岭溪村15·合同·孙庆五等 ······································· 1821

秋口镇岭溪村16·村规 ·· 1822

秋口镇岭溪村18·流水账 ··· 1823

秋口镇岭溪村19·流水账 ··· 1824

秋口镇岭溪村20·流水账 ··· 1825

秋口镇岭溪村 21·账单 …………………………………………… 1826
秋口镇岭溪村 22·账单 …………………………………………… 1827
秋口镇岭溪村 23·账单 …………………………………………… 1828
秋口镇岭溪村 24·账单 …………………………………………… 1829
秋口镇岭溪村 25·结单·王永盛号 ……………………………… 1830
秋口镇岭溪村 27·杂文 …………………………………………… 1831
秋口镇岭溪村 28·钱庄支票·元亨行 …………………………… 1832
秋口镇岭溪村 29·流水账 ………………………………………… 1833
秋口镇岭溪村 30·流水账 ………………………………………… 1834
秋口镇岭溪村 31·流水账 ………………………………………… 1835
秋口镇岭溪村 32·货物清单 ……………………………………… 1836
秋口镇岭溪村 35·流水账 ………………………………………… 1837
秋口镇岭溪村 37·货单·戴先生 ………………………………… 1838
秋口镇岭溪村 39·购物清单·绣章 ……………………………… 1839
秋口镇岭溪村 40·托买单 ………………………………………… 1840
秋口镇岭溪村 41·账单 …………………………………………… 1841
秋口镇岭溪村 42·流水账 ………………………………………… 1842
秋口镇岭溪村 43·清单·☐与戴大道 …………………………… 1843
秋口镇岭溪村 44·杨庆和楼发票·戴先生 ……………………… 1844
秋口镇岭溪村 45·清单·戴大道 ………………………………… 1845
秋口镇岭溪村 46·清单·戴大道 ………………………………… 1846
秋口镇岭溪村 49·清单·戴客人 ………………………………… 1847
秋口镇岭溪村 51·清单·戴大道 ………………………………… 1848
秋口镇岭溪村 52·清单·戴大道 ………………………………… 1849
秋口镇岭溪村 53·清单·戴大道 ………………………………… 1850
秋口镇岭溪村 54·流水账 ………………………………………… 1851
秋口镇岭溪村 55·流水账 ………………………………………… 1852
秋口镇岭溪村 56·售货清单·售立德洋行 ……………………… 1853
秋口镇岭溪村 58·流水账 ………………………………………… 1854
秋口镇岭溪村 60·流水账 ………………………………………… 1855
秋口镇岭溪村 61·流水账 ………………………………………… 1856
秋口镇岭溪村 62·流水账 ………………………………………… 1857

秋口镇岭溪村63·流水账 …………………………………… 1858
秋口镇岭溪村64·流水账 …………………………………… 1859
秋口镇岭溪村65·流水账 …………………………………… 1860
秋口镇岭溪村66·流水账 …………………………………… 1861
秋口镇岭溪村67·流水账 …………………………………… 1862
秋口镇岭溪村140·断骨出卖田契 …………………………… 1863

伍　秋口镇（四）

岭溪村戴家·沙城洪·沙城江氏·沙城俞氏

秋口镇岭溪村戴家 1—34	**1865**
秋口镇岭溪村戴家 3-i·乾隆十六年·分家文书·戴文福	
（右半部分）	1865
秋口镇岭溪村戴家 3-ii·乾隆十六年·分家文书·戴文福	
（左半部分）	1866
秋口镇岭溪村戴家 1·乾隆二十七年·婚书·俞圭茂	1867
秋口镇岭溪村戴家 5·道光十九年·分家文书·戴启胜等四兄弟	1868
秋口镇岭溪村戴家 13·咸丰二年·会书·细瑞	1869
秋口镇岭溪村戴家 24·咸丰七年至同治四年·流水账	1870
秋口镇岭溪村戴家 6·同治五年·分家文书·戴大顺等兄弟	1871
秋口镇岭溪村戴家 27-i·光绪元年·修造大碣费开述（右半部分）	1872
秋口镇岭溪村戴家 27-ii·光绪元年·修造大碣费开述（左半部分）	1873
秋口镇岭溪村戴家 22-i·光绪五年·流水账（右半部分）	1874
秋口镇岭溪村戴家 22-ii·光绪五年·流水账（左半部分）	1875
秋口镇岭溪村戴家 32-i·光绪五年·田皮单（右半部分）	1876
秋口镇岭溪村戴家 32-ii·光绪五年·田皮单（左半部分）	1877
秋口镇岭溪村戴家 9·具状词·李戴氏告戴允钦	1878
秋口镇岭溪村戴家 10·光绪十一年·具状词·戴大道告囗	1879
秋口镇岭溪村戴家 7·光绪十三年·具状词·戴洪氏告戴德林	1880
秋口镇岭溪村戴家 25·光绪十四年·流水账	1881
秋口镇岭溪村戴家 12·民国九年·会书·戴君元	1882
秋口镇岭溪村戴家 16·民国十五年·会书·戴君元	1883
秋口镇岭溪村戴家 21·民国十七年·会书·俞桂荣	1884
秋口镇岭溪村戴家 17·民国二十年·会书·王开霖	1885
秋口镇岭溪村戴家 18·民国二十年·会书·富仂	1886
秋口镇岭溪村戴家 20·民国二十年·会券·王开淋	1887
秋口镇岭溪村戴家 14·民国二十二年·会书·戴君元	1888
秋口镇岭溪村戴家 19·民国二十二年·会书·戴君元	1889

秋口镇岭溪村戴家 15·会书·有娥 …………………………………… 1890
秋口镇岭溪村戴家 2-i·民国三十年·继书·戴桂喜（右半部分）…… 1891
秋口镇岭溪村戴家 2-ii·民国三十年·继书·戴桂喜（左半部分）… 1892
秋口镇岭溪村戴家 4·招书·木阿□氏招程□□ ……………………… 1893
秋口镇岭溪村戴家 8·具状词·李戴氏告戴允钦 ……………………… 1894
秋口镇岭溪村戴家 11·流水账 ………………………………………… 1895
秋口镇岭溪村戴家 23·流水账 ………………………………………… 1896
秋口镇岭溪村戴家 26-i·流水账（右半部分）………………………… 1897
秋口镇岭溪村戴家 26-ii·流水账（左半部分）……………………… 1898
秋口镇岭溪村戴家 28·欠租流水账 …………………………………… 1899
秋口镇岭溪村戴家 29·欠租流水账 …………………………………… 1900
秋口镇岭溪村戴家 30·流水账 ………………………………………… 1901
秋口镇岭溪村戴家 31·流水账 ………………………………………… 1902
秋口镇岭溪村戴家 34·流水账 ………………………………………… 1903

秋口镇沙城洪 1—4 ………………………………………………… 1904
秋口镇沙城洪 3-1·道光十年·义聚饼会簿·文龙、文述 ………… 1904
秋口镇沙城洪 3-2·道光十年·义聚饼会簿·文龙、文述 ………… 1905
秋口镇沙城洪 3-3·道光十年·义聚饼会簿·文龙、文述 ………… 1906
秋口镇沙城洪 3-4·道光十年·义聚饼会簿·文龙、文述 ………… 1907
秋口镇沙城洪 3-5·道光十年·义聚饼会簿·文龙、文述 ………… 1908
秋口镇沙城洪 3-6·道光十年·义聚饼会簿·文龙、文述 ………… 1909
秋口镇沙城洪 3-7·道光十年·义聚饼会簿·文龙、文述 ………… 1910
秋口镇沙城洪 3-8·道光十年·义聚饼会簿·文龙、文述 ………… 1911
秋口镇沙城洪 3-9·道光十年·义聚饼会簿·文龙、文述 ………… 1912
秋口镇沙城洪 3-10·道光十年·义聚饼会簿·文龙、文述 ………… 1913
秋口镇沙城洪 3-11·道光十年·义聚饼会簿·文龙、文述 ………… 1914
秋口镇沙城洪 3-12·道光十年·义聚饼会簿·文龙、文述 ………… 1915
秋口镇沙城洪 3-13·道光十年·义聚饼会簿·文龙、文述 ………… 1916
秋口镇沙城洪 3-14·道光十年·义聚饼会簿·文龙、文述 ………… 1917
秋口镇沙城洪 3-15·道光十年·义聚饼会簿·文龙、文述 ………… 1918
秋口镇沙城洪 3-16·道光十年·义聚饼会簿·文龙、文述 ………… 1919

秋口镇沙城洪 3-16 附 1·道光十年·义聚饼会簿·文龙、文述 ········ 1920
秋口镇沙城洪 3-16 附 2·道光十年·义聚饼会簿·文龙、文述 ········ 1921
秋口镇沙城洪 3-16 附 3·道光十年·义聚饼会簿·文龙、文述 ········ 1922
秋口镇沙城洪 3-17·道光十年·义聚饼会簿·文龙、文述 ················ 1923
秋口镇沙城洪 3-18·道光十年·义聚饼会簿·文龙、文述 ················ 1924
秋口镇沙城洪 3-19·道光十年·义聚饼会簿·文龙、文述 ················ 1925
秋口镇沙城洪 3-20·道光十年·义聚饼会簿·文龙、文述 ················ 1926
秋口镇沙城洪 3-21·道光十年·义聚饼会簿·文龙、文述 ················ 1927
秋口镇沙城洪 3-22·道光十年·义聚饼会簿·文龙、文述 ················ 1928
秋口镇沙城洪 3-23·道光十年·义聚饼会簿·文龙、文述 ················ 1929
秋口镇沙城洪 3-24·道光十年·义聚饼会簿·文龙、文述 ················ 1930
秋口镇沙城洪 3-25·道光十年·义聚饼会簿·文龙、文述 ················ 1931
秋口镇沙城洪 3-26·道光十年·义聚饼会簿·文龙、文述 ················ 1932
秋口镇沙城洪 3-27·道光十年·义聚饼会簿·文龙、文述 ················ 1933
秋口镇沙城洪 3-28·道光十年·义聚饼会簿·文龙、文述 ················ 1934
秋口镇沙城洪 3-29·道光十年·义聚饼会簿·文龙、文述 ················ 1935
秋口镇沙城洪 3-30·道光十年·义聚饼会簿·文龙、文述 ················ 1936
秋口镇沙城洪 3-31·道光十年·义聚饼会簿·文龙、文述 ················ 1937
秋口镇沙城洪 3-32·道光十年·义聚饼会簿·文龙、文述 ················ 1938
秋口镇沙城洪 3-33·道光十年·义聚饼会簿·文龙、文述 ················ 1939
秋口镇沙城洪 3-34·道光十年·义聚饼会簿·文龙、文述 ················ 1940
秋口镇沙城洪 3-35·道光十年·义聚饼会簿·文龙、文述 ················ 1941
秋口镇沙城洪 3-36·道光十年·义聚饼会簿·文龙、文述 ················ 1942
秋口镇沙城洪 3-37·道光十年·义聚饼会簿·文龙、文述 ················ 1943
秋口镇沙城洪 3-38·道光十年·义聚饼会簿·文龙、文述 ················ 1944
秋口镇沙城洪 3-39·道光十年·义聚饼会簿·文龙、文述 ················ 1945
秋口镇沙城洪 3-40·道光十年·义聚饼会簿·文龙、文述 ················ 1946
秋口镇沙城洪 3-41·道光十年·义聚饼会簿·文龙、文述 ················ 1947
秋口镇沙城洪 3-42·道光十年·义聚饼会簿·文龙、文述 ················ 1948
秋口镇沙城洪 3-43·道光十年·义聚饼会簿·文龙、文述 ················ 1949
秋口镇沙城洪 3-44·道光十年·义聚饼会簿·文龙、文述 ················ 1950
秋口镇沙城洪 3-45·道光十年·义聚饼会簿·文龙、文述 ················ 1951

秋口镇沙城洪 3-46·道光十年·义聚饼会簿·文龙、文述 …………… 1952
秋口镇沙城洪 3-47·道光十年·义聚饼会簿·文龙、文述 …………… 1953
秋口镇沙城洪 3-48·道光十年·义聚饼会簿·文龙、文述 …………… 1954
秋口镇沙城洪 3-49·道光十年·义聚饼会簿·文龙、文述 …………… 1955
秋口镇沙城洪 3-50·道光十年·义聚饼会簿·文龙、文述 …………… 1956
秋口镇沙城洪 3-51·道光十年·义聚饼会簿·文龙、文述 …………… 1957
秋口镇沙城洪 3-52·道光十年·义聚饼会簿·文龙、文述 …………… 1958
秋口镇沙城洪 3-53·道光十年·义聚饼会簿·文龙、文述 …………… 1959
秋口镇沙城洪 3-54·道光十年·义聚饼会簿·文龙、文述 …………… 1960
秋口镇沙城洪 3-55·道光十年·义聚饼会簿·文龙、文述 …………… 1961
秋口镇沙城洪 3-56·道光十年·义聚饼会簿·文龙、文述 …………… 1962
秋口镇沙城洪 3-57·道光十年·义聚饼会簿·文龙、文述 …………… 1963
秋口镇沙城洪 3-58·道光十年·义聚饼会簿·文龙、文述 …………… 1964
秋口镇沙城洪 3-59·道光十年·义聚饼会簿·文龙、文述 …………… 1965
秋口镇沙城洪 3-60·道光十年·义聚饼会簿·文龙、文述 …………… 1966
秋口镇沙城洪 3-61·道光十年·义聚饼会簿·文龙、文述 …………… 1967
秋口镇沙城洪 3-62·道光十年·义聚饼会簿·文龙、文述 …………… 1968
秋口镇沙城洪 3-63·道光十年·义聚饼会簿·文龙、文述 …………… 1969
秋口镇沙城洪 3-64·道光十年·义聚饼会簿·文龙、文述 …………… 1970
秋口镇沙城洪 3-65·道光十年·义聚饼会簿·文龙、文述 …………… 1971
秋口镇沙城洪 3-66·道光十年·义聚饼会簿·文龙、文述 …………… 1972
秋口镇沙城洪 3-67·道光十年·义聚饼会簿·文龙、文述 …………… 1973
秋口镇沙城洪 3-68·道光十年·义聚饼会簿·文龙、文述 …………… 1974
秋口镇沙城洪 3-69·道光十年·义聚饼会簿·文龙、文述 …………… 1975
秋口镇沙城洪 3-70·道光十年·义聚饼会簿·文龙、文述 …………… 1976
秋口镇沙城洪 3-71·道光十年·义聚饼会簿·文龙、文述 …………… 1977
秋口镇沙城洪 3-72·道光十年·义聚饼会簿·文龙、文述 …………… 1978
秋口镇沙城洪 3-73·道光十年·义聚饼会簿·文龙、文述 …………… 1979
秋口镇沙城洪 3-74·道光十年·义聚饼会簿·文龙、文述 …………… 1980
秋口镇沙城洪 3-75·道光十年·义聚饼会簿·文龙、文述 …………… 1981
秋口镇沙城洪 3-76·道光十年·义聚饼会簿·文龙、文述 …………… 1982
秋口镇沙城洪 3-77·道光十年·义聚饼会簿·文龙、文述 …………… 1983

秋口镇沙城洪 3-78·道光十年·义聚饼会簿·文龙、文述 …………… 1984
秋口镇沙城洪 3-79·道光十年·义聚饼会簿·文龙、文述 …………… 1985
秋口镇沙城洪 3-80·道光十年·义聚饼会簿·文龙、文述 …………… 1986
秋口镇沙城洪 3-81·道光十年·义聚饼会簿·文龙、文述 …………… 1987
秋口镇沙城洪 3-82·道光十年·义聚饼会簿·文龙、文述 …………… 1988
秋口镇沙城洪 3-83·道光十年·义聚饼会簿·文龙、文述 …………… 1989
秋口镇沙城洪 3-84·道光十年·义聚饼会簿·文龙、文述 …………… 1990
秋口镇沙城洪 3-85·道光十年·义聚饼会簿·文龙、文述 …………… 1991
秋口镇沙城洪 3-86·道光十年·义聚饼会簿·文龙、文述 …………… 1992
秋口镇沙城洪 3-87·道光十年·义聚饼会簿·文龙、文述 …………… 1993
秋口镇沙城洪 3-88·道光十年·义聚饼会簿·文龙、文述 …………… 1994
秋口镇沙城洪 3-89·道光十年·义聚饼会簿·文龙、文述 …………… 1995
秋口镇沙城洪 3-90·道光十年·义聚饼会簿·文龙、文述 …………… 1996
秋口镇沙城洪 3-91·道光十年·义聚饼会簿·文龙、文述 …………… 1997
秋口镇沙城洪 3-92·道光十年·义聚饼会簿·文龙、文述 …………… 1998
秋口镇沙城洪 3-93·道光十年·义聚饼会簿·文龙、文述 …………… 1999
秋口镇沙城洪 3-94·道光十年·义聚饼会簿·文龙、文述 …………… 2000
秋口镇沙城洪 3-95·道光十年·义聚饼会簿·文龙、文述 …………… 2001
秋口镇沙城洪 3-96·道光十年·义聚饼会簿·文龙、文述 …………… 2002
秋口镇沙城洪 3-97·道光十年·义聚饼会簿·文龙、文述 …………… 2003
秋口镇沙城洪 3-98·道光十年·义聚饼会簿·文龙、文述 …………… 2004
秋口镇沙城洪 3-99·道光十年·义聚饼会簿·文龙、文述 …………… 2005
秋口镇沙城洪 3-100·道光十年·义聚饼会簿·文龙、文述 …………… 2006
秋口镇沙城洪 3-101·道光十年·义聚饼会簿·文龙、文述 …………… 2007
秋口镇沙城洪 3-102·道光十年·义聚饼会簿·文龙、文述 …………… 2008
秋口镇沙城洪 3-103·道光十年·义聚饼会簿·文龙、文述 …………… 2009
秋口镇沙城洪 3-104·道光十年·义聚饼会簿·文龙、文述 …………… 2010
秋口镇沙城洪 3-105·道光十年·义聚饼会簿·文龙、文述 …………… 2011
秋口镇沙城洪 3-106·道光十年·义聚饼会簿·文龙、文述 …………… 2012
秋口镇沙城洪 3-107·道光十年·义聚饼会簿·文龙、文述 …………… 2013
秋口镇沙城洪 3-108·道光十年·义聚饼会簿·文龙、文述 …………… 2014
秋口镇沙城洪 3-109·道光十年·义聚饼会簿·文龙、文述 …………… 2015

秋口镇沙城洪 3-110·道光十年·义聚饼会簿·文龙、文述……………2016
秋口镇沙城洪 3-111·道光十年·义聚饼会簿·文龙、文述……………2017
秋口镇沙城洪 3-112·道光十年·义聚饼会簿·文龙、文述……………2018
秋口镇沙城洪 3-113·道光十年·义聚饼会簿·文龙、文述……………2019
秋口镇沙城洪 3-114·道光十年·义聚饼会簿·文龙、文述……………2020
秋口镇沙城洪 3-115·道光十年·义聚饼会簿·文龙、文述……………2021
秋口镇沙城洪 3-116·道光十年·义聚饼会簿·文龙、文述……………2022
秋口镇沙城洪 3-117·道光十年·义聚饼会簿·文龙、文述……………2023
秋口镇沙城洪 3-118·道光十年·义聚饼会簿·文龙、文述……………2024
秋口镇沙城洪 3-119·道光十年·义聚饼会簿·文龙、文述……………2025
秋口镇沙城洪 3-120·道光十年·义聚饼会簿·文龙、文述……………2026
秋口镇沙城洪 3-121·道光十年·义聚饼会簿·文龙、文述……………2027
秋口镇沙城洪 3-122·道光十年·义聚饼会簿·文龙、文述……………2028
秋口镇沙城洪 3-123·道光十年·义聚饼会簿·文龙、文述……………2029
秋口镇沙城洪 3-124·道光十年·义聚饼会簿·文龙、文述……………2030
秋口镇沙城洪 3-125·道光十年·义聚饼会簿·文龙、文述……………2031
秋口镇沙城洪 3-126·道光十年·义聚饼会簿·文龙、文述……………2032
秋口镇沙城洪 3-127·道光十年·义聚饼会簿·文龙、文述……………2033
秋口镇沙城洪 3-128·道光十年·义聚饼会簿·文龙、文述……………2034
秋口镇沙城洪 3-129·道光十年·义聚饼会簿·文龙、文述……………2035
秋口镇沙城洪 3-130·道光十年·义聚饼会簿·文龙、文述……………2036
秋口镇沙城洪 3-131·道光十年·义聚饼会簿·文龙、文述……………2037
秋口镇沙城洪 3-132·道光十年·义聚饼会簿·文龙、文述……………2038
秋口镇沙城洪 3-133·道光十年·义聚饼会簿·文龙、文述……………2039
秋口镇沙城洪 3-134·道光十年·义聚饼会簿·文龙、文述……………2040
秋口镇沙城洪 3-135·道光十年·义聚饼会簿·文龙、文述……………2041
秋口镇沙城洪 3-136·道光十年·义聚饼会簿·文龙、文述……………2042
秋口镇沙城洪 3-137·道光十年·义聚饼会簿·文龙、文述……………2043
秋口镇沙城洪 3-138·道光十年·义聚饼会簿·文龙、文述……………2044
秋口镇沙城洪 3-139·道光十年·义聚饼会簿·文龙、文述……………2045
秋口镇沙城洪 3-140·道光十年·义聚饼会簿·文龙、文述……………2046
秋口镇沙城洪 3-141·道光十年·义聚饼会簿·文龙、文述……………2047

秋口镇沙城洪 3-142·道光十年·义聚饼会簿·文龙、文述……………2048

秋口镇沙城洪 3-143·道光十年·义聚饼会簿·文龙、文述……………2049

秋口镇沙城洪 3-144·道光十年·义聚饼会簿·文龙、文述……………2050

秋口镇沙城洪 3-145·道光十年·义聚饼会簿·文龙、文述……………2051

秋口镇沙城洪 3-146·道光十年·义聚饼会簿·文龙、文述……………2052

秋口镇沙城洪 3-147·道光十年·义聚饼会簿·文龙、文述……………2053

秋口镇沙城洪 3-148·道光十年·义聚饼会簿·文龙、文述……………2054

秋口镇沙城洪 3-149·道光十年·义聚饼会簿·文龙、文述……………2055

秋口镇沙城洪 3-150·道光十年·义聚饼会簿·文龙、文述……………2056

秋口镇沙城洪 3-151·道光十年·义聚饼会簿·文龙、文述……………2057

秋口镇沙城洪 3-152·道光十年·义聚饼会簿·文龙、文述……………2058

秋口镇沙城洪 3-153·道光十年·义聚饼会簿·文龙、文述……………2059

秋口镇沙城洪 3-154·道光十年·义聚饼会簿·文龙、文述……………2060

秋口镇沙城洪 3-155·道光十年·义聚饼会簿·文龙、文述……………2061

秋口镇沙城洪 3-156·道光十年·义聚饼会簿·文龙、文述……………2062

秋口镇沙城洪 3-157·道光十年·义聚饼会簿·文龙、文述……………2063

秋口镇沙城洪 3-158·道光十年·义聚饼会簿·文龙、文述……………2064

秋口镇沙城洪 3-159·道光十年·义聚饼会簿·文龙、文述……………2065

秋口镇沙城洪 3-160·道光十年·义聚饼会簿·文龙、文述……………2066

秋口镇沙城洪 3-161·道光十年·义聚饼会簿·文龙、文述……………2067

秋口镇沙城洪 3-162·道光十年·义聚饼会簿·文龙、文述……………2068

秋口镇沙城洪 3-163·道光十年·义聚饼会簿·文龙、文述……………2069

秋口镇沙城洪 3-164·道光十年·义聚饼会簿·文龙、文述……………2070

秋口镇沙城洪 3-165·道光十年·义聚饼会簿·文龙、文述……………2071

秋口镇沙城洪 3-166·道光十年·义聚饼会簿·文龙、文述……………2072

秋口镇沙城洪 3-167·道光十年·义聚饼会簿·文龙、文述……………2073

秋口镇沙城洪 3-168·道光十年·义聚饼会簿·文龙、文述……………2074

秋口镇沙城洪 3-169·道光十年·义聚饼会簿·文龙、文述……………2075

秋口镇沙城洪 3-170·道光十年·义聚饼会簿·文龙、文述……………2076

秋口镇沙城洪 3-171·道光十年·义聚饼会簿·文龙、文述……………2077

秋口镇沙城洪 3-172·道光十年·义聚饼会簿·文龙、文述……………2078

秋口镇沙城洪 3-173·道光十年·义聚饼会簿·文龙、文述……………2079

秋口镇沙城洪 3-174·道光十年·义聚饼会簿·文龙、文述……………… 2080
秋口镇沙城洪 3-175·道光十年·义聚饼会簿·文龙、文述……………… 2081
秋口镇沙城洪 1-1·宣统二年·分关文书·程达三……………………… 2082
秋口镇沙城洪 1-2·宣统二年·分关文书·程达三……………………… 2083
秋口镇沙城洪 1-3·宣统二年·分关文书·程达三……………………… 2084
秋口镇沙城洪 1-4·宣统二年·分关文书·程达三……………………… 2085
秋口镇沙城洪 1-5·宣统二年·分关文书·程达三……………………… 2086
秋口镇沙城洪 1-6·宣统二年·分关文书·程达三……………………… 2087
秋口镇沙城洪 1-7·宣统二年·分关文书·程达三……………………… 2088
秋口镇沙城洪 1-8·宣统二年·分关文书·程达三……………………… 2089
秋口镇沙城洪 1-9·宣统二年·分关文书·程达三……………………… 2090
秋口镇沙城洪 1-10·宣统二年·分关文书·程达三……………………… 2091
秋口镇沙城洪 1-11·宣统二年·分关文书·程达三……………………… 2092
秋口镇沙城洪 2-1·课程作业（课草）…………………………………… 2093
秋口镇沙城洪 2-2·课程作业（课草）…………………………………… 2094
秋口镇沙城洪 2-3·课程作业（课草）…………………………………… 2095
秋口镇沙城洪 2-4·课程作业（课草）…………………………………… 2096
秋口镇沙城洪 2-5·课程作业（课草）…………………………………… 2097
秋口镇沙城洪 2-6·课程作业（课草）…………………………………… 2098
秋口镇沙城洪 4-1·梅溪洪氏族谱………………………………………… 2099
秋口镇沙城洪 4-2·梅溪洪氏族谱………………………………………… 2100
秋口镇沙城洪 4-3·梅溪洪氏族谱………………………………………… 2101
秋口镇沙城洪 4-4·梅溪洪氏族谱………………………………………… 2102
秋口镇沙城洪 4-5·梅溪洪氏族谱………………………………………… 2103
秋口镇沙城洪 4-6·梅溪洪氏族谱………………………………………… 2104
秋口镇沙城洪 4-7·梅溪洪氏族谱………………………………………… 2105
秋口镇沙城洪 4-8·梅溪洪氏族谱………………………………………… 2106
秋口镇沙城洪 4-9·梅溪洪氏族谱………………………………………… 2107
秋口镇沙城洪 4-10·梅溪洪氏族谱………………………………………… 2108
秋口镇沙城洪 4-11·梅溪洪氏族谱………………………………………… 2109
秋口镇沙城洪 4-12·梅溪洪氏族谱………………………………………… 2110
秋口镇沙城洪 4-13·梅溪洪氏族谱………………………………………… 2111

秋口镇沙城洪 4-14·梅溪洪氏族谱 ·············· 2112
秋口镇沙城洪 4-15·梅溪洪氏族谱 ·············· 2113
秋口镇沙城洪 4-16·梅溪洪氏族谱 ·············· 2114
秋口镇沙城洪 4-17·梅溪洪氏族谱 ·············· 2115
秋口镇沙城洪 4-18·梅溪洪氏族谱 ·············· 2116
秋口镇沙城洪 4-19·梅溪洪氏族谱 ·············· 2117
秋口镇沙城洪 4-20·梅溪洪氏族谱 ·············· 2118
秋口镇沙城洪 4-21·梅溪洪氏族谱 ·············· 2119
秋口镇沙城洪 4-22·梅溪洪氏族谱 ·············· 2120
秋口镇沙城洪 4-23·梅溪洪氏族谱 ·············· 2121
秋口镇沙城洪 4-24·梅溪洪氏族谱 ·············· 2122
秋口镇沙城洪 4-25·梅溪洪氏族谱 ·············· 2123
秋口镇沙城洪 4-26·梅溪洪氏族谱 ·············· 2124
秋口镇沙城洪 4-27·梅溪洪氏族谱 ·············· 2125
秋口镇沙城洪 4-28·梅溪洪氏族谱 ·············· 2126
秋口镇沙城洪 4-29·梅溪洪氏族谱 ·············· 2127
秋口镇沙城洪 4-30·梅溪洪氏族谱 ·············· 2128
秋口镇沙城洪 4-31·梅溪洪氏族谱 ·············· 2129
秋口镇沙城洪 4-32·梅溪洪氏族谱 ·············· 2130
秋口镇沙城洪 4-33·梅溪洪氏族谱 ·············· 2131
秋口镇沙城洪 4-34·梅溪洪氏族谱 ·············· 2132
秋口镇沙城洪 4-35·梅溪洪氏族谱 ·············· 2133
秋口镇沙城洪 4-36·梅溪洪氏族谱 ·············· 2134
秋口镇沙城洪 4-37·梅溪洪氏族谱 ·············· 2135
秋口镇沙城洪 4-38·梅溪洪氏族谱 ·············· 2136
秋口镇沙城洪 4-39·梅溪洪氏族谱 ·············· 2137
秋口镇沙城洪 4-40·梅溪洪氏族谱 ·············· 2138
秋口镇沙城洪 4-41·梅溪洪氏族谱 ·············· 2139
秋口镇沙城洪 4-42·梅溪洪氏族谱 ·············· 2140
秋口镇沙城洪 4-43·梅溪洪氏族谱 ·············· 2141
秋口镇沙城洪 4-44·梅溪洪氏族谱 ·············· 2142

秋口镇沙城洪 4-45・梅溪洪氏族谱 …………………………………… 2143
秋口镇沙城洪 4-46・梅溪洪氏族谱 …………………………………… 2144
秋口镇沙城洪 4-47・梅溪洪氏族谱 …………………………………… 2145
秋口镇沙城洪 4-48・梅溪洪氏族谱 …………………………………… 2146
秋口镇沙城洪 4-49・梅溪洪氏族谱 …………………………………… 2147
秋口镇沙城洪 4-50・梅溪洪氏族谱 …………………………………… 2148
秋口镇沙城洪 4-51・梅溪洪氏族谱 …………………………………… 2149
秋口镇沙城洪 4-52・梅溪洪氏族谱 …………………………………… 2150
秋口镇沙城洪 4-53・梅溪洪氏族谱 …………………………………… 2151
秋口镇沙城洪 4-54・梅溪洪氏族谱 …………………………………… 2152
秋口镇沙城洪 4-55・梅溪洪氏族谱 …………………………………… 2153
秋口镇沙城洪 4-56・梅溪洪氏族谱 …………………………………… 2154
秋口镇沙城洪 4-57・梅溪洪氏族谱 …………………………………… 2155
秋口镇沙城洪 4-58・梅溪洪氏族谱 …………………………………… 2156
秋口镇沙城洪 4-59・梅溪洪氏族谱 …………………………………… 2157
秋口镇沙城洪 4-60・梅溪洪氏族谱 …………………………………… 2158
秋口镇沙城洪 4-61・梅溪洪氏族谱 …………………………………… 2159
秋口镇沙城洪 4-62・梅溪洪氏族谱 …………………………………… 2160
秋口镇沙城洪 4-63・梅溪洪氏族谱 …………………………………… 2161
秋口镇沙城洪 4-64・梅溪洪氏族谱 …………………………………… 2162
秋口镇沙城洪 4-65・梅溪洪氏族谱 …………………………………… 2163
秋口镇沙城洪 4-66・梅溪洪氏族谱 …………………………………… 2164
秋口镇沙城洪 4-67・梅溪洪氏族谱 …………………………………… 2165
秋口镇沙城洪 4-68・梅溪洪氏族谱 …………………………………… 2166
秋口镇沙城洪 4-69・梅溪洪氏族谱 …………………………………… 2167
秋口镇沙城洪 4-70・梅溪洪氏族谱 …………………………………… 2168
秋口镇沙城洪 4-71・梅溪洪氏族谱 …………………………………… 2169
秋口镇沙城洪 4-72・梅溪洪氏族谱 …………………………………… 2170
秋口镇沙城洪 4-73・梅溪洪氏族谱 …………………………………… 2171
秋口镇沙城洪 4-74・梅溪洪氏族谱 …………………………………… 2172
秋口镇沙城洪 4-75・梅溪洪氏族谱 …………………………………… 2173
秋口镇沙城洪 4-76・梅溪洪氏族谱 …………………………………… 2174

秋口镇沙城江氏 1—61 ··· 2175
 秋口镇沙城江氏 7·崇祯十五年·合同·江钟善 ······················ 2175
 秋口镇沙城江氏 40·顺治十五年·断骨出卖坦地契·方隆卖与
  叶□六 ··· 2176
 秋口镇沙城江氏 34·康熙四十年·出卖租契·徐池原卖与□ ······ 2177
 秋口镇沙城江氏 15·雍正五年·推单·李阿王断骨出卖与江□ ······ 2178
 秋口镇沙城江氏 13·雍正六年·议合同·江思康公支孙江淑良等 ······ 2179
 秋口镇沙城江氏 4·乾隆八年·议墨·王子封 ······························ 2180
 秋口镇沙城江氏 43·乾隆二十一年·出典屋地契·江铭若等典与
  亲眷李□ ··· 2181
 秋口镇沙城江氏 29·乾隆四十七年·议墨·家叔得昌等 ············· 2182
 秋口镇沙城江氏 33·乾隆四十七年·出典园地契·俞起忠出典与
  堂弟□ ··· 2183
 秋口镇沙城江氏 8·乾隆三十二年·出卖屋契·紫荣同侄喜松出
  卖与堂兄弟虎年祖 ·· 2184
 秋口镇沙城江氏 51·乾隆三十三年·出典园地契·江庆师出典与
  王□ ·· 2185
 秋口镇沙城江氏 20·乾隆五十一年·推单·俞阿汪断骨卖与李□ ······ 2186
 秋口镇沙城江氏 5·乾隆五十三年·出俵佃皮约·俞庆寿俵与
  江德昌 ··· 2187
 秋口镇沙城江氏 19·乾隆五十三年·出典租约·叔正镕典与
  亲眷江 ··· 2188
 秋口镇沙城江氏 26·乾隆五十四年·出俵佃皮约·俞庆寿俵与
  江德昌 ··· 2189
 秋口镇沙城江氏 58·乾隆五十五年·断骨出卖园地契·江庆狮卖与
  堂弟起荣 ·· 2190
 秋口镇沙城江氏 59·嘉庆三年·出当园地并茶丛契·江裕当与
  亲眷曹 ··· 2191
 秋口镇沙城江氏 50·嘉庆五年·断骨绝卖山契·王国宾卖与
  亲眷李 ··· 2192
 秋口镇沙城江氏 18·嘉庆七年·押当契·汪庆祖押与汪兆美 ······ 2193
 秋口镇沙城江氏 32·嘉庆九年·断骨出卖平屋并地契·江成出卖与
  亲眷詹 ··· 2194

秋口镇沙城江氏 39·嘉庆十年·断骨出卖茶坦并花果杂木契·江成
　卖与眷友王 ··· 2195
秋口镇沙城江氏 27·嘉庆十二年·出典屋地契·江成等典与亲眷詹 ······ 2196
秋口镇沙城江氏 41·嘉庆十二年·断骨卖平屋并地契·江成典与
　詹☐ ··· 2197
秋口镇沙城江氏 25·嘉庆十三年·出典屋契·程天才典与眷友詹 ········ 2198
秋口镇沙城江氏 56·嘉庆十三年·断骨出卖平屋并地契·詹渭泉
　卖与眷友程 ·· 2199
秋口镇沙城江氏 57·嘉庆十三年·**出典地契**·江亮周典与詹☐ ········· 2200
秋口镇沙城江氏 44·嘉庆十六年·出典基地契·江亮周典与詹☐ ······ 2201
秋口镇沙城江氏 11·嘉庆十二年·典地契约·江裕典于汪☐ ············· 2202
秋口镇沙城江氏 47·嘉庆二十年·断骨出卖地塝契·江兆珍卖与
　亲眷汪 ··· 2203
秋口镇沙城江氏 10·嘉庆二十二年·出押契·詹天助押与王初万 ······ 2204
秋口镇沙城江氏 12·嘉庆二十二年·出当园地店屋屎缸契·詹天助
　当与王初万 ·· 2205
秋口镇沙城江氏 28·嘉庆二十三年·断骨佃皮契·朱名远卖与
　众姓度孤会 ·· 2206
秋口镇沙城江氏 24·嘉庆二十五年·出典厝基契·江裕典与
　詹☐亲眷 ·· 2207
秋口镇沙城江氏 14·道光二年·承租字·江裕 ······························ 2208
秋口镇沙城江氏 49·道光三年·断骨出卖契·曹冠三卖与江瑞光 ······ 2209
秋口镇沙城江氏 54·道光九年·断骨出卖茶园地契·曹冠三卖与
　亲眷江☐ ·· 2210
秋口镇沙城江氏 53·道光十年·合议墨·江兆蒸等 ························ 2211
秋口镇沙城江氏 6·道光十二年·断骨出俵田皮契·王德政卖与
　本家☐ ··· 2212
秋口镇沙城江氏 30·道光十九年·断骨出卖租契·李嘉顺、弟嘉万、
　嘉全卖与江国祯 ··· 2213
秋口镇沙城江氏 3-1·道光二十一年·税粮实征册·瑞亨户 ··············· 2214
秋口镇沙城江氏 3-2·道光二十一年·税粮实征册·瑞亨户 ··············· 2215
秋口镇沙城江氏 3-3·道光二十一年·税粮实征册·瑞亨户 ··············· 2216

秋口镇沙城江氏 3-4·道光二十一年·税粮实征册·瑞亨户 ············ 2217

秋口镇沙城江氏 3-5·道光二十一年·税粮实征册·瑞亨户 ············ 2218

秋口镇沙城江氏 3-6·道光二十一年·税粮实征册·瑞亨户 ············ 2219

秋口镇沙城江氏 61·道光二十二年·断骨出卖菜园地契·程时庆卖与
江兴宝 ··· 2220

秋口镇沙城江氏 35·咸丰十年·出俵园地契·社德俵与族兄 ············ 2221

秋口镇沙城江氏 16·咸丰十一年·推单·赵章户推与瑞亨户 ············ 2222

秋口镇沙城江氏 48·咸丰十一年·断骨出卖园地契·王社德卖与
李品咸 ··· 2223

秋口镇沙城江氏 36·同治元年·断骨出卖茶丛地契·詹旺怀卖与
李品咸 ··· 2224

秋口镇沙城江氏 42·同治九年·断骨绝卖田皮正租契·程洪氏卖与
李金喜 ··· 2225

秋口镇沙城江氏 1-1·同治十二年·文集（旧获皮改）·江樟秀记 ······ 2226

秋口镇沙城江氏 1-2·同治十二年·文集（旧获皮改）·江樟秀记 ······ 2227

秋口镇沙城江氏 1-3·同治十二年·文集（旧获皮改）·江樟秀记 ······ 2228

秋口镇沙城江氏 1-4·同治十二年·文集（旧获皮改）·江樟秀记 ······ 2229

秋口镇沙城江氏 1-5·同治十二年·文集（旧获皮改）·江樟秀记 ······ 2230

秋口镇沙城江氏 1-6·同治十二年·文集（旧获皮改）·江樟秀记 ······ 2231

秋口镇沙城江氏 1-7·同治十二年·文集（旧获皮改）·江樟秀记 ······ 2232

秋口镇沙城江氏 1-8·同治十二年·文集（旧获皮改）·江樟秀记 ······ 2233

秋口镇沙城江氏 1-9·同治十二年·文集（旧获皮改）·江樟秀记 ······ 2234

秋口镇沙城江氏 1-10·同治十二年·文集（旧获皮改）·江樟秀记 ····· 2235

秋口镇沙城江氏 1-11·同治十二年·文集（旧获皮改）·江樟秀记 ····· 2236

秋口镇沙城江氏 1-12·同治十二年·文集（旧获皮改）·江樟秀记 ····· 2237

秋口镇沙城江氏 1-13·同治十二年·文集（旧获皮改）·江樟秀记 ····· 2238

秋口镇沙城江氏 1-14·同治十二年·文集（旧获皮改）·江樟秀记 ····· 2239

秋口镇沙城江氏 1-15·同治十二年·文集（旧获皮改）·江樟秀记 ····· 2240

秋口镇沙城江氏 1-16·同治十二年·文集（旧获皮改）·江樟秀记 ····· 2241

秋口镇沙城江氏 1-17·同治十二年·文集（旧获皮改）·江樟秀记 ····· 2242

秋口镇沙城江氏 1-18·同治十二年·文集（旧获皮改）·江樟秀记 ····· 2243

秋口镇沙城江氏 1-19·同治十二年·文集（旧获皮改）·江樟秀记 ····· 2244

秋口镇沙城江氏 1-20·同治十二年·文集（旧获皮改）·江樟秀记……2245
秋口镇沙城江氏 1-21·同治十二年·文集（旧获皮改）·江樟秀记……2246
秋口镇沙城江氏 1-22·同治十二年·文集（旧获皮改）·江樟秀记……2247
秋口镇沙城江氏 1-23·同治十二年·文集（旧获皮改）·江樟秀记……2248
秋口镇沙城江氏 1-24·同治十二年·文集（旧获皮改）·江樟秀记……2249
秋口镇沙城江氏 1-25·同治十二年·文集（旧获皮改）·江樟秀记……2250
秋口镇沙城江氏 1-26·同治十二年·文集（旧获皮改）·江樟秀记……2251
秋口镇沙城江氏 1-27·同治十二年·文集（旧获皮改）·江樟秀记……2252
秋口镇沙城江氏 1-28·同治十二年·文集（旧获皮改）·江樟秀记……2253
秋口镇沙城江氏 1-29·同治十二年·文集（旧获皮改）·江樟秀记……2254
秋口镇沙城江氏 1-30·同治十二年·文集（旧获皮改）·江樟秀记……2255
秋口镇沙城江氏 1-31·同治十二年·文集（旧获皮改）·江樟秀记……2256
秋口镇沙城江氏 1-32·同治十二年·文集（旧获皮改）·江樟秀记……2257
秋口镇沙城江氏 1-33·同治十二年·文集（旧获皮改）·江樟秀记……2258
秋口镇沙城江氏 1-34·同治十二年·文集（旧获皮改）·江樟秀记……2259
秋口镇沙城江氏 1-35·同治十二年·文集（旧获皮改）·江樟秀记……2260
秋口镇沙城江氏 1-36·同治十二年·文集（旧获皮改）·江樟秀记……2261
秋口镇沙城江氏 1-37·同治十二年·文集（旧获皮改）·江樟秀记……2262
秋口镇沙城江氏 1-38·同治十二年·文集（旧获皮改）·江樟秀记……2263
秋口镇沙城江氏 1-39·同治十二年·文集（旧获皮改）·江樟秀记……2264
秋口镇沙城江氏 1-40·同治十二年·文集（旧获皮改）·江樟秀记……2265
秋口镇沙城江氏 1-41·同治十二年·文集（旧获皮改）·江樟秀记……2266
秋口镇沙城江氏 1-42·同治十二年·文集（旧获皮改）·江樟秀记……2267
秋口镇沙城江氏 1-43·同治十二年·文集（旧获皮改）·江樟秀记……2268
秋口镇沙城江氏 1-44·同治十二年·文集（旧获皮改）·江樟秀记……2269
秋口镇沙城江氏 1-45·同治十二年·文集（旧获皮改）·江樟秀记……2270
秋口镇沙城江氏 1-46·同治十二年·文集（旧获皮改）·江樟秀记……2271
秋口镇沙城江氏 1-47·同治十二年·文集（旧获皮改）·江樟秀记……2272
秋口镇沙城江氏 1-48·同治十二年·文集（旧获皮改）·江樟秀记……2273
秋口镇沙城江氏 1-49·同治十二年·文集（旧获皮改）·江樟秀记……2274
秋口镇沙城江氏 1-50·同治十二年·文集（旧获皮改）·江樟秀记……2275

秋口镇沙城江氏31·同治十二年·断骨出卖田皮契·汪根富卖与
　　李进富 ……………………………………………………………… 2276
秋口镇沙城江氏38·光绪三年·断骨出俵佃皮契·王亦田出卖与
　　李进富 ……………………………………………………………… 2277
秋口镇沙城江氏46·光绪四年·断骨出卖山税并茶丛约·程俞氏
　　秋溪卖与李进富 …………………………………………………… 2278
秋口镇沙城江氏52·光绪十二年·断骨出卖园地契·汪姓族众
　　汪观印等卖与李进富 ……………………………………………… 2279
秋口镇沙城江氏45·光绪十四年·断骨出卖山税并经理茶丛地契·
　　程俞氏秋溪卖与李金桂 …………………………………………… 2280
秋口镇沙城江氏37·光绪十五年·断骨绝卖基地契·王盛林卖与
　　李金桂 ……………………………………………………………… 2281
秋口镇沙城江氏55·光绪十五年·断骨出卖浮屋契·王盛林卖与
　　李金桂 ……………………………………………………………… 2282
秋口镇沙城江氏2-1·税粮实征册·江迪户干草兄弟股等 …………… 2283
秋口镇沙城江氏2-2·税粮实征册·江迪户干草兄弟股等 …………… 2284
秋口镇沙城江氏2-3·税粮实征册·江迪户干草兄弟股等 …………… 2285
秋口镇沙城江氏2-4·税粮实征册·江迪户干草兄弟股等 …………… 2286
秋口镇沙城江氏2-5·税粮实征册·江迪户干草兄弟股等 …………… 2287
秋口镇沙城江氏2-6·税粮实征册·江迪户干草兄弟股等 …………… 2288
秋口镇沙城江氏2-7·税粮实征册·江迪户干草兄弟股等 …………… 2289
秋口镇沙城江氏2-8·税粮实征册·江迪户干草兄弟股等 …………… 2290
秋口镇沙城江氏2-9·税粮实征册·江迪户干草兄弟股等 …………… 2291
秋口镇沙城江氏2-10·税粮实征册·江迪户干草兄弟股等 ………… 2292
秋口镇沙城江氏9·合墨·江明若、曹天叙、曹声苑 ………………… 2293
秋口镇沙城江氏17·土地四至说明书 ………………………………… 2294
秋口镇沙城江氏21·名单 ……………………………………………… 2295
秋口镇沙城江氏22-i·土地四至说明书 ……………………………… 2296
秋口镇沙城江氏22-ii·土地四至说明书 ……………………………… 2297
秋口镇沙城江氏23·家族世系单 ……………………………………… 2298
秋口镇沙城江氏60-i·土地四至说明书 ……………………………… 2299
秋口镇沙城江氏60-ii·土地四至说明书 ……………………………… 2300

秋口镇沙城俞氏 1—5 2301

- 秋口镇沙城俞氏 3-1·乾隆七年·税粮实征册·洪起振户 2301
- 秋口镇沙城俞氏 3-2·乾隆七年·税粮实征册·洪起振户 2302
- 秋口镇沙城俞氏 3-3·乾隆七年·税粮实征册·洪起振户 2303
- 秋口镇沙城俞氏 3-4·乾隆七年·税粮实征册·洪起振户 2304
- 秋口镇沙城俞氏 3-5·乾隆七年·税粮实征册·洪起振户 2305
- 秋口镇沙城俞氏 3-6·乾隆七年·税粮实征册·洪起振户 2306
- 秋口镇沙城俞氏 3-7·乾隆七年·税粮实征册·洪起振户 2307
- 秋口镇沙城俞氏 3-8·乾隆七年·税粮实征册·洪起振户 2308
- 秋口镇沙城俞氏 3-9·乾隆七年·税粮实征册·洪起振户 2309
- 秋口镇沙城俞氏 3-10·乾隆七年·税粮实征册·洪起振户 2310
- 秋口镇沙城俞氏 1-1·道光八年·遗嘱·高鉴 2311
- 秋口镇沙城俞氏 1-2·道光八年·遗嘱·高鉴 2312
- 秋口镇沙城俞氏 1-3·道光八年·遗嘱·高鉴 2313
- 秋口镇沙城俞氏 1-4·道光八年·遗嘱·高鉴 2314
- 秋口镇沙城俞氏 1-5·道光八年·遗嘱·高鉴 2315
- 秋口镇沙城俞氏 1-6·道光八年·遗嘱·高鉴 2316
- 秋口镇沙城俞氏 1-7·道光八年·遗嘱·高鉴 2317
- 秋口镇沙城俞氏 1-8·道光八年·遗嘱·高鉴 2318
- 秋口镇沙城俞氏 1-9·道光八年·遗嘱·高鉴 2319
- 秋口镇沙城俞氏 1-10·道光八年·遗嘱·高鉴 2320
- 秋口镇沙城俞氏 1-11·道光八年·遗嘱·高鉴 2321
- 秋口镇沙城俞氏 1-12·道光八年·遗嘱·高鉴 2322
- 秋口镇沙城俞氏 1-13·道光八年·遗嘱·高鉴 2323
- 秋口镇沙城俞氏 1-14·道光八年·遗嘱·高鉴 2324
- 秋口镇沙城俞氏 1-15·道光八年·遗嘱·高鉴 2325
- 秋口镇沙城俞氏 1-16·道光八年·遗嘱·高鉴 2326
- 秋口镇沙城俞氏 4-1·道光十二年·分关文书·江廷保、廷祖、
  廷志、廷高 2327
- 秋口镇沙城俞氏 4-2·道光十二年·分关文书·江廷保、廷祖、
  廷志、廷高 2328
- 秋口镇沙城俞氏 4-3·道光十二年·分关文书·江廷保、廷祖、
  廷志、廷高 2329

秋口镇沙城俞氏4-4·道光十二年·分关文书·江廷保、廷祖、
　　廷志、廷高 2330
秋口镇沙城俞氏4-5·道光十二年·分关文书·江廷保、廷祖、
　　廷志、廷高 2331
秋口镇沙城俞氏4-6·道光十二年·分关文书·江廷保、廷祖、
　　廷志、廷高 2332
秋口镇沙城俞氏4-7·道光十二年·分关文书·江廷保、廷祖、
　　廷志、廷高 2333
秋口镇沙城俞氏4-8·道光十二年·分关文书·江廷保、廷祖、
　　廷志、廷高 2334
秋口镇沙城俞氏4-9·道光十二年·分关文书·江廷保、廷祖、
　　廷志、廷高 2335
秋口镇沙城俞氏4-10·道光十二年·分关文书·江廷保、廷祖、
　　廷志、廷高 2336
秋口镇沙城俞氏4-11·道光十二年·分关文书·江廷保、廷祖、
　　廷志、廷高 2337
秋口镇沙城俞氏4-12·道光十二年·分关文书·江廷保、廷祖、
　　廷志、廷高 2338
秋口镇沙城俞氏4-13·道光十二年·分关文书·江廷保、廷祖、
　　廷志、廷高 2339
秋口镇沙城俞氏4-14·道光十二年·分关文书·江廷保、廷祖、
　　廷志、廷高 2340
秋口镇沙城俞氏4-15·道光十二年·分关文书·江廷保、廷祖、
　　廷志、廷高 2341
秋口镇沙城俞氏4-16·道光十二年·分关文书·江廷保、廷祖、
　　廷志、廷高 2342
秋口镇沙城俞氏4-17·道光十二年·分关文书·江廷保、廷祖、
　　廷志、廷高 2343
秋口镇沙城俞氏2-1·税粮实征册 2344
秋口镇沙城俞氏2-2·税粮实征册 2345
秋口镇沙城俞氏2-3·税粮实征册 2346
秋口镇沙城俞氏2-4·税粮实征册 2347

秋口镇沙城俞氏 2-5·税粮实征册 …………………………… 2348

秋口镇沙城俞氏 2-6·税粮实征册 …………………………… 2349

秋口镇沙城俞氏 2-7·税粮实征册 …………………………… 2350

秋口镇沙城俞氏 2-8·税粮实征册 …………………………… 2351

秋口镇沙城俞氏 2-9·税粮实征册 …………………………… 2352

秋口镇沙城俞氏 2-10·税粮实征册 ………………………… 2353

秋口镇沙城俞氏 5-1·光绪二十三年·税粮实征册·德显户生出
　金旺户 ……………………………………………………… 2354

秋口镇沙城俞氏 5-2·光绪二十三年·税粮实征册·德显户生出
　金旺户 ……………………………………………………… 2355

秋口镇沙城俞氏 5-3·光绪二十三年·税粮实征册·德显户生出
　金旺户 ……………………………………………………… 2356

秋口镇沙城俞氏 5-4·光绪二十三年·税粮实征册·德显户生出
　金旺户 ……………………………………………………… 2357

秋口镇沙城俞氏 5-5·光绪二十三年·税粮实征册·德显户生出
　金旺户 ……………………………………………………… 2358

秋口镇沙城俞氏 5-6·光绪二十三年·税粮实征册·德显户生出
　金旺户 ……………………………………………………… 2359

秋口镇沙城俞氏 5-7·光绪二十三年·税粮实征册·德显户生出
　金旺户 ……………………………………………………… 2360

秋口镇沙城俞氏 5-8·光绪二十三年·税粮实征册·德显户生出
　金旺户 ……………………………………………………… 2361

陆　秋口镇（五）
油岭村·仔槎村陈家·吴家

秋口镇油岭村 A 1—15	2363
秋口镇油岭村 A 8·嘉庆元年·税粮实征册·汉源户	2363
秋口镇油岭村 A 8-2·嘉庆元年·税粮实征册·汉源户	2364
秋口镇油岭村 A 8-3·嘉庆元年·税粮实征册·汉源户	2365
秋口镇油岭村 A 8-4·嘉庆元年·税粮实征册·汉源户	2366
秋口镇油岭村 A 8-5·嘉庆元年·税粮实征册·汉源户	2367
秋口镇油岭村 A 8-6·嘉庆元年·税粮实征册·汉源户	2368
秋口镇油岭村 A 8-7·嘉庆元年·税粮实征册·汉源户	2369
秋口镇油岭村 A 8-8·嘉庆元年·税粮实征册·汉源户	2370
秋口镇油岭村 A 8-9·嘉庆元年·税粮实征册·汉源户	2371
秋口镇油岭村 A 8-10·嘉庆元年·税粮实征册·汉源户	2372
秋口镇油岭村 A 8-11·嘉庆元年·税粮实征册·汉源户	2373
秋口镇油岭村 A 8-12·嘉庆元年·税粮实征册·汉源户	2374
秋口镇油岭村 A 10-1·道光二十七年·分家文书（虎字阄）·昌祠、昌裴、昌衾、昌荣、昌裘、昌祖、昌裕	2375
秋口镇油岭村 A 10-2·道光二十七年·分家文书（虎字阄）·昌祠、昌裴、昌衾、昌荣、昌裘、昌祖、昌裕	2376
秋口镇油岭村 A 10-3·道光二十七年·分家文书（虎字阄）·昌祠、昌裴、昌衾、昌荣、昌裘、昌祖、昌裕	2377
秋口镇油岭村 A 10-4·道光二十七年·分家文书（虎字阄）·昌祠、昌裴、昌衾、昌荣、昌裘、昌祖、昌裕	2378
秋口镇油岭村 A 1-1·咸丰元年始·账单	2379
秋口镇油岭村 A 1-2·咸丰元年始·账单	2380
秋口镇油岭村 A 1-3·咸丰元年始·账单	2381
秋口镇油岭村 A 1-4·咸丰元年始·账单	2382
秋口镇油岭村 A 1-5·咸丰元年始·账单	2383
秋口镇油岭村 A 1-6·咸丰元年始·账单	2384
秋口镇油岭村 A 1-7·咸丰元年始·账单	2385

秋口镇油岭村A 1-8·咸丰元年始·账单 …………………………………… 2386
秋口镇油岭村A 6-1·咸丰九年·税粮实征册·昌裕户 …………………… 2387
秋口镇油岭村A 6-2·咸丰九年·税粮实征册·昌裕户 …………………… 2388
秋口镇油岭村A 6-3·咸丰九年·税粮实征册·昌裕户 …………………… 2389
秋口镇油岭村A 6-4·咸丰九年·税粮实征册·昌裕户 …………………… 2390
秋口镇油岭村A 6-5·咸丰九年·税粮实征册·昌裕户 …………………… 2391
秋口镇油岭村A 6-6·咸丰九年·税粮实征册·昌裕户 …………………… 2392
秋口镇油岭村A 15-1·咸丰九年·税粮实征册·昌裘户 …………………… 2393
秋口镇油岭村A 15-2·咸丰九年·税粮实征册·昌裘户 …………………… 2394
秋口镇油岭村A 15-3·咸丰九年·税粮实征册·昌裘户 …………………… 2395
秋口镇油岭村A 15-4·咸丰九年·税粮实征册·昌裘户 …………………… 2396
秋口镇油岭村A 2-1·咸丰十年·合村人丁簿 …………………………… 2397
秋口镇油岭村A 2-2·咸丰十年·合村人丁簿 …………………………… 2398
秋口镇油岭村A 2-3·咸丰十年·合村人丁簿 …………………………… 2399
秋口镇油岭村A 2-4·咸丰十年·合村人丁簿 …………………………… 2400
秋口镇油岭村A 2-5·咸丰十年·合村人丁簿 …………………………… 2401
秋口镇油岭村A 2-6·咸丰十年·合村人丁簿 …………………………… 2402
秋口镇油岭村A 2-7·咸丰十年·合村人丁簿 …………………………… 2403
秋口镇油岭村A 2-8·咸丰十年·合村人丁簿 …………………………… 2404
秋口镇油岭村A 2-9·咸丰十年·合村人丁簿 …………………………… 2405
秋口镇油岭村A 2-10·咸丰十年·合村人丁簿 …………………………… 2406
秋口镇油岭村A 2-11·咸丰十年·合村人丁簿 …………………………… 2407
秋口镇油岭村A 2-12·咸丰十年·合村人丁簿 …………………………… 2408
秋口镇油岭村A 2-13·咸丰十年·合村人丁簿 …………………………… 2409
秋口镇油岭村A 2-14·咸丰十年·合村人丁簿 …………………………… 2410
秋口镇油岭村A 2-15·咸丰十年·合村人丁簿 …………………………… 2411
秋口镇油岭村A 2-16·咸丰十年·合村人丁簿 …………………………… 2412
秋口镇油岭村A 2-17·咸丰十年·合村人丁簿 …………………………… 2413
秋口镇油岭村A 2-18·咸丰十年·合村人丁簿 …………………………… 2414
秋口镇油岭村A 2-19·咸丰十年·合村人丁簿 …………………………… 2415
秋口镇油岭村A 2-20·咸丰十年·合村人丁簿 …………………………… 2416
秋口镇油岭村A 2-21·咸丰十年·合村人丁簿 …………………………… 2417

秋口镇油岭村A2-22·咸丰十年·合村人丁簿 …………………… 2418

秋口镇油岭村A2-23·咸丰十年·合村人丁簿 …………………… 2419

秋口镇油岭村A2-24·咸丰十年·合村人丁簿 …………………… 2420

秋口镇油岭村A2-25·咸丰十年·合村人丁簿 …………………… 2421

秋口镇油岭村A2-26·咸丰十年·合村人丁簿 …………………… 2422

秋口镇油岭村A2-27·咸丰十年·合村人丁簿 …………………… 2423

秋口镇油岭村A2-28·咸丰十年·合村人丁簿 …………………… 2424

秋口镇油岭村A2-29·咸丰十年·合村人丁簿 …………………… 2425

秋口镇油岭村A3-1·光绪七年·税粮实征册·永璜户生出永璜、
　大江、朝宗、文英四户 ……………………………………………… 2426

秋口镇油岭村A3-2·光绪七年·税粮实征册·永璜户生出永璜、
　大江、朝宗、文英四户 ……………………………………………… 2427

秋口镇油岭村A3-3·光绪七年·税粮实征册·永璜户生出永璜、
　大江、朝宗、文英四户 ……………………………………………… 2428

秋口镇油岭村A3-4·光绪七年·税粮实征册·永璜户生出永璜、
　大江、朝宗、文英四户 ……………………………………………… 2429

秋口镇油岭村A3-5·光绪七年·税粮实征册·永璜户生出永璜、
　大江、朝宗、文英四户 ……………………………………………… 2430

秋口镇油岭村A3-6·光绪七年·税粮实征册·永璜户生出永璜、
　大江、朝宗、文英四户 ……………………………………………… 2431

秋口镇油岭村A3-7·光绪七年·税粮实征册·永璜户生出永璜、
　大江、朝宗、文英四户 ……………………………………………… 2432

秋口镇油岭村A3-8·光绪七年·税粮实征册·永璜户生出永璜、
　大江、朝宗、文英四户 ……………………………………………… 2433

秋口镇油岭村A3-9·光绪七年·税粮实征册·永璜户生出永璜、
　大江、朝宗、文英四户 ……………………………………………… 2434

秋口镇油岭村A3-10·光绪七年·税粮实征册·永璜户生出永璜、
　大江、朝宗、文英四户 ……………………………………………… 2435

秋口镇油岭村A3-11·光绪七年·税粮实征册·永璜户生出永璜、
　大江、朝宗、文英四户 ……………………………………………… 2436

秋口镇油岭村A5-1·光绪七年·税粮实征册·礼钦户 …………… 2437

秋口镇油岭村A5-2·光绪七年·税粮实征册·礼钦户 …………… 2438

秋口镇油岭村A 5-3·光绪七年·税粮实征册·礼钦户 …………… 2439
秋口镇油岭村A 5-4·光绪七年·税粮实征册·礼钦户 …………… 2440
秋口镇油岭村A 5-5·光绪七年·税粮实征册·礼钦户 …………… 2441
秋口镇油岭村A 9-1·光绪七年·税粮实征册·礼林户 …………… 2442
秋口镇油岭村A 9-2·光绪七年·税粮实征册·礼林户 …………… 2443
秋口镇油岭村A 9-3·光绪七年·税粮实征册·礼林户 …………… 2444
秋口镇油岭村A 9-4·光绪七年·税粮实征册·礼林户 …………… 2445
秋口镇油岭村A 9-5·光绪七年·税粮实征册·礼林户 …………… 2446
秋口镇油岭村A 9-6·光绪七年·税粮实征册·礼林户 …………… 2447
秋口镇油岭村A 14-1·光绪三十四年·分家文书（仁股阄书）·
　纳犁、松茂 ……………………………………………………… 2448
秋口镇油岭村A 14-2·光绪三十四年·分家文书（仁股阄书）·
　纳犁、松茂 ……………………………………………………… 2449
秋口镇油岭村A 14-3·光绪三十四年·分家文书（仁股阄书）·
　纳犁、松茂 ……………………………………………………… 2450
秋口镇油岭村A 14-4·光绪三十四年·分家文书（仁股阄书）·
　纳犁、松茂 ……………………………………………………… 2451
秋口镇油岭村A 14-5·光绪三十四年·分家文书（仁股阄书）·
　纳犁、松茂 ……………………………………………………… 2452
秋口镇油岭村A 14-6·光绪三十四年·分家文书（仁股阄书）·
　纳犁、松茂 ……………………………………………………… 2453
秋口镇油岭村A 12-1·民国二十七年·税粮实征册·昌祖户 ……… 2454
秋口镇油岭村A 12-2·民国二十七年·税粮实征册·昌祖户 ……… 2455
秋口镇油岭村A 12-3·民国二十七年·税粮实征册·昌祖户 ……… 2456
秋口镇油岭村A 12-4·民国二十七年·税粮实征册·昌祖户 ……… 2457
秋口镇油岭村A 12-5·民国二十七年·税粮实征册·昌祖户 ……… 2458
秋口镇油岭村A 12-6·民国二十七年·税粮实征册·昌祖户 ……… 2459
秋口镇油岭村A 12-7·民国二十七年·税粮实征册·昌祖户 ……… 2460
秋口镇油岭村A 13-1·民国三十年·税粮实征册·应洙户 ………… 2461
秋口镇油岭村A 13-2·民国三十年·税粮实征册·应洙户 ………… 2462
秋口镇油岭村A 13-3·民国三十年·税粮实征册·应洙户 ………… 2463
秋口镇油岭村A 13-4·民国三十年·税粮实征册·应洙户 ………… 2464

秋口镇油岭村 A 13-5·民国三十年·税粮实征册·应洙户 …… 2465
秋口镇油岭村 A 13-6·民国三十年·税粮实征册·应洙户 …… 2466
秋口镇油岭村 A 13-7·民国三十年·税粮实征册·应洙户 …… 2467
秋口镇油岭村 A 4-1·人登簿·俞汉文 …… 2468
秋口镇油岭村 A 4-2·人登簿·俞汉文 …… 2469
秋口镇油岭村 A 4-3·人登簿·俞汉文 …… 2470
秋口镇油岭村 A 4-4·人登簿·俞汉文 …… 2471
秋口镇油岭村 A 4-5·人登簿·俞汉文 …… 2472
秋口镇油岭村 A 4-6·人登簿·俞汉文 …… 2473
秋口镇油岭村 A 4-7·人登簿·俞汉文 …… 2474
秋口镇油岭村 A 4-8·人登簿·俞汉文 …… 2475
秋口镇油岭村 A 4-9·人登簿·俞汉文 …… 2476
秋口镇油岭村 A 4-10·人登簿·俞汉文 …… 2477
秋口镇油岭村 A 4-11·人登簿·俞汉文 …… 2478
秋口镇油岭村 A 4-12·人登簿·俞汉文 …… 2479
秋口镇油岭村 A 4-13·人登簿·俞汉文 …… 2480
秋口镇油岭村 A 4-14·人登簿·俞汉文 …… 2481
秋口镇油岭村 A 4-15·人登簿·俞汉文 …… 2482
秋口镇油岭村 A 4-16·人登簿·俞汉文 …… 2483
秋口镇油岭村 A 4-17·人登簿·俞汉文 …… 2484
秋口镇油岭村 A 4-18·人登簿·俞汉文 …… 2485
秋口镇油岭村 A 4-19·人登簿·俞汉文 …… 2486
秋口镇油岭村 A 4-20·人登簿·俞汉文 …… 2487
秋口镇油岭村 A 4-21·人登簿·俞汉文 …… 2488
秋口镇油岭村 A 4-22·人登簿·俞汉文 …… 2489
秋口镇油岭村 A 4-23·人登簿·俞汉文 …… 2490
秋口镇油岭村 A 4-24·人登簿·俞汉文 …… 2491
秋口镇油岭村 A 4-25·人登簿·俞汉文 …… 2492
秋口镇油岭村 A 4-26·人登簿·俞汉文 …… 2493
秋口镇油岭村 A 4-27·人登簿·俞汉文 …… 2494
秋口镇油岭村 A 4-28-i·人登簿·俞汉文（右半部分）…… 2495
秋口镇油岭村 A 4-28-ii·人登簿·俞汉文（左半部分）…… 2496

秋口镇油岭村 A 4–29·人登簿·俞汉文 ················· 2497
秋口镇油岭村 A 4–30·人登簿·俞汉文 ················· 2498
秋口镇油岭村 A 7–1·税粮实征册·俞永璜户 ············· 2499
秋口镇油岭村 A 7–2·税粮实征册·俞永璜户 ············· 2500
秋口镇油岭村 A 7–3·税粮实征册·俞永璜户 ············· 2501
秋口镇油岭村 A 7–4·税粮实征册·俞永璜户 ············· 2502
秋口镇油岭村 A 7–5·税粮实征册·俞永璜户 ············· 2503
秋口镇油岭村 A 7–6·税粮实征册·俞永璜户 ············· 2504
秋口镇油岭村 A 7–7·税粮实征册·俞永璜户 ············· 2505
秋口镇油岭村 A 7–8·税粮实征册·俞永璜户 ············· 2506
秋口镇油岭村 A 7–9·税粮实征册·俞永璜户 ············· 2507
秋口镇油岭村 A 7–10·税粮实征册·俞永璜户 ············ 2508
秋口镇油岭村 A 7–11·税粮实征册·俞永璜户 ············ 2509
秋口镇油岭村 A 7–12·税粮实征册·俞永璜户 ············ 2510
秋口镇油岭村 A 7–13·税粮实征册·俞永璜户 ············ 2511
秋口镇油岭村 A 7–14·税粮实征册·俞永璜户 ············ 2512
秋口镇油岭村 A 7–15·税粮实征册·俞永璜户 ············ 2513
秋口镇油岭村 A 7–16·税粮实征册·俞永璜户 ············ 2514
秋口镇油岭村 A 7–17·税粮实征册·俞永璜户 ············ 2515
秋口镇油岭村 A 11–1·税粮实征册 ···················· 2516
秋口镇油岭村 A 11–2·税粮实征册 ···················· 2517
秋口镇油岭村 A 11–3·税粮实征册 ···················· 2518
秋口镇油岭村 A 11–4·税粮实征册 ···················· 2519

秋口镇油岭村 B 1—101 ································· 2520
秋口镇油岭村 B 93·道光二十三年·出卖坦约·俞吕和卖与
　房叔日初 ··· 2520
秋口镇油岭村 B 6·同治九年·断骨出卖柽子树约·俞瑞清卖与
　堂侄孝光 ··· 2521
秋口镇油岭村 B 91·同治十年·出卖晚田皮约·方根能卖与俞老七 ········ 2522
秋口镇油岭村 B 1·光绪四年·出佃田皮骨租约·俞法椿卖与
　房兄明远 ··· 2523

秋口镇油岭村 B 86·光绪四年·具议字·俞法椿议与俞炳文 …………… 2524

秋口镇油岭村 B 94·光绪五年·出押当田皮约·俞春生押当与
　房侄盛如 ……………………………………………………………… 2525

秋口镇油岭村 B 79·光绪七年·出押当坦约·俞得时同弟得才押与
　方福旺 ………………………………………………………………… 2526

秋口镇油岭村 B 78·光绪十七年·收字据·张树泉收到俞兴来 ……… 2527

秋口镇油岭村 B 70·光绪九年·断杜卖早田皮约·俞德时等卖与
　俞德和 ………………………………………………………………… 2528

秋口镇油岭村 B 75·光绪十年·赠价约·俞得时同弟得财卖与
　堂叔德和 ……………………………………………………………… 2529

秋口镇油岭村 B 19·光绪十三年·断骨出卖茶坦苗山菜园约·俞允华
　卖与房叔得和 ………………………………………………………… 2530

秋口镇油岭村 B 73·光绪十八年·找价约·俞德时 …………………… 2531

秋口镇油岭村 B 74·光绪十八年·增价断骨早田皮约·俞德时卖与
　俞德和 ………………………………………………………………… 2532

秋口镇油岭村 B 84·光绪十八年·断骨出卖重阳、冬至会约·俞杨万
　卖与族兄德和 ………………………………………………………… 2533

秋口镇油岭村 B 3·光绪十九年·断骨出卖灯会·俞允怀卖与
　房叔得和 ……………………………………………………………… 2534

秋口镇油岭村 B 72·光绪二十年·断骨出卖茶坦苗山菜园约·俞允怀
　卖与房叔德和 ………………………………………………………… 2535

秋口镇油岭村 B 5·光绪二十一年·借字约·俞讨饭借到堂兄德和 … 2536

秋口镇油岭村 B 82·光绪二十一年·出押当茶丛坦约·俞礼旺当与
　堂兄君太 ……………………………………………………………… 2537

秋口镇油岭村 B 90·光绪二十三年·断骨出卖厝基约·汪武同兄德夫
　卖与李华乡 …………………………………………………………… 2538

秋口镇油岭村 B 10·光绪二十七年·出当田皮骨租契·俞嘉能当与
　德和 …………………………………………………………………… 2539

秋口镇油岭村 B 34·光绪二十七年·推单·教斛户推与昌裴户 ……… 2540

秋口镇油岭村 B 77·光绪二十八年·出押当契·胡盛孙押与俞德和 … 2541

秋口镇油岭村 B 11·光绪三十年·借字·俞礼旺借到德和兄 ………… 2542

秋口镇油岭村 B 88·光绪三十一年·出押当竹园山会次约·俞养源
　当与房兄德和 ………………………………………………………… 2543

秋口镇油岭村 B 96·宣统元年·断骨杜卖房屋基地约·俞灶焰卖与
  俞德和 ··· 2544
秋口镇油岭村 B 80·宣统二年·出押茶丛约·俞德和押与鲁炳松 ······ 2545
秋口镇油岭村 B 4·民国六年·增价字约·俞海增与俞德和 ············ 2546
秋口镇油岭村 B 7·民国七年·出押田皮约·俞茂盛押与族叔德和 ····· 2547
秋口镇油岭村 B 76·民国七年·出押田皮约·俞承震押与房叔有善 ··· 2548
秋口镇油岭村 B 58·民国八年·纳米执照·昌裴 ························ 2549
秋口镇油岭村 B 59·民国八年·纳米执照·昌裴 ························ 2550
秋口镇油岭村 B 62·民国八年·纳米执照·俞袿 ························ 2551
秋口镇油岭村 B 66·民国八年·纳米执照·昌荣 ························ 2552
秋口镇油岭村 B 97-i·民国九年·苏会书·俞桢三（右边部分）······ 2553
秋口镇油岭村 B 97-ii·民国九年·苏会书·俞桢三（中间部分）····· 2554
秋口镇油岭村 B 97-iii·民国九年·苏会书·俞桢三（左边部分）···· 2555
秋口镇油岭村 B 13·民国十二年·收据·永思堂 ························ 2556
秋口镇油岭村 B 87·民国十二年·押当茶约 ····························· 2557
秋口镇油岭村 B 48·民国十三年·纳米执照·昌荣 ····················· 2558
秋口镇油岭村 B 64·民国十三年·纳米执照·昌裴 ····················· 2559
秋口镇油岭村 B 65·民国十三年·纳米执照·昌裴 ····················· 2560
秋口镇油岭村 B 83·民国十三年·出押竹园山约·俞胡盛押与
  族侄汉文 ··· 2561
秋口镇油岭村 B 31·民国十四年·收据·☐收佃人俞汉文 ············· 2562
秋口镇油岭村 B 36·民国十五年·纳米执照·转宗 ····················· 2563
秋口镇油岭村 B 49·民国十五年·纳米执照·昌裴 ····················· 2564
秋口镇油岭村 B 50·民国十五年·纳米执照·文英 ····················· 2565
秋口镇油岭村 B 60·民国十五年·纳米执照·昌裴 ····················· 2566
秋口镇油岭村 B 38·民国十六年·纳米执照·昌裴 ····················· 2567
秋口镇油岭村 B 57·民国十六年·纳米执照·昌裴 ····················· 2568
秋口镇油岭村 B 92·民国十六年·出卖荒坦约·俞茂盛卖与
  族弟汉文 ·· 2569
秋口镇油岭村 B 47·民国二十年·纳米执照·昌祖 ····················· 2570
秋口镇油岭村 B 54·民国二十年·纳米执照·昌裴 ····················· 2571
秋口镇油岭村 B 69·民国二十年·纳米执照·昌裴 ····················· 2572

秋口镇油岭村 B 24·民国二十一年·收据·永思堂 …………………… 2573

秋口镇油岭村 B 28·民国二十二年·收据·永思堂收俞汉文 …………… 2574

秋口镇油岭村 B 56·民国二十二年·纳米执照·俞祍 ………………… 2575

秋口镇油岭村 B 61·民国二十二年·纳米执照·昌裘 ………………… 2576

秋口镇油岭村 B 67·民国二十二年·纳米执照·昌祠 ………………… 2577

秋口镇油岭村 B 68·民国二十二年·纳米执照·昌裘 ………………… 2578

秋口镇油岭村 B 99-i·民国二十六年·流水账（右第一部分）………… 2579

秋口镇油岭村 B 99-ii·民国二十六年·流水账（右第二部分）………… 2580

秋口镇油岭村 B 99-iii·民国二十六年·流水账（中间部分）………… 2581

秋口镇油岭村 B 99-iv·民国二十六年·流水账（左第二部分）……… 2582

秋口镇油岭村 B 99-v·民国二十六年·流水账（左第一部分）……… 2583

秋口镇油岭村 B 100-i·民国二十六年·流水账（右边部分）………… 2584

秋口镇油岭村 B 100-ii·民国二十六年·流水账（中间部分）……… 2585

秋口镇油岭村 B 100-iii·民国二十六年·流水账（左边部分）……… 2586

秋口镇油岭村 B 81·民国二十七年·承佃约·俞焕云承到车田香会 …… 2587

秋口镇油岭村 B 22-1·民国二十九年·租票·永思堂 ………………… 2588

秋口镇油岭村 B 22-2·民国二十九年·租票·永思堂 ………………… 2589

秋口镇油岭村 B 35·民国三十年·推单·昌裘户押与鸿允户 ………… 2590

秋口镇油岭村 B 29·民国三十一年·收据·仁本堂收俞汉文 ………… 2591

秋口镇油岭村 B 26·民国三十六年·收据·仁幸堂收俞汉文 ………… 2592

秋口镇油岭村 B 27·民国三十六年·收据·李裕金收佃人俞汉文 …… 2593

秋口镇油岭村 B 18·一九五〇年·贺礼单·俞髯夫 …………………… 2594

秋口镇油岭村 B 2·出卖土地契·俞囗卖与君太 ……………………… 2595

秋口镇油岭村 B 8·处方 ………………………………………………… 2596

秋口镇油岭村 B 9·收据·李阳三、李侯（？）仂收佃人汗文 ……… 2597

秋口镇油岭村 B 14·税粮实征册·昌裘户 ……………………………… 2598

秋口镇油岭村 B 15·税粮实征册·昌裘户 ……………………………… 2599

秋口镇油岭村 B 16·税粮实征册·俞永瑛户 …………………………… 2600

秋口镇油岭村 B 17·具状词 …………………………………………… 2601

秋口镇油岭村 B 21·结账单·胡厚生号 ………………………………… 2602

秋口镇油岭村 B 23·收租条·俞董 ……………………………………… 2603

秋口镇油岭村 B 30·留言条·庆祥与李华仰 …………………………… 2604

秋口镇油岭村 B 40·纳米执照·文英 ································· 2605

秋口镇油岭村 B 41·纳米执照·大江 ································· 2606

秋口镇油岭村 B 45·纳米执照·礼林 ································· 2607

秋口镇油岭村 B 71·账单 ··· 2608

秋口镇油岭村 B 85·书信·□犁寄与俞汉文 ··························· 2609

秋口镇油岭村 B 89·土地清单 ······································· 2610

秋口镇油岭村 B 95·账单·俞汉文 ··································· 2611

秋口镇油岭村 B 98-i·流水账（右半部分） ··························· 2612

秋口镇油岭村 B 98-ii·流水账（左半部分） ·························· 2613

秋口镇油岭村 B 101-i·流水账（右边部分） ·························· 2614

秋口镇油岭村 B 101-ii·流水账（中间部分） ························· 2615

秋口镇油岭村 B 101-iii·流水账（左边部分） ························ 2616

秋口镇仔槎村陈家 1—29 ·· 2617

秋口镇仔槎村陈家 12·乾隆二十二年·断骨出卖田契·汪德震卖与
亲眷王□ ··· 2617

秋口镇仔槎村陈家 28·乾隆三十一年·断骨出卖田契·汪光宝卖与
亲眷王□ ··· 2618

秋口镇仔槎村陈家 11·乾隆五十九年·断骨出卖田契·王起梁卖与
返远会 ··· 2619

秋口镇仔槎村陈家 13·乾隆五十九年·断骨出卖田契·叶国起卖与
亲眷詹□ ··· 2620

秋口镇仔槎村陈家 18·光绪二年·断骨出卖田皮骨租契·程锡庆
同弟等卖与房叔公 ··· 2621

秋口镇仔槎村陈家 5·光绪十二年·断骨出卖田皮骨租契·詹起兆、
詹林兆卖与自诚兄 ··· 2622

秋口镇仔槎村陈家 21·光绪十二年·断骨出卖田皮骨租契·詹起兆、
詹林兆卖与程自诚 ··· 2623

秋口镇仔槎村陈家 4·光绪十三年·断骨出卖田皮骨租契·詹起兆、
詹林兆卖与程自诚兄 ··· 2624

秋口镇仔槎村陈家 19·光绪十四年·断骨出卖田皮骨租契·程洪氏
卖与王益珍 ··· 2625

秋口镇仔槎村陈家10·光绪十五年·断骨出卖茶丛坦契·程立科卖与
本房兄立灿 2626

秋口镇仔槎村陈家17·光绪十六年·断骨出卖田皮骨租契·程洪氏
卖与芳源王侍琨 2627

秋口镇仔槎村陈家9·光绪十七年·断骨绝卖茶丛坦契·程立科卖与
程志卿 2628

秋口镇仔槎村陈家16·光绪三十二年·断骨出卖田皮骨租契·
程新屋卖与接广叔 2629

秋口镇仔槎村陈家6·民国二十二年·断骨出卖骨租田皮契·程步武
卖与本族豪武兄 2630

秋口镇仔槎村陈家24·民国五年·断骨出卖田皮田塛茶契·程观法
卖与志乡 2631

秋口镇仔槎村陈家20·民国八年·断骨出卖田皮骨租契·程豪武
卖与王义新兄 2632

秋口镇仔槎村陈家7·民国十六年·出卖骨租契·王芝圃等卖与
程毫武 2633

秋口镇仔槎村陈家8·民国十六年·出卖田皮契·王芝圃等卖与
程毫武 2634

秋口镇仔槎村陈家23·民国十六年·断骨出卖田骨租契·汪光华
卖与程豪武 2635

秋口镇仔槎村陈家2·民国十八年·断骨出卖田皮骨租契·程步武
卖与程毫武兄 2636

秋口镇仔槎村陈家14·民国二十一年·断骨出卖田皮约·詹金隆
卖与程六瑞 2637

秋口镇仔槎村陈家22·民国二十三年·断骨出卖田皮约·程步武
卖与本家程毫武 2638

秋口镇仔槎村陈家25·民国二十三年·断骨出卖自田皮骨租契·
程步武卖与本家程毫武 2639

秋口镇仔槎村陈家27·民国二十六年·断骨出卖苗山茶坦竹园契·
程观全等卖与程豪武 2640

秋口镇仔槎村陈家26·民国二十九年·断骨出卖厨屋契·程克明等
卖与豪武兄 2641

秋口镇仔槎村陈家 3·民国三十七年·出让骨租契·江来绂让与
  程豪武 ………………………………………………………… 2642

秋口镇仔槎村陈家 15·民国三十七年·出让骨租契·江来绂卖与
  程应周 ………………………………………………………… 2643

秋口镇仔槎村陈家 29·一九五三年·土地房产所有证 ………… 2644

秋口镇仔槎村陈家 1·具投状 ……………………………………… 2645

秋口镇吴家 1—25 ……………………………………………… 2646

秋口镇吴家 8-1·雍正元年·排日账 ……………………………… 2646

秋口镇吴家 8-2·雍正元年·排日账 ……………………………… 2647

秋口镇吴家 8-3·雍正元年·排日账 ……………………………… 2648

秋口镇吴家 8-4·雍正元年·排日账 ……………………………… 2649

秋口镇吴家 8-5·雍正元年·排日账 ……………………………… 2650

秋口镇吴家 15-1·雍正元年·做屋账·文福 …………………… 2651

秋口镇吴家 15-2·雍正元年·做屋账·文福 …………………… 2652

秋口镇吴家 15-3·雍正元年·做屋账·文福 …………………… 2653

秋口镇吴家 15-4·雍正元年·做屋账·文福 …………………… 2654

秋口镇吴家 15-5·雍正元年·做屋账·文福 …………………… 2655

秋口镇吴家 15-6·雍正元年·做屋账·文福 …………………… 2656

秋口镇吴家 15-7·雍正元年·做屋账·文福 …………………… 2657

秋口镇吴家 15-8·雍正元年·做屋账·文福 …………………… 2658

秋口镇吴家 15-9·雍正元年·做屋账·文福 …………………… 2659

秋口镇吴家 15-10·雍正元年·做屋账·文福 ………………… 2660

秋口镇吴家 15-11·雍正元年·做屋账·文福 ………………… 2661

秋口镇吴家 15-12·雍正元年·做屋账·文福 ………………… 2662

秋口镇吴家 15-13·雍正元年·做屋账·文福 ………………… 2663

秋口镇吴家 15-14·雍正元年·做屋账·文福 ………………… 2664

秋口镇吴家 15-15·雍正元年·做屋账·文福 ………………… 2665

秋口镇吴家 15-16·雍正元年·做屋账·文福 ………………… 2666

秋口镇吴家 15-17·雍正元年·做屋账·文福 ………………… 2667

秋口镇吴家 22-1·雍正元年·税粮实征册·吴泰盛户金菊股 …… 2668

秋口镇吴家 22-2·雍正元年·税粮实征册·吴泰盛户金菊股 …… 2669

秋口镇吴家 22-3·雍正元年·税粮实征册·吴泰盛户金菊股 …………… 2670

秋口镇吴家 20-1·乾隆七年·九英会书·吴尔庚同侄胜斌 ……………… 2671

秋口镇吴家 20-2·乾隆七年·九英会书·吴尔庚同侄胜斌 ……………… 2672

秋口镇吴家 20-3·乾隆七年·九英会书·吴尔庚同侄胜斌 ……………… 2673

秋口镇吴家 20-4·乾隆七年·九英会书·吴尔庚同侄胜斌 ……………… 2674

秋口镇吴家 20-5·乾隆七年·九英会书·吴尔庚同侄胜斌 ……………… 2675

秋口镇吴家 2-1·乾隆十七年·税粮实征册·吴泰盛户胜柱股 ………… 2676

秋口镇吴家 2-2·乾隆十七年·税粮实征册·吴泰盛户胜柱股 ………… 2677

秋口镇吴家 2-3·乾隆十七年·税粮实征册·吴泰盛户胜柱股 ………… 2678

秋口镇吴家 2-4·乾隆十七年·税粮实征册·吴泰盛户胜柱股 ………… 2679

秋口镇吴家 2-5·乾隆十七年·税粮实征册·吴泰盛户胜柱股 ………… 2680

秋口镇吴家 2-6·乾隆十七年·税粮实征册·吴泰盛户胜柱股 ………… 2681

秋口镇吴家 2-7·乾隆十七年·税粮实征册·吴泰盛户胜柱股 ………… 2682

秋口镇吴家 2-8·乾隆十七年·税粮实征册·吴泰盛户胜柱股 ………… 2683

秋口镇吴家 2-9·乾隆十七年·税粮实征册·吴泰盛户胜柱股 ………… 2684

秋口镇吴家 2-10·乾隆十七年·税粮实征册·吴泰盛户胜柱股 ……… 2685

秋口镇吴家 2-11·乾隆十七年·税粮实征册·吴泰盛户胜柱股 ……… 2686

秋口镇吴家 2-12·乾隆十七年·税粮实征册·吴泰盛户胜柱股 ……… 2687

秋口镇吴家 16-1·乾隆十七年·田粮册·吴泰盛户胜柱股 ……………… 2688

秋口镇吴家 16-2·乾隆十七年·田粮册·吴泰盛户胜柱股 ……………… 2689

秋口镇吴家 16-3·乾隆十七年·田粮册·吴泰盛户胜柱股 ……………… 2690

秋口镇吴家 16-4·乾隆十七年·田粮册·吴泰盛户胜柱股 ……………… 2691

秋口镇吴家 16-5·乾隆十七年·田粮册·吴泰盛户胜柱股 ……………… 2692

秋口镇吴家 16-6·乾隆十七年·田粮册·吴泰盛户胜柱股 ……………… 2693

秋口镇吴家 16-7·乾隆十七年·田粮册·吴泰盛户胜柱股 ……………… 2694

秋口镇吴家 16-8·乾隆十七年·田粮册·吴泰盛户胜柱股 ……………… 2695

秋口镇吴家 16-9·乾隆十七年·田粮册·吴泰盛户胜柱股 ……………… 2696

秋口镇吴家 16-10·乾隆十七年·田粮册·吴泰盛户胜柱股 …………… 2697

秋口镇吴家 16-11·乾隆十七年·田粮册·吴泰盛户胜柱股 …………… 2698

秋口镇吴家 16-12·乾隆十七年·田粮册·吴泰盛户胜柱股 …………… 2699

秋口镇吴家 16-13·乾隆十七年·田粮册·吴泰盛户胜柱股 …………… 2700

秋口镇吴家 12-1·乾隆五十六年·税粮实征册·吴胜桂户入开兆户 …… 2701

秋口镇吴家12-2·乾隆五十六年·税粮实征册·吴胜桂户入开兆户……2702
秋口镇吴家12-3·乾隆五十六年·税粮实征册·吴胜桂户入开兆户……2703
秋口镇吴家12-4·乾隆五十六年·税粮实征册·吴胜桂户入开兆户……2704
秋口镇吴家12-5·乾隆五十六年·税粮实征册·吴胜桂户入开兆户……2705
秋口镇吴家12-6·乾隆五十六年·税粮实征册·吴胜桂户入开兆户……2706
秋口镇吴家12-7·乾隆五十六年·税粮实征册·吴胜桂户入开兆户……2707
秋口镇吴家5-1·咸丰元年至光绪十五年·胡帅会簿·廷棋等…………2708
秋口镇吴家5-2·咸丰元年至光绪十五年·胡帅会簿·廷棋等…………2709
秋口镇吴家5-3·咸丰元年至光绪十五年·胡帅会簿·廷棋等…………2710
秋口镇吴家5-4·咸丰元年至光绪十五年·胡帅会簿·廷棋等…………2711
秋口镇吴家5-5·咸丰元年至光绪十五年·胡帅会簿·廷棋等…………2712
秋口镇吴家5-6·咸丰元年至光绪十五年·胡帅会簿·廷棋等…………2713
秋口镇吴家5-7·咸丰元年至光绪十五年·胡帅会簿·廷棋等…………2714
秋口镇吴家5-8·咸丰元年至光绪十五年·胡帅会簿·廷棋等…………2715
秋口镇吴家5-9·咸丰元年至光绪十五年·胡帅会簿·廷棋等…………2716
秋口镇吴家5-10·咸丰元年至光绪十五年·胡帅会簿·廷棋等………2717
秋口镇吴家5-11·咸丰元年至光绪十五年·胡帅会簿·廷棋等………2718
秋口镇吴家5-12·咸丰元年至光绪十五年·胡帅会簿·廷棋等………2719
秋口镇吴家5-13·咸丰元年至光绪十五年·胡帅会簿·廷棋等………2720
秋口镇吴家5-14·咸丰元年至光绪十五年·胡帅会簿·廷棋等………2721
秋口镇吴家14-1·同治五年至光绪十二年·排日账……………………2722
秋口镇吴家14-2·同治五年至光绪十二年·排日账……………………2723
秋口镇吴家14-3·同治五年至光绪十二年·排日账……………………2724
秋口镇吴家14-4·同治五年至光绪十二年·排日账……………………2725
秋口镇吴家14-5·同治五年至光绪十二年·排日账……………………2726
秋口镇吴家14-6·同治五年至光绪十二年·排日账……………………2727
秋口镇吴家14-7·同治五年至光绪十二年·排日账……………………2728
秋口镇吴家14-8·同治五年至光绪十二年·排日账……………………2729
秋口镇吴家14-9·同治五年至光绪十二年·排日账……………………2730
秋口镇吴家14-10·同治五年至光绪十二年·排日账…………………2731
秋口镇吴家14-11·同治五年至光绪十二年·排日账…………………2732
秋口镇吴家14-12·同治五年至光绪十二年·排日账…………………2733

秋口镇吴家 14-13·同治五年至光绪十二年·排日账 ·············· 2734
秋口镇吴家 14-14·同治五年至光绪十二年·排日账 ·············· 2735
秋口镇吴家 14-15·同治五年至光绪十二年·排日账 ·············· 2736
秋口镇吴家 14-16·同治五年至光绪十二年·排日账 ·············· 2737
秋口镇吴家 14-17·同治五年至光绪十二年·排日账 ·············· 2738
秋口镇吴家 14-18·同治五年至光绪十二年·排日账 ·············· 2739
秋口镇吴家 14-19·同治五年至光绪十二年·排日账 ·············· 2740
秋口镇吴家 14-20·同治五年至光绪十二年·排日账 ·············· 2741
秋口镇吴家 14-21·同治五年至光绪十二年·排日账 ·············· 2742
秋口镇吴家 14-22·同治五年至光绪十二年·排日账 ·············· 2743
秋口镇吴家 14-23·同治五年至光绪十二年·排日账 ·············· 2744
秋口镇吴家 14-24·同治五年至光绪十二年·排日账 ·············· 2745
秋口镇吴家 14-25·同治五年至光绪十二年·排日账 ·············· 2746
秋口镇吴家 14-26·同治五年至光绪十二年·排日账 ·············· 2747
秋口镇吴家 14-27·同治五年至光绪十二年·排日账 ·············· 2748
秋口镇吴家 14-28·同治五年至光绪十二年·排日账 ·············· 2749
秋口镇吴家 14-29·同治五年至光绪十二年·排日账 ·············· 2750
秋口镇吴家 14-30·同治五年至光绪十二年·排日账 ·············· 2751
秋口镇吴家 14-31·同治五年至光绪十二年·排日账 ·············· 2752
秋口镇吴家 14-32·同治五年至光绪十二年·排日账 ·············· 2753
秋口镇吴家 14-33·同治五年至光绪十二年·排日账 ·············· 2754
秋口镇吴家 14-34·同治五年至光绪十二年·排日账 ·············· 2755
秋口镇吴家 14-35·同治五年至光绪十二年·排日账 ·············· 2756
秋口镇吴家 14-36·同治五年至光绪十二年·排日账 ·············· 2757
秋口镇吴家 14-37·同治五年至光绪十二年·排日账 ·············· 2758
秋口镇吴家 14-38·同治五年至光绪十二年·排日账 ·············· 2759
秋口镇吴家 14-39·同治五年至光绪十二年·排日账 ·············· 2760
秋口镇吴家 14-40·同治五年至光绪十二年·排日账 ·············· 2761
秋口镇吴家 14-41·同治五年至光绪十二年·排日账 ·············· 2762
秋口镇吴家 14-42·同治五年至光绪十二年·排日账 ·············· 2763
秋口镇吴家 14-43·同治五年至光绪十二年·排日账 ·············· 2764
秋口镇吴家 14-44·同治五年至光绪十二年·排日账 ·············· 2765

秋口镇吴家14-45·同治五年至光绪十二年·排日账 …… 2766
秋口镇吴家14-46·同治五年至光绪十二年·排日账 …… 2767
秋口镇吴家14-47·同治五年至光绪十二年·排日账 …… 2768
秋口镇吴家14-48·同治五年至光绪十二年·排日账 …… 2769
秋口镇吴家14-49·同治五年至光绪十二年·排日账 …… 2770
秋口镇吴家14-50·同治五年至光绪十二年·排日账 …… 2771
秋口镇吴家14-51·同治五年至光绪十二年·排日账 …… 2772
秋口镇吴家14-52·同治五年至光绪十二年·排日账 …… 2773
秋口镇吴家14-53·同治五年至光绪十二年·排日账 …… 2774
秋口镇吴家14-54·同治五年至光绪十二年·排日账 …… 2775
秋口镇吴家14-55·同治五年至光绪十二年·排日账 …… 2776
秋口镇吴家14-56·同治五年至光绪十二年·排日账 …… 2777
秋口镇吴家14-57·同治五年至光绪十二年·排日账 …… 2778
秋口镇吴家14-58·同治五年至光绪十二年·排日账 …… 2779
秋口镇吴家14-59·同治五年至光绪十二年·排日账 …… 2780
秋口镇吴家14-60·同治五年至光绪十二年·排日账 …… 2781
秋口镇吴家14-61·同治五年至光绪十二年·排日账 …… 2782
秋口镇吴家14-62·同治五年至光绪十二年·排日账 …… 2783
秋口镇吴家14-63·同治五年至光绪十二年·排日账 …… 2784
秋口镇吴家14-64·同治五年至光绪十二年·排日账 …… 2785
秋口镇吴家14-65·同治五年至光绪十二年·排日账 …… 2786
秋口镇吴家14-66·同治五年至光绪十二年·排日账 …… 2787
秋口镇吴家14-67·同治五年至光绪十二年·排日账 …… 2788
秋口镇吴家14-68·同治五年至光绪十二年·排日账 …… 2789
秋口镇吴家14-69·同治五年至光绪十二年·排日账 …… 2790
秋口镇吴家14-70·同治五年至光绪十二年·排日账 …… 2791
秋口镇吴家14-71·同治五年至光绪十二年·排日账 …… 2792
秋口镇吴家14-72·同治五年至光绪十二年·排日账 …… 2793
秋口镇吴家14-73·同治五年至光绪十二年·排日账 …… 2794
秋口镇吴家14-74·同治五年至光绪十二年·排日账 …… 2795
秋口镇吴家14-75·同治五年至光绪十二年·排日账 …… 2796
秋口镇吴家14-76·同治五年至光绪十二年·排日账 …… 2797

秋口镇吴家25-1·光绪二十二年·分家文书·吴程氏 2798
秋口镇吴家25-2·光绪二十二年·分家文书·吴程氏 2799
秋口镇吴家25-3·光绪二十二年·分家文书·吴程氏 2800
秋口镇吴家25-4·光绪二十二年·分家文书·吴程氏 2801
秋口镇吴家25-5·光绪二十二年·分家文书·吴程氏 2802
秋口镇吴家25-6·光绪二十二年·分家文书·吴程氏 2803
秋口镇吴家25-7·光绪二十二年·分家文书·吴程氏 2804
秋口镇吴家25-8·光绪二十二年·分家文书·吴程氏 2805
秋口镇吴家11-1·民国十一年·会书·吴门汪氏 2806
秋口镇吴家11-2·民国十一年·会书·吴门汪氏 2807
秋口镇吴家11-3·民国十一年·会书·吴门汪氏 2808
秋口镇吴家11-4·民国十一年·会书·吴门汪氏 2809
秋口镇吴家17-1·民国十一年·会书·吴门汪氏助仂 2810
秋口镇吴家17-2·民国十一年·会书·吴门汪氏助仂 2811
秋口镇吴家17-3·民国十一年·会书·吴门汪氏助仂 2812
秋口镇吴家17-4·民国十一年·会书·吴门汪氏助仂 2813
秋口镇吴家1-1·帖式、常用活套·吴从正记 2814
秋口镇吴家1-2·帖式、常用活套·吴从正记 2815
秋口镇吴家1-3·帖式、常用活套·吴从正记 2816
秋口镇吴家1-4·帖式、常用活套·吴从正记 2817
秋口镇吴家1-5·帖式、常用活套·吴从正记 2818
秋口镇吴家1-6·帖式、常用活套·吴从正记 2819
秋口镇吴家1-7·帖式、常用活套·吴从正记 2820
秋口镇吴家1-8·帖式、常用活套·吴从正记 2821
秋口镇吴家1-9·帖式、常用活套·吴从正记 2822
秋口镇吴家1-10·帖式、常用活套·吴从正记 2823
秋口镇吴家1-11·帖式、常用活套·吴从正记 2824
秋口镇吴家1-12·帖式、常用活套·吴从正记 2825
秋口镇吴家1-13·帖式、常用活套·吴从正记 2826
秋口镇吴家1-14·帖式、常用活套·吴从正记 2827
秋口镇吴家1-15·帖式、常用活套·吴从正记 2828
秋口镇吴家1-16·帖式、常用活套·吴从正记 2829

秋口镇吴家 1-17·帖式、常用活套·吴从正记 ································ 2830

秋口镇吴家 1-18·帖式、常用活套·吴从正记 ································ 2831

秋口镇吴家 1-19·帖式、常用活套·吴从正记 ································ 2832

秋口镇吴家 1-20·帖式、常用活套·吴从正记 ································ 2833

秋口镇吴家 1-21·帖式、常用活套·吴从正记 ································ 2834

秋口镇吴家 1-22·帖式、常用活套·吴从正记 ································ 2835

秋口镇吴家 1-23·帖式、常用活套·吴从正记 ································ 2836

秋口镇吴家 1-24·帖式、常用活套·吴从正记 ································ 2837

秋口镇吴家 1-25·帖式、常用活套·吴从正记 ································ 2838

秋口镇吴家 1-26·帖式、常用活套·吴从正记 ································ 2839

秋口镇吴家 1-27·帖式、常用活套·吴从正记 ································ 2840

秋口镇吴家 1-28·帖式、常用活套·吴从正记 ································ 2841

秋口镇吴家 1-29·帖式、常用活套·吴从正记 ································ 2842

秋口镇吴家 1-30·帖式、常用活套·吴从正记 ································ 2843

秋口镇吴家 1-31·帖式、常用活套·吴从正记 ································ 2844

秋口镇吴家 1-32·帖式、常用活套·吴从正记 ································ 2845

秋口镇吴家 1-33·帖式、常用活套·吴从正记 ································ 2846

秋口镇吴家 1-34·帖式、常用活套·吴从正记 ································ 2847

秋口镇吴家 1-35·帖式、常用活套·吴从正记 ································ 2848

秋口镇吴家 1-36·帖式、常用活套·吴从正记 ································ 2849

秋口镇吴家 1-37·帖式、常用活套·吴从正记 ································ 2850

秋口镇吴家 1-38·帖式、常用活套·吴从正记 ································ 2851

秋口镇吴家 1-39·帖式、常用活套·吴从正记 ································ 2852

秋口镇吴家 1-40·帖式、常用活套·吴从正记 ································ 2853

秋口镇吴家 1-41·帖式、常用活套·吴从正记 ································ 2854

秋口镇吴家 1-42·帖式、常用活套·吴从正记 ································ 2855

秋口镇吴家 1-43·帖式、常用活套·吴从正记 ································ 2856

秋口镇吴家 1-44·帖式、常用活套·吴从正记 ································ 2857

秋口镇吴家 1-45·帖式、常用活套·吴从正记 ································ 2858

秋口镇吴家 1-46·帖式、常用活套·吴从正记 ································ 2859

秋口镇吴家 1-47·帖式、常用活套·吴从正记 ································ 2860

秋口镇吴家 1-48·帖式、常用活套·吴从正记 ································ 2861

秋口镇吴家 1-49·帖式、常用活套·吴从正记 ……………………… 2862

秋口镇吴家 1-50·帖式、常用活套·吴从正记 ……………………… 2863

秋口镇吴家 1-51·帖式、常用活套·吴从正记 ……………………… 2864

秋口镇吴家 1-52·帖式、常用活套·吴从正记 ……………………… 2865

秋口镇吴家 1-53·帖式、常用活套·吴从正记 ……………………… 2866

秋口镇吴家 1-54·帖式、常用活套·吴从正记 ……………………… 2867

秋口镇吴家 1-55·帖式、常用活套·吴从正记 ……………………… 2868

秋口镇吴家 1-56·帖式、常用活套·吴从正记 ……………………… 2869

秋口镇吴家 1-57·帖式、常用活套·吴从正记 ……………………… 2870

秋口镇吴家 1-58·帖式、常用活套·吴从正记 ……………………… 2871

秋口镇吴家 1-59·帖式、常用活套·吴从正记 ……………………… 2872

秋口镇吴家 1-60·帖式、常用活套·吴从正记 ……………………… 2873

秋口镇吴家 1-61·帖式、常用活套·吴从正记 ……………………… 2874

秋口镇吴家 1-62·帖式、常用活套·吴从正记 ……………………… 2875

秋口镇吴家 1-63·帖式、常用活套·吴从正记 ……………………… 2876

秋口镇吴家 3-1·鸿源吴氏家谱 ……………………… 2877

秋口镇吴家 3-2·鸿源吴氏家谱 ……………………… 2878

秋口镇吴家 3-3·鸿源吴氏家谱 ……………………… 2879

秋口镇吴家 3-4·鸿源吴氏家谱 ……………………… 2880

秋口镇吴家 3-5·鸿源吴氏家谱 ……………………… 2881

秋口镇吴家 3-6·鸿源吴氏家谱 ……………………… 2882

秋口镇吴家 3-7·鸿源吴氏家谱 ……………………… 2883

秋口镇吴家 3-8·鸿源吴氏家谱 ……………………… 2884

秋口镇吴家 3-9·鸿源吴氏家谱 ……………………… 2885

秋口镇吴家 3-10·鸿源吴氏家谱 ……………………… 2886

秋口镇吴家 3-11·鸿源吴氏家谱 ……………………… 2887

秋口镇吴家 3-12·鸿源吴氏家谱 ……………………… 2888

秋口镇吴家 3-13·鸿源吴氏家谱 ……………………… 2889

秋口镇吴家 4-1·同治七年·流水账·汉成叔工帐 ……………………… 2890

秋口镇吴家 4-2·同治七年·流水账·汉成叔工帐 ……………………… 2891

秋口镇吴家 4-3·同治七年·流水账·汉成叔工帐 ……………………… 2892

秋口镇吴家 4-4·同治七年·流水账·汉成叔工帐 ……………………… 2893

秋口镇吴家4-5·同治七年·流水账·汉成叔工帐 ………………… 2894
秋口镇吴家4-6·同治七年·流水账·汉成叔工帐 ………………… 2895
秋口镇吴家4-7·同治七年·流水账·汉成叔工帐 ………………… 2896
秋口镇吴家4-8·同治七年·流水账·汉成叔工帐 ………………… 2897
秋口镇吴家4-9·同治七年·流水账·汉成叔工帐 ………………… 2898
秋口镇吴家4-10·同治七年·流水账·汉成叔工帐 ………………… 2899
秋口镇吴家4-11·同治七年·流水账·汉成叔工帐 ………………… 2900
秋口镇吴家9-1·土地租额簿·吴宇江 …………………………………… 2901
秋口镇吴家9-2·土地租额簿·吴宇江 …………………………………… 2902
秋口镇吴家9-3·土地租额簿·吴宇江 …………………………………… 2903
秋口镇吴家9-4·土地租额簿·吴宇江 …………………………………… 2904
秋口镇吴家9-5·土地租额簿·吴宇江 …………………………………… 2905
秋口镇吴家9-6·土地租额簿·吴宇江 …………………………………… 2906
秋口镇吴家9-7·土地租额簿·吴宇江 …………………………………… 2907
秋口镇吴家10-1·药书（附书信）·有财 …………………………… 2908
秋口镇吴家10-2·药书（附书信）·有财 …………………………… 2909
秋口镇吴家10-3·药书（附书信）·有财 …………………………… 2910
秋口镇吴家10-4·药书（附书信）·有财 …………………………… 2911
秋口镇吴家10-5·药书（附书信）·有财 …………………………… 2912
秋口镇吴家10-6·药书（附书信）·有财 …………………………… 2913
秋口镇吴家10-7·药书（附书信）·有财 …………………………… 2914
秋口镇吴家10-8·药书（附书信）·有财 …………………………… 2915
秋口镇吴家10-9·药书（附书信）·有财 …………………………… 2916
秋口镇吴家10-10·药书（附书信）·有财 ………………………… 2917
秋口镇吴家10-11·药书（附书信）·有财 ………………………… 2918
秋口镇吴家10-12·药书（附书信）·有财 ………………………… 2919
秋口镇吴家10-13·药书（附书信）·有财 ………………………… 2920
秋口镇吴家10-14·药书（附书信）·有财 ………………………… 2921
秋口镇吴家10-15·药书（附书信）·有财 ………………………… 2922
秋口镇吴家10-16·药书（附书信）·有财 ………………………… 2923
秋口镇吴家10-17·药书（附书信）·有财 ………………………… 2924
秋口镇吴家13-1·税粮实征册·桂高户生出茂榜户 ……………… 2925

秋口镇吴家13-2·税粮实征册·桂高户生出茂榜户 …………… 2926
秋口镇吴家13-3·税粮实征册·桂高户生出茂榜户 …………… 2927
秋口镇吴家13-4·税粮实征册·桂高户生出茂榜户 …………… 2928
秋口镇吴家18-1·税粮实征册·吴永晁户 …………………………… 2929
秋口镇吴家18-2·税粮实征册·吴永晁户 …………………………… 2930
秋口镇吴家18-3·税粮实征册·吴永晁户 …………………………… 2931
秋口镇吴家18-4·税粮实征册·吴永晁户 …………………………… 2932
秋口镇吴家18-5·税粮实征册·吴永晁户 …………………………… 2933
秋口镇吴家18-6·税粮实征册·吴永晁户 …………………………… 2934
秋口镇吴家18-7·税粮实征册·吴永晁户 …………………………… 2935
秋口镇吴家18-8·税粮实征册·吴永晁户 …………………………… 2936
秋口镇吴家19-1·税粮实征册·吴永升户 …………………………… 2937
秋口镇吴家19-2·税粮实征册·吴永升户 …………………………… 2938
秋口镇吴家19-3·税粮实征册·吴永升户 …………………………… 2939
秋口镇吴家23-1·书信、帖式活套、文集 …………………………… 2940
秋口镇吴家23-2·书信、帖式活套、文集 …………………………… 2941
秋口镇吴家23-3·书信、帖式活套、文集 …………………………… 2942
秋口镇吴家23-4·书信、帖式活套、文集 …………………………… 2943
秋口镇吴家23-5·书信、帖式活套、文集 …………………………… 2944
秋口镇吴家23-6·书信、帖式活套、文集 …………………………… 2945
秋口镇吴家23-7·书信、帖式活套、文集 …………………………… 2946
秋口镇吴家23-8·书信、帖式活套、文集 …………………………… 2947
秋口镇吴家23-9·书信、帖式活套、文集 …………………………… 2948
秋口镇吴家23-10·书信、帖式活套、文集 ………………………… 2949
秋口镇吴家23-11·书信、帖式活套、文集 ………………………… 2950
秋口镇吴家23-12·书信、帖式活套、文集 ………………………… 2951
秋口镇吴家23-13·书信、帖式活套、文集 ………………………… 2952
秋口镇吴家23-14·书信、帖式活套、文集 ………………………… 2953
秋口镇吴家23-15·书信、帖式活套、文集 ………………………… 2954
秋口镇吴家23-16·书信、帖式活套、文集 ………………………… 2955
秋口镇吴家23-17·书信、帖式活套、文集 ………………………… 2956
秋口镇吴家23-18·书信、帖式活套、文集 ………………………… 2957

秋口镇吴家 23-19·书信、帖式活套、文集 …………………………………… 2958
秋口镇吴家 23-20·书信、帖式活套、文集 …………………………………… 2959
秋口镇吴家 23-21·书信、帖式活套、文集 …………………………………… 2960

柒　江湾镇（一）
圩口村

江湾镇圩口村 1—111 ··· 2963

  江湾镇圩口村 7-1·乾隆五十二年至光绪二十二年·金龙公
    清明会账簿·兆印等 ··· 2963

  江湾镇圩口村 7-2·乾隆五十二年至光绪二十二年·金龙公
    清明会账簿·兆印等 ··· 2964

  江湾镇圩口村 7-3·乾隆五十二年至光绪二十二年·金龙公
    清明会账簿·兆印等 ··· 2965

  江湾镇圩口村 7-4·乾隆五十二年至光绪二十二年·金龙公
    清明会账簿·兆印等 ··· 2966

  江湾镇圩口村 7-5·乾隆五十二年至光绪二十二年·金龙公
    清明会账簿·兆印等 ··· 2967

  江湾镇圩口村 7-6·乾隆五十二年至光绪二十二年·金龙公
    清明会账簿·兆印等 ··· 2968

  江湾镇圩口村 7-7·乾隆五十二年至光绪二十二年·金龙公
    清明会账簿·兆印等 ··· 2969

  江湾镇圩口村 7-8·乾隆五十二年至光绪二十二年·金龙公
    清明会账簿·兆印等 ··· 2970

  江湾镇圩口村 7-9·乾隆五十二年至光绪二十二年·金龙公
    清明会账簿·兆印等 ··· 2971

  江湾镇圩口村 7-10·乾隆五十二年至光绪二十二年·金龙公
    清明会账簿·兆印等 ··· 2972

  江湾镇圩口村 7-11·乾隆五十二年至光绪二十二年·金龙公
    清明会账簿·兆印等 ··· 2973

  江湾镇圩口村 7-12·乾隆五十二年至光绪二十二年·金龙公
    清明会账簿·兆印等 ··· 2974

  江湾镇圩口村 7-13·乾隆五十二年至光绪二十二年·金龙公
    清明会账簿·兆印等 ··· 2975

江湾镇圩口村 7-14·乾隆五十二年至光绪二十二年·金龙公
清明会账簿·兆印等 ································· 2976

江湾镇圩口村 7-15·乾隆五十二年至光绪二十二年·金龙公
清明会账簿·兆印等 ································· 2977

江湾镇圩口村 7-16·乾隆五十二年至光绪二十二年·金龙公
清明会账簿·兆印等 ································· 2978

江湾镇圩口村 7-17·乾隆五十二年至光绪二十二年·金龙公
清明会账簿·兆印等 ································· 2979

江湾镇圩口村 7-18·乾隆五十二年至光绪二十二年·金龙公
清明会账簿·兆印等 ································· 2980

江湾镇圩口村 7-19·乾隆五十二年至光绪二十二年·金龙公
清明会账簿·兆印等 ································· 2981

江湾镇圩口村 7-20·乾隆五十二年至光绪二十二年·金龙公
清明会账簿·兆印等 ································· 2982

江湾镇圩口村 7-21·乾隆五十二年至光绪二十二年·金龙公
清明会账簿·兆印等 ································· 2983

江湾镇圩口村 7-22·乾隆五十二年至光绪二十二年·金龙公
清明会账簿·兆印等 ································· 2984

江湾镇圩口村 7-23·乾隆五十二年至光绪二十二年·金龙公
清明会账簿·兆印等 ································· 2985

江湾镇圩口村 7-24·乾隆五十二年至光绪二十二年·金龙公
清明会账簿·兆印等 ································· 2986

江湾镇圩口村 7-25·乾隆五十二年至光绪二十二年·金龙公
清明会账簿·兆印等 ································· 2987

江湾镇圩口村 7-26·乾隆五十二年至光绪二十二年·金龙公
清明会账簿·兆印等 ································· 2988

江湾镇圩口村 7-27·乾隆五十二年至光绪二十二年·金龙公
清明会账簿·兆印等 ································· 2989

江湾镇圩口村 7-28·乾隆五十二年至光绪二十二年·金龙公
清明会账簿·兆印等 ································· 2990

江湾镇圩口村 7-29·乾隆五十二年至光绪二十二年·金龙公
清明会账簿·兆印等 ································· 2991

江湾镇圩口村7-30·乾隆五十二年至光绪二十二年·金龙公
清明会账簿·兆印等 ·· 2992

江湾镇圩口村7-31·乾隆五十二年至光绪二十二年·金龙公
清明会账簿·兆印等 ·· 2993

江湾镇圩口村7-32·乾隆五十二年至光绪二十二年·金龙公
清明会账簿·兆印等 ·· 2994

江湾镇圩口村7-33·乾隆五十二年至光绪二十二年·金龙公
清明会账簿·兆印等 ·· 2995

江湾镇圩口村7-34·乾隆五十二年至光绪二十二年·金龙公
清明会账簿·兆印等 ·· 2996

江湾镇圩口村7-35·乾隆五十二年至光绪二十二年·金龙公
清明会账簿·兆印等 ·· 2997

江湾镇圩口村7-36·乾隆五十二年至光绪二十二年·金龙公
清明会账簿·兆印等 ·· 2998

江湾镇圩口村7-37·乾隆五十二年至光绪二十二年·金龙公
清明会账簿·兆印等 ·· 2999

江湾镇圩口村7-38·乾隆五十二年至光绪二十二年·金龙公
清明会账簿·兆印等 ·· 3000

江湾镇圩口村7-39·乾隆五十二年至光绪二十二年·金龙公
清明会账簿·兆印等 ·· 3001

江湾镇圩口村7-40·乾隆五十二年至光绪二十二年·金龙公
清明会账簿·兆印等 ·· 3002

江湾镇圩口村7-41·乾隆五十二年至光绪二十二年·金龙公
清明会账簿·兆印等 ·· 3003

江湾镇圩口村7-42·乾隆五十二年至光绪二十二年·金龙公
清明会账簿·兆印等 ·· 3004

江湾镇圩口村7-43·乾隆五十二年至光绪二十二年·金龙公
清明会账簿·兆印等 ·· 3005

江湾镇圩口村7-44·乾隆五十二年至光绪二十二年·金龙公
清明会账簿·兆印等 ·· 3006

江湾镇圩口村7-45·乾隆五十二年至光绪二十二年·金龙公
清明会账簿·兆印等 ·· 3007

江湾镇圩口村 7-46·乾隆五十二年至光绪二十二年·金龙公
清明会账簿·兆印等 ·················· 3008

江湾镇圩口村 7-47·乾隆五十二年至光绪二十二年·金龙公
清明会账簿·兆印等 ·················· 3009

江湾镇圩口村 7-48·乾隆五十二年至光绪二十二年·金龙公
清明会账簿·兆印等 ·················· 3010

江湾镇圩口村 7-49·乾隆五十二年至光绪二十二年·金龙公
清明会账簿·兆印等 ·················· 3011

江湾镇圩口村 7-50·乾隆五十二年至光绪二十二年·金龙公
清明会账簿·兆印等 ·················· 3012

江湾镇圩口村 7-51·乾隆五十二年至光绪二十二年·金龙公
清明会账簿·兆印等 ·················· 3013

江湾镇圩口村 7-52·乾隆五十二年至光绪二十二年·金龙公
清明会账簿·兆印等 ·················· 3014

江湾镇圩口村 7-53·乾隆五十二年至光绪二十二年·金龙公
清明会账簿·兆印等 ·················· 3015

江湾镇圩口村 7-54·乾隆五十二年至光绪二十二年·金龙公
清明会账簿·兆印等 ·················· 3016

江湾镇圩口村 7-55·乾隆五十二年至光绪二十二年·金龙公
清明会账簿·兆印等 ·················· 3017

江湾镇圩口村 7-56·乾隆五十二年至光绪二十二年·金龙公
清明会账簿·兆印等 ·················· 3018

江湾镇圩口村 7-57·乾隆五十二年至光绪二十二年·金龙公
清明会账簿·兆印等 ·················· 3019

江湾镇圩口村 7-58·乾隆五十二年至光绪二十二年·金龙公
清明会账簿·兆印等 ·················· 3020

江湾镇圩口村 7-59·乾隆五十二年至光绪二十二年·金龙公
清明会账簿·兆印等 ·················· 3021

江湾镇圩口村 7-60·乾隆五十二年至光绪二十二年·金龙公
清明会账簿·兆印等 ·················· 3022

江湾镇圩口村 7-61·乾隆五十二年至光绪二十二年·金龙公
清明会账簿·兆印等 ·················· 3023

江湾镇圩口村 7-62·乾隆五十二年至光绪二十二年·金龙公
清明会账簿·兆印等 ································· 3024

江湾镇圩口村 7-63·乾隆五十二年至光绪二十二年·金龙公
清明会账簿·兆印等 ································· 3025

江湾镇圩口村 7-64·乾隆五十二年至光绪二十二年·金龙公
清明会账簿·兆印等 ································· 3026

江湾镇圩口村 7-65·乾隆五十二年至光绪二十二年·金龙公
清明会账簿·兆印等 ································· 3027

江湾镇圩口村 7-66·乾隆五十二年至光绪二十二年·金龙公
清明会账簿·兆印等 ································· 3028

江湾镇圩口村 7-67·乾隆五十二年至光绪二十二年·金龙公
清明会账簿·兆印等 ································· 3029

江湾镇圩口村 7-68·乾隆五十二年至光绪二十二年·金龙公
清明会账簿·兆印等 ································· 3030

江湾镇圩口村 7-69·乾隆五十二年至光绪二十二年·金龙公
清明会账簿·兆印等 ································· 3031

江湾镇圩口村 7-70·乾隆五十二年至光绪二十二年·金龙公
清明会账簿·兆印等 ································· 3032

江湾镇圩口村 7-71·乾隆五十二年至光绪二十二年·金龙公
清明会账簿·兆印等 ································· 3033

江湾镇圩口村 7-72·乾隆五十二年至光绪二十二年·金龙公
清明会账簿·兆印等 ································· 3034

江湾镇圩口村 7-73·乾隆五十二年至光绪二十二年·金龙公
清明会账簿·兆印等 ································· 3035

江湾镇圩口村 7-74·乾隆五十二年至光绪二十二年·金龙公
清明会账簿·兆印等 ································· 3036

江湾镇圩口村 7-75·乾隆五十二年至光绪二十二年·金龙公
清明会账簿·兆印等 ································· 3037

江湾镇圩口村 7-76·乾隆五十二年至光绪二十二年·金龙公
清明会账簿·兆印等 ································· 3038

江湾镇圩口村 7-77·乾隆五十二年至光绪二十二年·金龙公
清明会账簿·兆印等 ································· 3039

江湾镇圩口村 7-78·乾隆五十二年至光绪二十二年·金龙公
清明会账簿·兆印等 3040

江湾镇圩口村 7-79·乾隆五十二年至光绪二十二年·金龙公
清明会账簿·兆印等 3041

江湾镇圩口村 7-80·乾隆五十二年至光绪二十二年·金龙公
清明会账簿·兆印等 3042

江湾镇圩口村 7-81·乾隆五十二年至光绪二十二年·金龙公
清明会账簿·兆印等 3043

江湾镇圩口村 7-82·乾隆五十二年至光绪二十二年·金龙公
清明会账簿·兆印等 3044

江湾镇圩口村 7-83·乾隆五十二年至光绪二十二年·金龙公
清明会账簿·兆印等 3045

江湾镇圩口村 7-84·乾隆五十二年至光绪二十二年·金龙公
清明会账簿·兆印等 3046

江湾镇圩口村 7-85·乾隆五十二年至光绪二十二年·金龙公
清明会账簿·兆印等 3047

江湾镇圩口村 7-86·乾隆五十二年至光绪二十二年·金龙公
清明会账簿·兆印等 3048

江湾镇圩口村 7-87·乾隆五十二年至光绪二十二年·金龙公
清明会账簿·兆印等 3049

江湾镇圩口村 7-88·乾隆五十二年至光绪二十二年·金龙公
清明会账簿·兆印等 3050

江湾镇圩口村 7-89·乾隆五十二年至光绪二十二年·金龙公
清明会账簿·兆印等 3051

江湾镇圩口村 7-90·乾隆五十二年至光绪二十二年·金龙公
清明会账簿·兆印等 3052

江湾镇圩口村 7-91·乾隆五十二年至光绪二十二年·金龙公
清明会账簿·兆印等 3053

江湾镇圩口村 7-92·乾隆五十二年至光绪二十二年·金龙公
清明会账簿·兆印等 3054

江湾镇圩口村 7-93·乾隆五十二年至光绪二十二年·金龙公
清明会账簿·兆印等 3055

江湾镇圩口村 7-94·乾隆五十二年至光绪二十二年·金龙公
清明会账簿·兆印等 ·· 3056

江湾镇圩口村 7-95·乾隆五十二年至光绪二十二年·金龙公
清明会账簿·兆印等 ·· 3057

江湾镇圩口村 7-96·乾隆五十二年至光绪二十二年·金龙公
清明会账簿·兆印等 ·· 3058

江湾镇圩口村 7-97·乾隆五十二年至光绪二十二年·金龙公
清明会账簿·兆印等 ·· 3059

江湾镇圩口村 7-98·乾隆五十二年至光绪二十二年·金龙公
清明会账簿·兆印等 ·· 3060

江湾镇圩口村 7-99·乾隆五十二年至光绪二十二年·金龙公
清明会账簿·兆印等 ·· 3061

江湾镇圩口村 7-100·乾隆五十二年至光绪二十二年·金龙公
清明会账簿·兆印等 ·· 3062

江湾镇圩口村 7-101·乾隆五十二年至光绪二十二年·金龙公
清明会账簿·兆印等 ·· 3063

江湾镇圩口村 7-102·乾隆五十二年至光绪二十二年·金龙公
清明会账簿·兆印等 ·· 3064

江湾镇圩口村 7-103·乾隆五十二年至光绪二十二年·金龙公
清明会账簿·兆印等 ·· 3065

江湾镇圩口村 7-104·乾隆五十二年至光绪二十二年·金龙公
清明会账簿·兆印等 ·· 3066

江湾镇圩口村 7-105·乾隆五十二年至光绪二十二年·金龙公
清明会账簿·兆印等 ·· 3067

江湾镇圩口村 7-106·乾隆五十二年至光绪二十二年·金龙公
清明会账簿·兆印等 ·· 3068

江湾镇圩口村 7-107·乾隆五十二年至光绪二十二年·金龙公
清明会账簿·兆印等 ·· 3069

江湾镇圩口村 7-108·乾隆五十二年至光绪二十二年·金龙公
清明会账簿·兆印等 ·· 3070

江湾镇圩口村 7-109·乾隆五十二年至光绪二十二年·金龙公
清明会账簿·兆印等 ·· 3071

江湾镇圩口村7-110·乾隆五十二年至光绪二十二年·金龙公
清明会账簿·兆印等 3072

江湾镇圩口村7-111·乾隆五十二年至光绪二十二年·金龙公
清明会账簿·兆印等 3073

江湾镇圩口村7-112·乾隆五十二年至光绪二十二年·金龙公
清明会账簿·兆印等 3074

江湾镇圩口村7-113·乾隆五十二年至光绪二十二年·金龙公
清明会账簿·兆印等 3075

江湾镇圩口村7-114·乾隆五十二年至光绪二十二年·金龙公
清明会账簿·兆印等 3076

江湾镇圩口村7-115·乾隆五十二年至光绪二十二年·金龙公
清明会账簿·兆印等 3077

江湾镇圩口村7-116·乾隆五十二年至光绪二十二年·金龙公
清明会账簿·兆印等 3078

江湾镇圩口村7-117·乾隆五十二年至光绪二十二年·金龙公
清明会账簿·兆印等 3079

江湾镇圩口村7-118·乾隆五十二年至光绪二十二年·金龙公
清明会账簿·兆印等 3080

江湾镇圩口村7-119·乾隆五十二年至光绪二十二年·金龙公
清明会账簿·兆印等 3081

江湾镇圩口村7-120·乾隆五十二年至光绪二十二年·金龙公
清明会账簿·兆印等 3082

江湾镇圩口村7-121·乾隆五十二年至光绪二十二年·金龙公
清明会账簿·兆印等 3083

江湾镇圩口村7-122·乾隆五十二年至光绪二十二年·金龙公
清明会账簿·兆印等 3084

江湾镇圩口村7-123·乾隆五十二年至光绪二十二年·金龙公
清明会账簿·兆印等 3085

江湾镇圩口村7-124·乾隆五十二年至光绪二十二年·金龙公
清明会账簿·兆印等 3086

江湾镇圩口村7-125·乾隆五十二年至光绪二十二年·金龙公
清明会账簿·兆印等 3087

江湾镇圩口村 7-126·乾隆五十二年至光绪二十二年·金龙公
清明会账簿·兆印等 ………………………………………… 3088

江湾镇圩口村 7-127·乾隆五十二年至光绪二十二年·金龙公
清明会账簿·兆印等 ………………………………………… 3089

江湾镇圩口村 7-128·乾隆五十二年至光绪二十二年·金龙公
清明会账簿·兆印等 ………………………………………… 3090

江湾镇圩口村 7-129·乾隆五十二年至光绪二十二年·金龙公
清明会账簿·兆印等 ………………………………………… 3091

江湾镇圩口村 7-130·乾隆五十二年至光绪二十二年·金龙公
清明会账簿·兆印等 ………………………………………… 3092

江湾镇圩口村 7-131·乾隆五十二年至光绪二十二年·金龙公
清明会账簿·兆印等 ………………………………………… 3093

江湾镇圩口村 7-132·乾隆五十二年至光绪二十二年·金龙公
清明会账簿·兆印等 ………………………………………… 3094

江湾镇圩口村 7-133·乾隆五十二年至光绪二十二年·金龙公
清明会账簿·兆印等 ………………………………………… 3095

江湾镇圩口村 7-134·乾隆五十二年至光绪二十二年·金龙公
清明会账簿·兆印等 ………………………………………… 3096

江湾镇圩口村 7-135·乾隆五十二年至光绪二十二年·金龙公
清明会账簿·兆印等 ………………………………………… 3097

江湾镇圩口村 6-1·咸丰六年至民国二十九年·收租账簿 …………… 3098
江湾镇圩口村 6-2·咸丰六年至民国二十九年·收租账簿 …………… 3099
江湾镇圩口村 6-3·咸丰六年至民国二十九年·收租账簿 …………… 3100
江湾镇圩口村 6-4·咸丰六年至民国二十九年·收租账簿 …………… 3101
江湾镇圩口村 6-5·咸丰六年至民国二十九年·收租账簿 …………… 3102
江湾镇圩口村 6-6·咸丰六年至民国二十九年·收租账簿 …………… 3103
江湾镇圩口村 6-7·咸丰六年至民国二十九年·收租账簿 …………… 3104
江湾镇圩口村 6-8·咸丰六年至民国二十九年·收租账簿 …………… 3105
江湾镇圩口村 6-9·咸丰六年至民国二十九年·收租账簿 …………… 3106
江湾镇圩口村 6-10·咸丰六年至民国二十九年·收租账簿 ………… 3107
江湾镇圩口村 6-11·咸丰六年至民国二十九年·收租账簿 ………… 3108
江湾镇圩口村 6-12·咸丰六年至民国二十九年·收租账簿 ………… 3109

江湾镇圩口村6-13·咸丰六年至民国二十九年·收租账簿 …………… 3110
江湾镇圩口村6-14·咸丰六年至民国二十九年·收租账簿 …………… 3111
江湾镇圩口村6-15·咸丰六年至民国二十九年·收租账簿 …………… 3112
江湾镇圩口村6-16·咸丰六年至民国二十九年·收租账簿 …………… 3113
江湾镇圩口村6-17·咸丰六年至民国二十九年·收租账簿 …………… 3114
江湾镇圩口村6-18·咸丰六年至民国二十九年·收租账簿 …………… 3115
江湾镇圩口村6-19·咸丰六年至民国二十九年·收租账簿 …………… 3116
江湾镇圩口村6-20·咸丰六年至民国二十九年·收租账簿 …………… 3117
江湾镇圩口村6-21·咸丰六年至民国二十九年·收租账簿 …………… 3118
江湾镇圩口村6-22·咸丰六年至民国二十九年·收租账簿 …………… 3119
江湾镇圩口村6-23·咸丰六年至民国二十九年·收租账簿 …………… 3120
江湾镇圩口村6-24·咸丰六年至民国二十九年·收租账簿 …………… 3121
江湾镇圩口村6-25·咸丰六年至民国二十九年·收租账簿 …………… 3122
江湾镇圩口村6-26·咸丰六年至民国二十九年·收租账簿 …………… 3123
江湾镇圩口村6-27·咸丰六年至民国二十九年·收租账簿 …………… 3124
江湾镇圩口村6-28·咸丰六年至民国二十九年·收租账簿 …………… 3125
江湾镇圩口村6-29·咸丰六年至民国二十九年·收租账簿 …………… 3126
江湾镇圩口村6-30·咸丰六年至民国二十九年·收租账簿 …………… 3127
江湾镇圩口村6-31·咸丰六年至民国二十九年·收租账簿 …………… 3128
江湾镇圩口村6-32·咸丰六年至民国二十九年·收租账簿 …………… 3129
江湾镇圩口村6-33·咸丰六年至民国二十九年·收租账簿 …………… 3130
江湾镇圩口村6-34·咸丰六年至民国二十九年·收租账簿 …………… 3131
江湾镇圩口村6-35·咸丰六年至民国二十九年·收租账簿 …………… 3132
江湾镇圩口村6-36·咸丰六年至民国二十九年·收租账簿 …………… 3133
江湾镇圩口村6-37·咸丰六年至民国二十九年·收租账簿 …………… 3134
江湾镇圩口村6-38·咸丰六年至民国二十九年·收租账簿 …………… 3135
江湾镇圩口村6-39·咸丰六年至民国二十九年·收租账簿 …………… 3136
江湾镇圩口村6-40·咸丰六年至民国二十九年·收租账簿 …………… 3137
江湾镇圩口村6-41·咸丰六年至民国二十九年·收租账簿 …………… 3138
江湾镇圩口村6-42·咸丰六年至民国二十九年·收租账簿 …………… 3139
江湾镇圩口村6-43·咸丰六年至民国二十九年·收租账簿 …………… 3140
江湾镇圩口村6-44·咸丰六年至民国二十九年·收租账簿 …………… 3141

江湾镇圩口村6-45·咸丰六年至民国二十九年·收租账簿……3142
江湾镇圩口村6-46·咸丰六年至民国二十九年·收租账簿……3143
江湾镇圩口村6-47·咸丰六年至民国二十九年·收租账簿……3144
江湾镇圩口村6-48·咸丰六年至民国二十九年·收租账簿……3145
江湾镇圩口村6-49·咸丰六年至民国二十九年·收租账簿……3146
江湾镇圩口村6-50·咸丰六年至民国二十九年·收租账簿……3147
江湾镇圩口村6-51·咸丰六年至民国二十九年·收租账簿……3148
江湾镇圩口村6-52·咸丰六年至民国二十九年·收租账簿……3149
江湾镇圩口村6-53·咸丰六年至民国二十九年·收租账簿……3150
江湾镇圩口村6-54·咸丰六年至民国二十九年·收租账簿……3151
江湾镇圩口村6-55·咸丰六年至民国二十九年·收租账簿……3152
江湾镇圩口村6-56·咸丰六年至民国二十九年·收租账簿……3153
江湾镇圩口村6-57·咸丰六年至民国二十九年·收租账簿……3154
江湾镇圩口村6-58·咸丰六年至民国二十九年·收租账簿……3155
江湾镇圩口村6-59·咸丰六年至民国二十九年·收租账簿……3156
江湾镇圩口村6-60·咸丰六年至民国二十九年·收租账簿……3157
江湾镇圩口村6-61·咸丰六年至民国二十九年·收租账簿……3158
江湾镇圩口村6-62·咸丰六年至民国二十九年·收租账簿……3159
江湾镇圩口村6-63·咸丰六年至民国二十九年·收租账簿……3160
江湾镇圩口村6-64·咸丰六年至民国二十九年·收租账簿……3161
江湾镇圩口村6-65·咸丰六年至民国二十九年·收租账簿……3162
江湾镇圩口村6-66·咸丰六年至民国二十九年·收租账簿……3163
江湾镇圩口村6-67·咸丰六年至民国二十九年·收租账簿……3164
江湾镇圩口村6-68·咸丰六年至民国二十九年·收租账簿……3165
江湾镇圩口村6-69·咸丰六年至民国二十九年·收租账簿……3166
江湾镇圩口村6-70·咸丰六年至民国二十九年·收租账簿……3167
江湾镇圩口村6-71·咸丰六年至民国二十九年·收租账簿……3168
江湾镇圩口村6-72·咸丰六年至民国二十九年·收租账簿……3169
江湾镇圩口村6-73·咸丰六年至民国二十九年·收租账簿……3170
江湾镇圩口村6-74·咸丰六年至民国二十九年·收租账簿……3171
江湾镇圩口村6-75·咸丰六年至民国二十九年·收租账簿……3172
江湾镇圩口村6-76·咸丰六年至民国二十九年·收租账簿……3173

江湾镇圩口村6-77·咸丰六年至民国二十九年·收租账簿……………3174
江湾镇圩口村6-78·咸丰六年至民国二十九年·收租账簿……………3175
江湾镇圩口村6-79·咸丰六年至民国二十九年·收租账簿……………3176
江湾镇圩口村6-80·咸丰六年至民国二十九年·收租账簿……………3177
江湾镇圩口村6-81·咸丰六年至民国二十九年·收租账簿……………3178
江湾镇圩口村6-82·咸丰六年至民国二十九年·收租账簿……………3179
江湾镇圩口村6-83·咸丰六年至民国二十九年·收租账簿……………3180
江湾镇圩口村6-84·咸丰六年至民国二十九年·收租账簿……………3181
江湾镇圩口村6-85·咸丰六年至民国二十九年·收租账簿……………3182
江湾镇圩口村6-86·咸丰六年至民国二十九年·收租账簿……………3183
江湾镇圩口村6-87·咸丰六年至民国二十九年·收租账簿……………3184
江湾镇圩口村6-88·咸丰六年至民国二十九年·收租账簿……………3185
江湾镇圩口村6-89·咸丰六年至民国二十九年·收租账簿……………3186
江湾镇圩口村6-90·咸丰六年至民国二十九年·收租账簿……………3187
江湾镇圩口村6-91·咸丰六年至民国二十九年·收租账簿……………3188
江湾镇圩口村6-92·咸丰六年至民国二十九年·收租账簿……………3189
江湾镇圩口村6-93·咸丰六年至民国二十九年·收租账簿……………3190
江湾镇圩口村6-94·咸丰六年至民国二十九年·收租账簿……………3191
江湾镇圩口村6-95·咸丰六年至民国二十九年·收租账簿……………3192
江湾镇圩口村6-96·咸丰六年至民国二十九年·收租账簿……………3193
江湾镇圩口村6-97·咸丰六年至民国二十九年·收租账簿……………3194
江湾镇圩口村6-98·咸丰六年至民国二十九年·收租账簿……………3195
江湾镇圩口村6-99·咸丰六年至民国二十九年·收租账簿……………3196
江湾镇圩口村6-100·咸丰六年至民国二十九年·收租账簿……………3197
江湾镇圩口村6-101·咸丰六年至民国二十九年·收租账簿……………3198
江湾镇圩口村6-102·咸丰六年至民国二十九年·收租账簿……………3199
江湾镇圩口村6-103·咸丰六年至民国二十九年·收租账簿……………3200
江湾镇圩口村6-104·咸丰六年至民国二十九年·收租账簿……………3201
江湾镇圩口村6-105·咸丰六年至民国二十九年·收租账簿……………3202
江湾镇圩口村6-106·咸丰六年至民国二十九年·收租账簿……………3203
江湾镇圩口村6-107·咸丰六年至民国二十九年·收租账簿……………3204
江湾镇圩口村6-108·咸丰六年至民国二十九年·收租账簿……………3205

江湾镇圳口村6-109·咸丰六年至民国二十九年·收租账簿 ……… 3206
江湾镇圳口村6-110·咸丰六年至民国二十九年·收租账簿 ……… 3207
江湾镇圳口村6-111·咸丰六年至民国二十九年·收租账簿 ……… 3208
江湾镇圳口村6-112·咸丰六年至民国二十九年·收租账簿 ……… 3209
江湾镇圳口村6-113·咸丰六年至民国二十九年·收租账簿 ……… 3210
江湾镇圳口村6-114·咸丰六年至民国二十九年·收租账簿 ……… 3211
江湾镇圳口村6-115·咸丰六年至民国二十九年·收租账簿 ……… 3212
江湾镇圳口村6-116·咸丰六年至民国二十九年·收租账簿 ……… 3213
江湾镇圳口村6-117·咸丰六年至民国二十九年·收租账簿 ……… 3214
江湾镇圳口村6-118·咸丰六年至民国二十九年·收租账簿 ……… 3215
江湾镇圳口村6-119·咸丰六年至民国二十九年·收租账簿 ……… 3216
江湾镇圳口村6-120·咸丰六年至民国二十九年·收租账簿 ……… 3217
江湾镇圳口村6-121·咸丰六年至民国二十九年·收租账簿 ……… 3218
江湾镇圳口村6-122·咸丰六年至民国二十九年·收租账簿 ……… 3219
江湾镇圳口村6-123·咸丰六年至民国二十九年·收租账簿 ……… 3220
江湾镇圳口村6-124·咸丰六年至民国二十九年·收租账簿 ……… 3221
江湾镇圳口村6-125·咸丰六年至民国二十九年·收租账簿 ……… 3222
江湾镇圳口村6-126·咸丰六年至民国二十九年·收租账簿 ……… 3223
江湾镇圳口村6-127·咸丰六年至民国二十九年·收租账簿 ……… 3224
江湾镇圳口村6-128·咸丰六年至民国二十九年·收租账簿 ……… 3225
江湾镇圳口村6-129·咸丰六年至民国二十九年·收租账簿 ……… 3226
江湾镇圳口村6-130·咸丰六年至民国二十九年·收租账簿 ……… 3227
江湾镇圳口村6-131·咸丰六年至民国二十九年·收租账簿 ……… 3228

江湾镇圳口村4-1·光绪二十二年至宣统二年·清明会账簿·
　俞有日等 ……………………………………………………… 3229
江湾镇圳口村4-2·光绪二十二年至宣统二年·清明会账簿·
　俞有日等 ……………………………………………………… 3230
江湾镇圳口村4-3·光绪二十二年至宣统二年·清明会账簿·
　俞有日等 ……………………………………………………… 3231
江湾镇圳口村4-4·光绪二十二年至宣统二年·清明会账簿·
　俞有日等 ……………………………………………………… 3232
江湾镇圳口村4-5·光绪二十二年至宣统二年·清明会账簿·
　俞有日等 ……………………………………………………… 3233

江湾镇圩口村 4-6·光绪二十二年至宣统二年·清明会账簿·
  俞有日等 ··· 3234
江湾镇圩口村 4-7·光绪二十二年至宣统二年·清明会账簿·
  俞有日等 ··· 3235
江湾镇圩口村 4-8·光绪二十二年至宣统二年·清明会账簿·
  俞有日等 ··· 3236
江湾镇圩口村 4-9·光绪二十二年至宣统二年·清明会账簿·
  俞有日等 ··· 3237
江湾镇圩口村 4-10·光绪二十二年至宣统二年·清明会账簿·
  俞有日等 ··· 3238
江湾镇圩口村 4-11·光绪二十二年至宣统二年·清明会账簿·
  俞有日等 ··· 3239
江湾镇圩口村 4-12·光绪二十二年至宣统二年·清明会账簿·
  俞有日等 ··· 3240
江湾镇圩口村 4-13·光绪二十二年至宣统二年·清明会账簿·
  俞有日等 ··· 3241
江湾镇圩口村 4-14·光绪二十二年至宣统二年·清明会账簿·
  俞有日等 ··· 3242
江湾镇圩口村 4-15·光绪二十二年至宣统二年·清明会账簿·
  俞有日等 ··· 3243
江湾镇圩口村 4-16·光绪二十二年至宣统二年·清明会账簿·
  俞有日等 ··· 3244
江湾镇圩口村 4-17·光绪二十二年至宣统二年·清明会账簿·
  俞有日等 ··· 3245
江湾镇圩口村 4-18·光绪二十二年至宣统二年·清明会账簿·
  俞有日等 ··· 3246
江湾镇圩口村 4-19·光绪二十二年至宣统二年·清明会账簿·
  俞有日等 ··· 3247
江湾镇圩口村 4-20·光绪二十二年至宣统二年·清明会账簿·
  俞有日等 ··· 3248
江湾镇圩口村 4-21·光绪二十二年至宣统二年·清明会账簿·
  俞有日等 ··· 3249

江湾镇圲口村 4-22·光绪二十二年至宣统二年·清明会账簿·
俞有日等 3250

江湾镇圲口村 100·光绪三十一年·纳米执照·永关 3251

江湾镇圲口村 106·光绪三十三年·出等当字·董门余氏顺爱同男
汪达、董法出等与俞海 3252

江湾镇圲口村 28·宣统元年·纳米执照·永关 3253

江湾镇圲口村 76·宣统三年·纳米执照·永贞 3254

江湾镇圲口村 5-1·民国元年至二十年·收谷帐簿及清明会帐簿·
俞士槐等 3255

江湾镇圲口村 5-2·民国元年至二十年·收谷帐簿及清明会帐簿·
俞士槐等 3256

江湾镇圲口村 5-3·民国元年至二十年·收谷帐簿及清明会帐簿·
俞士槐等 3257

江湾镇圲口村 5-4·民国元年至二十年·收谷帐簿及清明会帐簿·
俞士槐等 3258

江湾镇圲口村 5-5·民国元年至二十年·收谷帐簿及清明会帐簿·
俞士槐等 3259

江湾镇圲口村 5-6·民国元年至二十年·收谷帐簿及清明会帐簿·
俞士槐等 3260

江湾镇圲口村 5-7·民国元年至二十年·收谷帐簿及清明会帐簿·
俞士槐等 3261

江湾镇圲口村 5-8·民国元年至二十年·收谷帐簿及清明会帐簿·
俞士槐等 3262

江湾镇圲口村 5-9·民国元年至二十年·收谷帐簿及清明会帐簿·
俞士槐等 3263

江湾镇圲口村 5-10·民国元年至二十年·收谷帐簿及清明会帐簿·
俞士槐等 3264

江湾镇圲口村 5-11·民国元年至二十年·收谷帐簿及清明会帐簿·
俞士槐等 3265

江湾镇圲口村 5-12·民国元年至二十年·收谷帐簿及清明会帐簿·
俞士槐等 3266

江湾镇圲口村 5-13·民国元年至二十年·收谷帐簿及清明会帐簿·
俞士槐等 3267

江湾镇圩口村5-14·民国元年至二十年·收谷帐簿及清明会帐簿·俞士槐等 ·················· 3268

江湾镇圩口村5-15·民国元年至二十年·收谷帐簿及清明会帐簿·俞士槐等 ·················· 3269

江湾镇圩口村5-16·民国元年至二十年·收谷帐簿及清明会帐簿·俞士槐等 ·················· 3270

江湾镇圩口村5-17·民国元年至二十年·收谷帐簿及清明会帐簿·俞士槐等 ·················· 3271

江湾镇圩口村5-18·民国元年至二十年·收谷帐簿及清明会帐簿·俞士槐等 ·················· 3272

江湾镇圩口村5-19·民国元年至二十年·收谷帐簿及清明会帐簿·俞士槐等 ·················· 3273

江湾镇圩口村5-20·民国元年至二十年·收谷帐簿及清明会帐簿·俞士槐等 ·················· 3274

江湾镇圩口村5-21·民国元年至二十年·收谷帐簿及清明会帐簿·俞士槐等 ·················· 3275

江湾镇圩口村5-22·民国元年至二十年·收谷帐簿及清明会帐簿·俞士槐等 ·················· 3276

江湾镇圩口村5-23·民国元年至二十年·收谷帐簿及清明会帐簿·俞士槐等 ·················· 3277

江湾镇圩口村5-24·民国元年至二十年·收谷帐簿及清明会帐簿·俞士槐等 ·················· 3278

江湾镇圩口村5-25·民国元年至二十年·收谷帐簿及清明会帐簿·俞士槐等 ·················· 3279

江湾镇圩口村5-26·民国元年至二十年·收谷帐簿及清明会帐簿·俞士槐等 ·················· 3280

江湾镇圩口村5-27·民国元年至二十年·收谷帐簿及清明会帐簿·俞士槐等 ·················· 3281

江湾镇圩口村5-28·民国元年至二十年·收谷帐簿及清明会帐簿·俞士槐等 ·················· 3282

江湾镇圩口村5-29·民国元年至二十年·收谷帐簿及清明会帐簿·俞士槐等 ·················· 3283

江湾镇圩口村5-30·民国元年至二十年·收谷帐簿及清明会帐簿·
俞士槐等 3284

江湾镇圩口村5-31·民国元年至二十年·收谷帐簿及清明会帐簿·
俞士槐等 3285

江湾镇圩口村5-32·民国元年至二十年·收谷帐簿及清明会帐簿·
俞士槐等 3286

江湾镇圩口村5-33·民国元年至二十年·收谷帐簿及清明会帐簿·
俞士槐等 3287

江湾镇圩口村5-34·民国元年至二十年·收谷帐簿及清明会帐簿·
俞士槐等 3288

江湾镇圩口村5-35·民国元年至二十年·收谷帐簿及清明会帐簿·
俞士槐等 3289

江湾镇圩口村5-36·民国元年至二十年·收谷帐簿及清明会帐簿·
俞士槐等 3290

江湾镇圩口村5-37·民国元年至二十年·收谷帐簿及清明会帐簿·
俞士槐等 3291

江湾镇圩口村5-38·民国元年至二十年·收谷帐簿及清明会帐簿·
俞士槐等 3292

江湾镇圩口村5-39·民国元年至二十年·收谷帐簿及清明会帐簿·
俞士槐等 3293

江湾镇圩口村99·民国元年·纳米执照·永利 3294

江湾镇圩口村77·民国二年·纳米执照·永关 3295

江湾镇圩口村98·民国二年·纳米执照·永利 3296

江湾镇圩口村101·民国二年·纳米执照·永济 3297

江湾镇圩口村43·民国五年·纳米执照·聚成 3298

江湾镇圩口村90·民国五年·纳米执照·永顺 3299

江湾镇圩口村110·民国五年·断骨出卖山契·俞有高卖与俞士溪 3300

江湾镇圩口村111·民国五年·断骨出卖地契·俞有高卖与
俞贞棹 3301

江湾镇圩口村42·民国六年·纳米执照·聚成 3302

江湾镇圩口村95·民国六年·纳米执照·永顺 3303

江湾镇圩口村44·民国七年·纳米执照·聚成 3304

江湾镇圩口村45·民国七年·纳米执照·永关 3305
江湾镇圩口村80·民国七年·纳米执照·金龙福 3306
江湾镇圩口村81·民国七年·纳米执照·永顺 3307
江湾镇圩口村88·民国八年·纳米执照·永顺 3308
江湾镇圩口村89·民国八年·纳米执照·聚成 3309
江湾镇圩口村83·民国九年·纳米执照·聚成 3310
江湾镇圩口村92·民国九年·纳米执照·永顺 3311
江湾镇圩口村94·民国九年·纳米执照·永济 3312
江湾镇圩口村82·民国十年·纳米执照·聚成 3313
江湾镇圩口村91·民国十年·纳米执照·永顺 3314
江湾镇圩口村46·民国十一年·纳米执照·聚成 3315
江湾镇圩口村47·民国十一年·纳米执照·永顺 3316
江湾镇圩口村93·民国十一年·纳米执照·永关 3317
江湾镇圩口村71·民国十二年·纳米执照·永顺 3318
江湾镇圩口村73·民国十二年·纳米执照·聚成 3319
江湾镇圩口村15·民国十三年·纳米执照·永利 3320
江湾镇圩口村84·民国十三年·纳米执照·永顺 3321
江湾镇圩口村85·民国十三年·纳米执照·聚成 3322
江湾镇圩口村108·民国十三年·断骨出卖田契·江社炎卖与
　俞福兴 3323
江湾镇圩口村3-1·民国十四年·中秋会簿·俞镜辉经手 3324
江湾镇圩口村3-2·民国十四年·中秋会簿·俞镜辉经手 3325
江湾镇圩口村3-3·民国十四年·中秋会簿·俞镜辉经手 3326
江湾镇圩口村3-4·民国十四年·中秋会簿·俞镜辉经手 3327
江湾镇圩口村3-5·民国十四年·中秋会簿·俞镜辉经手 3328
江湾镇圩口村3-6·民国十四年·中秋会簿·俞镜辉经手 3329
江湾镇圩口村3-7·民国十四年·中秋会簿·俞镜辉经手 3330
江湾镇圩口村3-8·民国十四年·中秋会簿·俞镜辉经手 3331
江湾镇圩口村3-9·民国十四年·中秋会簿·俞镜辉经手 3332
江湾镇圩口村3-10·民国十四年·中秋会簿·俞镜辉经手 3333
江湾镇圩口村3-11·民国十四年·中秋会簿·俞镜辉经手 3334
江湾镇圩口村3-12·民国十四年·中秋会簿·俞镜辉经手 3335

江湾镇圩口村3-13·民国十四年·中秋会簿·俞镜辉经手 …………… 3336

江湾镇圩口村20·民国十五年·依议字·詹长开扒交与正禄侄 ……… 3337

江湾镇圩口村107·民国十五年·会书·义桂 …………………………… 3338

江湾镇圩口村39·民国十六年·纳米执照·永贞 ……………………… 3339

江湾镇圩口村40·民国十六年·纳米执照·永顺 ……………………… 3340

江湾镇圩口村41·民国十六年·纳米执照·聚成 ……………………… 3341

江湾镇圩口村16·民国十七年·纳米执照·永顺 ……………………… 3342

江湾镇圩口村29·民国十七年·纳米执照·永关 ……………………… 3343

江湾镇圩口村37·民国十七年·纳米执照·聚成 ……………………… 3344

江湾镇圩口村30·民国十八年·纳米执照·永顺 ……………………… 3345

江湾镇圩口村31·民国十八年·纳米执照·永贞 ……………………… 3346

江湾镇圩口村38·民国十八年·纳米执照·聚成 ……………………… 3347

江湾镇圩口村35·民国十九年·纳米执照·聚成 ……………………… 3348

江湾镇圩口村36·民国十九年·纳米执照·永顺 ……………………… 3349

江湾镇圩口村13·民国二十年·纳米执照·永贞 ……………………… 3350

江湾镇圩口村14·民国二十年·纳米执照·聚成 ……………………… 3351

江湾镇圩口村17·民国二十年·纳米执照·永顺 ……………………… 3352

江湾镇圩口村103·民国二十年·纳米执照·永昌 ……………………… 3353

江湾镇圩口村104·民国二十七年·断骨出卖田契·俞福兴众等卖与

曹东梅 ……………………………………………………………… 3354

江湾镇圩口村2-1·民国二十一年至二十四年·清明会账簿·

俞士钿 ……………………………………………………………… 3355

江湾镇圩口村2-2·民国二十一年至二十四年·清明会账簿·

俞士钿 ……………………………………………………………… 3356

江湾镇圩口村2-3·民国二十一年至二十四年·清明会账簿·

俞士钿 ……………………………………………………………… 3357

江湾镇圩口村2-4·民国二十一年至二十四年·清明会账簿·

俞士钿 ……………………………………………………………… 3358

江湾镇圩口村2-5·民国二十一年至二十四年·清明会账簿·

俞士钿 ……………………………………………………………… 3359

江湾镇圩口村2-6·民国二十一年至二十四年·清明会账簿·

俞士钿 ……………………………………………………………… 3360

江湾镇圳口村2-7·民国二十一年至二十四年·清明会账簿·
俞士钿 3361

江湾镇圳口村2-8·民国二十一年至二十四年·清明会账簿·
俞士钿 3362

江湾镇圳口村2-9·民国二十一年至二十四年·清明会账簿·
俞士钿 3363

江湾镇圳口村12·民国二十一年·纳米执照·聚成 3364

江湾镇圳口村23·民国二十一年·纳米执照·永顺 3365

江湾镇圳口村27·民国二十一年·纳米执照·永昌 3366

江湾镇圳口村10·民国二十二年·纳米执照·永顺 3367

江湾镇圳口村75·民国二十二年·纳米执照·永贞 3368

江湾镇圳口村78·民国二十二年·纳米执照·聚成 3369

江湾镇圳口村9-i·民国二十三年·断骨出卖山地契·俞镜辉卖与
房弟俞日桂（右半部分） 3370

江湾镇圳口村9-ii·民国二十三年·断骨出卖山地契·俞镜辉卖与
房弟俞日桂（左半部分） 3371

江湾镇圳口村25·民国二十五年·出顶田字约·俞灶椿顶到俞义桂、
俞灶炎 3372

江湾镇圳口村51·民国二十五年·田赋执照·聚成 3373

江湾镇圳口村52·民国二十五年·田赋执照·永顺 3374

江湾镇圳口村102·民国二十五年·上下忙田赋执照·永关 3375

江湾镇圳口村53·民国二十六年·田赋执照·永顺 3376

江湾镇圳口村105·民国二十年·断骨出卖田契·俞义桂卖与
吴来福 3377

江湾镇圳口村55·民国二十八年·征收田赋收据·永顺 3378

江湾镇圳口村56·民国二十八年·征收田赋收据·聚成 3379

江湾镇圳口村57·民国二十八年·征收田赋收据·永贞 3380

江湾镇圳口村58·民国二十八年·征收田赋通知单·永顺 3381

江湾镇圳口村59·民国二十八年·征收田赋通知单·聚成 3382

江湾镇圳口村26·民国二十九年·收字·俞樟标收俞义桂 3383

江湾镇圳口村62·民国二十九年·征收田赋收据·永顺 3384

江湾镇圩口村 68·民国二十九年·征收田赋收据·俞新兴 ……………… 3385

江湾镇圩口村 69·民国二十九年·征收田赋收据·聚成 …………………… 3386

江湾镇圩口村 70·民国二十九年·征收田赋收据·金龙福 ……………… 3387

江湾镇圩口村 74·民国二十九年·征收田赋收据·永关 …………………… 3388

江湾镇圩口村 18·民国三十年至三十一年·收条·俞镜辉收俞义桂元宵会 ………………………………………………………………………… 3389

江湾镇圩口村 61·民国三十年·征收田赋收据·永贞 …………………… 3390

江湾镇圩口村 63·民国三十年·征收田赋收据·永贞 …………………… 3391

江湾镇圩口村 1-1·民国三十一年·税粮实征册·富昌、贵昌等户 …… 3392

江湾镇圩口村 1-2·民国三十一年·税粮实征册·富昌、贵昌等户 …… 3393

江湾镇圩口村 1-3·民国三十一年·税粮实征册·富昌、贵昌等户 …… 3394

江湾镇圩口村 1-4·民国三十一年·税粮实征册·富昌、贵昌等户 …… 3395

江湾镇圩口村 1-5·民国三十一年·税粮实征册·富昌、贵昌等户 …… 3396

江湾镇圩口村 1-6·民国三十一年·税粮实征册·富昌、贵昌等户 …… 3397

江湾镇圩口村 1-7·民国三十一年·税粮实征册·富昌、贵昌等户 …… 3398

江湾镇圩口村 1-8·民国三十一年·税粮实征册·富昌、贵昌等户 …… 3399

江湾镇圩口村 1-9·民国三十一年·税粮实征册·富昌、贵昌等户 …… 3400

江湾镇圩口村 1-10·民国三十一年·税粮实征册·富昌、贵昌等户 …… 3401

江湾镇圩口村 64·民国三十六年·田赋征实折征法币收据·金龙福 …… 3402

江湾镇圩口村 65·民国三十六年·田赋征实折征法币收据·永顺 …… 3403

江湾镇圩口村 66·民国三十七年·征收田赋通知单·俞新兴 …………… 3404

江湾镇圩口村 67·民国三十七年·征收田赋通知单·俞福兴 …………… 3405

江湾镇圩口村 8-1·俞贞榉曲本 ……………………………………………… 3406

江湾镇圩口村 8-2·俞贞榉曲本 ……………………………………………… 3407

江湾镇圩口村 8-3·俞贞榉曲本 ……………………………………………… 3408

江湾镇圩口村 8-4·俞贞榉曲本 ……………………………………………… 3409

江湾镇圩口村 8-5·俞贞榉曲本 ……………………………………………… 3410

江湾镇圩口村 8-6·俞贞榉曲本 ……………………………………………… 3411

江湾镇圩口村 8-7·俞贞榉曲本 ……………………………………………… 3412

江湾镇圩口村 8-8·俞贞榉曲本 ……………………………………………… 3413

江湾镇圩口村 8-9·俞贞榉曲本 ……………………………………………… 3414

江湾镇圩口村 8–10·俞贞樨曲本 …………………………………… 3415
江湾镇圩口村 19·收条 ………………………………………………… 3416
江湾镇圩口村 22·具状词·告詹焕然等 ……………………………… 3417
江湾镇圩口村 24·具状词·抱告程家保 ……………………………… 3418

捌　江湾镇（二）

金田村·洪坦村·篁岭村·岭背村汪家·下坦村

江湾镇金田村 A 1—61 3419

 江湾镇金田村 A 5·乾隆二十七年·断骨出卖地屋契·黄文兴
  公众泰蕃等卖与堂弟泰竺 3419

 江湾镇金田村 A 6·乾隆四十二年·断骨出卖仓屋契·黄茂昶卖与
  堂叔泰竺 3420

 江湾镇金田村 A 28·乾隆四十六年·断骨出卖菜园地并茶丛契·
  黄汉钲卖与族叔茂玑 3421

 江湾镇金田村 A 29·乾隆五十六年·断骨出卖牛栏基约·黄茂昱
  卖与堂弟茂玑 3422

 江湾镇金田村 A 31·嘉庆十年·断骨出卖柴舍基约·黄茂昱卖与
  房弟茂机 3423

 江湾镇金田村 A 17·嘉庆十二年·出卖断骨屋契·黄茂瑛卖与
  胞兄茂玑 3424

 江湾镇金田村 A 42·嘉庆十九年·出断骨田皮约·马佩华佃与黄□ ... 3425

 江湾镇金田村 A 4·嘉庆二十三年·断骨出卖田契·曹懋清卖与黄□ 3426

 江湾镇金田村 A 36·道光元年·租批·俞永玖租胞弟永惺 3427

 江湾镇金田村 A 2·道光三年·断扞卖契·陈灶法卖与灶根 3428

 江湾镇金田村 A 11·道光五年·断骨出卖牛栏屋契·黄基诜卖与
  堂弟基诚 3429

 江湾镇金田村 A 24·道光十二年·出佃田皮约·黄永顺佃与茂森兄 3430

 江湾镇金田村 A 34·道光十二年·出佃田皮约·黄永顺佃与
  族兄茂森 3431

 江湾镇金田村 A 25·道光十五年·承租约·俞永顺承到汪□□ 3432

 江湾镇金田村 A 33·道光十九年·租种浮田字·俞昭富租与永顺 3433

 江湾镇金田村 A 14·道光二十一年·断骨出卖田契·黄悠达卖与
  族侄若川 3434

 江湾镇金田村 A 30·道光二十三年·转押田皮字约·黄百枝转押与
  本家堂叔公□诚 3435

143

江湾镇金田村 A 41·道光二十七年·笔据活套 3436
江湾镇金田村 A 3·道光二十八年·断骨出卖田契·黄百枝卖与
　房侄 3437
江湾镇金田村 A 13·咸丰元年·断骨出卖菜园地契·黄基诂卖与
　房侄孙远旺 3438
江湾镇金田村 A 12·咸丰六年·出卖田皮约·黄培坤同弟培春卖与
　族叔公远旺、远须 3439
江湾镇金田村 A 38·咸丰十年·借约并田契抱押字据·黄新德
　抱押借到汪锦川 3440
江湾镇金田村 A 40·咸丰十年·断骨田皮租约·黄远旺卖与房兄☐ 3441
江湾镇金田村 A 9·同治六年·断骨出卖屋契·黄社丁卖与房侄远旺 3442
江湾镇金田村 A 19·同治七年·断骨出卖田契·黄周文卖与
　族叔远旺、远须 3443
江湾镇金田村 A 10·光绪二年·断骨出卖厨屋契约·黄社九卖与
　房兄远旺 3444
江湾镇金田村 A 8·光绪三年·断骨出卖牛栏屋契·黄社九卖与
　堂兄远旺 3445
江湾镇金田村 A 18·光绪四年·断骨出卖契·黄远绥卖与房侄锡有 3446
江湾镇金田村 A 26·光绪十一年·借字约·黄高寿借到柏枝叔 3447
江湾镇金田村 A 21·光绪十六年·断骨出卖田契·黄社富卖与
　汪☐ 3448
江湾镇金田村 A 27·光绪十六年·具投状·黄得保告黄社富兄弟等 3449
江湾镇金田村 A 20·光绪二十三年·断骨出卖屋基契·长贤众卖与
　裔孙锡贵 3450
江湾镇金田村 A 37·光绪二十四年·推单·养和户推与成亨户 3451
江湾镇金田村 A 61-1·光绪二十五年至民国三十七年·清明会账簿·
　黄锡庚等 3452
江湾镇金田村 A 61-2·光绪二十五年至民国三十七年·清明会账簿·
　黄锡庚等 3453
江湾镇金田村 A 61-3·光绪二十五年至民国三十七年·清明会账簿·
　黄锡庚等 3454
江湾镇金田村 A 61-4·光绪二十五年至民国三十七年·清明会账簿·
　黄锡庚等 3455

江湾镇金田村 A 61-5・光绪二十五年至民国三十七年・清明会账簿・
黄锡庚等 ………………………………………………………… 3456

江湾镇金田村 A 61-6・光绪二十五年至民国三十七年・清明会账簿・
黄锡庚等 ………………………………………………………… 3457

江湾镇金田村 A 61-7・光绪二十五年至民国三十七年・清明会账簿・
黄锡庚等 ………………………………………………………… 3458

江湾镇金田村 A 61-8・光绪二十五年至民国三十七年・清明会账簿・
黄锡庚等 ………………………………………………………… 3459

江湾镇金田村 A 61-9・光绪二十五年至民国三十七年・清明会账簿・
黄锡庚等 ………………………………………………………… 3460

江湾镇金田村 A 61-10・光绪二十五年至民国三十七年・清明会账簿・
黄锡庚等 ………………………………………………………… 3461

江湾镇金田村 A 61-11・光绪二十五年至民国三十七年・清明会账簿・
黄锡庚等 ………………………………………………………… 3462

江湾镇金田村 A 61-12・光绪二十五年至民国三十七年・清明会账簿・
黄锡庚等 ………………………………………………………… 3463

江湾镇金田村 A 61-13・光绪二十五年至民国三十七年・清明会账簿・
黄锡庚等 ………………………………………………………… 3464

江湾镇金田村 A 61-14・光绪二十五年至民国三十七年・清明会账簿・
黄锡庚等 ………………………………………………………… 3465

江湾镇金田村 A 61-15・光绪二十五年至民国三十七年・清明会账簿・
黄锡庚等 ………………………………………………………… 3466

江湾镇金田村 A 61-16・光绪二十五年至民国三十七年・清明会账簿・
黄锡庚等 ………………………………………………………… 3467

江湾镇金田村 A 61-17・光绪二十五年至民国三十七年・清明会账簿・
黄锡庚等 ………………………………………………………… 3468

江湾镇金田村 A 61-18・光绪二十五年至民国三十七年・清明会账簿・
黄锡庚等 ………………………………………………………… 3469

江湾镇金田村 A 61-19・光绪二十五年至民国三十七年・清明会账簿・
黄锡庚等 ………………………………………………………… 3470

江湾镇金田村 A 32・光绪二十七年・当字约・黄三福当到顺能 ……… 3471

江湾镇金田村 A 16・民国二年・断骨绝卖田税契・汪增辉卖与
汪永锡堂 ………………………………………………………… 3472

江湾镇金田村 A 1·民国十五年·断骨出卖田契屋契·黄三富同弟黄富来、侄黄连喜卖与黄天顺再侄 …………………………… 3473

江湾镇金田村 A 15·民国三十六年·断骨出卖田契·汪维英卖与黄☐ …………………………………………………………………… 3474

江湾镇金田村 A 22·税单 ……………………………………… 3475

江湾镇金田村 A 35·具状词·惇叙祠、义远仓司理江振生、江养贤等告刁佃南杨、加喜等 ………………………………… 3476

江湾镇金田村 A 39·荒田清单 ………………………………… 3477

江湾镇金田村 A 43·税粮实征册 ……………………………… 3478

江湾镇金田村 A 44·税粮实征册 ……………………………… 3479

江湾镇金田村 A 45·税粮实征册 ……………………………… 3480

江湾镇金田村 A 46·税粮实征册 ……………………………… 3481

江湾镇金田村 A 47·税粮实征册 ……………………………… 3482

江湾镇金田村 A 48·税粮实征册 ……………………………… 3483

江湾镇金田村 A 49·税粮实征册 ……………………………… 3484

江湾镇金田村 A 50·税粮实征册 ……………………………… 3485

江湾镇金田村 A 51·税粮实征册 ……………………………… 3486

江湾镇金田村 A 52·税粮实征册 ……………………………… 3487

江湾镇金田村 A 53·税粮实征册 ……………………………… 3488

江湾镇金田村 A 54·税粮实征册 ……………………………… 3489

江湾镇金田村 A 55·税粮实征册 ……………………………… 3490

江湾镇金田村 A 56-1·推单合集·源新户等 ………………… 3491

江湾镇金田村 A 56-2·推单合集·源新户等 ………………… 3492

江湾镇金田村 A 56-3·推单合集·源新户等 ………………… 3493

江湾镇金田村 A 56-4·推单合集·源新户等 ………………… 3494

江湾镇金田村 A 56-5·推单合集·源新户等 ………………… 3495

江湾镇金田村 A 56-6·推单合集·源新户等 ………………… 3496

江湾镇金田村 A 56-7·推单合集·源新户等 ………………… 3497

江湾镇金田村 A 56-8·推单合集·源新户等 ………………… 3498

江湾镇金田村 A 56-9·推单合集·源新户等 ………………… 3499

江湾镇金田村 A 56-10·推单合集·源新户等 ………………… 3500

江湾镇金田村 A 56-11·推单合集·源新户等 ………………… 3501

江湾镇金田村 A 56-12·推单合集·源新户等 3502
江湾镇金田村 A 56-13·推单合集·源新户等 3503
江湾镇金田村 A 56-14·推单合集·源新户等 3504
江湾镇金田村 A 56-15·推单合集·源新户等 3505
江湾镇金田村 A 56-16·推单合集·源新户等 3506
江湾镇金田村 A 57-1·推单合集·德源户等 3507
江湾镇金田村 A 57-2·推单合集·德源户等 3508
江湾镇金田村 A 57-3·推单合集·德源户等 3509
江湾镇金田村 A 57-4·推单合集·德源户等 3510
江湾镇金田村 A 57-5·推单合集·德源户等 3511
江湾镇金田村 A 57-6·推单合集·德源户等 3512
江湾镇金田村 A 57-7·推单合集·德源户等 3513
江湾镇金田村 A 57-8·推单合集·德源户等 3514
江湾镇金田村 A 57-9·推单合集·德源户等 3515
江湾镇金田村 A 57-10·推单合集·德源户等 3516
江湾镇金田村 A 57-11·推单合集·德源户等 3517
江湾镇金田村 A 57-12·推单合集·德源户等 3518
江湾镇金田村 A 57-13·推单合集·德源户等 3519
江湾镇金田村 A 57-14·推单合集·德源户等 3520
江湾镇金田村 A 57-15·推单合集·德源户等 3521
江湾镇金田村 A 57-16·推单合集·德源户等 3522
江湾镇金田村 A 57-17·推单合集·德源户等 3523
江湾镇金田村 A 57-18·推单合集·德源户等 3524
江湾镇金田村 A 57-19·推单合集·德源户等 3525
江湾镇金田村 A 58-1·家庭土地数量登记簿·敦本等 3526
江湾镇金田村 A 58-2·家庭土地数量登记簿·敦本等 3527
江湾镇金田村 A 58-3·家庭土地数量登记簿·敦本等 3528
江湾镇金田村 A 58-4·家庭土地数量登记簿·敦本等 3529
江湾镇金田村 A 58-5·家庭土地数量登记簿·敦本等 3530
江湾镇金田村 A 58-6·家庭土地数量登记簿·敦本等 3531
江湾镇金田村 A 58-7·家庭土地数量登记簿·敦本等 3532
江湾镇金田村 A 58-8·家庭土地数量登记簿·敦本等 3533

江湾镇金田村A58-9·家庭土地数量登记簿·敦本等 ……………………3534
江湾镇金田村A58-10·家庭土地数量登记簿·敦本等 …………………3535
江湾镇金田村A58-11·家庭土地数量登记簿·敦本等 …………………3536
江湾镇金田村A58-12·家庭土地数量登记簿·敦本等 …………………3537
江湾镇金田村A58-13·家庭土地数量登记簿·敦本等 …………………3538
江湾镇金田村A58-14·家庭土地数量登记簿·敦本等 …………………3539
江湾镇金田村A58-15·家庭土地数量登记簿·敦本等 …………………3540
江湾镇金田村A58-16·家庭土地数量登记簿·敦本等 …………………3541
江湾镇金田村A58-17·家庭土地数量登记簿·敦本等 …………………3542
江湾镇金田村A58-18·家庭土地数量登记簿·敦本等 …………………3543
江湾镇金田村A58-19·家庭土地数量登记簿·敦本等 …………………3544
江湾镇金田村A58-20·家庭土地数量登记簿·敦本等 …………………3545
江湾镇金田村A58-21·家庭土地数量登记簿·敦本等 …………………3546
江湾镇金田村A58-22·家庭土地数量登记簿·敦本等 …………………3547
江湾镇金田村A58-23·家庭土地数量登记簿·敦本等 …………………3548
江湾镇金田村A58-24·家庭土地数量登记簿·敦本等 …………………3549
江湾镇金田村A58-25·家庭土地数量登记簿·敦本等 …………………3550
江湾镇金田村A58-26·家庭土地数量登记簿·敦本等 …………………3551
江湾镇金田村A58-27·家庭土地数量登记簿·敦本等 …………………3552
江湾镇金田村A58-28·家庭土地数量登记簿·敦本等 …………………3553
江湾镇金田村A58-29·家庭土地数量登记簿·敦本等 …………………3554
江湾镇金田村A58-30·家庭土地数量登记簿·敦本等 …………………3555
江湾镇金田村A59-1·纳税土地数量登记簿·兴顺等 ……………………3556
江湾镇金田村A59-2·纳税土地数量登记簿·兴顺等 ……………………3557
江湾镇金田村A59-3·纳税土地数量登记簿·兴顺等 ……………………3558
江湾镇金田村A59-4·纳税土地数量登记簿·兴顺等 ……………………3559
江湾镇金田村A59-5·纳税土地数量登记簿·兴顺等 ……………………3560
江湾镇金田村A59-6·纳税土地数量登记簿·兴顺等 ……………………3561
江湾镇金田村A59-7·纳税土地数量登记簿·兴顺等 ……………………3562
江湾镇金田村A59-8·纳税土地数量登记簿·兴顺等 ……………………3563
江湾镇金田村A59-9·纳税土地数量登记簿·兴顺等 ……………………3564
江湾镇金田村A59-10·纳税土地数量登记簿·兴顺等 …………………3565

江湾镇金田村 A 59-11·纳税土地数量登记簿·兴顺等 …………… 3566
江湾镇金田村 A 59-12·纳税土地数量登记簿·兴顺等 …………… 3567
江湾镇金田村 A 59-13·纳税土地数量登记簿·兴顺等 …………… 3568
江湾镇金田村 A 59-14·纳税土地数量登记簿·兴顺等 …………… 3569
江湾镇金田村 A 59-15·纳税土地数量登记簿·兴顺等 …………… 3570
江湾镇金田村 A 59-16·纳税土地数量登记簿·兴顺等 …………… 3571
江湾镇金田村 A 60-1·分家土地税额细目·永玖龟等 ……………… 3572
江湾镇金田村 A 60-2·分家土地税额细目·永玖龟等 ……………… 3573
江湾镇金田村 A 60-3·分家土地税额细目·永玖龟等 ……………… 3574
江湾镇金田村 A 60-4·分家土地税额细目·永玖龟等 ……………… 3575
江湾镇金田村 A 60-5·分家土地税额细目·永玖龟等 ……………… 3576

江湾镇金田村 B 1—89 ………………………………………………… 3577

江湾镇金田村 B 72·乾隆四十七年·断骨出卖楼屋契·黄茂谨
  公支众黄遇文等卖与江得荣 ……………………………………… 3577
江湾镇金田村 B 52·乾隆五十四年·出佃田皮约·黄正松佃与房叔 …… 3578
江湾镇金田村 B 69·乾隆五十五年·断骨出卖屋契·汪兴富卖与
  黄肇迎 …………………………………………………………… 3579
江湾镇金田村 B 30·嘉庆十三年·出佃田皮约·黄正海同弟三人出佃与
  房叔天津 ………………………………………………………… 3580
江湾镇金田村 B 50·嘉庆十三年·出卖断骨屋基契·黄惟光卖与
  族兄尊伍 ………………………………………………………… 3581
江湾镇金田村 B 6-1·嘉庆十五年·分家文书·黄正楳同弟正元、
  正椿、正栋 ……………………………………………………… 3582
江湾镇金田村 B 6-2·嘉庆十五年·分家文书·黄正楳同弟正元、
  正椿、正栋 ……………………………………………………… 3583
江湾镇金田村 B 6-3·嘉庆十五年·分家文书·黄正楳同弟正元、
  正椿、正栋 ……………………………………………………… 3584
江湾镇金田村 B 6-4·嘉庆十五年·分家文书·黄正楳同弟正元、
  正椿、正栋 ……………………………………………………… 3585
江湾镇金田村 B 6-5·嘉庆十五年·分家文书·黄正楳同弟正元、
  正椿、正栋 ……………………………………………………… 3586

江湾镇金田村 B 6-6·嘉庆十五年·分家文书·黄正楳同弟正元、
　　正椿、正栋 ··· 3587
江湾镇金田村 B 6-7·嘉庆十五年·分家文书·黄正楳同弟正元、
　　正椿、正栋 ··· 3588
江湾镇金田村 B 6-8·嘉庆十五年·分家文书·黄正楳同弟正元、
　　正椿、正栋 ··· 3589
江湾镇金田村 B 6-9·嘉庆十五年·分家文书·黄正楳同弟正元、
　　正椿、正栋 ··· 3590
江湾镇金田村 B 6-10·嘉庆十五年·分家文书·黄正楳同弟正元、
　　正椿、正栋 ··· 3591
江湾镇金田村 B 6-11·嘉庆十五年·分家文书·黄正楳同弟正元、
　　正椿、正栋 ··· 3592
江湾镇金田村 B 6-12·嘉庆十五年·分家文书·黄正楳同弟正元、
　　正椿、正栋 ··· 3593
江湾镇金田村 B 6-13·嘉庆十五年·分家文书·黄正楳同弟正元、
　　正椿、正栋 ··· 3594
江湾镇金田村 B 6-14·嘉庆十五年·分家文书·黄正楳同弟正元、
　　正椿、正栋 ··· 3595
江湾镇金田村 B 6-15·嘉庆十五年·分家文书·黄正楳同弟正元、
　　正椿、正栋 ··· 3596
江湾镇金田村 B 6-16·嘉庆十五年·分家文书·黄正楳同弟正元、
　　正椿、正栋 ··· 3597
江湾镇金田村 B 28·嘉庆十六年·出佃田皮约·黄天禇卖与
　　族兄天津 ··· 3598
江湾镇金田村 B 48·嘉庆十六年·出卖佃皮约·黄得全卖与堂兄□ ···· 3599
江湾镇金田村 B 67·嘉庆十六年·断骨出卖田契·黄得全卖与
　　堂兄□ ·· 3600
江湾镇金田村 B 31·嘉庆十八年·承佃约·洪天琇承到姐夫 ············· 3601
江湾镇金田村 B 35·嘉庆十八年·出佃田皮约·黄向荣出佃与
　　房兄□ ·· 3602
江湾镇金田村 B 81·嘉庆十八年·断骨出卖楼屋基地契·黄冠英
　　卖与房叔瑞五 ··· 3603

江湾镇金田村 B 26·嘉庆十九年·出佃田皮约·黄悠褚佃与族弟济川 …… 3604

江湾镇金田村 B 27·嘉庆十九年·出佃田皮约·黄继贞佃与族侄济川 …… 3605

江湾镇金田村 B 43·嘉庆十九年·承佃约·黄悠褚承到族弟济川 …… 3606

江湾镇金田村 B 51·嘉庆十九年·断骨出卖屋基地契·江兴富卖与黄☒ …… 3607

江湾镇金田村 B 58·嘉庆二十年·断骨出卖田契·黄仲修卖与族兄☒ …… 3608

江湾镇金田村 B 53·嘉庆二十二年·断骨出卖田契·黄远槐、黄远漳卖与族叔悠津 …… 3609

江湾镇金田村 B 54·嘉庆二十二年·断骨出卖田契·黄远棋卖与族叔☒ …… 3610

江湾镇金田村 B 4-1·嘉庆二十三年·税粮实征册·黄生发户 …… 3611

江湾镇金田村 B 4-2·嘉庆二十三年·税粮实征册·黄生发户 …… 3612

江湾镇金田村 B 4-3·嘉庆二十三年·税粮实征册·黄生发户 …… 3613

江湾镇金田村 B 4-4·嘉庆二十三年·税粮实征册·黄生发户 …… 3614

江湾镇金田村 B 4-5·嘉庆二十三年·税粮实征册·黄生发户 …… 3615

江湾镇金田村 B 4-6·嘉庆二十三年·税粮实征册·黄生发户 …… 3616

江湾镇金田村 B 4-7·嘉庆二十三年·税粮实征册·黄生发户 …… 3617

江湾镇金田村 B 12·嘉庆二十三年·推单·何振五户推入黄承发户 …… 3618

江湾镇金田村 B 13·嘉庆二十三年·推单·何有文户推入黄承发户 …… 3619

江湾镇金田村 B 29·嘉庆二十三年·出佃田皮约·黄悠璋佃与族弟悠湛 …… 3620

江湾镇金田村 B 55·嘉庆二十三年·断骨出卖山契·何振五支众逊陶等卖与黄☒ …… 3621

江湾镇金田村 B 57·嘉庆二十三年·断骨出卖山地契·何秀林同侄经五卖与黄☒ …… 3622

江湾镇金田村 B 34·道光元年·断骨出卖柴舍灰舍基地约·黄远凤同弟远龙卖与房叔济川 …… 3623

江湾镇金田村 B 36·道光元年·出卖菜园地约·黄悠晟卖与族弟济川 …… 3624

江湾镇金田村 B 56·道光元年·断骨出卖山地契·吴德成卖与黄☐ …… 3625
江湾镇金田村 B 41·道光二年·出卖牛栏基地契·黄悠禓出卖与
　族兄济川 ………………………………………………………… 3626
江湾镇金田村 B 46·道光二年·出卖东厮基地契·黄俞氏卖与
　房叔希远 ………………………………………………………… 3627
江湾镇金田村 B 74·道光三年·承佃约·黄远钟承到与房叔悠津 …… 3628
江湾镇金田村 B 59·道光五年·出佃田皮约·黄殿辉佃与
　云福侄兄弟 ……………………………………………………… 3629
江湾镇金田村 B 17·道光十一年·推单·天福户推付怡礼户 ………… 3630
江湾镇金田村 B 25·道光十二年·出卖菜园地约·黄周养卖与
　族兄☐ …………………………………………………………… 3631
江湾镇金田村 B 39·道光十二年·出佃田皮约·王永潭卖与
　黄觐光 …………………………………………………………… 3632
江湾镇金田村 B 32·道光十四年·出卖粪缸基地契·黄悠璋同弟
　悠珍卖与族侄☐ ………………………………………………… 3633
江湾镇金田村 B 10·道光二十年·推单·黄志户推付怡礼户 ………… 3634
江湾镇金田村 B 84·道光二十年·出卖佃皮契·张鸣和卖与曹概明 …… 3635
江湾镇金田村 B 86·道光二十年·断骨出卖田契·黄岩富、黄岩钦
　卖与堂伯远模 …………………………………………………… 3636
江湾镇金田村 B 8-1·道光二十一年·分关文书·锡明同兄锡荣 …… 3637
江湾镇金田村 B 8-2·道光二十一年·分关文书·锡明同兄锡荣 …… 3638
江湾镇金田村 B 8-3·道光二十一年·分关文书·锡明同兄锡荣 …… 3639
江湾镇金田村 B 8-4·道光二十一年·分关文书·锡明同兄锡荣 …… 3640
江湾镇金田村 B 8-5·道光二十一年·分关文书·锡明同兄锡荣 …… 3641
江湾镇金田村 B 8-6·道光二十一年·分关文书·锡明同兄锡荣 …… 3642
江湾镇金田村 B 8-7·道光二十一年·分关文书·锡明同兄锡荣 …… 3643
江湾镇金田村 B 8·同治四年·断骨出卖佃皮约·曹懋汽卖与
　黄华万兄 ………………………………………………………… 3644
江湾镇金田村 B 83·道光二十一年·出卖佃皮约·曹概明卖与
　黄福春 …………………………………………………………… 3645
江湾镇金田村 B 60·道光二十五年·断骨出卖佃契·黄社旺卖与
　黄灶保 …………………………………………………………… 3646

江湾镇金田村 B 75·道光二十五年·断骨出卖佃皮契·王孝周卖与
曹方铎 ··· 3647

江湾镇金田村 B 5-1·道光二十八年·税粮实征册·广裕户 ······ 3648

江湾镇金田村 B 5-2·道光二十八年·税粮实征册·广裕户 ······ 3649

江湾镇金田村 B 5-3·道光二十八年·税粮实征册·广裕户 ······ 3650

江湾镇金田村 B 3-1·咸丰二年·税粮实征册·广盛户 ············ 3651

江湾镇金田村 B 3-2·咸丰二年·税粮实征册·广盛户 ············ 3652

江湾镇金田村 B 3-3·咸丰二年·税粮实征册·广盛户 ············ 3653

江湾镇金田村 B 3-4·咸丰二年·税粮实征册·广盛户 ············ 3654

江湾镇金田村 B 3-5·咸丰二年·税粮实征册·广盛户 ············ 3655

江湾镇金田村 B 42·咸丰二年·笔据·远祥 ·························· 3656

江湾镇金田村 B 62·咸丰四年·断骨出卖佃皮约·黄岩保卖与
房兄⊠ ··· 3657

江湾镇金田村 B 66·咸丰四年·断骨出卖佃皮约·黄养成卖与
黄⊠ ··· 3658

江湾镇金田村 B 7-1·同治四年·分家文书（福春阄书）·锡秦 ······· 3659

江湾镇金田村 B 7-2·同治四年·分家文书（福春阄书）·锡秦 ······· 3660

江湾镇金田村 B 7-3·同治四年·分家文书（福春阄书）·锡秦 ······· 3661

江湾镇金田村 B 7-4·同治四年·分家文书（福春阄书）·锡秦 ······· 3662

江湾镇金田村 B 80·同治四年·断骨出卖佃皮契·王金五卖与⊠ ······ 3663

江湾镇金田村 B 18·光绪十一年·推单·秀发户推与广盛户 ·········· 3664

江湾镇金田村 B 61·光绪十一年·断骨出卖田契·汪玉卿卖与
黄再富 ·· 3665

江湾镇金田村 B 45·光绪十五年·押字·黄寿押到黄福奎 ············ 3666

江湾镇金田村 B 85·光绪二十六年·出卖佃皮约·黄基寿卖与
房兄春贵 ·· 3667

江湾镇金田村 B 40·光绪三十二年·押字约·黄福炎押到胞兄福奎 ···· 3668

江湾镇金田村 B 73·光绪三十二年·断骨出卖地契·黄福炎卖与
胞兄黄福奎 ··· 3669

江湾镇金田村 B 76·宣统元年·断骨出卖田契·黄緜训卖与
黄益友叔祖 ··· 3670

江湾镇金田村 B 49·民国元年·押字约·黄庙花押到族叔灶富 ········ 3671

江湾镇金田村 B 22・民国二年・推单・汪浩泉户推入黄广盛户 ……… 3672
江湾镇金田村 B 47・民国二年・抱字・黄康祥借到黄灶富 ……………… 3673
江湾镇金田村 B 64・民国二年・断骨出卖田契・汪桂香卖与黄炳元 …… 3674
江湾镇金田村 B 14・民国三年・推单・汪纶户推入黄广盛户 …………… 3675
江湾镇金田村 B 63・民国三年・断骨出卖田契・汪惟善卖与黄福春 …… 3676
江湾镇金田村 B 65・民国三年・断骨出卖田皮契・黄庙花卖与
　黄再富 ………………………………………………………………… 3677
江湾镇金田村 B 88・民国四年・出卖佃皮约・黄观全卖与
　房叔公再富 …………………………………………………………… 3678
江湾镇金田村 B 33・民国九年・借字・黄绵亭借到族兄庙花 ………… 3679
江湾镇金田村 B 11・民国十年・推单・黄怡礼户推入大兴户 ………… 3680
江湾镇金田村 B 89・民国十年・断骨出卖田契・黄益坚卖与年兴众 … 3681
江湾镇金田村 B 2-1・民国十六年・税粮实征册・黄育生户 ………… 3682
江湾镇金田村 B 2-2・民国十六年・税粮实征册・黄育生户 ………… 3683
江湾镇金田村 B 2-3・民国十六年・税粮实征册・黄育生户 ………… 3684
江湾镇金田村 B 2-4・民国十六年・税粮实征册・黄育生户 ………… 3685
江湾镇金田村 B 79・民国十六年・断骨出卖屋契・黄康祥卖与
　黄福梅叔公 …………………………………………………………… 3686
江湾镇金田村 B 15・民国十八年・推单・汪仁寿户推入黄广盛户 …… 3687
江湾镇金田村 B 87・民国十八年・断骨出卖田契・汪超群卖与
　黄河清 ………………………………………………………………… 3688
江湾镇金田村 B 21・民国二十一年・推单・兆麟户推付黄广盛户 …… 3689
江湾镇金田村 B 77・民国二十一年・断骨出卖田租契・江进宝卖与
　黄河清 ………………………………………………………………… 3690
江湾镇金田村 B 19・民国二十二年・推单・黄广盛推入旺相户 ……… 3691
江湾镇金田村 B 37・民国二十二年・借字约・黄细成借到黄夺里 …… 3692
江湾镇金田村 B 82・民国二十二年・断骨出卖田契・黄炳元卖与
　王重阳 ………………………………………………………………… 3693
江湾镇金田村 B 24・民国二十三年・借字・黄绵志借到黄庆云 ……… 3694
江湾镇金田村 B 1-1・民国二十五年・税粮实征册・黄广彬户、
　广盛户 ………………………………………………………………… 3695
江湾镇金田村 B 1-2・民国二十五年・税粮实征册・黄广彬户、
　广盛户 ………………………………………………………………… 3696

江湾镇金田村 B 1-3·民国二十五年·税粮实征册·黄广彬户、广盛户 ……… 3697

江湾镇金田村 B 1-4·民国二十五年·税粮实征册·黄广彬户、广盛户 ……… 3698

江湾镇金田村 B 20·民国二十九年·推单·大生户推入怡礼户 ……… 3699

江湾镇金田村 B 78·民国二十九年·断骨绝卖骨租并佃皮契·洪敬承堂支众卖与黄金盛 ……… 3700

江湾镇金田村 B 16·民国三十一年·推单·锦江户推付广盛户 ……… 3701

江湾镇金田村 B 38·民国三十一年·借约·方顺好借到黄庆云 ……… 3702

江湾镇金田村 B 68·民国三十一年·断骨出卖田契·洪家佑、洪家富卖与黄长彬 ……… 3703

江湾镇金田村 B 9-1·先祖谱系·黄府君 ……… 3704

江湾镇金田村 B 9-2·先祖谱系·黄府君 ……… 3705

江湾镇金田村 B 9-3·先祖谱系·黄府君 ……… 3706

江湾镇金田村 B 9-4·先祖谱系·黄府君 ……… 3707

江湾镇金田村 B 9-5·先祖谱系·黄府君 ……… 3708

江湾镇金田村 B 9-6·先祖谱系·黄府君 ……… 3709

江湾镇金田村 B 9-7·先祖谱系·黄府君 ……… 3710

江湾镇金田村 B 9-8·先祖谱系·黄府君 ……… 3711

江湾镇金田村 B 9-9·先祖谱系·黄府君 ……… 3712

江湾镇金田村 B 9-10·先祖谱系·黄府君 ……… 3713

江湾镇金田村 B 9-11·先祖谱系·黄府君 ……… 3714

江湾镇金田村 B 9-12·先祖谱系·黄府君 ……… 3715

江湾镇金田村 B 9 附·先祖谱系·黄府君 ……… 3716

江湾镇金田村 B 23·牛栏、柴社等四周分布情况清单 ……… 3717

江湾镇金田村 B 44·账单 ……… 3718

江湾镇金田村 B 70·土地租税额单 ……… 3719

江湾镇金田村 B 71·账单 ……… 3720

江湾镇洪坦村 1—39 ……… 3721

江湾镇洪坦村 11·乾隆四十五年·推单·廷用户推入洪世荣户 ……… 3721

江湾镇洪坦村 16·乾隆四十九年·知单·丙佑、辰佑、子佑、旦佑 …… 3722

江湾镇洪坦村 7·嘉庆十二年·借约·洪六金借到旭光 ……………… 3723
江湾镇洪坦村 12·嘉庆十三年·借约·洪六金借到旭光兄 …………… 3724
江湾镇洪坦村 10·嘉庆十五年·借约·洪六金借到旭光长兄 ………… 3725
江湾镇洪坦村 5·道光七年至咸丰九年·账单·洪进加借叔欢母 ……… 3726
江湾镇洪坦村 1·道光二十九年·出卖断骨佃皮契·洪观清卖与
　　洪添福同弟 ……………………………………………………………… 3727
江湾镇洪坦村 15·咸丰三年·借字·洪振加借到叔传婶 ………………… 3728
江湾镇洪坦村 8·光绪元年·典屋约·洪文膜典与开文侄兄 …………… 3729
江湾镇洪坦村 9·光绪三年·收字·洪永旺收到洪东保 ………………… 3730
江湾镇洪坦村 35·光绪二十年·断骨绝卖茶丛地契·洪锡夫卖与
　　接圭侄、媳 …………………………………………………………… 3731
江湾镇洪坦村 6·光绪二十三年·大修屋泥墙整理账单 ………………… 3732
江湾镇洪坦村 30·光绪二十五年·断骨绝卖茶丛地契·洪荣杰卖与
　　房伯开文 ……………………………………………………………… 3733
江湾镇洪坦村 22·光绪二十七年·断骨绝卖屋基地契·洪荣聚绝卖与
　　洪东保房伯 …………………………………………………………… 3734
江湾镇洪坦村 37·光绪二十七年·断骨出卖佃皮约·夏礼富卖与
　　夏富一公清明名下 …………………………………………………… 3735
江湾镇洪坦村 25·光绪二十八年·断骨绝卖菜地契·洪传基卖与
　　房伯开文 ……………………………………………………………… 3736
江湾镇洪坦村 29·光绪二十八年·出卖菜地契·洪荣杰卖与
　　房伯开文 ……………………………………………………………… 3737
江湾镇洪坦村 24·光绪三十年·断骨出卖丛茶地契·洪门李氏同子
　　寿桂卖与洪兆周 ……………………………………………………… 3738
江湾镇洪坦村 34·光绪三十年·绝卖茶丛地契·洪荣秀卖与本房
　　洪荣春 ………………………………………………………………… 3739
江湾镇洪坦村 19·光绪三十一年·断骨绝卖茶丛地契·洪灶坤卖与
　　开文 …………………………………………………………………… 3740
江湾镇洪坦村 33·光绪三十一年·出当茶丛地契·洪荣益当与
　　怀元公 ………………………………………………………………… 3741
江湾镇洪坦村 21·光绪三十二年·绝押契·洪荣益押与洪开文 ……… 3742
江湾镇洪坦村 31·光绪三十二年·绝卖茶丛地契·洪怀元卖与
　　洪荣春 ………………………………………………………………… 3743

江湾镇洪坦村 32·光绪三十二年·断骨出卖茶丛地契·洪荣聚同祖母洪汪氏卖与洪元开 …… 3744

江湾镇洪坦村 36·光绪三十二年·出典菜园地契·洪荣益典与洪李英 …… 3745

江湾镇洪坦村 38·光绪三十四年·出当茶丛契·洪长发当与洪开文 …… 3746

江湾镇洪坦村 13·宣统元年·倍字·洪学英转押与洪门茂娥侄媳 …… 3747

江湾镇洪坦村 20·民国二年·出卖茶丛地契·洪任保卖与洪东保 …… 3748

江湾镇洪坦村 14·民国九年·书信·汪锦华 …… 3749

江湾镇洪坦村 28·民国十年·典茶丛地契·洪寿臧典与荣春 …… 3750

江湾镇洪坦村 18·民国十一年·断骨出卖茶丛地契·洪加子卖与洪荣春 …… 3751

江湾镇洪坦村 27·民国十一年·断骨绝卖粪缸基契·洪加子卖与洪荣春 …… 3752

江湾镇洪坦村 39·民国十二年·断骨绝卖茶丛地契·洪开铭卖与本家洪荣春 …… 3753

江湾镇洪坦村 23·民国十六年·出当茶丛地契·洪传志当与本房洪荣春 …… 3754

江湾镇洪坦村 26·民国十七年·绝卖祖居屋契·洪詹氏卖与洪荣春 …… 3755

江湾镇洪坦村 2·礼单 …… 3756

江湾镇洪坦村 3·礼单 …… 3757

江湾镇洪坦村 4·借折·洪文茂借俞烈燸舅 …… 3758

江湾镇洪坦村 17·书信·洪荣寿寄与表泉、筱甫 …… 3759

江湾镇篁岭村 1—90 …… 3760

江湾镇篁岭村 81·乾隆二年·断骨出卖地契·曹起炤卖与弟起炎 …… 3760

江湾镇篁岭村 72·嘉庆十四年·出佃田皮约·曹爵五佃与楣有 …… 3761

江湾镇篁岭村 80·嘉庆十七年·断骨出卖屋契·曹振斯卖与房叔☐ …… 3762

江湾镇篁岭村 61·道光十一年·承种约·俞兴泮承到曹楣有 …… 3763

江湾镇篁岭村 62·道光十二年·借字约·曹懋珊借到云昭叔 …… 3764

江湾镇篁岭村 76·道光十三年·会书·曹昌锐 …… 3765

江湾镇篁岭村 70·道光二十一年·借字约·曹懋珊借到云昭叔 …… 3766

江湾镇篁岭村 67·道光二十二年·断骨出卖柜子树约·曹阿陈氏卖与房侄云昭 …… 3767

江湾镇篁岭村69·道光二十八年·合同字约·曹上七会三十三户众等配与曹懋理 ………… 3768

江湾镇篁岭村90-1·道光二十八年至二十九年·流水账 ………… 3769

江湾镇篁岭村90-2·道光二十八年至二十九年·流水账 ………… 3770

江湾镇篁岭村90-3·道光二十八年至二十九年·流水账 ………… 3771

江湾镇篁岭村90-4·道光二十八年至二十九年·流水账 ………… 3772

江湾镇篁岭村90-5·道光二十八年至二十九年·流水账 ………… 3773

江湾镇篁岭村90-6·道光二十八年至二十九年·流水账 ………… 3774

江湾镇篁岭村90-7·道光二十八年至二十九年·流水账 ………… 3775

江湾镇篁岭村90-8·道光二十八年至二十九年·流水账 ………… 3776

江湾镇篁岭村90-9·道光二十八年至二十九年·流水账 ………… 3777

江湾镇篁岭村82·咸丰十年·断骨出卖佃皮契·俞银花佃与曹昌得 ………… 3778

江湾镇篁岭村71·同治六年·出等田约·曹懋渭出等到曹昌得 ………… 3779

江湾镇篁岭村68·同治九年·借字约·曹昌得借到曹德清 ………… 3780

江湾镇篁岭村85·光绪七年·出绍书·曹昌得出绍与游质孚 ………… 3781

江湾镇篁岭村87-1·账本·曹世杨记 ………… 3782

江湾镇篁岭村87-2·账本·曹世杨记 ………… 3783

江湾镇篁岭村87-3·账本·曹世杨记 ………… 3784

江湾镇篁岭村87-4·账本·曹世杨记 ………… 3785

江湾镇篁岭村87-5·账本·曹世杨记 ………… 3786

江湾镇篁岭村87-6·账本·曹世杨记 ………… 3787

江湾镇篁岭村87-7·账本·曹世杨记 ………… 3788

江湾镇篁岭村84·光绪二十四年·劝议字约·族诸中等 ………… 3789

江湾镇篁岭村79·光绪二十五年·具状词·邱盛魁告曹元富等 ………… 3790

江湾镇篁岭村35·光绪二十九年·纳米执照·可丰社 ………… 3791

江湾镇篁岭村54·光绪二十九年·纳米执照·炳兴 ………… 3792

江湾镇篁岭村19·光绪三十年·纳米执照·接生 ………… 3793

江湾镇篁岭村55·光绪三十年·纳米执照·焕兴 ………… 3794

江湾镇篁岭村65·光绪三十年·杂文 ………… 3795

江湾镇篁岭村25·光绪三十一年·纳米执照·接生 ………… 3796

江湾镇篁岭村20·光绪三十二年·纳米执照·接生 ………… 3797

江湾镇篁岭村63·光绪三十二年·借票·重春发同弟达仂借到树荣 ………… 3798

江湾镇篁岭村34·光绪三十三年·纳米执照·接生 …………………… 3799

江湾镇篁岭村23·宣统二年·纳米执照·接生 ………………………… 3800

江湾镇篁岭村31·宣统二年·纳米执照·铉茂 ………………………… 3801

江湾镇篁岭村15·民国元年·纳米执照·接生 ………………………… 3802

江湾镇篁岭村77·民国元年·具状词·黄招财告曹及第之子春发等 …… 3803

江湾镇篁岭村78·民国元年·具状词·黄招财告曹及第之子春发等 …… 3804

江湾镇篁岭村83·民国元年·具状词·黄招财告曹及第之子春发等 …… 3805

江湾镇篁岭村43·民国二年·纳米执照·接生 ………………………… 3806

江湾镇篁岭村26·民国七年·纳米执照·接生 ………………………… 3807

江湾镇篁岭村38·民国七年·纳米执照·承兴 ………………………… 3808

江湾镇篁岭村42·民国八年·纳米执照·接生 ………………………… 3809

江湾镇篁岭村44·民国九年·纳米执照·接生 ………………………… 3810

江湾镇篁岭村45·民国十年·纳米执照·接生 ………………………… 3811

江湾镇篁岭村39·民国十一年·纳米执照·接生 ……………………… 3812

江湾镇篁岭村41·民国十二年·纳米执照·接生 ……………………… 3813

江湾镇篁岭村29·民国十七年·纳米执照·铉茂 ……………………… 3814

江湾镇篁岭村27·民国十九年·纳米执照·接生 ……………………… 3815

江湾镇篁岭村18·民国二十年·纳米执照·有洪 ……………………… 3816

江湾镇篁岭村14·民国二十一年·纳米执照·有洪 …………………… 3817

江湾镇篁岭村16·民国二十一年·纳米执照·接生 …………………… 3818

江湾镇篁岭村88-1·民国二十一年·会券·曹春梅 …………………… 3819

江湾镇篁岭村88-2·民国二十一年·会券·曹春梅 …………………… 3820

江湾镇篁岭村88-3·民国二十一年·会券·曹春梅 …………………… 3821

江湾镇篁岭村33·民国二十二年·纳米执照·有洪 …………………… 3822

江湾镇篁岭村51·民国二十二年·纳米执照·接生 …………………… 3823

江湾镇篁岭村60·民国二十二年·收据·观任 ………………………… 3824

江湾镇篁岭村4·民国二十七年·征收田赋收据·接生 ………………… 3825

江湾镇篁岭村8·民国二十七年·征收田赋收据·有洪 ………………… 3826

江湾镇篁岭村7·民国二十八年·征收田赋通知单·接生 ……………… 3827

江湾镇篁岭村2·民国二十九年·出征军人家属证书·曹长公 ………… 3828

江湾镇篁岭村46·民国二十九年·征收田赋收据·接生 ………………… 3829

江湾镇篁岭村50·民国二十九年·收据·曹关润 ……………………… 3830

江湾镇篁岭村 9·民国三十年·征收田赋收据·接生 ········· 3831
江湾镇篁岭村 47·民国三十年·征收田赋收据·有洪 ········· 3832
江湾镇篁岭村 49·民国三十一年·收据·关润 ············· 3833
江湾镇篁岭村 13·民国三十二年·收据·关润 ············· 3834
江湾镇篁岭村 59·民国三十二年·征收田赋收据·可丰社 ······· 3835
江湾镇篁岭村 6·民国三十三年·征收田赋收据·接生 ········· 3836
江湾镇篁岭村 12·民国三十三年·收据·关润 ·············· 3837
江湾镇篁岭村 3·民国三十七年·收据·关润 ··············· 3838
江湾镇篁岭村 52·民国三十七年·征收田赋通知单·有洪 ······· 3839
江湾镇篁岭村 53·民国三十七年·征收田赋通知单·接生 ······· 3840
江湾镇篁岭村 1·账单·疫姑会 ························ 3841
江湾镇篁岭村 56·民国二十七年·收据·关闰 ·············· 3842
江湾镇篁岭村 57·收据·曹干润 ······················· 3843
江湾镇篁岭村 58·收据·关润 ························· 3844
江湾镇篁岭村 64·收据 ····························· 3845
江湾镇篁岭村 73·流水账 ··························· 3846
江湾镇篁岭村 74·流水账 ··························· 3847
江湾镇篁岭村 75·流水账 ··························· 3848
江湾镇篁岭村 89-1·流水账 ························· 3849
江湾镇篁岭村 89-2·流水账 ························· 3850
江湾镇篁岭村 89-3·流水账 ························· 3851
江湾镇篁岭村 89-4·流水账 ························· 3852
江湾镇篁岭村 89-5·流水账 ························· 3853
江湾镇篁岭村 89-6·流水账 ························· 3854
江湾镇篁岭村 89-7·流水账 ························· 3855
江湾镇篁岭村 89-8·流水账 ························· 3856
江湾镇篁岭村 89-9·流水账 ························· 3857

江湾镇岭背村汪家 1—7 ·························· 3858
江湾镇岭背村汪家 3·咸丰元年·断骨出卖田皮契·洪桂喜卖与
忠积社会 ···································· 3858
江湾镇岭背村汪家 1·光绪四年·推单·德新户推与滋□户 ······· 3859

江湾镇岭背村汪家 5·民国十九年·断骨出卖田皮契·方大有同祖母
汪氏凤招卖与汪芝心堂 ……………………………………………… 3860
江湾镇岭背村汪家 6·民国十九年·借字·方大有同祖母借杨明公 …… 3861
江湾镇岭背村汪家 2·民国二十年·断骨绝卖骨租田契·方敬明卖与
汪芝心堂 …………………………………………………………… 3862
江湾镇岭背村汪家 7·民国二十三年·出当正租契·方逢道当与江□ …… 3863
江湾镇岭背村汪家 4·民国三十一年·出当正租田皮契·方大有当与
洪玉华 ……………………………………………………………… 3864

江湾镇下坦村 1—13 ……………………………………………… 3865

江湾镇下坦村 5·嘉庆二十三年·议墨·金栋公裔孙等 ……………… 3865
江湾镇下坦村 6·嘉庆二十三年·议墨·金栋公裔孙等 ……………… 3866
江湾镇下坦村 3-1·嘉庆二十五年·税粮实征册·茂和户 …………… 3867
江湾镇下坦村 3-2·嘉庆二十五年·税粮实征册·茂和户 …………… 3868
江湾镇下坦村 3-3·嘉庆二十五年·税粮实征册·茂和户 …………… 3869
江湾镇下坦村 10·道光十九年·断骨出卖田契·陈斗梁卖与堂兄
斗仟兄弟 …………………………………………………………… 3870
江湾镇下坦村 11·咸丰九年·绝卖断骨契·陈永发卖与兰欣弟 …… 3871
江湾镇下坦村 8·咸丰十一年·议墨字·孙汪陈同合众等 …………… 3872
江湾镇下坦村 9·同治四年·出卖断杜房屋地基契字·陈进德卖与
本族正宏 …………………………………………………………… 3873
江湾镇下坦村 7·光绪十年·分关文书·陈富旺、陈贵旺、陈再旺 …… 3874
江湾镇下坦村 2-1·光绪二十六年·税粮实征册·姚发龙户 ………… 3875
江湾镇下坦村 2-2·光绪二十六年·税粮实征册·姚发龙户 ………… 3876
江湾镇下坦村 2-3·光绪二十六年·税粮实征册·姚发龙户 ………… 3877
江湾镇下坦村 2-4·光绪二十六年·税粮实征册·姚发龙户 ………… 3878
江湾镇下坦村 2-5·光绪二十六年·税粮实征册·姚发龙户 ………… 3879
江湾镇下坦村 2-6·光绪二十六年·税粮实征册·姚发龙户 ………… 3880
江湾镇下坦村 2-7·光绪二十六年·税粮实征册·姚发龙户 ………… 3881
江湾镇下坦村 1-1·光绪三十年·税粮实征册·新生善德户 ………… 3882
江湾镇下坦村 1-2·光绪三十年·税粮实征册·新生善德户 ………… 3883
江湾镇下坦村 1-3·光绪三十年·税粮实征册·新生善德户 ………… 3884

江湾镇下坦村 1-4·光绪三十年·税粮实征册·新生善德户 ················ 3885

江湾镇下坦村 13·光绪三十一年·杜卖茶丛菜园地字·程来喜卖与
  陈栋才、陈良才 ··· 3886

江湾镇下坦村 12·光绪三十四年·杜卖石粪缸契·程来喜卖与
  陈栋材 ·· 3887

江湾镇下坦村 4-1·民国三十七年·分家文书·陈观贵 ················ 3888

江湾镇下坦村 4-2·民国三十七年·分家文书·陈观贵 ················ 3889

江湾镇下坦村 4-3·民国三十七年·分家文书·陈观贵 ················ 3890

江湾镇下坦村 4-4·民国三十七年·分家文书·陈观贵 ················ 3891

江湾镇下坦村 4-5·民国三十七年·分家文书·陈观贵 ················ 3892

玖　江湾镇（三）

荷田村·晓容村·大潋村·胡溪村·下金田·下晓起村汪姓

江湾镇荷田村 1—55 ··· 3893
- 江湾镇荷田村 46·民国五年·议单·詹桂盛 ··· 3893
- 江湾镇荷田村 4·民国六年·地丁下忙串票·方骏发户丁韵香 ········· 3894
- 江湾镇荷田村 6·民国六年·地丁上忙串票·方骏发户丁耀章 ········· 3895
- 江湾镇荷田村 7·民国六年·地丁上忙串票·方骏发户丁韵香 ········· 3896
- 江湾镇荷田村 10·民国六年·地丁上忙串票·方骏发户丁仲漠 ······· 3897
- 江湾镇荷田村 5·民国十一年·丁地上忙串票·方骏发户丁韵香 ····· 3898
- 江湾镇荷田村 8·民国十一年·丁地下忙串票·方骏发户丁韵香 ····· 3899
- 江湾镇荷田村 1-1·流水账 ··· 3900
- 江湾镇荷田村 1-2·流水账 ··· 3901
- 江湾镇荷田村 1-3·流水账 ··· 3902
- 江湾镇荷田村 1-4·流水账 ··· 3903
- 江湾镇荷田村 1-5·流水账 ··· 3904
- 江湾镇荷田村 1-6·流水账 ··· 3905
- 江湾镇荷田村 1-7·流水账 ··· 3906
- 江湾镇荷田村 1-8·流水账 ··· 3907
- 江湾镇荷田村 1-9·流水账 ··· 3908
- 江湾镇荷田村 1-10·流水账 ··· 3909
- 江湾镇荷田村 1-11·流水账 ··· 3910
- 江湾镇荷田村 1-12·流水账 ··· 3911
- 江湾镇荷田村 1-13·流水账 ··· 3912
- 江湾镇荷田村 1-14·流水账 ··· 3913
- 江湾镇荷田村 1-15·流水账 ··· 3914
- 江湾镇荷田村 1-16·流水账 ··· 3915
- 江湾镇荷田村 1-17·流水账 ··· 3916
- 江湾镇荷田村 1-18·流水账 ··· 3917
- 江湾镇荷田村 1-19·流水账 ··· 3918
- 江湾镇荷田村 1-20·流水账 ··· 3919

江湾镇荷田村 1-21·流水账 ······ 3920
江湾镇荷田村 1-22·流水账 ······ 3921
江湾镇荷田村 1-23·流水账 ······ 3922
江湾镇荷田村 1-24·流水账 ······ 3923
江湾镇荷田村 1-25·流水账 ······ 3924
江湾镇荷田村 1-26·流水账 ······ 3925
江湾镇荷田村 1-27·流水账 ······ 3926
江湾镇荷田村 1-28·流水账 ······ 3927
江湾镇荷田村 1-29·流水账 ······ 3928
江湾镇荷田村 1-30·流水账 ······ 3929
江湾镇荷田村 1 附·流水账 ······ 3930
江湾镇荷田村 2·杂文 ······ 3931
江湾镇荷田村 11·账单 ······ 3932
江湾镇荷田村 14·账单 ······ 3933
江湾镇荷田村 15·账单（益记总单） ······ 3934
江湾镇荷田村 16·账单 ······ 3935
江湾镇荷田村 17·具状词·☐告陈钰臣 ······ 3936
江湾镇荷田村 18·具状词·方廷杰告陈钰臣 ······ 3937
江湾镇荷田村 19·发票 ······ 3938
江湾镇荷田村 20·账单 ······ 3939
江湾镇荷田村 21·账单 ······ 3940
江湾镇荷田村 22·税单·方骏发户 ······ 3941
江湾镇荷田村 23·发票 ······ 3942
江湾镇荷田村 24·流水账 ······ 3943
江湾镇荷田村 25·流水账 ······ 3944
江湾镇荷田村 26·杂文 ······ 3945
江湾镇荷田村 27·发货单·李兆发 ······ 3946
江湾镇荷田村 28·账单·裘福记行 ······ 3947
江湾镇荷田村 29·民国三十七年·流水账 ······ 3948
江湾镇荷田村 30·具状词·方廷杰告陈钰臣 ······ 3949
江湾镇荷田村 31·账单 ······ 3950
江湾镇荷田村 32·具状词·陈其蓁告方廷杰 ······ 3951

江湾镇荷田村 33·流水账 ································· 3952
江湾镇荷田村 34-i·账单（第一面）················· 3953
江湾镇荷田村 34-ii·账单（第二面）················ 3954
江湾镇荷田村 35·账单 ····································· 3955
江湾镇荷田村 36·账单·益记 ··························· 3956
江湾镇荷田村 37·账单 ····································· 3957
江湾镇荷田村 38·账单 ····································· 3958
江湾镇荷田村 39·发票 ····································· 3959
江湾镇荷田村 40·税单·方骏发户 ··················· 3960
江湾镇荷田村 41·税单·甲旺户 ······················ 3961
江湾镇荷田村 42-i·账单（第一面）················· 3962
江湾镇荷田村 42-ii·账单（第二面）················ 3963
江湾镇荷田村 43·具状词·方廷杰等告陈钰臣 ··· 3964
江湾镇荷田村 44·账单（大成永水单）············ 3965
江湾镇荷田村 47·益婶备做坟墓账单 ··············· 3966
江湾镇荷田村 48·账单 ····································· 3967
江湾镇荷田村 49·账单·同兴仁 ······················ 3968
江湾镇荷田村 50·账单 ····································· 3969
江湾镇荷田村 51-i·流水账（右半部分）·········· 3970
江湾镇荷田村 51-ii·流水账（左半部分）········· 3971
江湾镇荷田村 52-i·流水账（右半部分）·········· 3972
江湾镇荷田村 52-ii·流水账（左半部分）········· 3973
江湾镇荷田村 53-i·账单（右半部分）············· 3974
江湾镇荷田村 53-ii·账单（左半部分）············ 3975
江湾镇荷田村 54·账单 ····································· 3976
江湾镇荷田村 55-i·账单（第一面）················· 3977
江湾镇荷田村 55-ii·账单（第二面）················ 3978

江湾镇晓容村 1—118 ······································· 3979

江湾镇晓容村 98·乾隆二十年·断骨出卖菜园地契·曹观圣卖与
　　房侄曹□ ··· 3979

江湾镇晓容村 92·乾隆二十一年·断骨绝卖屋地契·曹观圣卖与
　　房叔文英 ··· 3980

江湾镇晓容村107·乾隆二十四年·断骨绝卖楼屋并园地契·曹天生卖与房叔文英 …… 3981

江湾镇晓容村90·乾隆二十七年·断骨绝卖屋地契·曹文英卖与堂兄文奇 …… 3982

江湾镇晓容村103·嘉庆十六年·断骨绝卖屋并地契·曹启忠等卖与堂兄启懋 …… 3983

江湾镇晓容村114·嘉庆十七年·议批据·曹孙氏付与佛登侄 …… 3984

江湾镇晓容村9-1·道光六年·分关文书（仁阄启贵收执）·曹观祥 …… 3985

江湾镇晓容村9-2·道光六年·分关文书（仁阄启贵收执）·曹观祥 …… 3986

江湾镇晓容村9-3·道光六年·分关文书（仁阄启贵收执）·曹观祥 …… 3987

江湾镇晓容村9-4·道光六年·分关文书（仁阄启贵收执）·曹观祥 …… 3988

江湾镇晓容村9-5·道光六年·分关文书（仁阄启贵收执）·曹观祥 …… 3989

江湾镇晓容村9-6·道光六年·分关文书（仁阄启贵收执）·曹观祥 …… 3990

江湾镇晓容村9-7·道光六年·分关文书（仁阄启贵收执）·曹观祥 …… 3991

江湾镇晓容村9-8·道光六年·分关文书（仁阄启贵收执）·曹观祥 …… 3992

江湾镇晓容村1-1·道光九年·税粮实征册·云寿户增旺股 …… 3993

江湾镇晓容村1-2·道光九年·税粮实征册·云寿户增旺股 …… 3994

江湾镇晓容村1-3·道光九年·税粮实征册·云寿户增旺股 …… 3995

江湾镇晓容村1-4·道光九年·税粮实征册·云寿户增旺股 …… 3996

江湾镇晓容村1-5·道光九年·税粮实征册·云寿户增旺股 …… 3997

江湾镇晓容村1-6·道光九年·税粮实征册·云寿户增旺股 …… 3998

江湾镇晓容村1-7·道光九年·税粮实征册·云寿户增旺股 …… 3999

江湾镇晓容村88·道光九年·断骨出卖冬至会契·曹启惇卖与曹启贵 …… 4000

江湾镇晓容村91·道光十年·断骨出卖田契·曹国华卖与
江起旺亲台 ……………………………………………………… 4001

江湾镇晓容村96·道光十年·断骨出卖楼屋基地契·曹启惇卖与
房弟启荣 ………………………………………………………… 4002

江湾镇晓容村72·道光十八年·借约·曹永全借到花妹 ……… 4003

江湾镇晓容村83·道光十八年·断骨出卖田契·曹镛堂卖与
江起旺亲眷 ……………………………………………………… 4004

江湾镇晓容村73·道光二十年·出顶杉苗约·曹启达顶与
族侄奇周 ………………………………………………………… 4005

江湾镇晓容村108·道光二十三年·断骨出卖楼屋契·曹启荣卖与
江华茂外甥 ……………………………………………………… 4006

江湾镇晓容村57·道光二十五年·租房屋约·曹启进租到江佛胜 … 4007

江湾镇晓容村63·道光二十五年·借洋钱约·曹永福借到菊花姑婆 … 4008

江湾镇晓容村94·道光二十五年·出卖浮屋契·曹启进卖与
江佛胜甥兄弟 …………………………………………………… 4009

江湾镇晓容村97·道光二十五年·断骨出卖基地契·曹启进卖与
江佛胜甥兄弟 …………………………………………………… 4010

江湾镇晓容村60·道光二十六年·借字约·曹庆贤借到花姑 … 4011

江湾镇晓容村74·道光二十六年·借字·曹景山借到曹花姑 … 4012

江湾镇晓容村84·道光二十六年·断骨出卖田契·曹裘氏卖与
江佛滕亲眷 ……………………………………………………… 4013

江湾镇晓容村79·道光二十七年·断骨出卖水碓契·江加顺同弟
接好卖与江佛胜弟 ……………………………………………… 4014

江湾镇晓容村101·道光二十七年·断骨出卖会契·曹茂庆卖与
江佛圣 …………………………………………………………… 4015

江湾镇晓容村67·道光二十九年·借字约·曹庆贤借到花姑 … 4016

江湾镇晓容村95·道光二十九年·断骨出卖会契·曹启良卖与
启昆房弟 ………………………………………………………… 4017

江湾镇晓容村100·道光二十九年·断骨出卖田契·曹惟乔卖与
曹启胜弟 ………………………………………………………… 4018

江湾镇晓容村80·咸丰二年·断骨出卖会契·曹启荣卖与菊花妹 …… 4019

江湾镇晓容村3-1·咸丰六年·分家文书·江曹氏 ……………… 4020

江湾镇晓容村 3-2·咸丰六年·分家文书·江曹氏 ………………… 4021
江湾镇晓容村 3-3·咸丰六年·分家文书·江曹氏 ………………… 4022
江湾镇晓容村 3-4·咸丰六年·分家文书·江曹氏 ………………… 4023
江湾镇晓容村 3-5·咸丰六年·分家文书·江曹氏 ………………… 4024
江湾镇晓容村 3-6·咸丰六年·分家文书·江曹氏 ………………… 4025
江湾镇晓容村 3-7·咸丰六年·分家文书·江曹氏 ………………… 4026
江湾镇晓容村 3-8·咸丰六年·分家文书·江曹氏 ………………… 4027
江湾镇晓容村 3-9·咸丰六年·分家文书·江曹氏 ………………… 4028
江湾镇晓容村 3-10·咸丰六年·分家文书·江曹氏 ………………… 4029
江湾镇晓容村 3-11·咸丰六年·分家文书·江曹氏 ………………… 4030
江湾镇晓容村 3-12·咸丰六年·分家文书·江曹氏 ………………… 4031
江湾镇晓容村 3-13·咸丰六年·分家文书·江曹氏 ………………… 4032
江湾镇晓容村 3-14·咸丰六年·分家文书·江曹氏 ………………… 4033
江湾镇晓容村 3-15·咸丰六年·分家文书·江曹氏 ………………… 4034
江湾镇晓容村 89·咸丰八年·断骨出卖会契·曹士昭同弟士珩卖与
　起旺 ……………………………………………………………………… 4035
江湾镇晓容村 2-1·同治元年·税粮实征册·佛兴户 ………………… 4036
江湾镇晓容村 2-2·同治元年·税粮实征册·佛兴户 ………………… 4037
江湾镇晓容村 2-3·同治元年·税粮实征册·佛兴户 ………………… 4038
江湾镇晓容村 2-4·同治元年·税粮实征册·佛兴户 ………………… 4039
江湾镇晓容村 2-5·同治元年·税粮实征册·佛兴户 ………………… 4040
江湾镇晓容村 86·同治二年·断骨出卖田契·曹士丁卖与曹启胜、
　曹佛胜族叔、兄弟 ……………………………………………………… 4041
江湾镇晓容村 87·同治二年·断骨出卖田契·游胡氏卖与曹☐ ……… 4042
江湾镇晓容村 12·同治三年·推单·利生户推与起旺户 …………… 4043
江湾镇晓容村 102·同治三年·断骨出卖园地契·程茂全卖与
　曹佛圣、启胜兄弟 ……………………………………………………… 4044
江湾镇晓容村 75·同治四年·借字约·曹发科借到佛胜 …………… 4045
江湾镇晓容村 6-1·光绪五年·先祖清明会簿·赵公启富等 ………… 4046
江湾镇晓容村 6-2·光绪五年·先祖清明会簿·赵公启富等 ………… 4047
江湾镇晓容村 6-3·光绪五年·先祖清明会簿·赵公启富等 ………… 4048
江湾镇晓容村 7-1·光绪二十三年·家谱 …………………………… 4049

江湾镇晓容村 7-2·光绪二十三年·家谱 ································ 4050
江湾镇晓容村 7-3·光绪二十三年·家谱 ································ 4051
江湾镇晓容村 7-4·光绪二十三年·家谱 ································ 4052
江湾镇晓容村 7-5·光绪二十三年·家谱 ································ 4053
江湾镇晓容村 7-6·光绪二十三年·家谱 ································ 4054
江湾镇晓容村 7-7·光绪二十三年·家谱 ································ 4055
江湾镇晓容村 7-8·光绪二十三年·家谱 ································ 4056
江湾镇晓容村 85·光绪二十五年·合议·曹昌锦 ···················· 4057
江湾镇晓容村 8-1·光绪二十七年·分家文书·曹佛胜 ············ 4058
江湾镇晓容村 8-2·光绪二十七年·分家文书·曹佛胜 ············ 4059
江湾镇晓容村 8-3·光绪二十七年·分家文书·曹佛胜 ············ 4060
江湾镇晓容村 8-4·光绪二十七年·分家文书·曹佛胜 ············ 4061
江湾镇晓容村 8-5·光绪二十七年·分家文书·曹佛胜 ············ 4062
江湾镇晓容村 56·光绪二十九年·纳米执照·观音 ················ 4063
江湾镇晓容村 43·光绪三十年·纳米执照·起旺 ···················· 4064
江湾镇晓容村 45·光绪三十年·纳米执照·佛兴 ···················· 4065
江湾镇晓容村 28·光绪三十一年·纳米执照·云寿 ················ 4066
江湾镇晓容村 29·光绪三十二年·纳米执照·云寿 ················ 4067
江湾镇晓容村 34·光绪三十三年·纳米执照·云寿 ················ 4068
江湾镇晓容村 42·光绪三十四年·纳米执照·佛兴 ················ 4069
江湾镇晓容村 55·光绪三十四年·纳米执照·起旺 ················ 4070
江湾镇晓容村 31·民国元年·纳米执照·观音 ························ 4071
江湾镇晓容村 33·民国元年·纳米执照·仙余 ························ 4072
江湾镇晓容村 30·民国四年·纳米执照·云寿 ························ 4073
江湾镇晓容村 104·民国四年·断骨绝卖契字·江接发卖与
　义生侄 ··· 4074
江湾镇晓容村 11·民国六年·纳米执照·文德 ························ 4075
江湾镇晓容村 54·民国六年·纳米执照·文英 ························ 4076
江湾镇晓容村 25·民国七年·纳米执照·冬至 ························ 4077
江湾镇晓容村 41·民国七年·纳米执照·佛兴 ························ 4078
江湾镇晓容村 51·民国七年·纳米执照·起旺 ························ 4079
江湾镇晓容村 106·民国七年·断骨出卖神会契·汪贞礼卖与
　曹士义、江士龄 ··· 4080

江湾镇晓容村32·民国八年·纳米执照·云寿 …………………… 4081
江湾镇晓容村99·民国八年·出典楼房屋契·江接发典与胞兄观又、
　三进 ………………………………………………………………… 4082
江湾镇晓容村35·民国九年·纳米执照·佛兴 …………………… 4083
江湾镇晓容村37·民国十年·纳米执照·永济 …………………… 4084
江湾镇晓容村47·民国十年·纳米执照·佛兴 …………………… 4085
江湾镇晓容村52·民国十年·纳米执照·起旺 …………………… 4086
江湾镇晓容村105·民国十年·断骨出卖楼屋契·江士海卖与
　胞兄士能、士炳 …………………………………………………… 4087
江湾镇晓容村93·民国十一年·断骨出卖基地契·曹士芳卖与
　江义兴 ……………………………………………………………… 4088
江湾镇晓容村44·民国十二年·纳米执照·文德 ………………… 4089
江湾镇晓容村46·民国十二年·纳米执照·佛兴 ………………… 4090
江湾镇晓容村48·民国十二年·纳米执照·文英 ………………… 4091
江湾镇晓容村50·民国十二年·纳米执照·起旺 ………………… 4092
江湾镇晓容村116·民国十二年·断骨出卖田契·曹奕麟卖与囗 …… 4093
江湾镇晓容村49·民国十四年·纳米执照·佛兴 ………………… 4094
江湾镇晓容村82·民国十四年·借字·曹连生、曹秋月借到
　义生堂兄 …………………………………………………………… 4095
江湾镇晓容村65·民国十五年·收条·曹德祺收到江三喜娣丈 ……… 4096
江湾镇晓容村71·民国二十年·出卖柽子树字·曹得光卖到
　曹义星 ……………………………………………………………… 4097
江湾镇晓容村58·民国二十一年·收条·曹隆收到曹日生 ……… 4098
江湾镇晓容村59·民国二十一年·租房屋批字·曹关全租到
　曹义生 ……………………………………………………………… 4099
江湾镇晓容村39·民国二十二年·纳米执照·佛兴 ……………… 4100
江湾镇晓容村76·民国三十三年·断骨出卖柽子树字·曹任元卖与
　江义生 ……………………………………………………………… 4101
江湾镇晓容村26·民国二十四年·田赋串票·佛兴 ……………… 4102
江湾镇晓容村66·民国二十五年·顶荒山字·汪嘉禧顶到江义生 …… 4103
江湾镇晓容村10-1·民国二十六年·农业会租簿 ………………… 4104
江湾镇晓容村10-2·民国二十六年·农业会租簿 ………………… 4105

江湾镇晓容村10-3·民国二十六年·农业会租簿 ································ 4106
江湾镇晓容村22·民国二十七年·征收经费种版券·江义 ···················· 4107
江湾镇晓容村4-1·民国二十八年·分家文书（二房阄书）·
　　曹符兴 ··· 4108
江湾镇晓容村4-2·民国二十八年·分家文书（二房阄书）·
　　曹符兴 ··· 4109
江湾镇晓容村4-3·民国二十八年·分家文书（二房阄书）·
　　曹符兴 ··· 4110
江湾镇晓容村4-4·民国二十八年·分家文书（二房阄书）·
　　曹符兴 ··· 4111
江湾镇晓容村4-5·民国二十八年·分家文书（二房阄书）·
　　曹符兴 ··· 4112
江湾镇晓容村4-6·民国二十八年·分家文书（二房阄书）·
　　曹符兴 ··· 4113
江湾镇晓容村4-7·民国二十八年·分家文书（二房阄书）·
　　曹符兴 ··· 4114
江湾镇晓容村4-8·民国二十八年·分家文书（二房阄书）·
　　曹符兴 ··· 4115
江湾镇晓容村4-9·民国二十八年·分家文书（二房阄书）·
　　曹符兴 ··· 4116
江湾镇晓容村4-10·民国二十八年·分家文书（二房阄书）·
　　曹符兴 ··· 4117
江湾镇晓容村61·民国二十八年·收条·曹炳林收到曹金树 ················ 4118
江湾镇晓容村15·民国二十九年·征收田赋收据·文英 ······················ 4119
江湾镇晓容村17·民国二十九年·征收田赋收据·文德 ······················ 4120
江湾镇晓容村64·民国二十九年·收条·曹观法收到曹大太 ················ 4121
江湾镇晓容村68·民国二十九年·收条·曹霁峰收到江长生 ················ 4122
江湾镇晓容村81·民国三十年·出卖神会契·曹树仂卖与江义生 ········· 4123
江湾镇晓容村16·民国三十一年·征收田赋收据·起旺 ······················ 4124
江湾镇晓容村110·民国三十二年·杜卖菜园地契·曹世通卖与
　　曹金树 ·· 4125
江湾镇晓容村111·民国三十二年·出卖柽子树契·曹世通卖与
　　曹金树 ·· 4126

江湾镇晓容村76·民国三十三年·断骨出卖栳子树字·曹任元卖与
江义生 …………………………………………………………… 4127
江湾镇晓容村5-1·民国三十四年·税粮实征册·曹奕梅户 …………… 4128
江湾镇晓容村5-2·民国三十四年·税粮实征册·曹奕梅户 …………… 4129
江湾镇晓容村5-3·民国三十四年·税粮实征册·曹奕梅户 …………… 4130
江湾镇晓容村5-4·民国三十四年·税粮实征册·曹奕梅户 …………… 4131
江湾镇晓容村5-5·民国三十四年·税粮实征册·曹奕梅户 …………… 4132
江湾镇晓容村113·民国三十四年·断骨出卖田契·贤楠、
懋胡公支孙曹秋花等卖与本家☐ …………………………………… 4133
江湾镇晓容村21·民国三十五年·推单·开掘户推与添有户 …………… 4134
江湾镇晓容村115·民国三十五年·断骨出卖田契·曹允棋卖与
曹☐ …………………………………………………………………… 4135
江湾镇晓容村62·民国三十六年·借字·黄兴林借到曹金树 …………… 4136
江湾镇晓容村70·民国三十六年·推单·兆生户推与添有户 …………… 4137
江湾镇晓容村109·民国三十六年·断骨出卖栳子树字·汪芬林卖与
曹金树 ……………………………………………………………… 4138
江湾镇晓容村118·民国三十六年·断骨出卖田契·黄观金同弟
黄兴林卖与曹☐ …………………………………………………… 4139
江湾镇晓容村13·民国三十七年·征收田赋通知单·义英 …………… 4140
江湾镇晓容村14·民国三十七年·征收田赋通知单·启进 …………… 4141
江湾镇晓容村19·民国三十七年·征收田赋通知单·起旺 …………… 4142
江湾镇晓容村117·民国三十七年·断骨出卖田契·曹胜达、曹魁达
卖与曹金树 ………………………………………………………… 4143
江湾镇晓容村77·民国三十八年·出卖杉树契·邱氏德琴卖与
曹金树 ……………………………………………………………… 4144
江湾镇晓容村78·民国三十八年·断骨出卖杉树字·江氏明爱卖与
曹金树 ……………………………………………………………… 4145
江湾镇晓容村112·民国三十八年·掉换园地合同字约·曹金树换与
曹镜茂、曹德新 …………………………………………………… 4146
江湾镇晓容村23·一九五三年·通知联·曹根青 …………………………… 4147
江湾镇晓容村69·账单 …………………………………………………… 4148

江湾镇大潋村 1—47 ·· 4149

 江湾镇大潋村 1-1·雍正二年至乾隆五十二年·税粮实征册·
  世昌户 ·· 4149

 江湾镇大潋村 1-2·雍正二年至乾隆五十二年·税粮实征册·
  世昌户 ·· 4150

 江湾镇大潋村 1-3·雍正二年至乾隆五十二年·税粮实征册·
  世昌户 ·· 4151

 江湾镇大潋村 1-4·雍正二年至乾隆五十二年·税粮实征册·
  世昌户 ·· 4152

 江湾镇大潋村 1-5·雍正二年至乾隆五十二年·税粮实征册·
  世昌户 ·· 4153

 江湾镇大潋村 8-1·乾隆十四年·税粮实征册·曹振谏细户 ············ 4154
 江湾镇大潋村 8-2·乾隆十四年·税粮实征册·曹振谏细户 ············ 4155
 江湾镇大潋村 8-3·乾隆十四年·税粮实征册·曹振谏细户 ············ 4156
 江湾镇大潋村 8-4·乾隆十四年·税粮实征册·曹振谏细户 ············ 4157
 江湾镇大潋村 8-5·乾隆十四年·税粮实征册·曹振谏细户 ············ 4158
 江湾镇大潋村 8-6·乾隆十四年·税粮实征册·曹振谏细户 ············ 4159
 江湾镇大潋村 8-7·乾隆十四年·税粮实征册·曹振谏细户 ············ 4160
 江湾镇大潋村 8-8·乾隆十四年·税粮实征册·曹振谏细户 ············ 4161
 江湾镇大潋村 8-9·乾隆十四年·税粮实征册·曹振谏细户 ············ 4162
 江湾镇大潋村 8-10·乾隆十四年·税粮实征册·曹振谏细户 ·········· 4163
 江湾镇大潋村 5-1·嘉庆二十四年·税粮实征册·詹兆铜户 ············ 4164
 江湾镇大潋村 5-2·嘉庆二十四年·税粮实征册·詹兆铜户 ············ 4165
 江湾镇大潋村 5-3·嘉庆二十四年·税粮实征册·詹兆铜户 ············ 4166
 江湾镇大潋村 5-4·嘉庆二十四年·税粮实征册·詹兆铜户 ············ 4167
 江湾镇大潋村 5-5·嘉庆二十四年·税粮实征册·詹兆铜户 ············ 4168
 江湾镇大潋村 5-6·嘉庆二十四年·税粮实征册·詹兆铜户 ············ 4169
 江湾镇大潋村 9-1·道光年间·税粮实征册·程进元户 ··················· 4170
 江湾镇大潋村 9-2·道光年间·税粮实征册·程进元户 ··················· 4171
 江湾镇大潋村 9-3·道光年间·税粮实征册·程进元户 ··················· 4172
 江湾镇大潋村 9-4·道光年间·税粮实征册·程进元户 ··················· 4173
 江湾镇大潋村 9-5·道光年间·税粮实征册·程进元户 ··················· 4174

江湾镇大潋村9-6·道光年间·税粮实征册·程进元户 …………… 4175

江湾镇大潋村9-7·道光年间·税粮实征册·程进元户 …………… 4176

江湾镇大潋村14·道光七年·推单·益远户付与嗣盛户 ………… 4177

江湾镇大潋村13·道光十三年·推单·嗣盛户江林辉付与
俞溁（？）泽户 ………………………………………………… 4178

江湾镇大潋村31·道光十三年·断骨绝卖山契·江林辉绝卖与
俞烈光 …………………………………………………………… 4179

江湾镇大潋村4-1·道光二十三年·税粮实征册·进元户升出
根远户 …………………………………………………………… 4180

江湾镇大潋村4-2·道光二十三年·税粮实征册·进元户升出
根远户 …………………………………………………………… 4181

江湾镇大潋村4-3·道光二十三年·税粮实征册·进元户升出
根远户 …………………………………………………………… 4182

江湾镇大潋村4-4·道光二十三年·税粮实征册·进元户升出
根远户 …………………………………………………………… 4183

江湾镇大潋村4-5·道光二十三年·税粮实征册·进元户升出
根远户 …………………………………………………………… 4184

江湾镇大潋村4-6·道光二十三年·税粮实征册·进元户升出
根远户 …………………………………………………………… 4185

江湾镇大潋村4-7·道光二十三年·税粮实征册·进元户升出
根远户 …………………………………………………………… 4186

江湾镇大潋村4-8·道光二十三年·税粮实征册·进元户升出
根远户 …………………………………………………………… 4187

江湾镇大潋村41·咸丰二年·断骨出卖杉松杂木竹园山契·詹光亮
卖与房侄兄明权 ………………………………………………… 4188

江湾镇大潋村34·同治五年·断骨绝卖佃皮契·江步云卖与詹明星 …… 4189

江湾镇大潋村42·同治七年·断骨出卖楼房屋契·程祥寿同男广太、
广来配与房侄广富、广日、侄孙杜得 ………………………… 4190

江湾镇大潋村35·同治八年·断骨出卖田皮契·詹德昌卖与
房叔明宇 ………………………………………………………… 4191

江湾镇大潋村10-1·光绪三年·税粮实征册·起瑞户 …………… 4192

江湾镇大潋村10-2·光绪三年·税粮实征册·起瑞户 …………… 4193

江湾镇大潋村 10-3·光绪三年·税粮实征册·起瑞户 ………………… 4194
江湾镇大潋村 40·光绪十二年·断骨出卖佃皮契·詹德田卖与
　亲叔明树 …………………………………………………………… 4195
江湾镇大潋村 38·光绪十五年·断骨出卖田皮契·詹德田卖与
　本家堂叔明树 ……………………………………………………… 4196
江湾镇大潋村 32·光绪十六年·断骨出卖田租并田皮契·詹明元卖与
　房兄明树 …………………………………………………………… 4197
江湾镇大潋村 6-1·光绪十七年至民国十九年·税粮实征册·
　兴桃户 ……………………………………………………………… 4198
江湾镇大潋村 6-2·光绪十七年至民国十九年·税粮实征册·
　兴桃户 ……………………………………………………………… 4199
江湾镇大潋村 6-3·光绪十七年至民国十九年·税粮实征册·
　兴桃户 ……………………………………………………………… 4200
江湾镇大潋村 6-4·光绪十七年至民国十九年·税粮实征册·
　兴桃户 ……………………………………………………………… 4201
江湾镇大潋村 37·光绪二十六年·断骨绝卖田租契·江和师绝卖与
　詹明康兄 …………………………………………………………… 4202
江湾镇大潋村 23·光绪二十七年·断骨出卖田皮契·曹兴高、
　曹兴桃卖与眷兄詹德清 …………………………………………… 4203
江湾镇大潋村 33·光绪二十七年·断骨出卖田皮契·詹明元卖与
　本家房侄詹德坤 …………………………………………………… 4204
江湾镇大潋村 39·光绪二十七年·出当楼屋字·詹根京当与本家
　堂叔詹德坤、詹德培 ……………………………………………… 4205
江湾镇大潋村 3-1·光绪二十八年·税粮实征册·詹成宝户 ……… 4206
江湾镇大潋村 3-2·光绪二十八年·税粮实征册·詹成宝户 ……… 4207
江湾镇大潋村 3-3·光绪二十八年·税粮实征册·詹成宝户 ……… 4208
江湾镇大潋村 22·民国十七年·会书·俞道南 …………………… 4209
江湾镇大潋村 22·光绪二十八年·断骨出卖骨租契·吴元尧卖与
　余荣富 ……………………………………………………………… 4210
江湾镇大潋村 36·光绪三十一年·断骨出卖田皮契·詹德胜卖与
　本家房兄詹德坤 …………………………………………………… 4211
江湾镇大潋村 7-1·光绪三十二年·税粮实征册·兴桃户 ………… 4212
江湾镇大潋村 7-2·光绪三十二年·税粮实征册·兴桃户 ………… 4213

江湾镇大潋村24·光绪三十二年·断骨出卖田皮契·曹兴云卖与
眷詹德坤 ··· 4214
江湾镇大潋村26·光绪三十二年·断骨出卖田皮契·曹兴保卖与
亲眷詹德坤 ·· 4215
江湾镇大潋村30·光绪三十二年·断骨出卖田皮契·詹德胜卖与
本家房兄詹德坤 ··· 4216
江湾镇大潋村29·宣统元年·断骨出卖竹园山契·詹明栢卖与
曹福昌 ··· 4217
江湾镇大潋村11-1·民国八年·税粮实征册·智四公祠户管 ········· 4218
江湾镇大潋村11-2·民国八年·税粮实征册·智四公祠户管 ········· 4219
江湾镇大潋村19·民国十七年·典押字约·詹昆森典押与亲眷
曹兴桃 ··· 4220
江湾镇大潋村21·民国十七年·会书·俞道南 ························· 4221
江湾镇大潋村27·民国十八年·出田皮契·詹取金卖与程成宾 ······· 4222
江湾镇大潋村43·民国十八年·断骨绝卖基地契·江旺孙卖与
曹兴桃兄 ··· 4223
江湾镇大潋村45·民国十八年·出卖骨租全业契·詹取金卖与
程成宾 ··· 4224
江湾镇大潋村46·民国十八年·出卖骨租契·詹取金卖与仁茂户 ····· 4225
江湾镇大潋村18·民国十九年·推单·凤翔户付与兴桃户 ············ 4226
江湾镇大潋村25·民国十九年·断骨出卖杉苗并山骨契·詹昆生、
詹昆仲卖与堂兄昆森 ··· 4227
江湾镇大潋村28·民国十九年·断骨出卖杉苗并山骨契·詹德塘
卖与胞侄昆森 ··· 4228
江湾镇大潋村20·民国二十三年·抵押字·曹国炎抵押与房叔
曹兴桃 ··· 4229
江湾镇大潋村17·民国三十三年·推单·允万户推付日昇户 ········· 4230
江湾镇大潋村44·民国三十三年·断骨出便田租契·胡秀庄、
江永金出便与曹国章 ··· 4231
江湾镇大潋村12·民国三十八年·收条字·詹廷方收到曹福昌兄 ····· 4232
江湾镇大潋村47·一九八〇年·兄弟分家书 ···························· 4233
江湾镇大潋村15·供词 ·· 4234
江湾镇大潋村16·书信·☐寄与三得兄 ································· 4235

江湾镇胡溪村 1—40 ··· 4236

  江湾镇胡溪村 34·道光二十二年·承揽约·金荣发承到

    居和堂众名下 ··· 4236

  江湾镇胡溪村 1·同治五年·借字·张桂顺借到桃花兄 ··············· 4237

  江湾镇胡溪村 23·同治七年·纳米执照·文柏 ··························· 4238

  江湾镇胡溪村 13·同治十年·门牌 ··· 4239

  江湾镇胡溪村 31·同治十二年·纳米执照·文柏 ······················· 4240

  江湾镇胡溪村 12·光绪元年·佃约·桃花 ·································· 4241

  江湾镇胡溪村 21·光绪三年·纳米执照·文柏 ··························· 4242

  江湾镇胡溪村 29·光绪四年·纳米执照·文柏 ··························· 4243

  江湾镇胡溪村 6·光绪五年·纳米执照·文柏 ····························· 4244

  江湾镇胡溪村 35·光绪五年·承揽开荒田约·金桃花承揽到

    汪睦顺堂众 ·· 4245

  江湾镇胡溪村 9·光绪九年·纳米执照·文柏 ····························· 4246

  江湾镇胡溪村 10·光绪九年·纳米执照·文柏 ··························· 4247

  江湾镇胡溪村 16·光绪九年·便民易知由单·文柏 ··················· 4248

  江湾镇胡溪村 32·光绪十年·纳米执照·文柏 ··························· 4249

  江湾镇胡溪村 38·光绪十年·出卖菜园地·汪春香卖与金桃花 ······ 4250

  江湾镇胡溪村 25·光绪十一年·纳米执照·文柏 ······················· 4251

  江湾镇胡溪村 15·光绪十三年·便民易知由单·文柏 ················ 4252

  江湾镇胡溪村 20·光绪十三年·纳米执照·文柏 ······················· 4253

  江湾镇胡溪村 33·光绪十三年·纳米执照·荣生 ······················· 4254

  江湾镇胡溪村 19·光绪十六年·纳米执照·新生有德 ··············· 4255

  江湾镇胡溪村 7·光绪十七年·纳米执照·文柏 ························· 4256

  江湾镇胡溪村 26·光绪十八年·便民易知由单·文柏 ················ 4257

  江湾镇胡溪村 24·光绪二十年·纳米执照·文柏 ······················· 4258

  江湾镇胡溪村 22·光绪二十二年·纳米执照·文柏 ···················· 4259

  江湾镇胡溪村 11·民国二年·纳米执照·文柏 ··························· 4260

  江湾镇胡溪村 37·民国八年·出卖字·王社进卖与金再钗 ········· 4261

  江湾镇胡溪村 8·民国十年·纳米执照·文柏 ····························· 4262

  江湾镇胡溪村 18·民国二十四年·田赋串票·文柏 ···················· 4263

  江湾镇胡溪村 2·收据·灶发 ··· 4264

江湾镇胡溪村 3·收据 ································· 4265
江湾镇胡溪村 36·礼目 ································ 4266
江湾镇胡溪村 39·流水账 ······························ 4267
江湾镇胡溪村 40·结婚吉期·汪记 ······················ 4268

江湾镇下金田 1—5 ····································· 4269

江湾镇下金田 1-1·乾隆二十七年·税粮实征册·江同春户 ········ 4269
江湾镇下金田 1-2·乾隆二十七年·税粮实征册·江同春户 ········ 4270
江湾镇下金田 1-3·乾隆二十七年·税粮实征册·江同春户 ········ 4271
江湾镇下金田 1-4·乾隆二十七年·税粮实征册·江同春户 ········ 4272
江湾镇下金田 1-5·乾隆二十七年·税粮实征册·江同春户 ········ 4273
江湾镇下金田 1-6·乾隆二十七年·税粮实征册·江同春户 ········ 4274
江湾镇下金田 1-7·乾隆二十七年·税粮实征册·江同春户 ········ 4275
江湾镇下金田 1-8·乾隆二十七年·税粮实征册·江同春户 ········ 4276
江湾镇下金田 3-1·乾隆四十七年至嘉庆元年·税粮实征册·
　　黄广兴户 ······································ 4277
江湾镇下金田 3-2·乾隆四十七年至嘉庆元年·税粮实征册·
　　黄广兴户 ······································ 4278
江湾镇下金田 3-3·乾隆四十七年至嘉庆元年·税粮实征册·
　　黄广兴户 ······································ 4279
江湾镇下金田 3-4·乾隆四十七年至嘉庆元年·税粮实征册·
　　黄广兴户 ······································ 4280
江湾镇下金田 3-5·乾隆四十七年至嘉庆元年·税粮实征册·
　　黄广兴户 ······································ 4281
江湾镇下金田 3-6·乾隆四十七年至嘉庆元年·税粮实征册·
　　黄广兴户 ······································ 4282
江湾镇下金田 3-7·乾隆四十七年至嘉庆元年·税粮实征册·
　　黄广兴户 ······································ 4283
江湾镇下金田 3-8·乾隆四十七年至嘉庆元年·税粮实征册·
　　黄广兴户 ······································ 4284
江湾镇下金田 3-9·乾隆四十七年至嘉庆元年·税粮实征册·
　　黄广兴户 ······································ 4285

江湾镇下金田 3-10·乾隆四十七年至嘉庆元年·税粮实征册·
  黄广兴户 4286
江湾镇下金田 3-11·乾隆四十七年至嘉庆元年·税粮实征册·
  黄广兴户 4287
江湾镇下金田 3-12·乾隆四十七年至嘉庆元年·税粮实征册·
  黄广兴户 4288
江湾镇下金田 3-13·乾隆四十七年至嘉庆元年·税粮实征册·
  黄广兴户 4289
江湾镇下金田 3-14·乾隆四十七年至嘉庆元年·税粮实征册·
  黄广兴户 4290
江湾镇下金田 3-15·乾隆四十七年至嘉庆元年·税粮实征册·
  黄广兴户 4291
江湾镇下金田 3-16·乾隆四十七年至嘉庆元年·税粮实征册·
  黄广兴户 4292
江湾镇下金田 3-17·乾隆四十七年至嘉庆元年·税粮实征册·
  黄广兴户 4293
江湾镇下金田 3-18·乾隆四十七年至嘉庆元年·税粮实征册·
  黄广兴户 4294
江湾镇下金田 3-19·乾隆四十七年至嘉庆元年·税粮实征册·
  黄广兴户 4295
江湾镇下金田 3-20·乾隆四十七年至嘉庆元年·税粮实征册·
  黄广兴户 4296
江湾镇下金田 3-21·乾隆四十七年至嘉庆元年·税粮实征册·
  黄广兴户 4297
江湾镇下金田 3-22·乾隆四十七年至嘉庆元年·税粮实征册·
  黄广兴户 4298
江湾镇下金田 3-23·乾隆四十七年至嘉庆元年·税粮实征册·
  黄广兴户 4299
江湾镇下金田 5-1·乾隆五十四年·税粮实征册·黄广兴户 4300
江湾镇下金田 5-2·乾隆五十四年·税粮实征册·黄广兴户 4301
江湾镇下金田 5-3·乾隆五十四年·税粮实征册·黄广兴户 4302
江湾镇下金田 5-4·乾隆五十四年·税粮实征册·黄广兴户 4303

江湾镇下金田 5-5·乾隆五十四年·税粮实征册·黄广兴户 …………… 4304
江湾镇下金田 5-6·乾隆五十四年·税粮实征册·黄广兴户 …………… 4305
江湾镇下金田 5-7·乾隆五十四年·税粮实征册·黄广兴户 …………… 4306
江湾镇下金田 5-8·乾隆五十四年·税粮实征册·黄广兴户 …………… 4307
江湾镇下金田 5-9·乾隆五十四年·税粮实征册·黄广兴户 …………… 4308
江湾镇下金田 5-10·乾隆五十四年·税粮实征册·黄广兴户 ………… 4309
江湾镇下金田 5-11·乾隆五十四年·税粮实征册·黄广兴户 ………… 4310
江湾镇下金田 5-12·乾隆五十四年·税粮实征册·黄广兴户 ………… 4311
江湾镇下金田 4-1·同治十三年·税粮实征册·顺和户黄福祺 ………… 4312
江湾镇下金田 4-2·同治十三年·税粮实征册·顺和户黄福祺 ………… 4313
江湾镇下金田 4-3·同治十三年·税粮实征册·顺和户黄福祺 ………… 4314
江湾镇下金田 4-4·同治十三年·税粮实征册·顺和户黄福祺 ………… 4315
江湾镇下金田 4-5·同治十三年·税粮实征册·顺和户黄福祺 ………… 4316
江湾镇下金田 2-1·光绪十六年·流水账·松轩氏记 …………………… 4317
江湾镇下金田 2-2·光绪十六年·流水账·松轩氏记 …………………… 4318
江湾镇下金田 2-3·光绪十六年·流水账·松轩氏记 …………………… 4319
江湾镇下金田 2-4·光绪十六年·流水账·松轩氏记 …………………… 4320
江湾镇下金田 2-5·光绪十六年·流水账·松轩氏记 …………………… 4321
江湾镇下金田 2-6·光绪十六年·流水账·松轩氏记 …………………… 4322
江湾镇下金田 2-7·光绪十六年·流水账·松轩氏记 …………………… 4323
江湾镇下金田 2-8·光绪十六年·流水账·松轩氏记 …………………… 4324
江湾镇下金田 2-9·光绪十六年·流水账·松轩氏记 …………………… 4325
江湾镇下金田 2-10·光绪十六年·流水账·松轩氏记 ………………… 4326
江湾镇下金田 2-11·光绪十六年·流水账·松轩氏记 ………………… 4327
江湾镇下金田 2-12·光绪十六年·流水账·松轩氏记 ………………… 4328
江湾镇下金田 2-13·光绪十六年·流水账·松轩氏记 ………………… 4329
江湾镇下金田 2-14·光绪十六年·流水账·松轩氏记 ………………… 4330
江湾镇下金田 2-15·光绪十六年·流水账·松轩氏记 ………………… 4331
江湾镇下金田 2-16·光绪十六年·流水账·松轩氏记 ………………… 4332
江湾镇下金田 2-17·光绪十六年·流水账·松轩氏记 ………………… 4333
江湾镇下金田 2-18·光绪十六年·流水账·松轩氏记 ………………… 4334
江湾镇下金田 2-19·光绪十六年·流水账·松轩氏记 ………………… 4335
江湾镇下金田 2-20·光绪十六年·流水账·松轩氏记 ………………… 4336

江湾镇下晓起村汪姓 1—78 ··· 4337
 江湾镇下晓起村汪姓 44·康熙四十一年·断骨出卖猪栏屋地契·
  汪德符、汪士讷卖与张囗 ·· 4337
 江湾镇下晓起村汪姓 60·乾隆十年·出典契·汪茂生典与张七倜 ······ 4338
 江湾镇下晓起村汪姓 78·乾隆十年·出典转契·汪茂生典与张七倜 ··· 4339
 江湾镇下晓起村汪姓 56·乾隆十八年·出转佃约·汪大林、大樑、
  大相、大松等转佃与张七倜 ·· 4340
 江湾镇下晓起村汪姓 62·乾隆十八年·出转佃约·汪大林、大樑、
  大相、大松等转与张七倜 ·· 4341
 江湾镇下晓起村汪姓 46·道光三年·出典屋契·汪炳林兄弟典与
  张玄喜兄弟同张门赘婿李六 ·· 4342
 江湾镇下晓起村汪姓 53·道光三年·出典房契·汪炳林同弟宪章
  典与张玄喜兄弟同张门赘婿李六 ·· 4343
 江湾镇下晓起村汪姓 61·道光三年·出典屋契·汪炳林同弟宪章
  典与张玄喜兄弟张门赘婿李六 ·· 4344
 江湾镇下晓起村汪姓 73·道光十三年·批字据·汪元嘉四房支众等
  卖与张庆 ·· 4345
 江湾镇下晓起村汪姓 45·咸丰元年·出典楼屋厨房契·汪黄氏典与
  堂叔兄弟 ·· 4346
 江湾镇下晓起村汪姓 7·同治四年·推单·隽德户付入顺盛户 ············ 4347
 江湾镇下晓起村汪姓 68·同治四年·断骨绝卖地坦契·汪长生等
  卖与瑞廷 ·· 4348
 江湾镇下晓起村汪姓 70·同治四年·断骨绝卖坦地契·张发青卖与
  汪瑞庭 ·· 4349
 江湾镇下晓起村汪姓 75·同治四年·断骨绝卖菜丛地坦契·张秋元
  卖与汪瑞庭 ·· 4350
 江湾镇下晓起村汪姓 10·同治五年·推单·张发达户推入汪顺发户 ····· 4351
 江湾镇下晓起村汪姓 55·同治五年·流水账 ·· 4352
 江湾镇下晓起村汪姓 64·同治五年·断骨绝卖砖墙、上下楼房屋架
  板壁等件契·张九斤卖与汪羽丰 ·· 4353
 江湾镇下晓起村汪姓 65·同治五年·断骨绝卖祖业契·汪允昇卖与
  族叔羽丰 ·· 4354
 江湾镇下晓起村汪姓 11·同治六年·推单·尚利户推入顺盛户 ·········· 4355

江湾镇下晓起村汪姓 14·同治六年·纳米执照·顺盛 4356
江湾镇下晓起村汪姓 76·同治六年·断骨绝卖菜园地契·江麟好
　卖与汪瑞廷 4357
江湾镇下晓起村汪姓 21·同治七年·纳米执照·顺盛 4358
江湾镇下晓起村汪姓 37·同治七年·便民易知由单·顺盛 4359
江湾镇下晓起村汪姓 16·同治八年·纳米执照·顺盛 4360
江湾镇下晓起村汪姓 42·同治八年·便民易知由单·顺盛 4361
江湾镇下晓起村汪姓 8·同治九年·推单·大成户推入汪顺发户 4362
江湾镇下晓起村汪姓 19·同治十二年·纳米执照·顺盛 4363
江湾镇下晓起村汪姓 38·同治十二年·便民易知由单·顺盛 4364
江湾镇下晓起村汪姓 77·同治十二年·断骨绝卖六户十八会契·
　汪东泰卖与汪羽丰 4365
江湾镇下晓起村汪姓 18·同治十三年·纳米执照·顺盛 4366
江湾镇下晓起村汪姓 31·同治十三年·便民易知由单·永福 4367
江湾镇下晓起村汪姓 43·同治十年·便民易知由单·顺盛 4368
江湾镇下晓起村汪姓 13·光绪元年·纳米执照·永转 4369
江湾镇下晓起村汪姓 30·光绪三年·便民易知由单·汪华 4370
江湾镇下晓起村汪姓 27·光绪五年·纳米执照·顺盛 4371
江湾镇下晓起村汪姓 23·光绪八年·纳米执照·顺盛 4372
江湾镇下晓起村汪姓 24·光绪八年·纳米执照·汪华 4373
江湾镇下晓起村汪姓 39·光绪八年·便民易知由单·顺盛 4374
江湾镇下晓起村汪姓 35·光绪十年·便民易知由单·顺盛 4375
江湾镇下晓起村汪姓 34·光绪十二年·便民易知由单·顺盛 4376
江湾镇下晓起村汪姓 25·光绪二十三年·纳米执照·益顺 4377
江湾镇下晓起村汪姓 40·光绪十三年·便民易知由单·顺盛 4378
江湾镇下晓起村汪姓 1-i·光绪十五年·具状词·汪□□等告汪春焕
　（第一面） 4379
江湾镇下晓起村汪姓 1-ii·光绪十五年·具状词·汪□□等告汪春焕
　（第二面） 4380
江湾镇下晓起村汪姓 2·光绪十五年·具状词·汪□等告汪春焕等 4381
江湾镇下晓起村汪姓 3-i·光绪十五年·具状词·汪春焕等告汪桂文
　兄弟等（第一面） 4382

江湾镇下晓起村汪姓 3-ii·光绪十五年·具状词·汪春焕等告汪桂文兄弟等（第二面） ················ 4383

江湾镇下晓起村汪姓 5·光绪十五年·租屋约·汪□□租到汪□□ ················ 4384

江湾镇下晓起村汪姓 26·光绪十七年·纳米执照·顺盛 ········ 4385

江湾镇下晓起村汪姓 33·光绪十七年·便民易知由单·顺盛 ········ 4386

江湾镇下晓起村汪姓 32·光绪十八年·便民易知由单·顺盛 ········ 4387

江湾镇下晓起村汪姓 36·光绪十八年·便民易知由单·汪华 ········ 4388

江湾镇下晓起村汪姓 9·光绪二十三年·推单·汪礼乔户推入汪益顺户 ················ 4389

江湾镇下晓起村汪姓 29·光绪二十三年·便民易知由单·汪华 ········ 4390

江湾镇下晓起村汪姓 71·光绪二十三年·断骨绝卖茶丛地坦契·汪百禄卖与再顺叔 ················ 4391

江湾镇下晓起村汪姓 15·光绪二十五年·纳米执照·顺盛 ········ 4392

江湾镇下晓起村汪姓 66·宣统元年·断骨绝卖茶丛地坦契·汪瀛卖与汪关煌 ················ 4393

江湾镇下晓起村汪姓 58·宣统二年·出当粪桶塝垶地契·汪智淦当与汪观黄 ················ 4394

江湾镇下晓起村汪姓 72·宣统二年·断骨绝卖基地契·汪智淦卖与汪懋蕍 ················ 4395

江湾镇下晓起村汪姓 69·民国十二年·断骨绝卖茶并茶坦地橘子树木契·汪润桂等卖与汪清华 ················ 4396

江湾镇下晓起村汪姓 59·民国二十年·出当茶坦契·孙门胡氏早娥当与喜佀 ················ 4397

江湾镇下晓起村汪姓 74·民国二十年·断骨绝卖茶丛坦地柏子树契·汪清华卖与关煌 ················ 4398

江湾镇下晓起村汪姓 12·民国二十八年·征收田税收据·益顺 ········ 4399

江湾镇下晓起村汪姓 54·民国三十五年·绝卖茶坦契·孙接丁绝卖与喜佀 ················ 4400

江湾镇下晓起村汪姓 63·一九八五年·换地契约·汪观清换与汪观成 ················ 4401

江湾镇下晓起村汪姓 4·收据·诏臣收到映南 ········ 4402

江湾镇下晓起村汪姓6·具状词·汪□□告汪□□ …………………… 4403
江湾镇下晓起村汪姓47·田税单 ………………………………………… 4404
江湾镇下晓起村汪姓48·书信·炳林 ……………………………………… 4405
江湾镇下晓起村汪姓49·书信·炳林 ……………………………………… 4406
江湾镇下晓起村汪姓50·书信·兆和寄与炳允叔 ………………………… 4407
江湾镇下晓起村汪姓51·书信 ……………………………………………… 4408
江湾镇下晓起村汪姓52·书信 ……………………………………………… 4409
江湾镇下晓起村汪姓57·族谱序文 ………………………………………… 4410
江湾镇下晓起村汪姓67·断骨绝卖地坦契·汪长生卖与汪瑞庭 ……… 4411

拾　江湾镇（四）

晓村·晓起岭下村·中[钟]吕村（1）

江湾镇晓村 1—108 ·· 4413

- 江湾镇晓村 92·崇祯七年·断骨出卖田契·李文仁等卖与李文彦 ······ 4413
- 江湾镇晓村 42·康熙三十五年·推单·曹振光推与曹大成振光户 4414
- 江湾镇晓村 28·康熙三十九年·推单·汪仲发推入金豸户 ········· 4415
- 江湾镇晓村 30·康熙三十九年·推单·汪明五同侄丹茂卖与
  黄太越户 ··· 4416
- 江湾镇晓村 20·康熙四十年·推单·江汉晋兄弟推与江金桥 ······· 4417
- 江湾镇晓村 69·康熙四十年·断骨出卖田契·江汉晋兄弟卖与
  静觉庵 ··· 4418
- 江湾镇晓村 74·康熙四十年·断骨出卖田契·汪观生卖与李□ ······ 4419
- 江湾镇晓村 21·康熙四十一年·推单·曹宾日推入曹幹户 ········· 4420
- 江湾镇晓村 22·康熙四十一年·推单·江文选户推与□户 ········· 4421
- 江湾镇晓村 24·康熙四十二年·推单·游本贞同侄游文杞推入
  游廷寀户 ··· 4422
- 江湾镇晓村 45·康熙四十三年·推单·汪应绍户推与何毓秀户 ····· 4423
- 江湾镇晓村 46·康熙四十三年·推单·汪子福推与何毓秀户 ······· 4424
- 江湾镇晓村 23·康熙四十五年·推单·曹端生户推与□户 ········· 4425
- 江湾镇晓村 108·康熙四十六年·断骨卖田契·游文伯卖与李□ ····· 4426
- 江湾镇晓村 9·康熙四十七年·推单·汪中笃户推与汪友登户 ······ 4427
- 江湾镇晓村 15·康熙四十七年·推单·江右生同弟观生转与
  江文选户 ··· 4428
- 江湾镇晓村 25·康熙四十七年·推单·曹何叶推入大成户 ········· 4429
- 江湾镇晓村 27·康熙四十七年·推单·游子兆推入游庆户 ········· 4430
- 江湾镇晓村 29·康熙四十七年·推单·游子兆推入游庆户 ········· 4431
- 江湾镇晓村 36·康熙四十七年·领约·汪乾五领到李□ ··········· 4432
- 江湾镇晓村 37·康熙四十七年·推单·汪友登推与何毓秀户
  李君正股 ··· 4433
- 江湾镇晓村 55·康熙四十七年·推单·汪嘉宝户推与何毓秀户 ····· 4434

江湾镇晓村56·康熙四十七年·推单·汪惟周推与汪嘉宾户 4435

江湾镇晓村60·康熙四十七年·承佃契·张关保承佃到李囗 4436

江湾镇晓村66·康熙四十七年·断骨出卖田契·汪右生等卖与
李囗 4437

江湾镇晓村81·康熙四十七年·断骨出卖田契·汪中笃卖与
李囗 4438

江湾镇晓村88·康熙四十七年·断骨出卖田契·汪惟周卖与李囗 4439

江湾镇晓村26·康熙四十八年·推单·汪连玉同弟汪祥玉推入
曹玉盛户 4440

江湾镇晓村32·康熙四十八年·推单·游子兆推入游庆户 4441

江湾镇晓村51·康熙四十八年·收代纳据·汪惟周收到李君正 4442

江湾镇晓村52·康熙四十八年·推单·汪子福推与汪元育户 4443

江湾镇晓村48·康熙四十九年·推单·黄学平仝弟尔康推与
黄四兴户 4444

江湾镇晓村49·康熙四十九年·收代纳据·汪惟周收到李君正 4445

江湾镇晓村53·康熙四十九年·遗契·张世是付与李囗 4446

江湾镇晓村59·康熙四十九年·承佃契·张世是承到李囗 4447

江湾镇晓村97·康熙四十九年·同议墨·李起禄与张世是 4448

江湾镇晓村50·康熙五十二年·收代纳据·汪乾初收到李囗 4449

江湾镇晓村58·康熙五十五年·收代纳契·汪乾初收到李囗 4450

江湾镇晓村63·康熙五十七年·收代纳据·汪乾初收到李囗 4451

江湾镇晓村62·康熙五十八年·收代纳据·汪乾初收到李囗 4452

江湾镇晓村100·雍正五年·断骨出卖田契·李阿曹卖与母囗 4453

江湾镇晓村11·雍正六年·卖元宵会田契·汪敬远卖与李囗 4454

江湾镇晓村54·雍正七年·推单·汪都户推入毓秀户 4455

江湾镇晓村8·乾隆四十一年·出佃皮约·僧象初佃与汪美光 4456

江湾镇晓村39·乾隆四十一年·出卖田皮契·僧象初卖与李万咸 4457

江湾镇晓村86·乾隆四十七年·断骨出卖山契·李民赡卖与黄囗 4458

江湾镇晓村101·乾隆四十七年·断骨出卖田契·李民赡卖与黄囗 4459

江湾镇晓村72·乾隆四十八年·断骨出卖田契·李民膽同弟龙保
同侄富佑卖与堂侄周佑 4460

江湾镇晓村2-1·嘉庆十四年·会书·王有校 4461

江湾镇晓村2-2·嘉庆十四年·会书·王有校 …………………………… 4462

江湾镇晓村2-3·嘉庆十四年·会书·王有校 …………………………… 4463

江湾镇晓村2-4·嘉庆十四年·会书·王有校 …………………………… 4464

江湾镇晓村2-5·嘉庆十四年·会书·王有校 …………………………… 4465

江湾镇晓村2-6·嘉庆十四年·会书·王有校 …………………………… 4466

江湾镇晓村2-7·嘉庆十四年·会书·王有校 …………………………… 4467

江湾镇晓村65·嘉庆十六年·立付双溪庙庙主契·曹君授等付到

 胡大九名下 ………………………………………………………… 4468

江湾镇晓村93·嘉庆十七年·断骨出卖田契·李应春卖与曹魁五 …… 4469

江湾镇晓村75·道光元年·断骨出卖田皮契·曹方燿卖与李天申 …… 4470

江湾镇晓村82·道光三年·断骨出卖田皮契·王天财等卖与☐ ……… 4471

江湾镇晓村87·道光七年·日记 …………………………………………… 4472

江湾镇晓村73·道光十四年·断骨出卖田契·汪宝书卖与汪☐ ……… 4473

江湾镇晓村18·道光十五年·佃约·李社庆承到义成众 ………………… 4474

江湾镇晓村67·道光十五年·断骨出卖田皮契·李永祥卖与

 义成众户 ……………………………………………………………… 4475

江湾镇晓村89·道光十七年·出典楼屋契·李何氏出典与☐ ………… 4476

江湾镇晓村41·道光二十一年·推单·沂盛户押付☐户 ……………… 4477

江湾镇晓村47·康熙四十三年·推单·汪子福推入何毓秀户 ………… 4478

江湾镇晓村47·道光二十一年·借约·李永清借到曹增财 …………… 4479

江湾镇晓村76·道光二十一年·断骨出卖田契·游沂盛卖与☐ ……… 4480

江湾镇晓村7·道光二十二年·议合墨·曹存耕、曹省己同塘坞中

 社众等与曹姓 ………………………………………………………… 4481

江湾镇晓村38·道光二十三年·推单·竹兴户推付义兴户 …………… 4482

江湾镇晓村71·道光二十三年·断骨出卖田契·游超芳卖与

 义兴众 ………………………………………………………………… 4483

江湾镇晓村3-1·道光二十七年·流水账 ………………………………… 4484

江湾镇晓村3-2·道光二十七年·流水账 ………………………………… 4485

江湾镇晓村3-3·道光二十七年·流水账 ………………………………… 4486

江湾镇晓村3-4·道光二十七年·流水账 ………………………………… 4487

江湾镇晓村3-5·道光二十七年·流水账 ………………………………… 4488

江湾镇晓村3-6·道光二十七年·流水账 ………………………………… 4489

江湾镇晓村 31·咸丰元年·推单·士扳户推入义兴户 …………………… 4490

江湾镇晓村 34·咸丰元年·会产单·本显等会友 ………………………… 4491

江湾镇晓村 85·咸丰元年·断骨出卖观音会田契·俞昌涛同弟昌怡
卖与众宅塘坞中社 ………………………………………………………… 4492

江湾镇晓村 90·咸丰二年·断骨出卖田契·江潾吉卖与添灯会 ………… 4493

江湾镇晓村 10·咸丰七年·县正堂批文 …………………………………… 4494

江湾镇晓村 77·同治二年·断骨出卖地契·游会书、游声振卖与
中社大兴众 ………………………………………………………………… 4495

江湾镇晓村 84·同治三年·断骨出卖田契·游社保卖与裕周 …………… 4496

江湾镇晓村 95·同治三年·断骨出卖佃契·汪世锋卖与大兴众等 ……… 4497

江湾镇晓村 96-1·同治三年·断骨出卖地契·游社保卖与囗 ………… 4498

江湾镇晓村 96-2·同治三年·推单·庭寀户推付大兴户 ………………… 4499

江湾镇晓村 40·同治九年·承佃约·江章兴承到众戏头会友 …………… 4500

江湾镇晓村 70·同治九年·断骨出卖佃皮契·汪世锋卖与李正熹 ……… 4501

江湾镇晓村 79·同治九年·断骨出卖佃皮契·江章兴卖与戏头会众 …… 4502

江湾镇晓村 91·同治九年·断骨出卖田契·汪世锋卖与李正熹 ………… 4503

江湾镇晓村 94·光绪十年·断骨出卖田契·汪映泉卖与李囗 …………… 4504

江湾镇晓村 1-1·光绪二十一年至民国六年·邦寿司工账簿 …………… 4505

江湾镇晓村 1-2·光绪二十一年至民国六年·邦寿司工账簿 …………… 4506

江湾镇晓村 1-3·光绪二十一年至民国六年·邦寿司工账簿 …………… 4507

江湾镇晓村 1-4·光绪二十一年至民国六年·邦寿司工账簿 …………… 4508

江湾镇晓村 1-5·光绪二十一年至民国六年·邦寿司工账簿 …………… 4509

江湾镇晓村 1-6·光绪二十一年至民国六年·邦寿司工账簿 …………… 4510

江湾镇晓村 1-7·光绪二十一年至民国六年·邦寿司工账簿 …………… 4511

江湾镇晓村 1-8·光绪二十一年至民国六年·邦寿司工账簿 …………… 4512

江湾镇晓村 1-9·光绪二十一年至民国六年·邦寿司工账簿 …………… 4513

江湾镇晓村 1-10·光绪二十一年至民国六年·邦寿司工账簿 ………… 4514

江湾镇晓村 1-11·光绪二十一年至民国六年·邦寿司工账簿 ………… 4515

江湾镇晓村 1-12·光绪二十一年至民国六年·邦寿司工账簿 ………… 4516

江湾镇晓村 1-13·光绪二十一年至民国六年·邦寿司工账簿 ………… 4517

江湾镇晓村 1-14·光绪二十一年至民国六年·邦寿司工账簿 ………… 4518

江湾镇晓村 1-15·光绪二十一年至民国六年·邦寿司工账簿 ………… 4519

江湾镇晓村 1-16·光绪二十一年至民国六年·邦寿司工账簿 ·············· 4520
江湾镇晓村 1-17·光绪二十一年至民国六年·邦寿司工账簿 ·············· 4521
江湾镇晓村 1-18·光绪二十一年至民国六年·邦寿司工账簿 ·············· 4522
江湾镇晓村 1-19·光绪二十一年至民国六年·邦寿司工账簿 ·············· 4523
江湾镇晓村 1-20·光绪二十一年至民国六年·邦寿司工账簿 ·············· 4524
江湾镇晓村 1-21·光绪二十一年至民国六年·邦寿司工账簿 ·············· 4525
江湾镇晓村 1-22·光绪二十一年至民国六年·邦寿司工账簿 ·············· 4526
江湾镇晓村 1-23·光绪二十一年至民国六年·邦寿司工账簿 ·············· 4527
江湾镇晓村 1-24·光绪二十一年至民国六年·邦寿司工账簿 ·············· 4528
江湾镇晓村 1-25·光绪二十一年至民国六年·邦寿司工账簿 ·············· 4529
江湾镇晓村 1-26·光绪二十一年至民国六年·邦寿司工账簿 ·············· 4530
江湾镇晓村 1-27·光绪二十一年至民国六年·邦寿司工账簿 ·············· 4531
江湾镇晓村 1-28·光绪二十一年至民国六年·邦寿司工账簿 ·············· 4532
江湾镇晓村 1-29·光绪二十一年至民国六年·邦寿司工账簿 ·············· 4533
江湾镇晓村 1-30·光绪二十一年至民国六年·邦寿司工账簿 ·············· 4534
江湾镇晓村 1-31·光绪二十一年至民国六年·邦寿司工账簿 ·············· 4535
江湾镇晓村 1-32·光绪二十一年至民国六年·邦寿司工账簿 ·············· 4536
江湾镇晓村 1-33·光绪二十一年至民国六年·邦寿司工账簿 ·············· 4537
江湾镇晓村 1-34·光绪二十一年至民国六年·邦寿司工账簿 ·············· 4538
江湾镇晓村 1-35·光绪二十一年至民国六年·邦寿司工账簿 ·············· 4539
江湾镇晓村 1-36·光绪二十一年至民国六年·邦寿司工账簿 ·············· 4540
江湾镇晓村 1-37·光绪二十一年至民国六年·邦寿司工账簿 ·············· 4541
江湾镇晓村 1-38·光绪二十一年至民国六年·邦寿司工账簿 ·············· 4542
江湾镇晓村 1-39·光绪二十一年至民国六年·邦寿司工账簿 ·········· 4543
江湾镇晓村 1-40·光绪二十一年至民国六年·邦寿司工账簿 ·············· 4544
江湾镇晓村 1-41·光绪二十一年至民国六年·邦寿司工账簿 ·············· 4545
江湾镇晓村 1-42·光绪二十一年至民国六年·邦寿司工账簿 ·············· 4546
江湾镇晓村 1-43·光绪二十一年至民国六年·邦寿司工账簿 ·············· 4547
江湾镇晓村 1-44·光绪二十一年至民国六年·邦寿司工账簿 ·············· 4548
江湾镇晓村 1-45·光绪二十一年至民国六年·邦寿司工账簿 ·············· 4549
江湾镇晓村 12·光绪二十五年·排日账 ··· 4550
江湾镇晓村 78·光绪二十九年·断骨轮助桥山契·李茂容卖与
　　大兴众 ·· 4551

江湾镇晓村 68·光绪三十一年·十贤会会书·李海 …… 4552

江湾镇晓村 107·光绪三十一年·十贤会会书·李海 …… 4553

江湾镇晓村 103·宣统三年·借字约·李海借到符鑫 …… 4554

江湾镇晓村 19·民国十一年·借字·李金海借到吴来福 …… 4555

江湾镇晓村 105·民国二十六年·借字·李金海借到吴金通 …… 4556

江湾镇晓村 14·民国二十九年·承字·邱荣华 …… 4557

江湾镇晓村 98·民国二十九年·议招书·李仁德等 …… 4558

江湾镇晓村 99·民国三十年·租批·邱灶华租到李福兴 …… 4559

江湾镇晓村 102·民国三十二年·收条·曹秋花收到李灶祥 …… 4560

江湾镇晓村 4·土地四至说明书·汪仲夷 …… 4561

江湾镇晓村 5·账单·李震潘 …… 4562

江湾镇晓村 6·地基图 …… 4563

江湾镇晓村 13·推单·曹逊生户推与游子兆户 …… 4564

江湾镇晓村 16·土地四至说明书·曹大成 …… 4565

江湾镇晓村 17·付单·胡大九 …… 4566

江湾镇晓村 33·土地四至图 …… 4567

江湾镇晓村 35·断骨出卖山契·汪保卖与李☐ …… 4568

江湾镇晓村 43·具状词·☐永清、汪世锦等告张再发 …… 4569

江湾镇晓村 44·同议墨·李☐与张☐ …… 4570

江湾镇晓村 57·土地四至说明 …… 4571

江湾镇晓村 64·土地四至说明 …… 4572

江湾镇晓村 80·地形图 …… 4573

江湾镇晓村 83·断骨出卖观音会田契·俞昌涛同弟昌怡卖与
众宅塘坞中社 …… 4574

江湾镇晓村 104·土地活页·明字二千八百〇四号土名下塘坞社
屋背 …… 4575

江湾镇晓村 106·纳税清单·李震满即方善余户 …… 4576

江湾镇晓起岭下村 1—5 …… 4577

江湾镇晓起岭下村 5-1·同治元年·增订见心集大全
（江湖必读卷一）·裘烈坤 …… 4577

江湾镇晓起岭下村 5-2·同治元年·增订见心集大全
（江湖必读卷一）·裘烈坤 ································ 4578

江湾镇晓起岭下村 5-3·同治元年·增订见心集大全
（江湖必读卷一）·裘烈坤 ································ 4579

江湾镇晓起岭下村 5-4·同治元年·增订见心集大全
（江湖必读卷一）·裘烈坤 ································ 4580

江湾镇晓起岭下村 5-5·同治元年·增订见心集大全
（江湖必读卷一）·裘烈坤 ································ 4581

江湾镇晓起岭下村 5-6·同治元年·增订见心集大全
（江湖必读卷一）·裘烈坤 ································ 4582

江湾镇晓起岭下村 5-7·同治元年·增订见心集大全
（江湖必读卷一）·裘烈坤 ································ 4583

江湾镇晓起岭下村 5-8·同治元年·增订见心集大全
（江湖必读卷一）·裘烈坤 ································ 4584

江湾镇晓起岭下村 5-9·同治元年·增订见心集大全
（江湖必读卷一）·裘烈坤 ································ 4585

江湾镇晓起岭下村 5-10·同治元年·增订见心集大全
（江湖必读卷一）·裘烈坤 ································ 4586

江湾镇晓起岭下村 5-11·同治元年·增订见心集大全
（江湖必读卷一）·裘烈坤 ································ 4587

江湾镇晓起岭下村 5-12·同治元年·增订见心集大全
（江湖必读卷一）·裘烈坤 ································ 4588

江湾镇晓起岭下村 5-13·同治元年·增订见心集大全
（江湖必读卷一）·裘烈坤 ································ 4589

江湾镇晓起岭下村 5-14·同治元年·增订见心集大全
（江湖必读卷）·裘烈坤 ································ 4590

江湾镇晓起岭下村 5-15·同治元年·增订见心集大全
（江湖必读卷一）·裘烈坤 ································ 4591

江湾镇晓起岭下村 5-16·同治元年·增订见心集大全
（江湖必读卷一）·裘烈坤 ································ 4592

江湾镇晓起岭下村 5-17·同治元年·增订见心集大全
（江湖必读卷一）·裘烈坤 ································ 4593

江湾镇晓起岭下村 5-18·同治元年·增订见心集大全
（江湖必读卷一）·裘烈坤 ………………………………… 4594
江湾镇晓起岭下村 5-19·同治元年·增订见心集大全
（江湖必读卷一）·裘烈坤 ………………………………… 4595
江湾镇晓起岭下村 5-20·同治元年·增订见心集大全
（江湖必读卷一）·裘烈坤 ………………………………… 4596
江湾镇晓起岭下村 5-21·同治元年·增订见心集大全
（江湖必读卷一）·裘烈坤 ………………………………… 4597
江湾镇晓起岭下村 5-22·同治元年·增订见心集大全
（江湖必读卷一）·裘烈坤 ………………………………… 4598
江湾镇晓起岭下村 5-23·同治元年·增订见心集大全
（江湖必读卷一）·裘烈坤 ………………………………… 4599
江湾镇晓起岭下村 5-24·同治元年·增订见心集大全
（江湖必读卷一）·裘烈坤 ………………………………… 4600
江湾镇晓起岭下村 5-25·同治元年·增订见心集大全
（江湖必读卷一）·裘烈坤 ………………………………… 4601
江湾镇晓起岭下村 5-26·同治元年·增订见心集大全
（江湖必读卷一）·裘烈坤 ………………………………… 4602
江湾镇晓起岭下村 5-27·同治元年·增订见心集大全
（江湖必读卷一）·裘烈坤 ………………………………… 4603
江湾镇晓起岭下村 5-28·同治元年·增订见心集大全
（江湖必读卷一）·裘烈坤 ………………………………… 4604
江湾镇晓起岭下村 5-29·同治元年·增订见心集大全
（江湖必读卷一）·裘烈坤 ………………………………… 4605
江湾镇晓起岭下村 5-30·同治元年·增订见心集大全
（江湖必读卷一）·裘烈坤 ………………………………… 4606
江湾镇晓起岭下村 5-31·同治元年·增订见心集大全
（江湖必读卷一）·裘烈坤 ………………………………… 4607
江湾镇晓起岭下村 5-32·同治元年·增订见心集大全
（江湖必读卷一）·裘烈坤 ………………………………… 4608
江湾镇晓起岭下村 5-33·同治元年·增订见心集大全
（江湖必读卷一）·裘烈坤 ………………………………… 4609

江湾镇晓起岭下村 5-34·同治元年·增订见心集大全
（江湖必读卷一）·裘烈坤 ·················· 4610

江湾镇晓起岭下村 5-35·同治元年·增订见心集大全
（江湖必读卷一）·裘烈坤 ·················· 4611

江湾镇晓起岭下村 5-36·同治元年·增订见心集大全
（江湖必读卷一）·裘烈坤 ·················· 4612

江湾镇晓起岭下村 5-37·同治元年·增订见心集大全
（江湖必读卷一）·裘烈坤 ·················· 4613

江湾镇晓起岭下村 5-38·同治元年·增订见心集大全
（江湖必读卷一）·裘烈坤 ·················· 4614

江湾镇晓起岭下村 5-39·同治元年·增订见心集大全
（江湖必读卷一）·裘烈坤 ·················· 4615

江湾镇晓起岭下村 5-40·同治元年·增订见心集大全
（江湖必读卷一）·裘烈坤 ·················· 4616

江湾镇晓起岭下村 5-41·同治元年·增订见心集大全
（江湖必读卷一）·裘烈坤 ·················· 4617

江湾镇晓起岭下村 5-42·同治元年·增订见心集大全
（江湖必读卷一）·裘烈坤 ·················· 4618

江湾镇晓起岭下村 5-43·同治元年·增订见心集大全
（江湖必读卷一）·裘烈坤 ·················· 4619

江湾镇晓起岭下村 5-44·同治元年·增订见心集大全
（江湖必读卷一）·裘烈坤 ·················· 4620

江湾镇晓起岭下村 5-45·同治元年·增订见心集大全
（江湖必读卷一）·裘烈坤 ·················· 4621

江湾镇晓起岭下村 5-46·同治元年·增订见心集大全
（江湖必读卷一）·裘烈坤 ·················· 4622

江湾镇晓起岭下村 5-47·同治元年·增订见心集大全
（江湖必读卷一）·裘烈坤 ·················· 4623

江湾镇晓起岭下村 5-48·同治元年·增订见心集大全
（江湖必读卷一）·裘烈坤 ·················· 4624

江湾镇晓起岭下村 5-49·同治元年·增订见心集大全
（江湖必读卷一）·裘烈坤 ·················· 4625

江湾镇晓起岭下村 5-50·同治元年·增订见心集大全
（江湖必读卷一）·裘烈坤 …………………………… 4626
江湾镇晓起岭下村 5-51·同治元年·增订见心集大全
（江湖必读卷一）·裘烈坤 …………………………… 4627
江湾镇晓起岭下村 5-52·同治元年·增订见心集大全
（江湖必读卷一）·裘烈坤 …………………………… 4628
江湾镇晓起岭下村 5-53·同治元年·增订见心集大全
（江湖必读卷一）·裘烈坤 …………………………… 4629
江湾镇晓起岭下村 5-54·同治元年·增订见心集大全
（江湖必读卷一）·裘烈坤 …………………………… 4630
江湾镇晓起岭下村 5-55·同治元年·增订见心集大全
（江湖必读卷一）·裘烈坤 …………………………… 4631
江湾镇晓起岭下村 5-56·同治元年·增订见心集大全
（江湖必读卷一）·裘烈坤 …………………………… 4632
江湾镇晓起岭下村 5-57·同治元年·增订见心集大全
（江湖必读卷一）·裘烈坤 …………………………… 4633
江湾镇晓起岭下村 5-58·同治元年·增订见心集大全
（江湖必读卷一）·裘烈坤 …………………………… 4634
江湾镇晓起岭下村 5-59·同治元年·增订见心集大全
（江湖必读卷一）·裘烈坤 …………………………… 4635
江湾镇晓起岭下村 5-60·同治元年·增订见心集大全
（江湖必读卷一）·裘烈坤 …………………………… 4636
江湾镇晓起岭下村 5-61·同治元年·增订见心集大全
（江湖必读卷一）·裘烈坤 …………………………… 4637
江湾镇晓起岭下村 5-62·同治元年·增订见心集大全
（江湖必读卷一）·裘烈坤 …………………………… 4638
江湾镇晓起岭下村 5-63·同治元年·增订见心集大全
（江湖必读卷一）·裘烈坤 …………………………… 4639
江湾镇晓起岭下村 5-64·同治元年·增订见心集大全
（江湖必读卷一）·裘烈坤 …………………………… 4640
江湾镇晓起岭下村 5-65·同治元年·增订见心集大全
（江湖必读卷一）·裘烈坤 …………………………… 4641

江湾镇晓起岭下村 5-66·同治元年·增订见心集大全
（江湖必读卷一）·裘烈坤 4642
江湾镇晓起岭下村 5-67·同治元年·增订见心集大全
（江湖必读卷一）·裘烈坤 4643
江湾镇晓起岭下村 5-68·同治元年·增订见心集大全
（江湖必读卷一）·裘烈坤 4644
江湾镇晓起岭下村 5-69·同治元年·增订见心集大全
（江湖必读卷一）·裘烈坤 4645
江湾镇晓起岭下村 5-70·同治元年·增订见心集大全
（江湖必读卷一）·裘烈坤 4646
江湾镇晓起岭下村 5-71·同治元年·增订见心集大全
（江湖必读卷一）·裘烈坤 4647
江湾镇晓起岭下村 5-72·同治元年·增订见心集大全
（江湖必读卷一）·裘烈坤 4648
江湾镇晓起岭下村 5-73·同治元年·增订见心集大全
（江湖必读卷一）·裘烈坤 4649
江湾镇晓起岭下村 5-74·同治元年·增订见心集大全
（江湖必读卷一）·裘烈坤 4650
江湾镇晓起岭下村 5-75·同治元年·增订见心集大全
（江湖必读卷一）·裘烈坤 4651
江湾镇晓起岭下村 5-76·同治元年·增订见心集大全
（江湖必读卷一）·裘烈坤 4652
江湾镇晓起岭下村 5-77·同治元年·增订见心集大全
（江湖必读卷一）·裘烈坤 4653
江湾镇晓起岭下村 5-78·同治元年·增订见心集大全
（江湖必读卷一）·裘烈坤 4654
江湾镇晓起岭下村 5-79·同治元年·增订见心集大全
（江湖必读卷一）·裘烈坤 4655
江湾镇晓起岭下村 5-80·同治元年·增订见心集大全
（江湖必读卷一）·裘烈坤 4656
江湾镇晓起岭下村 5-81·同治元年·增订见心集大全
（江湖必读卷一）·裘烈坤 4657

江湾镇晓起岭下村 5-82·同治元年·增订见心集大全
（江湖必读卷一）·裘烈坤 ················· 4658

江湾镇晓起岭下村 5-83·同治元年·增订见心集大全
（江湖必读卷一）·裘烈坤 ················· 4659

江湾镇晓起岭下村 5-84·同治元年·增订见心集大全
（江湖必读卷一）·裘烈坤 ················· 4660

江湾镇晓起岭下村 5-85·同治元年·增订见心集大全
（江湖必读卷一）·裘烈坤 ················· 4661

江湾镇晓起岭下村 5-86·同治元年·增订见心集大全
（江湖必读卷一）·裘烈坤 ················· 4662

江湾镇晓起岭下村 5-87·同治元年·增订见心集大全
（江湖必读卷一）·裘烈坤 ················· 4663

江湾镇晓起岭下村 5-88·同治元年·增订见心集大全
（江湖必读卷一）·裘烈坤 ················· 4664

江湾镇晓起岭下村 5-89·同治元年·增订见心集大全
（江湖必读卷一）·裘烈坤 ················· 4665

江湾镇晓起岭下村 5-90·同治元年·增订见心集大全
（江湖必读卷一）·裘烈坤 ················· 4666

江湾镇晓起岭下村 5-91·同治元年·增订见心集大全
（江湖必读卷一）·裘烈坤 ················· 4667

江湾镇晓起岭下村 5-92·同治元年·增订见心集大全
（江湖必读卷一）·裘烈坤 ················· 4668

江湾镇晓起岭下村 5-93·同治元年·增订见心集大全
（江湖必读卷一）·裘烈坤 ················· 4669

江湾镇晓起岭下村 5-94·同治元年·增订见心集大全
（江湖必读卷一）·裘烈坤 ················· 4670

江湾镇晓起岭下村 5-95·同治元年·增订见心集大全
（江湖必读卷一）·裘烈坤 ················· 4671

江湾镇晓起岭下村 5-96·同治元年·增订见心集大全
（江湖必读卷一）·裘烈坤 ················· 4672

江湾镇晓起岭下村 1-1·同治二年至十一年·税粮实征册·德兴户 ······· 4673

江湾镇晓起岭下村 1-2·同治二年至十一年·税粮实征册·德兴户 ······· 4674

江湾镇晓起岭下村 1-3·同治二年至十一年·税粮实征册·德兴户 ……… 4675

江湾镇晓起岭下村 1-4·同治二年至十一年·税粮实征册·德兴户 ……… 4676

江湾镇晓起岭下村 2-1·光绪十一年·税粮实征册·天有户新生
绍基户 …………………………………………………………… 4677

江湾镇晓起岭下村 2-2·光绪十一年·税粮实征册·天有户新生
绍基户 …………………………………………………………… 4678

江湾镇晓起岭下村 2-3·光绪十一年·税粮实征册·天有户新生
绍基户 …………………………………………………………… 4679

江湾镇晓起岭下村 3-1·流水账·伯富等 ……………………………… 4680

江湾镇晓起岭下村 3-2·流水账·伯富等 ……………………………… 4681

江湾镇晓起岭下村 3-3·流水账·伯富等 ……………………………… 4682

江湾镇晓起岭下村 3-4·流水账·伯富等 ……………………………… 4683

江湾镇晓起岭下村 3-5·流水账·伯富等 ……………………………… 4684

江湾镇晓起岭下村 3-6·流水账·伯富等 ……………………………… 4685

江湾镇晓起岭下村 3-7·流水账·伯富等 ……………………………… 4686

江湾镇晓起岭下村 3-8·流水账·伯富等 ……………………………… 4687

江湾镇晓起岭下村 3-9·流水账·伯富等 ……………………………… 4688

江湾镇晓起岭下村 3-10·流水账·伯富等 …………………………… 4689

江湾镇晓起岭下村 3-11·流水账·伯富等 …………………………… 4690

江湾镇晓起岭下村 3-12·流水账·伯富等 …………………………… 4691

江湾镇晓起岭下村 3-13·流水账·伯富等 …………………………… 4692

江湾镇晓起岭下村 3-14·流水账·伯富等 …………………………… 4693

江湾镇晓起岭下村 3-15·流水账·伯富等 …………………………… 4694

江湾镇晓起岭下村 3-16·流水账·伯富等 …………………………… 4695

江湾镇晓起岭下村 3-17·流水账·伯富等 …………………………… 4696

江湾镇晓起岭下村 3-18·流水账·伯富等 …………………………… 4697

江湾镇晓起岭下村 3-19·流水账·伯富等 …………………………… 4698

江湾镇晓起岭下村 3-20·流水账·伯富等 …………………………… 4699

江湾镇晓起岭下村 3-21·流水账·伯富等 …………………………… 4700

江湾镇晓起岭下村 3-22·流水账·伯富等 …………………………… 4701

江湾镇晓起岭下村 3-23·流水账·伯富等 …………………………… 4702

江湾镇晓起岭下村 3-24·流水账·伯富等 …………………………… 4703

江湾镇晓起岭下村 4-1・税粮实征册・庆成户 …………… 4704
江湾镇晓起岭下村 4-2・税粮实征册・庆成户 …………… 4705
江湾镇晓起岭下村 4-3・税粮实征册・庆成户 …………… 4706
江湾镇晓起岭下村 4-4・税粮实征册・庆成户 …………… 4707
江湾镇晓起岭下村 4-5・税粮实征册・庆成户 …………… 4708

江湾镇中[钟]吕村 1—138 …………… 4709

江湾镇中[钟]吕村 1-1・弘治十年・俞氏族谱 …………… 4709
江湾镇中[钟]吕村 1-2・弘治十年・俞氏族谱 …………… 4710
江湾镇中[钟]吕村 1-3・弘治十年・俞氏族谱 …………… 4711
江湾镇中[钟]吕村 1-4・弘治十年・俞氏族谱 …………… 4712
江湾镇中[钟]吕村 1-5・弘治十年・俞氏族谱 …………… 4713
江湾镇中[钟]吕村 1-6・弘治十年・俞氏族谱 …………… 4714
江湾镇中[钟]吕村 1-7・弘治十年・俞氏族谱 …………… 4715
江湾镇中[钟]吕村 1-8・弘治十年・俞氏族谱 …………… 4716
江湾镇中[钟]吕村 1-9・弘治十年・俞氏族谱 …………… 4717
江湾镇中[钟]吕村 1-10・弘治十年・俞氏族谱 …………… 4718
江湾镇中[钟]吕村 1-11・弘治十年・俞氏族谱 …………… 4719
江湾镇中[钟]吕村 1-12・弘治十年・俞氏族谱 …………… 4720
江湾镇中[钟]吕村 1-13・弘治十年・俞氏族谱 …………… 4721
江湾镇中[钟]吕村 1-14・弘治十年・俞氏族谱 …………… 4722
江湾镇中[钟]吕村 1-15・弘治十年・俞氏族谱 …………… 4723
江湾镇中[钟]吕村 1-16・弘治十年・俞氏族谱 …………… 4724
江湾镇中[钟]吕村 1-17・弘治十年・俞氏族谱 …………… 4725
江湾镇中[钟]吕村 1-18・弘治十年・俞氏族谱 …………… 4726
江湾镇中[钟]吕村 1-19・弘治十年・俞氏族谱 …………… 4727
江湾镇中[钟]吕村 1-20・弘治十年・俞氏族谱 …………… 4728
江湾镇中[钟]吕村 1-21・弘治十年・俞氏族谱 …………… 4729
江湾镇中[钟]吕村 1-22・弘治十年・俞氏族谱 …………… 4730
江湾镇中[钟]吕村 1-23・弘治十年・俞氏族谱 …………… 4731
江湾镇中[钟]吕村 1-24・弘治十年・俞氏族谱 …………… 4732
江湾镇中[钟]吕村 1-25・弘治十年・俞氏族谱 …………… 4733

江湾镇中[钟]吕村1-26·弘治十年·俞氏族谱……4734

江湾镇中[钟]吕村1-27·弘治十年·俞氏族谱……4735

江湾镇中[钟]吕村1-28·弘治十年·俞氏族谱……4736

江湾镇中[钟]吕村1-29·弘治十年·俞氏族谱……4737

江湾镇中[钟]吕村1-30·弘治十年·俞氏族谱……4738

江湾镇中[钟]吕村1-31·弘治十年·俞氏族谱……4739

江湾镇中[钟]吕村1-32·弘治十年·俞氏族谱……4740

江湾镇中[钟]吕村1-33·弘治十年·俞氏族谱……4741

江湾镇中[钟]吕村1-34·弘治十年·俞氏族谱……4742

江湾镇中[钟]吕村1-35·弘治十年·俞氏族谱……4743

江湾镇中[钟]吕村1-36·弘治十年·俞氏族谱……4744

江湾镇中[钟]吕村1-37·弘治十年·俞氏族谱……4745

江湾镇中[钟]吕村1-38·弘治十年·俞氏族谱……4746

江湾镇中[钟]吕村1-39·弘治十年·俞氏族谱……4747

江湾镇中[钟]吕村1-40·弘治十年·俞氏族谱……4748

江湾镇中[钟]吕村1-41·弘治十年·俞氏族谱……4749

江湾镇中[钟]吕村1-42·弘治十年·俞氏族谱……4750

江湾镇中[钟]吕村4-1·康熙三十五年·税粮实征册·俞九和户……4751

江湾镇中[钟]吕村4-2·康熙三十五年·税粮实征册·俞九和户……4752

江湾镇中[钟]吕村4-3·康熙三十五年·税粮实征册·俞九和户……4753

江湾镇中[钟]吕村4-4·康熙三十五年·税粮实征册·俞九和户……4754

江湾镇中[钟]吕村4-5·康熙三十五年·税粮实征册·俞九和户……4755

江湾镇中[钟]吕村4-6·康熙三十五年·税粮实征册·俞九和户……4756

江湾镇中[钟]吕村4-7·康熙三十五年·税粮实征册·俞九和户……4757

江湾镇中[钟]吕村4-8·康熙三十五年·税粮实征册·俞九和户……4758

江湾镇中[钟]吕村4-9·康熙三十五年·税粮实征册·俞九和户……4759

江湾镇中[钟]吕村4-10·康熙三十五年·税粮实征册·俞九和户……4760

江湾镇中[钟]吕村4-11·康熙三十五年·税粮实征册·俞九和户……4761

江湾镇中[钟]吕村4-12·康熙三十五年·税粮实征册·俞九和户……4762

江湾镇中[钟]吕村4-13·康熙三十五年·税粮实征册·俞九和户……4763

江湾镇中[钟]吕村4-14·康熙三十五年·税粮实征册·俞九和户……4764

江湾镇中[钟]吕村4附·康熙二十一年·税粮实征册·俞九和户……4765

江湾镇中[钟]吕村8-1·康熙二十一年至五十六年·税粮实征册及阄书 …… 4766

江湾镇中[钟]吕村8-2·康熙二十一年至五十六年·税粮实征册及阄书 …… 4767

江湾镇中[钟]吕村8-3·康熙二十一年至五十六年·税粮实征册及阄书 …… 4768

江湾镇中[钟]吕村8-4·康熙二十一年至五十六年·税粮实征册及阄书 …… 4769

江湾镇中[钟]吕村8-5·康熙二十一年至五十六年·税粮实征册及阄书 …… 4770

江湾镇中[钟]吕村8-6·康熙二十一年至五十六年·税粮实征册及阄书 …… 4771

江湾镇中[钟]吕村8-7·康熙二十一年至五十六年·税粮实征册及阄书 …… 4772

江湾镇中[钟]吕村8-8·康熙二十一年至五十六年·税粮实征册及阄书 …… 4773

江湾镇中[钟]吕村8-9·康熙二十一年至五十六年·税粮实征册及阄书 …… 4774

江湾镇中[钟]吕村8-10·康熙二十一年至五十六年·税粮实征册及阄书 …… 4775

江湾镇中[钟]吕村8-11·康熙二十一年至五十六年·税粮实征册及阄书 …… 4776

江湾镇中[钟]吕村8-12·康熙二十一年至五十六年·税粮实征册及阄书 …… 4777

江湾镇中[钟]吕村8-13·康熙二十一年至五十六年·税粮实征册及阄书 …… 4778

江湾镇中[钟]吕村8-14·康熙二十一年至五十六年·税粮实征册及阄书 …… 4779

江湾镇中[钟]吕村8-15·康熙二十一年至五十六年·税粮实征册及阄书 …… 4780

江湾镇中[钟]吕村8-16·康熙二十一年至五十六年·税粮实征册及阄书 …… 4781

江湾镇中[钟]吕村8-17·康熙二十一年至五十六年·税粮实征册及
　　阄书 ·· 4782

江湾镇中[钟]吕村8-18·康熙二十一年至五十六年·税粮实征册及
　　阄书 ·· 4783

江湾镇中[钟]吕村8-19·康熙二十一年至五十六年·税粮实征册及
　　阄书 ·· 4784

江湾镇中[钟]吕村8-20·康熙二十一年至五十六年·税粮实征册及
　　阄书 ·· 4785

江湾镇中[钟]吕村8-21·康熙二十一年至五十六年·税粮实征册及
　　阄书 ·· 4786

江湾镇中[钟]吕村8-22·康熙二十一年至五十六年·税粮实征册及
　　阄书 ·· 4787

江湾镇中[钟]吕村8-23·康熙二十一年至五十六年·税粮实征册及
　　阄书 ·· 4788

江湾镇中[钟]吕村8-24·康熙二十一年至五十六年·税粮实征册及
　　阄书 ·· 4789

江湾镇中[钟]吕村8-25·康熙二十一年至五十六年·税粮实征册及
　　阄书 ·· 4790

江湾镇中[钟]吕村8-26·康熙二十一年至五十六年·税粮实征册及
　　阄书 ·· 4791

江湾镇中[钟]吕村8-27·康熙二十一年至五十六年·税粮实征册及
　　阄书 ·· 4792

江湾镇中[钟]吕村8-28·康熙二十一年至五十六年·税粮实征册及
　　阄书 ·· 4793

江湾镇中[钟]吕村8-29·康熙二十一年至五十六年·税粮实征册及
　　阄书 ·· 4794

江湾镇中[钟]吕村8-30·康熙二十一年至五十六年·税粮实征册及
　　阄书 ·· 4795

江湾镇中[钟]吕村8-31·康熙二十一年至五十六年·税粮实征册及
　　阄书 ·· 4796

江湾镇中[钟]吕村8-32·康熙二十一年至五十六年·税粮实征册及
　　阄书 ·· 4797

江湾镇中[钟]吕村8-33·康熙二十一年至五十六年·税粮实征册及
阄书 ·· 4798

江湾镇中[钟]吕村8-34·康熙二十一年至五十六年·税粮实征册及
阄书 ·· 4799

江湾镇中[钟]吕村8-35·康熙二十一年至五十六年·税粮实征册及
阄书 ·· 4800

江湾镇中[钟]吕村8-36·康熙二十一年至五十六年·税粮实征册及
阄书 ·· 4801

江湾镇中[钟]吕村8-37·康熙二十一年至五十六年·税粮实征册及
阄书 ·· 4802

江湾镇中[钟]吕村8-38·康熙二十一年至五十六年·税粮实征册及
阄书 ·· 4803

江湾镇中[钟]吕村8-39·康熙二十一年至五十六年·税粮实征册及
阄书 ·· 4804

江湾镇中[钟]吕村8-40·康熙二十一年至五十六年·税粮实征册及
阄书 ·· 4805

江湾镇中[钟]吕村16-1·康熙五十六年·税粮实征册·俞九和户
兆澄股 ·· 4806

江湾镇中[钟]吕村16-2·康熙五十六年·税粮实征册·俞九和户
兆澄股 ·· 4807

江湾镇中[钟]吕村16-3·康熙五十六年·税粮实征册·俞九和户
兆澄股 ·· 4808

江湾镇中[钟]吕村16-4·康熙五十六年·税粮实征册·俞九和户
兆澄股 ·· 4809

江湾镇中[钟]吕村16-5·康熙五十六年·税粮实征册·俞九和户
兆澄股 ·· 4810

江湾镇中[钟]吕村16-6·康熙五十六年·税粮实征册·俞九和户
兆澄股 ·· 4811

江湾镇中[钟]吕村16-7·康熙五十六年·税粮实征册·俞九和户
兆澄股 ·· 4812

江湾镇中[钟]吕村16-8·康熙五十六年·税粮实征册·俞九和户
兆澄股 ·· 4813

江湾镇中[钟]吕村16-9·康熙五十六年·税粮实征册·俞九和户
兆澄股 ………………………………………………………… 4814

江湾镇中[钟]吕村16-10·康熙五十六年·税粮实征册·俞九和户
兆澄股 ………………………………………………………… 4815

江湾镇中[钟]吕村16-11·康熙五十六年·税粮实征册·俞九和户
兆澄股 ………………………………………………………… 4816

江湾镇中[钟]吕村16-12·康熙五十六年·税粮实征册·俞九和户
兆澄股 ………………………………………………………… 4817

江湾镇中[钟]吕村5-1·雍正六年·俞氏族谱 ……………… 4818
江湾镇中[钟]吕村5-2·雍正六年·俞氏族谱 ……………… 4819
江湾镇中[钟]吕村5-3·雍正六年·俞氏族谱 ……………… 4820
江湾镇中[钟]吕村5-4·雍正六年·俞氏族谱 ……………… 4821
江湾镇中[钟]吕村5-5·雍正六年·俞氏族谱 ……………… 4822
江湾镇中[钟]吕村5-6·雍正六年·俞氏族谱 ……………… 4823
江湾镇中[钟]吕村5-7·雍正六年·俞氏族谱 ……………… 4824
江湾镇中[钟]吕村5-8·雍正六年·俞氏族谱 ……………… 4825
江湾镇中[钟]吕村5-9·雍正六年·俞氏族谱 ……………… 4826
江湾镇中[钟]吕村5-10·雍正六年·俞氏族谱 ……………… 4827
江湾镇中[钟]吕村5-11·雍正六年·俞氏族谱 ……………… 4828
江湾镇中[钟]吕村5-12·雍正六年·俞氏族谱 ……………… 4829
江湾镇中[钟]吕村5-13·雍正六年·俞氏族谱 ……………… 4830
江湾镇中[钟]吕村5-14·雍正六年·俞氏族谱 ……………… 4831
江湾镇中[钟]吕村5-15·雍正六年·俞氏族谱 ……………… 4832
江湾镇中[钟]吕村5-16·雍正六年·俞氏族谱 ……………… 4833
江湾镇中[钟]吕村5-17·雍正六年·俞氏族谱 ……………… 4834
江湾镇中[钟]吕村5-18·雍正六年·俞氏族谱 ……………… 4835
江湾镇中[钟]吕村5-19·雍正六年·俞氏族谱 ……………… 4836
江湾镇中[钟]吕村5-20·雍正六年·俞氏族谱 ……………… 4837
江湾镇中[钟]吕村5-21·雍正六年·俞氏族谱 ……………… 4838
江湾镇中[钟]吕村5-22·雍正六年·俞氏族谱 ……………… 4839
江湾镇中[钟]吕村5-23·雍正六年·俞氏族谱 ……………… 4840

江湾镇中[钟]吕村7-1·雍正十三年始·积庆堂公储账簿·
祠正兆潘收执 …………………………………………………… 4841

江湾镇中[钟]吕村7-2·雍正十三年始·积庆堂公储账簿·
祠正兆潘收执 ································· 4842

江湾镇中[钟]吕村7-3·雍正十三年始·积庆堂公储账簿·
祠正兆潘收执 ································· 4843

江湾镇中[钟]吕村7-4·雍正十三年始·积庆堂公储账簿·
祠正兆潘收执 ································· 4844

江湾镇中[钟]吕村7-5·雍正十三年始·积庆堂公储账簿·
祠正兆潘收执 ································· 4845

江湾镇中[钟]吕村7-6·雍正十三年始·积庆堂公储账簿·
祠正兆潘收执 ································· 4846

江湾镇中[钟]吕村7-7·雍正十三年始·积庆堂公储账簿·
祠正兆潘收执 ································· 4847

江湾镇中[钟]吕村7-8·雍正十三年始·积庆堂公储账簿·
祠正兆潘收执 ································· 4848

江湾镇中[钟]吕村7-9·雍正十三年始·积庆堂公储账簿·
祠正兆潘收执 ································· 4849

江湾镇中[钟]吕村7-10·雍正十三年始·积庆堂公储账簿·
祠正兆潘收执 ································· 4850

江湾镇中[钟]吕村7-11·雍正十三年始·积庆堂公储账簿·
祠正兆潘收执 ································· 4851

江湾镇中[钟]吕村7-12·雍正十三年始·积庆堂公储账簿·
祠正兆潘收执 ································· 4852

江湾镇中[钟]吕村7-13·雍正十三年始·积庆堂公储账簿·
祠正兆潘收执 ································· 4853

江湾镇中[钟]吕村7-14·雍正十三年始·积庆堂公储账簿·
祠正兆潘收执 ································· 4854

江湾镇中[钟]吕村7-15·雍正十三年始·积庆堂公储账簿·
祠正兆潘收执 ································· 4855

江湾镇中[钟]吕村7-16·雍正十三年始·积庆堂公储账簿·
祠正兆潘收执 ································· 4856

江湾镇中[钟]吕村7-17·雍正十三年始·积庆堂公储账簿·
祠正兆潘收执 ································· 4857

江湾镇中[钟]吕村7-18·雍正十三年始·积庆堂公储账簿·
祠正兆潘收执 ················· 4858

江湾镇中[钟]吕村7-19·雍正十三年始·积庆堂公储账簿·
祠正兆潘收执 ················· 4859

江湾镇中[钟]吕村7-20·雍正十三年始·积庆堂公储账簿·
祠正兆潘收执 ················· 4860

江湾镇中[钟]吕村7-21·雍正十三年始·积庆堂公储账簿·
祠正兆潘收执 ················· 4861

江湾镇中[钟]吕村7-22·雍正十三年始积·庆堂公储账簿·
祠正兆潘收执 ················· 4862

江湾镇中[钟]吕村7-23·雍正十三年始·积庆堂公储账簿·
祠正兆潘收执 ················· 4863

江湾镇中[钟]吕村7-24·雍正十三年始·积庆堂公储账簿·
祠正兆潘收执 ················· 4864

江湾镇中[钟]吕村7-25·雍正十三年始·积庆堂公储账簿·
祠正兆潘收执 ················· 4865

江湾镇中[钟]吕村7-26·雍正十三年始·积庆堂公储账簿·
祠正兆潘收执 ················· 4866

江湾镇中[钟]吕村7-27·雍正十三年始·积庆堂公储账簿·
祠正兆潘收执 ················· 4867

江湾镇中[钟]吕村7-28·雍正十三年始·积庆堂公储账簿·
祠正兆潘收执 ················· 4868

江湾镇中[钟]吕村7-29·雍正十三年始·积庆堂公储账簿·
祠正兆潘收执 ················· 4869

江湾镇中[钟]吕村7-30·雍正十三年始·积庆堂公储账簿·
祠正兆潘收执 ················· 4870

江湾镇中[钟]吕村7-31·雍正十三年始·积庆堂公储账簿·
祠正兆潘收执 ················· 4871

江湾镇中[钟]吕村7-32·雍正十三年始·积庆堂公储账簿·
祠正兆潘收执 ················· 4872

江湾镇中[钟]吕村7-33·雍正十三年始·积庆堂公储账簿·
祠正兆潘收执 ················· 4873

江湾镇中[钟]吕村7-34·雍正十三年始·积庆堂公储账簿·
　祠正兆潘收执 ··· 4874
江湾镇中[钟]吕村7-35·雍正十三年始·积庆堂公储账簿·
　祠正兆潘收执 ··· 4875
江湾镇中[钟]吕村7-36·雍正十三年始·积庆堂公储账簿·
　祠正兆潘收执 ··· 4876
江湾镇中[钟]吕村7-37·雍正十三年始·积庆堂公储账簿·
　祠正兆潘收执 ··· 4877
江湾镇中[钟]吕村7-38·雍正十三年始·积庆堂公储账簿·
　祠正兆潘收执 ··· 4878
江湾镇中[钟]吕村7-39·雍正十三年始·积庆堂公储账簿·
　祠正兆潘收执 ··· 4879
江湾镇中[钟]吕村7-40·雍正十三年始·积庆堂公储账簿·
　祠正兆潘收执 ··· 4880
江湾镇中[钟]吕村7-41·雍正十三年始·积庆堂公储账簿·
　祠正兆潘收执 ··· 4881
江湾镇中[钟]吕村7-42·雍正十三年始·积庆堂公储账簿·
　祠正兆潘收执 ··· 4882
江湾镇中[钟]吕村7-43·雍正十三年始·积庆堂公储账簿·
　祠正兆潘收执 ··· 4883
江湾镇中[钟]吕村7-44·雍正十三年始·积庆堂公储账簿·
　祠正兆潘收执 ··· 4884
江湾镇中[钟]吕村7-45·雍正十三年始·积庆堂公储账簿·
　祠正兆潘收执 ··· 4885
江湾镇中[钟]吕村7-46·雍正十三年始·积庆堂公储账簿·
　祠正兆潘收执 ··· 4886
江湾镇中[钟]吕村7-47·雍正十三年始·积庆堂公储账簿·
　祠正兆潘收执 ··· 4887
江湾镇中[钟]吕村7-48·雍正十三年始·积庆堂公储账簿·
　祠正兆潘收执 ··· 4888
江湾镇中[钟]吕村7-49·雍正十三年始·积庆堂公储账簿·
　祠正兆潘收执 ··· 4889

江湾镇中[钟]吕村 7-50·雍正十三年始·积庆堂公储账簿·
祠正兆潘收执 ·· 4890

江湾镇中[钟]吕村 7-51·雍正十三年始·积庆堂公储账簿·
祠正兆潘收执 ·· 4891

江湾镇中[钟]吕村 7-52·雍正十三年始·积庆堂公储账簿·
祠正兆潘收执 ·· 4892

江湾镇中[钟]吕村 7-53·雍正十三年始·积庆堂公储账簿·
祠正兆潘收执 ·· 4893

江湾镇中[钟]吕村 7-54·雍正十三年始·积庆堂公储账簿·
祠正兆潘收执 ·· 4894

江湾镇中[钟]吕村 7-55·雍正十三年始·积庆堂公储账簿·
祠正兆潘收执 ·· 4895

江湾镇中[钟]吕村 7-56·雍正十三年始·积庆堂公储账簿·
祠正兆潘收执 ·· 4896

江湾镇中[钟]吕村 7-57·雍正十三年始·积庆堂公储账簿·
祠正兆潘收执 ·· 4897

江湾镇中[钟]吕村 3-1·乾隆六年·税粮实征册·俞九和
士荣户兆潘股 ·· 4898

江湾镇中[钟]吕村 3-2·乾隆六年·税粮实征册·俞九和
士荣户兆潘股 ·· 4899

江湾镇中[钟]吕村 3-3·乾隆六年·税粮实征册·俞九和
士荣户兆潘股 ·· 4900

江湾镇中[钟]吕村 3-4·乾隆六年·税粮实征册·俞九和
士荣户兆潘股 ·· 4901

江湾镇中[钟]吕村 3-5·乾隆六年·税粮实征册·俞九和
士荣户兆潘股 ·· 4902

江湾镇中[钟]吕村 3-6·乾隆六年·税粮实征册·俞九和
士荣户兆潘股 ·· 4903

江湾镇中[钟]吕村 3-7·乾隆六年·税粮实征册·俞九和
士荣户兆潘股 ·· 4904

江湾镇中[钟]吕村 3-8·乾隆六年·税粮实征册·俞九和
士荣户兆潘股 ·· 4905

江湾镇中[钟]吕村12-1·雍正元年至乾隆十三年·税粮实征册·
  俞九和士荣户 ································· 4906

江湾镇中[钟]吕村12-2·雍正元年至乾隆十三年·税粮实征册·
  俞九和士荣户 ································· 4907

江湾镇中[钟]吕村12-3·雍正元年至乾隆十三年·税粮实征册·
  俞九和士荣户 ································· 4908

江湾镇中[钟]吕村12-4·雍正元年至乾隆十三年·税粮实征册·
  俞九和士荣户 ································· 4909

江湾镇中[钟]吕村12-5·雍正元年至乾隆十三年·税粮实征册·
  俞九和士荣户 ································· 4910

江湾镇中[钟]吕村12-6·雍正元年至乾隆十三年·税粮实征册·
  俞九和士荣户 ································· 4911

江湾镇中[钟]吕村12-7·雍正元年至乾隆十三年·税粮实征册·
  俞九和士荣户 ································· 4912

江湾镇中[钟]吕村12-8·雍正元年至乾隆十三年·税粮实征册·
  俞九和士荣户 ································· 4913

江湾镇中[钟]吕村12-9·雍正元年至乾隆十三年·税粮实征册·
  俞九和士荣户 ································· 4914

江湾镇中[钟]吕村12-10·雍正元年至乾隆十三年·税粮实征册·
  俞九和士荣户 ································· 4915

江湾镇中[钟]吕村12-11·雍正元年至乾隆十三年·税粮实征册·
  俞九和士荣户 ································· 4916

江湾镇中[钟]吕村12-12·雍正元年至乾隆十三年·税粮实征册·
  俞九和士荣户 ································· 4917

江湾镇中[钟]吕村13-1·乾隆六年·认纳实征册·俞九和
  士荣户兆溴股 ································· 4918

江湾镇中[钟]吕村13-2·乾隆六年·认纳实征册·俞九和
  士荣户兆溴股 ································· 4919

江湾镇中[钟]吕村13-3·乾隆六年·认纳实征册·俞九和
  士荣户兆溴股 ································· 4920

江湾镇中[钟]吕村13-4·乾隆六年·认纳实征册·俞九和
  士荣户兆溴股 ································· 4921

江湾镇中[钟]吕村13-5·乾隆六年·认纳实征册·俞九和
士荣户兆溁股 4922

江湾镇中[钟]吕村13-6·乾隆六年·认纳实征册·俞九和
士荣户兆溁股 4923

江湾镇中[钟]吕村13-7·乾隆六年·认纳实征册·俞九和
士荣户兆溁股 4924

江湾镇中[钟]吕村13-8·乾隆六年·认纳实征册·俞九和
士荣户兆溁股 4925

江湾镇中[钟]吕村13-9·乾隆六年·认纳实征册·俞九和
士荣户兆溁股 4926

江湾镇中[钟]吕村13-10·乾隆六年·认纳实征册·俞九和
士荣户兆溁股 4927

江湾镇中[钟]吕村13-11·乾隆六年·认纳实征册·俞九和
士荣户兆溁股 4928

江湾镇中[钟]吕村13-12·乾隆六年·认纳实征册·俞九和
士荣户兆溁股 4929

江湾镇中[钟]吕村13-13·乾隆六年·认纳实征册·俞九和
士荣户兆溁股 4930

江湾镇中[钟]吕村13-14·乾隆六年·认纳实征册·俞九和
士荣户兆溁股 4931

江湾镇中[钟]吕村13-15·乾隆六年·认纳实征册·俞九和
士荣户兆溁股 4932

江湾镇中[钟]吕村13-16·乾隆六年·认纳实征册·俞九和
士荣户兆溁股 4933

江湾镇中[钟]吕村20-1·乾隆八年始·仁本堂洋五府君公储
规例及收支账簿·俞士煋等 4934

江湾镇中[钟]吕村20-2·乾隆八年始·仁本堂洋五府君公储
规例及收支账簿·俞士煋等 4935

江湾镇中[钟]吕村20-3·乾隆八年始·仁本堂洋五府君公储
规例及收支账簿·俞士煋等 4936

江湾镇中[钟]吕村20-4·乾隆八年始·仁本堂洋五府君公储
规例及收支账簿·俞士煋等 4937

江湾镇中[钟]吕村20-5·乾隆八年始·仁本堂洋五府君公储
规例及收支账簿·俞士煃等 ··· 4938
江湾镇中[钟]吕村20-6·乾隆八年始·仁本堂洋五府君公储
规例及收支账簿·俞士煃等 ··· 4939
江湾镇中[钟]吕村20-7·乾隆八年始·仁本堂洋五府君公储
规例及收支账簿·俞士煃等 ··· 4940
江湾镇中[钟]吕村20-8·乾隆八年始·仁本堂洋五府君公储
规例及收支账簿·俞士煃等 ··· 4941
江湾镇中[钟]吕村20-9·乾隆八年始·仁本堂洋五府君公储
规例及收支账簿·俞士煃等 ··· 4942
江湾镇中[钟]吕村20-10·乾隆八年始·仁本堂洋五府君公储
规例及收支账簿·俞士煃等 ··· 4943
江湾镇中[钟]吕村20-11·乾隆八年始·仁本堂洋五府君公储
规例及收支账簿·俞士煃等 ··· 4944
江湾镇中[钟]吕村20-12·乾隆八年始·仁本堂洋五府君公储
规例及收支账簿·俞士煃等 ··· 4945
江湾镇中[钟]吕村20-13·乾隆八年始·仁本堂洋五府君公储
规例及收支账簿·俞士煃等 ··· 4946
江湾镇中[钟]吕村20-14·乾隆八年始·仁本堂洋五府君公储
规例及收支账簿·俞士煃等 ··· 4947
江湾镇中[钟]吕村20-15·乾隆八年始·仁本堂洋五府君公储
规例及收支账簿·俞士煃等 ··· 4948
江湾镇中[钟]吕村20-16·乾隆八年始·仁本堂洋五府君公储
规例及收支账簿·俞士煃等 ··· 4949
江湾镇中[钟]吕村20-17·乾隆八年始·仁本堂洋五府君公储
规例及收支账簿·俞士煃等 ··· 4950
江湾镇中[钟]吕村20-18·乾隆八年始·仁本堂洋五府君公储
规例及收支账簿·俞士煃等 ··· 4951
江湾镇中[钟]吕村20-19·乾隆八年始·仁本堂洋五府君公储
规例及收支账簿·俞士煃等 ··· 4952
江湾镇中[钟]吕村20-20·乾隆八年始·仁本堂洋五府君公储
规例及收支账簿·俞士煃等 ··· 4953

江湾镇中[钟]吕村20-21·乾隆八年始·仁本堂洋五府君公储
规例及收支账簿·俞士煃等 ····················· 4954

江湾镇中[钟]吕村20-22·乾隆八年始·仁本堂洋五府君公储
规例及收支账簿·俞士煃等 ····················· 4955

江湾镇中[钟]吕村20-23·乾隆八年始·仁本堂洋五府君公储
规例及收支账簿·俞士煃等 ····················· 4956

江湾镇中[钟]吕村20-24·乾隆八年始·仁本堂洋五府君公储
规例及收支账簿·俞士煃等 ····················· 4957

江湾镇中[钟]吕村20-25·乾隆八年始·仁本堂洋五府君公储
规例及收支账簿·俞士煃等 ····················· 4958

江湾镇中[钟]吕村20-26·乾隆八年始·仁本堂洋五府君公储
规例及收支账簿·俞士煃等 ····················· 4959

江湾镇中[钟]吕村20-27·乾隆八年始·仁本堂洋五府君公储
规例及收支账簿·俞士煃等 ····················· 4960

江湾镇中[钟]吕村20-28·乾隆八年始·仁本堂洋五府君公储
规例及收支账簿·俞士煃等 ····················· 4961

江湾镇中[钟]吕村20-29·乾隆八年始·仁本堂洋五府君公储
规例及收支账簿·俞士煃等 ····················· 4962

江湾镇中[钟]吕村20-30·乾隆八年始·仁本堂洋五府君公储
规例及收支账簿·俞士煃等 ····················· 4963

江湾镇中[钟]吕村20-31·乾隆八年始·仁本堂洋五府君公储
规例及收支账簿·俞士煃等 ····················· 4964

江湾镇中[钟]吕村20-32·乾隆八年始·仁本堂洋五府君公储
规例及收支账簿·俞士煃等 ····················· 4965

江湾镇中[钟]吕村20-33·乾隆八年始·仁本堂洋五府君公储
规例及收支账簿·俞士煃等 ····················· 4966

江湾镇中[钟]吕村20-34·乾隆八年始·仁本堂洋五府君公储
规例及收支账簿·俞士煃等 ····················· 4967

江湾镇中[钟]吕村20-35·乾隆八年始·仁本堂洋五府君公储
规例及收支账簿·俞士煃等 ····················· 4968

江湾镇中[钟]吕村20-36·乾隆八年始·仁本堂洋五府君公储
规例及收支账簿·俞士煃等 ····················· 4969

江湾镇中［钟］吕村20-37·乾隆八年始·仁本堂洋五府君公储
规例及收支账簿·俞士煋等 ··· 4970

江湾镇中［钟］吕村20-38·乾隆八年始·仁本堂洋五府君公储
规例及收支账簿·俞士煋等 ··· 4971

江湾镇中［钟］吕村20-39·乾隆八年始·仁本堂洋五府君公储
规例及收支账簿·俞士煋等 ··· 4972

江湾镇中［钟］吕村20-40·乾隆八年始·仁本堂洋五府君公储
规例及收支账簿·俞士煋等 ··· 4973

江湾镇中［钟］吕村20-41·乾隆八年始·仁本堂洋五府君公储
规例及收支账簿·俞士煋等 ··· 4974

江湾镇中［钟］吕村20-42·乾隆八年始·仁本堂洋五府君公储
规例及收支账簿·俞士煋等 ··· 4975

江湾镇中［钟］吕村20-43·乾隆八年始·仁本堂洋五府君公储
规例及收支账簿·俞士煋等 ··· 4976

江湾镇中［钟］吕村20-44·乾隆八年始·仁本堂洋五府君公储
规例及收支账簿·俞士煋等 ··· 4977

江湾镇中［钟］吕村20-45·乾隆八年始·仁本堂洋五府君公储
规例及收支账簿·俞士煋等 ··· 4978

江湾镇中［钟］吕村20-46·乾隆八年始·仁本堂洋五府君公储
规例及收支账簿·俞士煋等 ··· 4979

江湾镇中［钟］吕村25·乾隆三十五年·卖溥公祀田文约·☒
卖与江太占 ··· 4980

江湾镇中［钟］吕村44·乾隆四十七年·减租批·汪棣元、汪兆川 ········· 4981

江湾镇中［钟］吕村15-1·税粮实征册·俞☒堂洋五公时美户 ········· 4982

江湾镇中［钟］吕村15-2·税粮实征册·俞☒堂洋五公时美户 ········· 4983

江湾镇中［钟］吕村15-3·税粮实征册·俞☒堂洋五公时美户 ········· 4984

江湾镇中［钟］吕村15-4·税粮实征册·俞☒堂洋五公时美户 ········· 4985

江湾镇中［钟］吕村15-5·税粮实征册·俞☒堂洋五公时美户 ········· 4986

江湾镇中［钟］吕村15-6·税粮实征册·俞☒堂洋五公时美户 ········· 4987

江湾镇中［钟］吕村15-7·税粮实征册·俞☒堂洋五公时美户 ········· 4988

江湾镇中［钟］吕村15-8·税粮实征册·俞☒堂洋五公时美户 ········· 4989

江湾镇中［钟］吕村15-9·税粮实征册·俞☒堂洋五公时美户 ········· 4990

江湾镇中[钟]吕村15-10·税粮实征册·俞☐堂洋五公时美户 ········· 4991
江湾镇中[钟]吕村15-11·税粮实征册·俞☐堂洋五公时美户 ········· 4992
江湾镇中[钟]吕村15-12·税粮实征册·俞☐堂洋五公时美户 ········· 4993
江湾镇中[钟]吕村15-13·税粮实征册·俞☐堂洋五公时美户 ········· 4994
江湾镇中[钟]吕村14-1·税粮实征册·九和户升出远发户 ············ 4995
江湾镇中[钟]吕村14-2·税粮实征册·九和户升出远发户 ············ 4996
江湾镇中[钟]吕村14-3·税粮实征册·九和户升出远发户 ············ 4997
江湾镇中[钟]吕村14-4·税粮实征册·九和户升出远发户 ············ 4998
江湾镇中[钟]吕村14-5·税粮实征册·九和户升出远发户 ············ 4999
江湾镇中[钟]吕村14-6·税粮实征册·九和户升出远发户 ············ 5000
江湾镇中[钟]吕村14-7·税粮实征册·九和户升出远发户 ············ 5001
江湾镇中[钟]吕村17-1·税粮实征册·俞添顺结单 ···················· 5002
江湾镇中[钟]吕村17-2·税粮实征册·俞添顺结单 ···················· 5003
江湾镇中[钟]吕村17-3·税粮实征册·俞添顺结单 ···················· 5004
江湾镇中[钟]吕村17-4·税粮实征册·俞添顺结单 ···················· 5005
江湾镇中[钟]吕村17-5·税粮实征册·俞添顺结单 ···················· 5006
江湾镇中[钟]吕村17-6·税粮实征册·俞添顺结单 ···················· 5007
江湾镇中[钟]吕村17-7·税粮实征册·俞添顺结单 ···················· 5008
江湾镇中[钟]吕村17-8·税粮实征册·俞添顺结单 ···················· 5009
江湾镇中[钟]吕村17-9·税粮实征册·俞添顺结单 ···················· 5010
江湾镇中[钟]吕村17-10·税粮实征册·俞添顺结单 ··················· 5011
江湾镇中[钟]吕村17-11·税粮实征册·俞添顺结单 ··················· 5012
江湾镇中[钟]吕村53·嘉庆十二年·结单·俞添顺 ······················ 5013
江湾镇中[钟]吕村26·嘉庆二十四年·税单·华耀 ······················ 5014
江湾镇中[钟]吕村55·嘉庆二十四年·纳米执照·应湘 ················· 5015
江湾镇中[钟]吕村49·嘉庆二十五年·纳米执照·应湘 ················· 5016
江湾镇中[钟]吕村6-1·道光元年至同治十三年·☐公清明簿及
  收支簿·俞昌店等 ··· 5017
江湾镇中[钟]吕村6-2·道光元年至同治十三年·☐公清明簿及
  收支簿·俞昌店等 ··· 5018
江湾镇中[钟]吕村6-3·道光元年至同治十三年·☐公清明簿及
  收支簿·俞昌店等 ··· 5019

江湾镇中［钟］吕村6-4·道光元年至同治十三年·☒公清明簿及收支簿·俞昌店等 …… 5020

江湾镇中［钟］吕村6-5·道光元年至同治十三年·☒公清明簿及收支簿·俞昌店等 …… 5021

江湾镇中［钟］吕村6-6·道光元年至同治十三年·☒公清明簿及收支簿·俞昌店等 …… 5022

拾壹　江湾镇（五）
中［钟］吕村（2）

江湾镇中［钟］吕村6-7·道光元年至同治十三年·☐公清明簿及收支簿·俞昌店等 …… 5023

江湾镇中［钟］吕村6-8·道光元年至同治十三年·☐公清明簿及收支簿·俞昌店等 …… 5024

江湾镇中［钟］吕村6-9·道光元年至同治十三年·☐公清明簿及收支簿·俞昌店等 …… 5025

江湾镇中［钟］吕村6-10·道光元年至同治十三年·☐公清明簿及收支簿·俞昌店等 …… 5026

江湾镇中［钟］吕村6-11·道光元年至同治十三年·☐公清明簿及收支簿·俞昌店等 …… 5027

江湾镇中［钟］吕村6-12·道光元年至同治十三年·☐公清明簿及收支簿·俞昌店等 …… 5028

江湾镇中［钟］吕村6-13·道光元年至同治十三年·☐公清明簿及收支簿·俞昌店等 …… 5029

江湾镇中［钟］吕村6-14·道光元年至同治十三年·☐公清明簿及收支簿·俞昌店等 …… 5030

江湾镇中［钟］吕村6-15·道光元年至同治十三年·☐公清明簿及收支簿·俞昌店等 …… 5031

江湾镇中［钟］吕村6-16·道光元年至同治十三年·☐公清明簿及收支簿·俞昌店等 …… 5032

江湾镇中［钟］吕村6-17·道光元年至同治十三年·☐公清明簿及收支簿·俞昌店等 …… 5033

江湾镇中［钟］吕村6-18·道光元年至同治十三年·☐公清明簿及收支簿·俞昌店等 …… 5034

江湾镇中［钟］吕村6-19·道光元年至同治十三年·☐公清明簿及收支簿·俞昌店等 …… 5035

江湾镇中［钟］吕村6-20·道光元年至同治十三年·☐公清明簿及收支簿·俞昌店等 …… 5036

江湾镇中［钟］吕村6-21·道光元年至同治十三年·☑公清明簿及收支簿·俞昌店等 ………………………………………………………… 5037

江湾镇中［钟］吕村6-22·道光元年至同治十三年·☑公清明簿及收支簿·俞昌店等 ………………………………………………………… 5038

江湾镇中［钟］吕村6-23·道光元年至同治十三年·☑公清明簿及收支簿·俞昌店等 ………………………………………………………… 5039

江湾镇中［钟］吕村6-24·道光元年至同治十三年·☑公清明簿及收支簿·俞昌店等 ………………………………………………………… 5040

江湾镇中［钟］吕村6-25·道光元年至同治十三年·☑公清明簿及收支簿·俞昌店等 ………………………………………………………… 5041

江湾镇中［钟］吕村6-26·道光元年至同治十三年·☑公清明簿及收支簿·俞昌店等 ………………………………………………………… 5042

江湾镇中［钟］吕村6-27·道光元年至同治十三年·☑公清明簿及收支簿·俞昌店等 ………………………………………………………… 5043

江湾镇中［钟］吕村6-28·道光元年至同治十三年·☑公清明簿及收支簿·俞昌店等 ………………………………………………………… 5044

江湾镇中［钟］吕村6-29·道光元年至同治十三年·☑公清明簿及收支簿·俞昌店等 ………………………………………………………… 5045

江湾镇中［钟］吕村6-30·道光元年至同治十三年·☑公清明簿及收支簿·俞昌店等 ………………………………………………………… 5046

江湾镇中［钟］吕村6-31·道光元年至同治十三年·☑公清明簿及收支簿·俞昌店等 ………………………………………………………… 5047

江湾镇中［钟］吕村6-32·道光元年至同治十三年·☑公清明簿及收支簿·俞昌店等 ………………………………………………………… 5048

江湾镇中［钟］吕村6-33·道光元年至同治十三年·☑公清明簿及收支簿·俞昌店等 ………………………………………………………… 5049

江湾镇中［钟］吕村6-34·道光元年至同治十三年·☑公清明簿及收支簿·俞昌店等 ………………………………………………………… 5050

江湾镇中［钟］吕村6-35·道光元年至同治十三年·☑公清明簿及收支簿·俞昌店等 ………………………………………………………… 5051

江湾镇中［钟］吕村6-36·道光元年至同治十三年·☑公清明簿及收支簿·俞昌店等 ………………………………………………………… 5052

江湾镇中［钟］吕村6-37·道光元年至同治十三年·☒公清明簿及收支簿·俞昌店等 ················ 5053

江湾镇中［钟］吕村6-38·道光元年至同治十三年·☒公清明簿及收支簿·俞昌店等 ················ 5054

江湾镇中［钟］吕村6-39·道光元年至同治十三年·☒公清明簿及收支簿·俞昌店等 ················ 5055

江湾镇中［钟］吕村6-40·道光元年至同治十三年·☒公清明簿及收支簿·俞昌店等 ················ 5056

江湾镇中［钟］吕村6-41·道光元年至同治十三年·☒公清明簿及收支簿·俞昌店等 ················ 5057

江湾镇中［钟］吕村6-42·道光元年至同治十三年·☒公清明簿及收支簿·俞昌店等 ················ 5058

江湾镇中［钟］吕村6-43·道光元年至同治十三年·☒公清明簿及收支簿·俞昌店等 ················ 5059

江湾镇中［钟］吕村6-44·道光元年至同治十三年·☒公清明簿及收支簿·俞昌店等 ················ 5060

江湾镇中［钟］吕村6-45·道光元年至同治十三年·☒公清明簿及收支簿·俞昌店等 ················ 5061

江湾镇中［钟］吕村6-46·道光元年至同治十三年·☒公清明簿及收支簿·俞昌店等 ················ 5062

江湾镇中［钟］吕村6-47·道光元年至同治十三年·☒公清明簿及收支簿·俞昌店等 ················ 5063

江湾镇中［钟］吕村6-48·道光元年至同治十三年·☒公清明簿及收支簿·俞昌店等 ················ 5064

江湾镇中［钟］吕村6-49·道光元年至同治十三年·☒公清明簿及收支簿·俞昌店等 ················ 5065

江湾镇中［钟］吕村6-50·道光元年至同治十三年·☒公清明簿及收支簿·俞昌店等 ················ 5066

江湾镇中［钟］吕村6-51·道光元年至同治十三年·☒公清明簿及收支簿·俞昌店等 ················ 5067

江湾镇中［钟］吕村6-52·道光元年至同治十三年·☒公清明簿及收支簿·俞昌店等 ················ 5068

江湾镇中［钟］吕村6-53·道光元年至同治十三年·☑公清明簿及收支簿·俞昌店等 ············· 5069

江湾镇中［钟］吕村6-54·道光元年至同治十三年·☑公清明簿及收支簿·俞昌店等 ············· 5070

江湾镇中［钟］吕村6-55·道光元年至同治十三年·☑公清明簿及收支簿·俞昌店等 ············· 5071

江湾镇中［钟］吕村6-56·道光元年至同治十三年·☑公清明簿及收支簿·俞昌店等 ············· 5072

江湾镇中［钟］吕村6-57·道光元年至同治十三年·☑公清明簿及收支簿·俞昌店等 ············· 5073

江湾镇中［钟］吕村6-58·道光元年至同治十三年·☑公清明簿及收支簿·俞昌店等 ············· 5074

江湾镇中［钟］吕村6-59·道光元年至同治十三年·☑公清明簿及收支簿·俞昌店等 ············· 5075

江湾镇中［钟］吕村6-60·道光元年至同治十三年·☑公清明簿及收支簿·俞昌店等 ············· 5076

江湾镇中［钟］吕村6-61·道光元年至同治十三年·☑公清明簿及收支簿·俞昌店等 ············· 5077

江湾镇中［钟］吕村6-62·道光元年至同治十三年·☑公清明簿及收支簿·俞昌店等 ············· 5078

江湾镇中［钟］吕村6-63·道光元年至同治十三年·☑公清明簿及收支簿·俞昌店等 ············· 5079

江湾镇中［钟］吕村6-64·道光元年至同治十三年·☑公清明簿及收支簿·俞昌店等 ············· 5080

江湾镇中［钟］吕村6-65·道光元年至同治十三年·☑公清明簿及收支簿·俞昌店等 ············· 5081

江湾镇中［钟］吕村6-66·道光元年至同治十三年·☑公清明簿及收支簿·俞昌店等 ············· 5082

江湾镇中［钟］吕村6-67·道光元年至同治十三年·☑公清明簿及收支簿·俞昌店等 ············· 5083

江湾镇中［钟］吕村6-68·道光元年至同治十三年·☑公清明簿及收支簿·俞昌店等 ············· 5084

江湾镇中［钟］吕村6-69·道光元年至同治十三年·☐公清明簿及收支簿·俞昌店等 5085

江湾镇中［钟］吕村6-70·道光元年至同治十三年·☐公清明簿及收支簿·俞昌店等 5086

江湾镇中［钟］吕村6-71·道光元年至同治十三年·☐公清明簿及收支簿·俞昌店等 5087

江湾镇中［钟］吕村6-72·道光元年至同治十三年·☐公清明簿及收支簿·俞昌店等 5088

江湾镇中［钟］吕村6-73·道光元年至同治十三年·☐公清明簿及收支簿·俞昌店等 5089

江湾镇中［钟］吕村6-74·道光元年至同治十三年·☐公清明簿及收支簿·俞昌店等 5090

江湾镇中［钟］吕村6-75·道光元年至同治十三年·☐公清明簿及收支簿·俞昌店等 5091

江湾镇中［钟］吕村6-76·道光元年至同治十三年·☐公清明簿及收支簿·俞昌店等 5092

江湾镇中［钟］吕村6-77·道光元年至同治十三年·☐公清明簿及收支簿·俞昌店等 5093

江湾镇中［钟］吕村6-78·道光元年至同治十三年·☐公清明簿及收支簿·俞昌店等 5094

江湾镇中［钟］吕村6-79·道光元年至同治十三年·☐公清明簿及收支簿·俞昌店等 5095

江湾镇中［钟］吕村6-80·道光元年至同治十三年·☐公清明簿及收支簿·俞昌店等 5096

江湾镇中［钟］吕村6-81·道光元年至同治十三年·☐公清明簿及收支簿·俞昌店等 5097

江湾镇中［钟］吕村6-82·道光元年至同治十三年·☐公清明簿及收支簿·俞昌店等 5098

江湾镇中［钟］吕村6-83·道光元年至同治十三年·☐公清明簿及收支簿·俞昌店等 5099

江湾镇中［钟］吕村6-84·道光元年至同治十三年·☐公清明簿及收支簿·俞昌店等 5100

江湾镇中［钟］吕村6-85·道光元年至同治十三年·☐公清明簿及收支簿·俞昌店等 ································ 5101

江湾镇中［钟］吕村6-86·道光元年至同治十三年·☐公清明簿及收支簿·俞昌店等 ································ 5102

江湾镇中［钟］吕村6-87·道光元年至同治十三年·☐公清明簿及收支簿·俞昌店等 ································ 5103

江湾镇中［钟］吕村6-88·道光元年至同治十三年·☐公清明簿及收支簿·俞昌店等 ································ 5104

江湾镇中［钟］吕村6-89·道光元年至同治十三年·☐公清明簿及收支簿·俞昌店等 ································ 5105

江湾镇中［钟］吕村6-90·道光元年至同治十三年·☐公清明簿及收支簿·俞昌店等 ································ 5106

江湾镇中［钟］吕村6-91·道光元年至同治十三年·☐公清明簿及收支簿·俞昌店等 ································ 5107

江湾镇中［钟］吕村6-92·道光元年至同治十三年·☐公清明簿及收支簿·俞昌店等 ································ 5108

江湾镇中［钟］吕村6-93·道光元年至同治十三年·☐公清明簿及收支簿·俞昌店等 ································ 5109

江湾镇中［钟］吕村6-94·道光元年至同治十三年·☐公清明簿及收支簿·俞昌店等 ································ 5110

江湾镇中［钟］吕村6-95·道光元年至同治十三年·☐公清明簿及收支簿·俞昌店等 ································ 5111

江湾镇中［钟］吕村6-96·道光元年至同治十三年·☐公清明簿及收支簿·俞昌店等 ································ 5112

江湾镇中［钟］吕村6-97·道光元年至同治十三年·☐公清明簿及收支簿·俞昌店等 ································ 5113

江湾镇中［钟］吕村6-98·道光元年至同治十三年·☐公清明簿及收支簿·俞昌店等 ································ 5114

江湾镇中［钟］吕村6-99·道光元年至同治十三年·☐公清明簿及收支簿·俞昌店等 ································ 5115

江湾镇中［钟］吕村6-100·道光元年至同治十三年·☐公清明簿及收支簿·俞昌店等 ································ 5116

江湾镇中［钟］吕村6-101·道光元年至同治十三年·☐公清明簿及收支簿·俞昌店等 5117

江湾镇中［钟］吕村6-102·道光元年至同治十三年·☐公清明簿及收支簿·俞昌店等 5118

江湾镇中［钟］吕村6-103·道光元年至同治十三年·☐公清明簿及收支簿·俞昌店等 5119

江湾镇中［钟］吕村6-104·道光元年至同治十三年·☐公清明簿及收支簿·俞昌店等 5120

江湾镇中［钟］吕村6-105·道光元年至同治十三年·☐公清明簿及收支簿·俞昌店等 5121

江湾镇中［钟］吕村6-106·道光元年至同治十三年·☐公清明簿及收支簿·俞昌店等 5122

江湾镇中［钟］吕村6-107·道光元年至同治十三年·☐公清明簿及收支簿·俞昌店等 5123

江湾镇中［钟］吕村6-108·道光元年至同治十三年·☐公清明簿及收支簿·俞昌店等 5124

江湾镇中［钟］吕村6-109·道光元年至同治十三年·☐公清明簿及收支簿·俞昌店等 5125

江湾镇中［钟］吕村6-110·道光元年至同治十三年·☐公清明簿及收支簿·俞昌店等 5126

江湾镇中［钟］吕村6-111·道光元年至同治十三年·☐公清明簿及收支簿·俞昌店等 5127

江湾镇中［钟］吕村6-112·道光元年至同治十三年·☐公清明簿及收支簿·俞昌店等 5128

江湾镇中［钟］吕村6-113·道光元年至同治十三年·☐公清明簿及收支簿·俞昌店等 5129

江湾镇中［钟］吕村6-114·道光元年至同治十三年·☐公清明簿及收支簿·俞昌店等 5130

江湾镇中［钟］吕村6-115·道光元年至同治十三年·☐公清明簿及收支簿·俞昌店等 5131

江湾镇中［钟］吕村6-116·道光元年至同治十三年·☐公清明簿及收支簿·俞昌店等 5132

江湾镇中［钟］吕村6-117·道光元年至同治十三年·☐公清明簿及
收支簿·俞昌店等 …………………………………………………………… 5133
江湾镇中［钟］吕村6-118·道光元年至同治十三年·☐公清明簿及
收支簿·俞昌店等 …………………………………………………………… 5134
江湾镇中［钟］吕村6-119·道光元年至同治十三年·☐公清明簿及
收支簿·俞昌店等 …………………………………………………………… 5135
江湾镇中［钟］吕村6-120·道光元年至同治十三年·☐公清明簿及
收支簿·俞昌店等 …………………………………………………………… 5136
江湾镇中［钟］吕村6-121·道光元年至同治十三年·☐公清明簿及
收支簿·俞昌店等 …………………………………………………………… 5137
江湾镇中［钟］吕村6-122·道光元年至同治十三年·☐公清明簿及
收支簿·俞昌店等 …………………………………………………………… 5138
江湾镇中［钟］吕村6-123·道光元年至同治十三年·☐公清明簿及
收支簿·俞昌店等 …………………………………………………………… 5139
江湾镇中［钟］吕村6-124·道光元年至同治十三年·☐公清明簿及
收支簿·俞昌店等 …………………………………………………………… 5140
江湾镇中［钟］吕村6-125·道光元年至同治十三年·☐公清明簿及
收支簿·俞昌店等 …………………………………………………………… 5141
江湾镇中［钟］吕村6-126·道光元年至同治十三年·☐公清明簿及
收支簿·俞昌店等 …………………………………………………………… 5142
江湾镇中［钟］吕村6-127·道光元年至同治十三年·☐公清明簿及
收支簿·俞昌店等 …………………………………………………………… 5143
江湾镇中［钟］吕村6-128·道光元年至同治十三年·☐公清明簿及
收支簿·俞昌店等 …………………………………………………………… 5144
江湾镇中［钟］吕村6-129·道光元年至同治十三年·☐公清明簿及
收支簿·俞昌店等 …………………………………………………………… 5145
江湾镇中［钟］吕村6-130·道光元年至同治十三年·☐公清明簿及
收支簿·俞昌店等 …………………………………………………………… 5146
江湾镇中［钟］吕村6-131·道光元年至同治十三年·☐公清明簿及
收支簿·俞昌店等 …………………………………………………………… 5147
江湾镇中［钟］吕村6-132·道光元年至同治十三年·☐公清明簿及
收支簿·俞昌店等 …………………………………………………………… 5148

江湾镇中［钟］吕村6-133·道光元年至同治十三年·☐公清明簿及
　　收支簿·俞昌店等 ·· 5149
江湾镇中［钟］吕村33·道光四年·推单·昌瞒付与俞瓒湘 ·········· 5150
江湾镇中［钟］吕村54·道光四年·纳米执照·应湘 ························ 5151
江湾镇中［钟］吕村104·道光六年·纳米执照·应湘 ····················· 5152
江湾镇中［钟］吕村48·道光九年·纳米执照·应湘 ························ 5153
江湾镇中［钟］吕村58·道光十六年·纳米执照·应湘 ····················· 5154
江湾镇中［钟］吕村59·道光二十一年·纳米执照·应湘 ················· 5155
江湾镇中［钟］吕村57·道光二十六年·纳米执照·应相 ················· 5156
江湾镇中［钟］吕村11-1·咸丰八年至同治四年·税粮实征册·
　　九和户新升昌廊户 ··· 5157
江湾镇中［钟］吕村11-2·咸丰八年至同治四年·税粮实征册·
　　九和户新升昌廊户 ··· 5158
江湾镇中［钟］吕村11-3·咸丰八年至同治四年·税粮实征册·
　　九和户新升昌廊户 ··· 5159
江湾镇中［钟］吕村11-4·咸丰八年至同治四年·税粮实征册·
　　九和户新升昌廊户 ··· 5160
江湾镇中［钟］吕村11-5·咸丰八年至同治四年·税粮实征册·
　　九和户新升昌廊户 ··· 5161
江湾镇中［钟］吕村11-6·咸丰八年至同治四年·税粮实征册·
　　九和户新升昌廊户 ··· 5162
江湾镇中［钟］吕村11-7·咸丰八年至同治四年·税粮实征册·
　　九和户新升昌廊户 ··· 5163
江湾镇中［钟］吕村11-8·咸丰八年至同治四年·税粮实征册·
　　九和户新升昌廊户 ··· 5164
江湾镇中［钟］吕村41·同治二年·纳米执照·孝思 ························ 5165
江湾镇中［钟］吕村106·同治二年·纳米执照·时美 ····················· 5166
江湾镇中［钟］吕村40·同治三年·纳米执照·孝思 ························ 5167
江湾镇中［钟］吕村71·同治三年·纳米执照·必兴 ························ 5168
江湾镇中［钟］吕村114·同治三年·团练亩捐执照·孝思 ·············· 5169
江湾镇中［钟］吕村118·同治三年·纳米执照·孝思 ····················· 5170
江湾镇中［钟］吕村27·同治四年·推单·江永昌户推与时美户 ······ 5171

江湾镇中［钟］吕村45·同治四年·纳米执照·昌铨……5172
江湾镇中［钟］吕村70·同治四年·纳米执照·必兴……5173
江湾镇中［钟］吕村47·同治五年·纳米执照·昌铨……5174
江湾镇中［钟］吕村96·同治五年·纳米执照·义济桥……5175
江湾镇中［钟］吕村105·同治八年·纳米执照·昌合……5176
江湾镇中［钟］吕村24·同治九年·借字约·俞观喜借到健岩……5177
江湾镇中［钟］吕村72·同治九年·纳米执照·必兴……5178
江湾镇中［钟］吕村10-1·同治十年·税粮实征册·永发户管……5179
江湾镇中［钟］吕村10-2·同治十年·税粮实征册·永发户管……5180
江湾镇中［钟］吕村10-3·同治十年·税粮实征册·永发户管……5181
江湾镇中［钟］吕村10-4·同治十年·税粮实征册·永发户管……5182
江湾镇中［钟］吕村32·同治十年·议租批·俞振卿租到俞积庆祠……5183
江湾镇中［钟］吕村42·同治十年·纳米执照·应湘……5184
江湾镇中［钟］吕村30·同治十一年·租山地约·兴元租到
　积庆堂……5185
江湾镇中［钟］吕村38·同治十一年·还收岭招书·俞荣春收
　吕珍宗等……5186
江湾镇中［钟］吕村50·同治十一年·纳米执照·时美……5187
江湾镇中［钟］吕村31·同治十二年·租山批·王观福租到
　钟吕宅上俞洋五公众名下……5188
江湾镇中［钟］吕村56·光绪九年·纳米执照·应湘……5189
江湾镇中［钟］吕村18-1·光绪十四年·账本·敦本祠收支……5190
江湾镇中［钟］吕村18-2·光绪十四年·账本·敦本祠收支……5191
江湾镇中［钟］吕村18-3·光绪十四年·账本·敦本祠收支……5192
江湾镇中［钟］吕村18-4·光绪十四年·账本·敦本祠收支……5193
江湾镇中［钟］吕村18-5·光绪十四年·账本·敦本祠收支……5194
江湾镇中［钟］吕村18-6·光绪十四年·账本·敦本祠收支……5195
江湾镇中［钟］吕村18-7·光绪十四年·账本·敦本祠收支……5196
江湾镇中［钟］吕村18-8·光绪十四年·账本·敦本祠收支……5197
江湾镇中［钟］吕村18-9·光绪十四年·账本·敦本祠收支……5198
江湾镇中［钟］吕村18-10·光绪十四年·账本·敦本祠收支……5199
江湾镇中［钟］吕村18-11·光绪十四年·账本·敦本祠收支……5200

江湾镇中［钟］吕村18-12·光绪十四年·账本·敦本祠收支 ………… 5201
江湾镇中［钟］吕村18-13·光绪十四年·账本·敦本祠收支 ………… 5202
江湾镇中［钟］吕村18-14·光绪十四年·账本·敦本祠收支 ………… 5203
江湾镇中［钟］吕村18-15·光绪十四年·账本·敦本祠收支 ………… 5204
江湾镇中［钟］吕村18-16·光绪十四年·账本·敦本祠收支 ………… 5205
江湾镇中［钟］吕村18-17·光绪十四年·账本·敦本祠收支 ………… 5206
江湾镇中［钟］吕村18-18·光绪十四年·账本·敦本祠收支 ………… 5207
江湾镇中［钟］吕村18-19·光绪十四年·账本·敦本祠收支 ………… 5208
江湾镇中［钟］吕村18-20·光绪十四年·账本·敦本祠收支 ………… 5209
江湾镇中［钟］吕村18-21·光绪十四年·账本·敦本祠收支 ………… 5210
江湾镇中［钟］吕村18-22·光绪十四年·账本·敦本祠收支 ………… 5211
江湾镇中［钟］吕村18-23·光绪十四年·账本·敦本祠收支 ………… 5212
江湾镇中［钟］吕村18-24·光绪十四年·账本·敦本祠收支 ………… 5213
江湾镇中［钟］吕村18-25·光绪十四年·账本·敦本祠收支 ………… 5214
江湾镇中［钟］吕村110·光绪三十二年·纳米执照·昌廊 …………… 5215
江湾镇中［钟］吕村109·光绪三十三年·纳米执照·昌廊 …………… 5216
江湾镇中［钟］吕村116·光绪三十三年·纳米执照·昌厚 …………… 5217
江湾镇中［钟］吕村97·宣统元年·纳米执照·昌廊 ………………… 5218
江湾镇中［钟］吕村98·宣统元年·纳米执照·昌厚 ………………… 5219
江湾镇中［钟］吕村107·宣统二年·纳米执照·昌厚 ………………… 5220
江湾镇中［钟］吕村108·宣统二年·纳米执照·昌廊 ………………… 5221
江湾镇中［钟］吕村60·民国元年·纳米执照·昌厚 ………………… 5222
江湾镇中［钟］吕村99·民国元年·纳米执照·昌廊 ………………… 5223
江湾镇中［钟］吕村61·民国二年·纳米执照·昌廊 ………………… 5224
江湾镇中［钟］吕村100·民国二年·纳米执照·昌厚 ………………… 5225
江湾镇中［钟］吕村101·民国二年·纳米执照·振宗 ………………… 5226
江湾镇中［钟］吕村102·民国二年·纳米执照·应湘 ………………… 5227
江湾镇中［钟］吕村62·民国四年·纳米执照·昌厚 ………………… 5228
江湾镇中［钟］吕村63·民国四年·纳米执照·昌廊 ………………… 5229
江湾镇中［钟］吕村64·民国六年·纳米执照·昌厚 ………………… 5230
江湾镇中［钟］吕村67·民国六年·纳米执照·昌廊 ………………… 5231
江湾镇中［钟］吕村19-1·咸丰九年至光绪八年·轮值秋收头首
　经理收支账簿（残本） ……………………………………………… 5232

江湾镇中［钟］吕村 19-2·咸丰九年至光绪八年·轮值秋收头首
经理收支账簿（残本） ··· 5233

江湾镇中［钟］吕村 19-3·咸丰九年至光绪八年·轮值秋收头首
经理收支账簿（残本） ··· 5234

江湾镇中［钟］吕村 19-4·咸丰九年至光绪八年·轮值秋收头首
经理收支账簿（残本） ··· 5235

江湾镇中［钟］吕村 19-5·咸丰九年至光绪八年·轮值秋收头首
经理收支账簿（残本） ··· 5236

江湾镇中［钟］吕村 19-6·咸丰九年至光绪八年·轮值秋收头首
经理收支账簿（残本） ··· 5237

江湾镇中［钟］吕村 19-7·咸丰九年至光绪八年·轮值秋收头首
经理收支账簿（残本） ··· 5238

江湾镇中［钟］吕村 19-8·咸丰九年至光绪八年·轮值秋收头首
经理收支账簿（残本） ··· 5239

江湾镇中［钟］吕村 19-9·咸丰九年至光绪八年·轮值秋收头首
经理收支账簿（残本） ··· 5240

江湾镇中［钟］吕村 19-10·咸丰九年至光绪八年·轮值秋收头首
经理收支账簿（残本） ··· 5241

江湾镇中［钟］吕村 19-11·咸丰九年至光绪八年·轮值秋收头首
经理收支账簿（残本） ··· 5242

江湾镇中［钟］吕村 19-12·咸丰九年至光绪八年·轮值秋收头首
经理收支账簿（残本） ··· 5243

江湾镇中［钟］吕村 19-13·咸丰九年至光绪八年·轮值秋收头首
经理收支账簿（残本） ··· 5244

江湾镇中［钟］吕村 19-14·咸丰九年至光绪八年·轮值秋收头首
经理收支账簿（残本） ··· 5245

江湾镇中［钟］吕村 19-15·咸丰九年至光绪八年·轮值秋收头首
经理收支账簿（残本） ··· 5246

江湾镇中［钟］吕村 19-16·咸丰九年至光绪八年·轮值秋收头首
经理收支账簿（残本） ··· 5247

江湾镇中［钟］吕村 19-17·咸丰九年至光绪八年·轮值秋收头首
经理收支账簿（残本） ··· 5248

江湾镇中［钟］吕村 19-18·咸丰九年至光绪八年·轮值秋收头首
经理收支账簿（残本）.. 5249

江湾镇中［钟］吕村 19-19·咸丰九年至光绪八年·轮值秋收头首
经理收支账簿（残本）.. 5250

江湾镇中［钟］吕村 19-20·咸丰九年至光绪八年·轮值秋收头首
经理收支账簿（残本）.. 5251

江湾镇中［钟］吕村 19-21·咸丰九年至光绪八年·轮值秋收头首
经理收支账簿（残本）.. 5252

江湾镇中［钟］吕村 19-22·咸丰九年至光绪八年·轮值秋收头首
经理收支账簿（残本）.. 5253

江湾镇中［钟］吕村 19-23·咸丰九年至光绪八年·轮值秋收头首
经理收支账簿（残本）.. 5254

江湾镇中［钟］吕村 19-24·咸丰九年至光绪八年·轮值秋收头首
经理收支账簿（残本）.. 5255

江湾镇中［钟］吕村 19-25·咸丰九年至光绪八年·轮值秋收头首
经理收支账簿（残本）.. 5256

江湾镇中［钟］吕村 19-26·咸丰九年至光绪八年·轮值秋收头首
经理收支账簿（残本）.. 5257

江湾镇中［钟］吕村 19-27·咸丰九年至光绪八年·轮值秋收头首
经理收支账簿（残本）.. 5258

江湾镇中［钟］吕村 19-28·咸丰九年至光绪八年·轮值秋收头首
经理收支账簿（残本）.. 5259

江湾镇中［钟］吕村 19-29·咸丰九年至光绪八年·轮值秋收头首
经理收支账簿（残本）.. 5260

江湾镇中［钟］吕村 19-30·咸丰九年至光绪八年·轮值秋收头首
经理收支账簿（残本）.. 5261

江湾镇中［钟］吕村 19-31·咸丰九年至光绪八年·轮值秋收头首
经理收支账簿（残本）.. 5262

江湾镇中［钟］吕村 19-32·咸丰九年至光绪八年·轮值秋收头首
经理收支账簿（残本）.. 5263

江湾镇中［钟］吕村 19-33·咸丰九年至光绪八年·轮值秋收头首
经理收支账簿（残本）.. 5264

江湾镇中［钟］吕村19-34·咸丰九年至光绪八年·轮值秋收头首
经理收支账簿（残本）……5265

江湾镇中［钟］吕村19-35·咸丰九年至光绪八年·轮值秋收头首
经理收支账簿（残本）……5266

江湾镇中［钟］吕村19-36·咸丰九年至光绪八年·轮值秋收头首
经理收支账簿（残本）……5267

江湾镇中［钟］吕村19-37·咸丰九年至光绪八年·轮值秋收头首
经理收支账簿（残本）……5268

江湾镇中［钟］吕村19-38·咸丰九年至光绪八年·轮值秋收头首
经理收支账簿（残本）……5269

江湾镇中［钟］吕村19-39·咸丰九年至光绪八年·轮值秋收头首
经理收支账簿（残本）……5270

江湾镇中［钟］吕村19-40·咸丰九年至光绪八年·轮值秋收头首
经理收支账簿（残本）……5271

江湾镇中［钟］吕村19-41·咸丰九年至光绪八年·轮值秋收头首
经理收支账簿（残本）……5272

江湾镇中［钟］吕村19-42·咸丰九年至光绪八年·轮值秋收头首
经理收支账簿（残本）……5273

江湾镇中［钟］吕村19-43·咸丰九年至光绪八年·轮值秋收头首
经理收支账簿（残本）……5274

江湾镇中［钟］吕村19-44·咸丰九年至光绪八年·轮值秋收头首
经理收支账簿（残本）……5275

江湾镇中［钟］吕村19-45·咸丰九年至光绪八年·轮值秋收头首
经理收支账簿（残本）……5276

江湾镇中［钟］吕村19-46·咸丰九年至光绪八年·轮值秋收头首
经理收支账簿（残本）……5277

江湾镇中［钟］吕村19-47·咸丰九年至光绪八年·轮值秋收头首
经理收支账簿（残本）……5278

江湾镇中［钟］吕村19-48·咸丰九年至光绪八年·轮值秋收头首
经理收支账簿（残本）……5279

江湾镇中［钟］吕村19-49·咸丰九年至光绪八年·轮值秋收头首
经理收支账簿（残本）……5280

江湾镇中［钟］吕村19-50·咸丰九年至光绪八年·轮值秋收头首
经理收支账簿（残本）···5281

江湾镇中［钟］吕村19-51·咸丰九年至光绪八年·轮值秋收头首
经理收支账簿（残本）···5282

江湾镇中［钟］吕村19-52·咸丰九年至光绪八年·轮值秋收头首
经理收支账簿（残本）···5283

江湾镇中［钟］吕村19-53·咸丰九年至光绪八年·轮值秋收头首
经理收支账簿（残本）···5284

江湾镇中［钟］吕村19-54·咸丰九年至光绪八年·轮值秋收头首
经理收支账簿（残本）···5285

江湾镇中［钟］吕村19-55·咸丰九年至光绪八年·轮值秋收头首
经理收支账簿（残本）···5286

江湾镇中［钟］吕村19-56·咸丰九年至光绪八年·轮值秋收头首
经理收支账簿（残本）···5287

江湾镇中［钟］吕村19-57·咸丰九年至光绪八年·轮值秋收头首
经理收支账簿（残本）···5288

江湾镇中［钟］吕村19-58·咸丰九年至光绪八年·轮值秋收头首
经理收支账簿（残本）···5289

江湾镇中［钟］吕村19-59·咸丰九年至光绪八年·轮值秋收头首
经理收支账簿（残本）···5290

江湾镇中［钟］吕村19-60·咸丰九年至光绪八年·轮值秋收头首
经理收支账簿（残本）···5291

江湾镇中［钟］吕村19-61·咸丰九年至光绪八年·轮值秋收头首
经理收支账簿（残本）···5292

江湾镇中［钟］吕村19-62·咸丰九年至光绪八年·轮值秋收头首
经理收支账簿（残本）···5293

江湾镇中［钟］吕村19-63·咸丰九年至光绪八年·轮值秋收头首
经理收支账簿（残本）···5294

江湾镇中［钟］吕村19-64·咸丰九年至光绪八年·轮值秋收头首
经理收支账簿（残本）···5295

江湾镇中［钟］吕村19-65·咸丰九年至光绪八年·轮值秋收头首
经理收支账簿（残本）···5296

江湾镇中［钟］吕村19–66·咸丰九年至光绪八年·轮值秋收头首
经理收支账簿（残本） ………………………………………… 5297
江湾镇中［钟］吕村19–67·咸丰九年至光绪八年·轮值秋收头首
经理收支账簿（残本） ………………………………………… 5298
江湾镇中［钟］吕村19–68·咸丰九年至光绪八年·轮值秋收头首
经理收支账簿（残本） ………………………………………… 5299
江湾镇中［钟］吕村19–69·咸丰九年至光绪八年·轮值秋收头首
经理收支账簿（残本） ………………………………………… 5300
江湾镇中［钟］吕村19–70·咸丰九年至光绪八年·轮值秋收头首
经理收支账簿（残本） ………………………………………… 5301
江湾镇中［钟］吕村19–71·咸丰九年至光绪八年·轮值秋收头首
经理收支账簿（残本） ………………………………………… 5302
江湾镇中［钟］吕村19–72·咸丰九年至光绪八年·轮值秋收头首
经理收支账簿（残本） ………………………………………… 5303
江湾镇中［钟］吕村19–73·咸丰九年至光绪八年·轮值秋收头首
经理收支账簿（残本） ………………………………………… 5304
江湾镇中［钟］吕村19–74·咸丰九年至光绪八年·轮值秋收头首
经理收支账簿（残本） ………………………………………… 5305
江湾镇中［钟］吕村19–75·咸丰九年至光绪八年·轮值秋收头首
经理收支账簿（残本） ………………………………………… 5306
江湾镇中［钟］吕村19–76·咸丰九年至光绪八年·轮值秋收头首
经理收支账簿（残本） ………………………………………… 5307
江湾镇中［钟］吕村19–77·咸丰九年至光绪八年·轮值秋收头首
经理收支账簿（残本） ………………………………………… 5308
江湾镇中［钟］吕村19–78·咸丰九年至光绪八年·轮值秋收头首
经理收支账簿（残本） ………………………………………… 5309
江湾镇中［钟］吕村19–79·咸丰九年至光绪八年·轮值秋收头首
经理收支账簿（残本） ………………………………………… 5310
江湾镇中［钟］吕村19–80·咸丰九年至光绪八年·轮值秋收头首
经理收支账簿（残本） ………………………………………… 5311
江湾镇中［钟］吕村19–81·咸丰九年至光绪八年·轮值秋收头首
经理收支账簿（残本） ………………………………………… 5312

江湾镇中［钟］吕村19-82·咸丰九年至光绪八年·轮值秋收头首
经理收支账簿（残本） ················· 5313

江湾镇中［钟］吕村19-83·咸丰九年至光绪八年·轮值秋收头首
经理收支账簿（残本） ················· 5314

江湾镇中［钟］吕村19-84·咸丰九年至光绪八年·轮值秋收头首
经理收支账簿（残本） ················· 5315

江湾镇中［钟］吕村19-85·咸丰九年至光绪八年·轮值秋收头首
经理收支账簿（残本） ················· 5316

江湾镇中［钟］吕村19-86·咸丰九年至光绪八年·轮值秋收头首
经理收支账簿（残本） ················· 5317

江湾镇中［钟］吕村19-87·咸丰九年至光绪八年·轮值秋收头首
经理收支账簿（残本） ················· 5318

江湾镇中［钟］吕村19-88·咸丰九年至光绪八年·轮值秋收头首
经理收支账簿（残本） ················· 5319

江湾镇中［钟］吕村19-89·咸丰九年至光绪八年·轮值秋收头首
经理收支账簿（残本） ················· 5320

江湾镇中［钟］吕村19-90·咸丰九年至光绪八年·轮值秋收头首
经理收支账簿（残本） ················· 5321

江湾镇中［钟］吕村19-91·咸丰九年至光绪八年·轮值秋收头首
经理收支账簿（残本） ················· 5322

江湾镇中［钟］吕村19-92·咸丰九年至光绪八年·轮值秋收头首
经理收支账簿（残本） ················· 5323

江湾镇中［钟］吕村19-93·咸丰九年至光绪八年·轮值秋收头首
经理收支账簿（残本） ················· 5324

江湾镇中［钟］吕村19-94·咸丰九年至光绪八年·轮值秋收头首
经理收支账簿（残本） ················· 5325

江湾镇中［钟］吕村19-95·咸丰九年至光绪八年·轮值秋收头首
经理收支账簿（残本） ················· 5326

江湾镇中［钟］吕村19-96·咸丰九年至光绪八年·轮值秋收头首
经理收支账簿（残本） ················· 5327

江湾镇中［钟］吕村19-97·咸丰九年至光绪八年·轮值秋收头首
经理收支账簿（残本） ················· 5328

江湾镇中［钟］吕村19-98·咸丰九年至光绪八年·轮值秋收头首经理收支账簿（残本） ……… 5329

江湾镇中［钟］吕村19-99·咸丰九年至光绪八年·轮值秋收头首经理收支账簿（残本） ……… 5330

江湾镇中［钟］吕村19-100·咸丰九年至光绪八年·轮值秋收头首经理收支账簿（残本） ……… 5331

江湾镇中［钟］吕村19-101·咸丰九年至光绪八年·轮值秋收头首经理收支账簿（残本） ……… 5332

江湾镇中［钟］吕村19-102·咸丰九年至光绪八年·轮值秋收头首经理收支账簿（残本） ……… 5333

江湾镇中［钟］吕村19-103·咸丰九年至光绪八年·轮值秋收头首经理收支账簿（残本） ……… 5334

江湾镇中［钟］吕村19-104·咸丰九年至光绪八年·轮值秋收头首经理收支账簿（残本） ……… 5335

江湾镇中［钟］吕村19-105·咸丰九年至光绪八年·轮值秋收头首经理收支账簿（残本） ……… 5336

江湾镇中［钟］吕村19-106·咸丰九年至光绪八年·轮值秋收头首经理收支账簿（残本） ……… 5337

江湾镇中［钟］吕村19-107·咸丰九年至光绪八年·轮值秋收头首经理收支账簿（残本） ……… 5338

江湾镇中［钟］吕村19-108·咸丰九年至光绪八年·轮值秋收头首经理收支账簿（残本） ……… 5339

江湾镇中［钟］吕村19-109·咸丰九年至光绪八年·轮值秋收头首经理收支账簿（残本） ……… 5340

江湾镇中［钟］吕村19-110·咸丰九年至光绪八年·轮值秋收头首经理收支账簿（残本） ……… 5341

江湾镇中［钟］吕村19-111·咸丰九年至光绪八年·轮值秋收头首经理收支账簿（残本） ……… 5342

江湾镇中［钟］吕村19-112·咸丰九年至光绪八年·轮值秋收头首经理收支账簿（残本） ……… 5343

江湾镇中［钟］吕村19-113·咸丰九年至光绪八年·轮值秋收头首经理收支账簿（残本） ……… 5344

江湾镇中［钟］吕村 19-114·咸丰九年至光绪八年·轮值秋收头首
经理收支账簿（残本） ………………………………………… 5345

江湾镇中［钟］吕村 19-115·咸丰九年至光绪八年·轮值秋收头首
经理收支账簿（残本） ………………………………………… 5346

江湾镇中［钟］吕村 19-116·咸丰九年至光绪八年·轮值秋收头首
经理收支账簿（残本） ………………………………………… 5347

江湾镇中［钟］吕村 19-117·咸丰九年至光绪八年·轮值秋收头首
经理收支账簿（残本） ………………………………………… 5348

江湾镇中［钟］吕村 19-118·咸丰九年至光绪八年·轮值秋收头首
经理收支账簿（残本） ………………………………………… 5349

江湾镇中［钟］吕村 19-119·咸丰九年至光绪八年·轮值秋收头首
经理收支账簿（残本） ………………………………………… 5350

江湾镇中［钟］吕村 19-120·咸丰九年至光绪八年·轮值秋收头首
经理收支账簿（残本） ………………………………………… 5351

江湾镇中［钟］吕村 19-121·咸丰九年至光绪八年·轮值秋收头首
经理收支账簿（残本） ………………………………………… 5352

江湾镇中［钟］吕村 19-122·咸丰九年至光绪八年·轮值秋收头首
经理收支账簿（残本） ………………………………………… 5353

江湾镇中［钟］吕村 19-123·咸丰九年至光绪八年·轮值秋收头首
经理收支账簿（残本） ………………………………………… 5354

江湾镇中［钟］吕村 19-124·咸丰九年至光绪八年·轮值秋收头首
经理收支账簿（残本） ………………………………………… 5355

江湾镇中［钟］吕村 19-125·咸丰九年至光绪八年·轮值秋收头首
经理收支账簿（残本） ………………………………………… 5356

江湾镇中［钟］吕村 19-126·咸丰九年至光绪八年·轮值秋收头首
经理收支账簿（残本） ………………………………………… 5357

江湾镇中［钟］吕村 19-127·咸丰九年至光绪八年·轮值秋收头首
经理收支账簿（残本） ………………………………………… 5358

江湾镇中［钟］吕村 19-128·咸丰九年至光绪八年·轮值秋收头首
经理收支账簿（残本） ………………………………………… 5359

江湾镇中［钟］吕村 19-129·咸丰九年至光绪八年·轮值秋收头首
经理收支账簿（残本） ………………………………………… 5360

江湾镇中［钟］吕村19-130·咸丰九年至光绪八年·轮值秋收头首经理收支账簿（残本）································5361

江湾镇中［钟］吕村19-131·咸丰九年至光绪八年·轮值秋收头首经理收支账簿（残本）································5362

江湾镇中［钟］吕村19-132·咸丰九年至光绪八年·轮值秋收头首经理收支账簿（残本）································5363

江湾镇中［钟］吕村19-133·咸丰九年至光绪八年·轮值秋收头首经理收支账簿（残本）································5364

江湾镇中［钟］吕村19-134·咸丰九年至光绪八年·轮值秋收头首经理收支账簿（残本）································5365

江湾镇中［钟］吕村19-135·咸丰九年至光绪八年·轮值秋收头首经理收支账簿（残本）································5366

江湾镇中［钟］吕村19-136·咸丰九年至光绪八年·轮值秋收头首经理收支账簿（残本）································5367

江湾镇中［钟］吕村19-137·咸丰九年至光绪八年·轮值秋收头首经理收支账簿（残本）································5368

江湾镇中［钟］吕村19-138·咸丰九年至光绪八年·轮值秋收头首经理收支账簿（残本）································5369

江湾镇中［钟］吕村19-139·咸丰九年至光绪八年·轮值秋收头首经理收支账簿（残本）································5370

江湾镇中［钟］吕村19-140·咸丰九年至光绪八年·轮值秋收头首经理收支账簿（残本）································5371

江湾镇中［钟］吕村19-141·咸丰九年至光绪八年·轮值秋收头首经理收支账簿（残本）································5372

江湾镇中［钟］吕村19-142·咸丰九年至光绪八年·轮值秋收头首经理收支账簿（残本）································5373

江湾镇中［钟］吕村19-143·咸丰九年至光绪八年·轮值秋收头首经理收支账簿（残本）································5374

江湾镇中［钟］吕村19-144·咸丰九年至光绪八年·轮值秋收头首经理收支账簿（残本）································5375

江湾镇中［钟］吕村19-145·咸丰九年至光绪八年·轮值秋收头首经理收支账簿（残本）································5376

江湾镇中［钟］吕村19-146·咸丰九年至光绪八年·轮值秋收头首经理收支账簿（残本）……5377

江湾镇中［钟］吕村65·民国八年·纳米执照·贡公……5378

江湾镇中［钟］吕村21-1·民国十二年至二十九年·秋收头首经理收支账簿·俞永本等……5379

江湾镇中［钟］吕村21-2·民国十二年至二十九年·秋收头首经理收支账簿·俞永本等……5380

江湾镇中［钟］吕村21-3·民国十二年至二十九年·秋收头首经理收支账簿·俞永本等……5381

江湾镇中［钟］吕村21-4·民国十二年至二十九年·秋收头首经理收支账簿·俞永本等……5382

江湾镇中［钟］吕村21-5·民国十二年至二十九年·秋收头首经理收支账簿·俞永本等……5383

江湾镇中［钟］吕村21-6·民国十二年至二十九年·秋收头首经理收支账簿·俞永本等……5384

江湾镇中［钟］吕村21-7·民国十二年至二十九年·秋收头首经理收支账簿·俞永本等……5385

江湾镇中［钟］吕村21-8·民国十二年至二十九年·秋收头首经理收支账簿·俞永本等……5386

江湾镇中［钟］吕村21-9·民国十二年至二十九年·秋收头首经理收支账簿·俞永本等……5387

江湾镇中［钟］吕村21-10·民国十二年至二十九年·秋收头首经理收支账簿·俞永本等……5388

江湾镇中［钟］吕村21-11·民国十二年至二十九年·秋收头首经理收支账簿·俞永本等……5389

江湾镇中［钟］吕村21-12·民国十二年至二十九年·秋收头首经理收支账簿·俞永本等……5390

江湾镇中［钟］吕村21-13·民国十二年至二十九年·秋收头首经理收支账簿·俞永本等……5391

江湾镇中［钟］吕村21-14·民国十二年至二十九年·秋收头首经理收支账簿·俞永本等……5392

江湾镇中［钟］吕村21-15·民国十二年至二十九年·秋收头首
经理收支账簿·俞永本等 5393

江湾镇中［钟］吕村21-16·民国十二年至二十九年·秋收头首
经理收支账簿·俞永本等 5394

江湾镇中［钟］吕村21-17·民国十二年至二十九年·秋收头首
经理收支账簿·俞永本等 5395

江湾镇中［钟］吕村21-18·民国十二年至二十九年·秋收头首
经理收支账簿·俞永本等 5396

江湾镇中［钟］吕村21-19·民国十二年至二十九年·秋收头首
经理收支账簿·俞永本等 5397

江湾镇中［钟］吕村21-20·民国十二年至二十九年·秋收头首
经理收支账簿·俞永本等 5398

江湾镇中［钟］吕村21-21·民国十二年至二十九年·秋收头首
经理收支账簿·俞永本等 5399

江湾镇中［钟］吕村21-22·民国十二年至二十九年·秋收头首
经理收支账簿·俞永本等 5400

江湾镇中［钟］吕村21-23·民国十二年至二十九年·秋收头首
经理收支账簿·俞永本等 5401

江湾镇中［钟］吕村21-24·民国十二年至二十九年·秋收头首
经理收支账簿·俞永本等 5402

江湾镇中［钟］吕村21-25·民国十二年至二十九年·秋收头首
经理收支账簿·俞永本等 5403

江湾镇中［钟］吕村21-26·民国十二年至二十九年·秋收头首
经理收支账簿·俞永本等 5404

江湾镇中［钟］吕村21-27·民国十二年至二十九年·秋收头首
经理收支账簿·俞永本等 5405

江湾镇中［钟］吕村21-28·民国十二年至二十九年·秋收头首
经理收支账簿·俞永本等 5406

江湾镇中［钟］吕村21-29·民国十二年至二十九年·秋收头首
经理收支账簿·俞永本等 5407

江湾镇中［钟］吕村21-30·民国十二年至二十九年·秋收头首
经理收支账簿·俞永本等 5408

江湾镇中［钟］吕村21-31·民国十二年至二十九年·秋收头首
经理收支账簿·俞永本等……5409

江湾镇中［钟］吕村21-32·民国十二年至二十九年·秋收头首
经理收支账簿·俞永本等……5410

江湾镇中［钟］吕村21-33·民国十二年至二十九年·秋收头首
经理收支账簿·俞永本等……5411

江湾镇中［钟］吕村21-34·民国十二年至二十九年·秋收头首
经理收支账簿·俞永本等……5412

江湾镇中［钟］吕村21-35·民国十二年至二十九年·秋收头首
经理收支账簿·俞永本等……5413

江湾镇中［钟］吕村21-36·民国十二年至二十九年·秋收头首
经理收支账簿·俞永本等……5414

江湾镇中［钟］吕村21-37·民国十二年至二十九年·秋收头首
经理收支账簿·俞永本等……5415

江湾镇中［钟］吕村21-38·民国十二年至二十九年·秋收头首
经理收支账簿·俞永本等……5416

江湾镇中［钟］吕村21-39·民国十二年至二十九年·秋收头首
经理收支账簿·俞永本等……5417

江湾镇中［钟］吕村21-40·民国十二年至二十九年·秋收头首
经理收支账簿·俞永本等……5418

江湾镇中［钟］吕村21-41·民国十二年至二十九年·秋收头首
经理收支账簿·俞永本等……5419

江湾镇中［钟］吕村21-42·民国十二年至二十九年·秋收头首
经理收支账簿·俞永本等……5420

江湾镇中［钟］吕村21-43·民国十二年至二十九年·秋收头首
经理收支账簿·俞永本等……5421

江湾镇中［钟］吕村21-44·民国十二年至二十九年·秋收头首
经理收支账簿·俞永本等……5422

江湾镇中［钟］吕村21-45·民国十二年至二十九年·秋收头首
经理收支账簿·俞永本等……5423

江湾镇中［钟］吕村21-46·民国十二年至二十九年· 秋收头首
经理收支账簿·俞永本等……5424

江湾镇中［钟］吕村21-47·民国十二年至二十九年·秋收头首
经理收支账簿·俞永本等 ⋯⋯⋯⋯⋯⋯⋯⋯⋯⋯⋯⋯⋯⋯⋯⋯ 5425

江湾镇中［钟］吕村21-48·民国十二年至二十九年·秋收头首
经理收支账簿·俞永本等 ⋯⋯⋯⋯⋯⋯⋯⋯⋯⋯⋯⋯⋯⋯⋯⋯ 5426

江湾镇中［钟］吕村21-49·民国十二年至二十九年·秋收头首
经理收支账簿·俞永本等 ⋯⋯⋯⋯⋯⋯⋯⋯⋯⋯⋯⋯⋯⋯⋯⋯ 5427

江湾镇中［钟］吕村21-50·民国十二年至二十九年·秋收头首
经理收支账簿·俞永本等 ⋯⋯⋯⋯⋯⋯⋯⋯⋯⋯⋯⋯⋯⋯⋯⋯ 5428

江湾镇中［钟］吕村21-51·民国十二年至二十九年·秋收头首
经理收支账簿·俞永本等 ⋯⋯⋯⋯⋯⋯⋯⋯⋯⋯⋯⋯⋯⋯⋯⋯ 5429

江湾镇中［钟］吕村21-52·民国十二年至二十九年·秋收头首
经理收支账簿·俞永本等 ⋯⋯⋯⋯⋯⋯⋯⋯⋯⋯⋯⋯⋯⋯⋯⋯ 5430

江湾镇中［钟］吕村21-53·民国十二年至二十九年·秋收头首
经理收支账簿·俞永本等 ⋯⋯⋯⋯⋯⋯⋯⋯⋯⋯⋯⋯⋯⋯⋯⋯ 5431

江湾镇中［钟］吕村21-54·民国十二年至二十九年·秋收头首
经理收支账簿·俞永本等 ⋯⋯⋯⋯⋯⋯⋯⋯⋯⋯⋯⋯⋯⋯⋯⋯ 5432

江湾镇中［钟］吕村21-55·民国十二年至二十九年·秋收头首
经理收支账簿·俞永本等 ⋯⋯⋯⋯⋯⋯⋯⋯⋯⋯⋯⋯⋯⋯⋯⋯ 5433

江湾镇中［钟］吕村21-56·民国十二年至二十九年·秋收头首
经理收支账簿·俞永本等 ⋯⋯⋯⋯⋯⋯⋯⋯⋯⋯⋯⋯⋯⋯⋯⋯ 5434

江湾镇中［钟］吕村21-57·民国十二年至二十九年·秋收头首
经理收支账簿·俞永本等 ⋯⋯⋯⋯⋯⋯⋯⋯⋯⋯⋯⋯⋯⋯⋯⋯ 5435

江湾镇中［钟］吕村21-58·民国十二年至二十九年·秋收头首
经理收支账簿·俞永本等 ⋯⋯⋯⋯⋯⋯⋯⋯⋯⋯⋯⋯⋯⋯⋯⋯ 5436

江湾镇中［钟］吕村21-59·民国十二年至二十九年·秋收头首
经理收支账簿·俞永本等 ⋯⋯⋯⋯⋯⋯⋯⋯⋯⋯⋯⋯⋯⋯⋯⋯ 5437

江湾镇中［钟］吕村21-60·民国十二年至二十九年·秋收头首
经理收支账簿·俞永本等 ⋯⋯⋯⋯⋯⋯⋯⋯⋯⋯⋯⋯⋯⋯⋯⋯ 5438

江湾镇中［钟］吕村21-61·民国十二年至二十九年·秋收头首
经理收支账簿·俞永本等 ⋯⋯⋯⋯⋯⋯⋯⋯⋯⋯⋯⋯⋯⋯⋯⋯ 5439

江湾镇中［钟］吕村21-62·民国十二年至二十九年·秋收头首
经理收支账簿·俞永本等 ⋯⋯⋯⋯⋯⋯⋯⋯⋯⋯⋯⋯⋯⋯⋯⋯ 5440

江湾镇中［钟］吕村21-63·民国十二年至二十九年·秋收头首
经理收支账簿·俞永本等 ································· 5441

江湾镇中［钟］吕村21-64·民国十二年至二十九年·秋收头首
经理收支账簿·俞永本等 ································· 5442

江湾镇中［钟］吕村21-65·民国十二年至二十九年·秋收头首
经理收支账簿·俞永本等 ································· 5443

江湾镇中［钟］吕村21-66·民国十二年至二十九年·秋收头首
经理收支账簿·俞永本等 ································· 5444

江湾镇中［钟］吕村21-67·民国十二年至二十九年·秋收头首
经理收支账簿·俞永本等 ································· 5445

江湾镇中［钟］吕村21-68·民国十二年至二十九年·秋收头首
经理收支账簿·俞永本等 ································· 5446

江湾镇中［钟］吕村21-69·民国十二年至二十九年·秋收头首
经理收支账簿·俞永本等 ································· 5447

江湾镇中［钟］吕村21-70·民国十二年至二十九年·秋收头首
经理收支账簿·俞永本等 ································· 5448

江湾镇中［钟］吕村21-71·民国十二年至二十九年·秋收头首
经理收支账簿·俞永本等 ································· 5449

江湾镇中［钟］吕村21-72·民国十二年至二十九年·秋收头首
经理收支账簿·俞永本等 ································· 5450

江湾镇中［钟］吕村21-73·民国十二年至二十九年·秋收头首
经理收支账簿·俞永本等 ································· 5451

江湾镇中［钟］吕村21-74·民国十二年至二十九年·秋收头首
经理收支账簿·俞永本等 ································· 5452

江湾镇中［钟］吕村21-75·民国十二年至二十九年·秋收头首
经理收支账簿·俞永本等 ································· 5453

江湾镇中［钟］吕村21-76·民国十二年至二十九年·秋收头首
经理收支账簿·俞永本等 ································· 5454

江湾镇中［钟］吕村21-77·民国十二年至二十九年·秋收头首
经理收支账簿·俞永本等 ································· 5455

江湾镇中［钟］吕村21-78·民国十二年至二十九年·秋收头首
经理收支账簿·俞永本等 ································· 5456

江湾镇中［钟］吕村 21-79·民国十二年至二十九年·秋收头首
经理收支账簿·俞永本等 ………………………………… 5457

江湾镇中［钟］吕村 21-80·民国十二年至二十九年·秋收头首
经理收支账簿·俞永本等 ………………………………… 5458

江湾镇中［钟］吕村 21-81·民国十二年至二十九年·秋收头首
经理收支账簿·俞永本等 ………………………………… 5459

江湾镇中［钟］吕村 21-82·民国十二年至二十九年·秋收头首
经理收支账簿·俞永本等 ………………………………… 5460

江湾镇中［钟］吕村 21-83·民国十二年至二十九年·秋收头首
经理收支账簿·俞永本等 ………………………………… 5461

江湾镇中［钟］吕村 21-84·民国十二年至二十九年·秋收头首
经理收支账簿·俞永本等 ………………………………… 5462

江湾镇中［钟］吕村 21-85·民国十二年至二十九年·秋收头首
经理收支账簿·俞永本等 ………………………………… 5463

江湾镇中［钟］吕村 21-86·民国十二年至二十九年·秋收头首
经理收支账簿·俞永本等 ………………………………… 5464

江湾镇中［钟］吕村 21-87·民国十二年至二十九年·秋收头首
经理收支账簿·俞永本等 ………………………………… 5465

江湾镇中［钟］吕村 83·民国十四年·纳米执照·昌厚 ………………… 5466
江湾镇中［钟］吕村 88·民国十四年·纳米执照·应湘 ………………… 5467
江湾镇中［钟］吕村 66·民国十五年·纳米执照·贡公 ………………… 5468
江湾镇中［钟］吕村 68·民国十五年·纳米执照·昌廊 ………………… 5469
江湾镇中［钟］吕村 69·民国十五年·纳米执照·昌厚 ………………… 5470
江湾镇中［钟］吕村 103·民国十五年·纳米执照·必兴 ……………… 5471
江湾镇中［钟］吕村 79·民国十六年·纳米执照·贡公 ………………… 5472
江湾镇中［钟］吕村 37·民国十七年·推单·方春推入本心户 ………… 5473
江湾镇中［钟］吕村 85·民国十七年·纳米执照·昌廊 ………………… 5474
江湾镇中［钟］吕村 86·民国十七年·纳米执照·贡公 ………………… 5475
江湾镇中［钟］吕村 87·民国十七年·纳米执照·昌厚 ………………… 5476
江湾镇中［钟］吕村 73·民国十八年·纳米执照·允昌 ………………… 5477
江湾镇中［钟］吕村 74·民国十八年·纳米执照·士荣 ………………… 5478
江湾镇中［钟］吕村 75·民国十八年·纳米执照·永义 ………………… 5479

江湾镇中［钟］吕村76·民国十八年·纳米执照·昌廊…………5480

江湾镇中［钟］吕村77·民国十八年·纳米执照·昌厚…………5481

江湾镇中［钟］吕村78·民国十八年·纳米执照·仲元…………5482

江湾镇中［钟］吕村80·民国十八年·纳米执照·必兴…………5483

江湾镇中［钟］吕村81·民国十八年·纳米执照·应湘…………5484

江湾镇中［钟］吕村91·民国十九年·纳米执照·昌厚…………5485

江湾镇中［钟］吕村94·民国十九年·纳米执照·必兴…………5486

江湾镇中［钟］吕村95·民国十九年·纳米执照·昌廊…………5487

江湾镇中［钟］吕村82·民国二十年·纳米执照·昌廊…………5488

江湾镇中［钟］吕村92·民国二十年·纳米执照·必兴…………5489

江湾镇中［钟］吕村93·民国二十年·纳米执照·昌厚…………5490

江湾镇中［钟］吕村22·民国二十四年·田赋串票·必兴…………5491

江湾镇中［钟］吕村117·民国二十四年·田赋串票·昌廊…………5492

江湾镇中［钟］吕村119·民国二十四年·田赋串票·昌厚…………5493

江湾镇中［钟］吕村28·民国二十六年·田赋执照·昌廊…………5494

江湾镇中［钟］吕村121·民国二十七年·田赋征收收据…………5495

江湾镇中［钟］吕村23·民国二十八年·田赋征收发票·振宗…………5496

江湾镇中［钟］吕村29·土地证明·俞名宗…………5497

江湾镇中［钟］吕村123·民国二十八年·田赋征收收据·昌廊…………5498

江湾镇中［钟］吕村124·民国二十八年·田赋征收收据·昌廊…………5499

江湾镇中［钟］吕村130·民国二十八年·田赋征收收据·必兴………5500

江湾镇中［钟］吕村136·民国二十八年·田赋通知单…………5501

江湾镇中［钟］吕村126·民国二十九年·田赋通知单·昌厚…………5502

江湾镇中［钟］吕村127·民国二十九年·田赋通知单·昌廊…………5503

江湾镇中［钟］吕村128·民国二十九年·田赋通知单·必兴…………5504

江湾镇中［钟］吕村129·民国二十九年·田赋通知单…………5505

江湾镇中［钟］吕村131·民国二十九年·田赋通知单…………5506

江湾镇中［钟］吕村2-1·族谱…………5507

江湾镇中［钟］吕村2-2·族谱…………5508

江湾镇中［钟］吕村2-3·族谱…………5509

江湾镇中［钟］吕村2-4·族谱…………5510

江湾镇中［钟］吕村2-5·族谱…………5511

江湾镇中［钟］吕村2-6·族谱 …… 5512
江湾镇中［钟］吕村2-7·族谱 …… 5513
江湾镇中［钟］吕村2-8·族谱 …… 5514
江湾镇中［钟］吕村2-9·族谱 …… 5515
江湾镇中［钟］吕村2-10·族谱 …… 5516
江湾镇中［钟］吕村2-11·族谱 …… 5517
江湾镇中［钟］吕村2-12·族谱 …… 5518
江湾镇中［钟］吕村2-13·族谱 …… 5519
江湾镇中［钟］吕村2-14·族谱 …… 5520
江湾镇中［钟］吕村2-15·族谱 …… 5521
江湾镇中［钟］吕村2-16·族谱 …… 5522
江湾镇中［钟］吕村2-17·族谱 …… 5523
江湾镇中［钟］吕村2-18·族谱 …… 5524
江湾镇中［钟］吕村2-19·族谱 …… 5525
江湾镇中［钟］吕村2-20·族谱 …… 5526
江湾镇中［钟］吕村2-21·族谱 …… 5527
江湾镇中［钟］吕村2-22·族谱 …… 5528
江湾镇中［钟］吕村2-23·族谱 …… 5529
江湾镇中［钟］吕村2-24·族谱 …… 5530
江湾镇中［钟］吕村2-25·族谱 …… 5531
江湾镇中［钟］吕村2-26·族谱 …… 5532
江湾镇中［钟］吕村2-27·族谱 …… 5533
江湾镇中［钟］吕村2-28·族谱 …… 5534
江湾镇中［钟］吕村2-29·族谱 …… 5535
江湾镇中［钟］吕村2-30·族谱 …… 5536
江湾镇中［钟］吕村2-31·族谱 …… 5537
江湾镇中［钟］吕村2-32·族谱 …… 5538
江湾镇中［钟］吕村2-33·族谱 …… 5539
江湾镇中［钟］吕村2-34·族谱 …… 5540
江湾镇中［钟］吕村2-35·族谱 …… 5541
江湾镇中［钟］吕村2-36·族谱 …… 5542
江湾镇中［钟］吕村2-37·族谱 …… 5543

江湾镇中［钟］吕村 2-38·族谱	5544
江湾镇中［钟］吕村 2-39·族谱	5545
江湾镇中［钟］吕村 2-40·族谱	5546
江湾镇中［钟］吕村 2-41·族谱	5547
江湾镇中［钟］吕村 2-42·族谱	5548
江湾镇中［钟］吕村 2-43·族谱	5549
江湾镇中［钟］吕村 2-44·族谱	5550
江湾镇中［钟］吕村 2-45·族谱	5551
江湾镇中［钟］吕村 2-46·族谱	5552
江湾镇中［钟］吕村 2-47·族谱	5553
江湾镇中［钟］吕村 2-48·族谱	5554
江湾镇中［钟］吕村 2-49·族谱	5555
江湾镇中［钟］吕村 2-50·族谱	5556
江湾镇中［钟］吕村 2-51·族谱	5557
江湾镇中［钟］吕村 2-52·族谱	5558
江湾镇中［钟］吕村 2-53·族谱	5559
江湾镇中［钟］吕村 2-54·族谱	5560
江湾镇中［钟］吕村 2-55·族谱	5561
江湾镇中［钟］吕村 2-56·族谱	5562
江湾镇中［钟］吕村 2-57·族谱	5563
江湾镇中［钟］吕村 2-58·族谱	5564
江湾镇中［钟］吕村 2-59·族谱	5565
江湾镇中［钟］吕村 2-60·族谱	5566
江湾镇中［钟］吕村 2-61·族谱	5567
江湾镇中［钟］吕村 2-62·族谱	5568
江湾镇中［钟］吕村 2-63·族谱	5569
江湾镇中［钟］吕村 2-64·族谱	5570
江湾镇中［钟］吕村 2-65·族谱	5571
江湾镇中［钟］吕村 2-66·族谱	5572
江湾镇中［钟］吕村 2-67·族谱	5573
江湾镇中［钟］吕村 2-68·族谱	5574
江湾镇中［钟］吕村 2-69·族谱	5575

江湾镇中［钟］吕村 2-70·族谱 …… 5576
江湾镇中［钟］吕村 2-71·族谱 …… 5577
江湾镇中［钟］吕村 2-72·族谱 …… 5578
江湾镇中［钟］吕村 2-73·族谱 …… 5579
江湾镇中［钟］吕村 2-74·族谱 …… 5580
江湾镇中［钟］吕村 2-75·族谱 …… 5581
江湾镇中［钟］吕村 2-76·族谱 …… 5582
江湾镇中［钟］吕村 2-77·族谱 …… 5583
江湾镇中［钟］吕村 2-78·族谱 …… 5584
江湾镇中［钟］吕村 2-79·族谱 …… 5585
江湾镇中［钟］吕村 2-80·族谱 …… 5586
江湾镇中［钟］吕村 2-81·族谱 …… 5587
江湾镇中［钟］吕村 2-82·族谱 …… 5588
江湾镇中［钟］吕村 2-83·族谱 …… 5589
江湾镇中［钟］吕村 2-84·族谱 …… 5590
江湾镇中［钟］吕村 2-85·族谱 …… 5591
江湾镇中［钟］吕村 2-86·族谱 …… 5592
江湾镇中［钟］吕村 2-87·族谱 …… 5593
江湾镇中［钟］吕村 2-88·族谱 …… 5594
江湾镇中［钟］吕村 2-89·族谱 …… 5595
江湾镇中［钟］吕村 2-90·族谱 …… 5596
江湾镇中［钟］吕村 2-91·族谱 …… 5597
江湾镇中［钟］吕村 2-92·族谱 …… 5598
江湾镇中［钟］吕村 2-93·族谱 …… 5599
江湾镇中［钟］吕村 2-94·族谱 …… 5600
江湾镇中［钟］吕村 2-95·族谱 …… 5601
江湾镇中［钟］吕村 2-96·族谱 …… 5602
江湾镇中［钟］吕村 2-97·族谱 …… 5603
江湾镇中［钟］吕村 2-98·族谱 …… 5604
江湾镇中［钟］吕村 2-99·族谱 …… 5605
江湾镇中［钟］吕村 2-100·族谱 …… 5606
江湾镇中［钟］吕村 2-101·族谱 …… 5607

江湾镇中［钟］吕村 2-102·族谱 ································ 5608
江湾镇中［钟］吕村 2-103·族谱 ································ 5609
江湾镇中［钟］吕村 2-104·族谱 ································ 5610
江湾镇中［钟］吕村 2-105·族谱 ································ 5611
江湾镇中［钟］吕村 2-106·族谱 ································ 5612
江湾镇中［钟］吕村 2-107·族谱 ································ 5613
江湾镇中［钟］吕村 2-108·族谱 ································ 5614
江湾镇中［钟］吕村 2-109·族谱 ································ 5615
江湾镇中［钟］吕村 2-110·族谱 ································ 5616
江湾镇中［钟］吕村 2-111·族谱 ································ 5617
江湾镇中［钟］吕村 2-112·族谱 ································ 5618
江湾镇中［钟］吕村 2-113·族谱 ································ 5619
江湾镇中［钟］吕村 2-114·族谱 ································ 5620
江湾镇中［钟］吕村 2-115·族谱 ································ 5621
江湾镇中［钟］吕村 2-116·族谱 ································ 5622
江湾镇中［钟］吕村 2-117·族谱 ································ 5623
江湾镇中［钟］吕村 2-118·族谱 ································ 5624
江湾镇中［钟］吕村 2-119·族谱 ································ 5625
江湾镇中［钟］吕村 2-120·族谱 ································ 5626
江湾镇中［钟］吕村 2-121·族谱 ································ 5627
江湾镇中［钟］吕村 2-122·族谱 ································ 5628
江湾镇中［钟］吕村 2-123·族谱 ································ 5629
江湾镇中［钟］吕村 2-124·族谱 ································ 5630
江湾镇中［钟］吕村 2-125·族谱 ································ 5631
江湾镇中［钟］吕村 2-126·族谱 ································ 5632
江湾镇中［钟］吕村 9-1·乾隆三年·积庆堂公储账簿 ············ 5633
江湾镇中［钟］吕村 9-2·乾隆三年·积庆堂公储账簿 ············ 5634
江湾镇中［钟］吕村 9-3·乾隆三年·积庆堂公储账簿 ············ 5635
江湾镇中［钟］吕村 9-4·乾隆三年·积庆堂公储账簿 ············ 5636
江湾镇中［钟］吕村 9-5·乾隆三年·积庆堂公储账簿 ············ 5637
江湾镇中［钟］吕村 9-6·乾隆三年·积庆堂公储账簿 ············ 5638
江湾镇中［钟］吕村 9-7·乾隆三年·积庆堂公储账簿 ············ 5639

江湾镇中［钟］吕村9-8·乾隆三年·积庆堂公储账簿 …………… 5640
江湾镇中［钟］吕村9-9·乾隆三年·积庆堂公储账簿 …………… 5641
江湾镇中［钟］吕村34·土地税单 ………………………………… 5642
江湾镇中［钟］吕村35·田地税粮单 ……………………………… 5643
江湾镇中［钟］吕村36·推单·仕兹户推与方春户 ……………… 5644

拾贰　段莘乡（一）

金万担源·窑坑·六坑·大汜村（1）

段莘乡万担源 1—40 ·· 5647

　段莘乡万担源 16·康熙三十三年·断骨出卖山契·曹士富卖与
　　户兄㲿 ·· 5647

　段莘乡万担源 17·康熙三十四年·断骨出卖山契·曹宜生同侄廷瑞等
　　卖与户兄㲿 ··· 5648

　段莘乡万担源 13·康熙三十八年·断骨出卖山契·曹士奇卖与
　　房兄㲿 ·· 5649

　段莘乡万担源 26·乾隆十一年·合同·曹、詹、王三姓众商定割草
　　协定 ·· 5650

　段莘乡万担源 32·乾隆三十一年·出佃田皮约·詹德友佃与曹俊公 ··········· 5651

　段莘乡万担源 14·咸丰二年·断骨出卖田租契·曹子仁公支裔元全
　　卖与詹接登亲眷 ··· 5652

　段莘乡万担源 19·咸丰三年·收领字·江春月同弟春五收到詹接丁
　　同弟社顺、侄荣基三人 ··· 5653

　段莘乡万担源 15·咸丰四年·断骨出卖田租契·曹思诚堂等卖与
　　詹㲿户 ·· 5654

　段莘乡万担源 34·咸丰四年·推单·振兴户付与宗万户 ······························· 5655

　段莘乡万担源 11·咸丰六年·断骨出卖山契·曹张氏卖与詹亲眷 ··············· 5656

　段莘乡万担源 22·咸丰六年·断骨出卖山契·曹张氏卖与詹亲眷 ··············· 5657

　段莘乡万担源 35·咸丰六年·推单·育丰户付与宗万户 ······························· 5658

　段莘乡万担源 9·咸丰九年·断骨出卖山场契·曹启淦出卖与詹㲿 ············· 5659

　段莘乡万担源 18·咸丰十年·减票字·江开仕 ··· 5660

　段莘乡万担源 30·咸丰十年·断骨出卖佃田皮约·王阿李氏佃与
　　江开达 ·· 5661

　段莘乡万担源 27·同治元年·断骨出佃田皮约·王良炤佃与
　　詹接登 ·· 5662

　段莘乡万担源 23·同治二年·会书 ·· 5663

247

段莘乡万担源 10·同治四年·断骨出卖田租契·王发荣卖与詹☐户 …… 5664

段莘乡万担源 8·同治八年·断骨出卖骨租契·曹吉庆卖与詹亲眷 …… 5665

段莘乡万担源 7·同治九年·出卖田租契·曹母王氏起芳卖与
詹接丁 ………………………………………………………… 5666

段莘乡万担源 36·同治九年·断骨出卖骨租契·曹金桂卖与☐ ……… 5667

段莘乡万担源 33·光绪元年·推单·仁源户付与宗万户 …………… 5668

段莘乡万担源 28·光绪二年·断骨出卖田租契·曹汝成当与
詹接丁 ………………………………………………………… 5669

段莘乡万担源 1-i·光绪三年·断骨出卖田租契·詹接登卖与
本家兆洵（右半部分）……………………………………… 5670

段莘乡万担源 1-ii·光绪三年·断骨出卖田租契·詹接登卖与
本家兆洵（左半部分）……………………………………… 5671

段莘乡万担源 38-1·光绪三年·税粮实征册·宗万户 …………… 5672

段莘乡万担源 38-2·光绪三年·税粮实征册·宗万户 …………… 5673

段莘乡万担源 38-3·光绪三年·税粮实征册·宗万户 …………… 5674

段莘乡万担源 38-4·光绪三年·税粮实征册·宗万户 …………… 5675

段莘乡万担源 29·光绪八年·断骨出卖田皮契·曹硕卿卖与
接登兄 ………………………………………………………… 5676

段莘乡万担源 20·光绪十一年·收字·江敬乾收到宅詹接登 …… 5677

段莘乡万担源 25·光绪十二年·断骨出卖田皮契·曹硕卿卖与
詹接丁 ………………………………………………………… 5678

段莘乡万担源 21·光绪十五年·断骨出卖田皮约·王裕大同弟裕坤
卖与詹三女 …………………………………………………… 5679

段莘乡万担源 6·光绪十八年·出卖田租契·曹恂如卖与詹廷云 …… 5680

段莘乡万担源 5·光绪二十三年·断骨出卖租皮契·曹笔正卖与
江郁文 ………………………………………………………… 5681

段莘乡万担源 24·光绪二十三年·銮户推与江文户 ……………… 5682

段莘乡万担源 2·光绪二十九年·断骨出卖山契·詹永进卖与
士栋公清明 …………………………………………………… 5683

段莘乡万担源 4·光绪三十年·合议继书·詹焕城与江沛三 ……… 5684

段莘乡万担源 39-1·民国九年·遗嘱·詹永政立 ………………… 5685

段莘乡万担源 39-2·民国九年·遗嘱·詹永政立 ………………… 5686

段莘乡万担源 39-3·民国九年·遗嘱·詹永政立	5687
段莘乡万担源 39-4·民国九年·遗嘱·詹永政立	5688
段莘乡万担源 39-5·民国九年·遗嘱·詹永政立	5689
段莘乡万担源 39-6·民国九年·遗嘱·詹永政立	5690
段莘乡万担源 3-i·杂文（右半部分）	5691
段莘乡万担源 3-ii·杂文（左半部分）	5692
段莘乡万担源 40-1·流水账	5693
段莘乡万担源 40-2·流水账	5694
段莘乡万担源 40-3·流水账	5695
段莘乡万担源 40-4·流水账	5696
段莘乡万担源 40-5·流水账	5697
段莘乡万担源 40-6·流水账	5698
段莘乡万担源 40-7·流水账	5699
段莘乡万担源 40-8·流水账	5700
段莘乡万担源 40-9·流水账	5701
段莘乡万担源 40-10·流水账	5702
段莘乡万担源 40-11·流水账	5703
段莘乡万担源 40-12·流水账	5704
段莘乡万担源 40-13·流水账	5705
段莘乡万担源 40-14·流水账	5706
段莘乡万担源 40-15·流水账	5707
段莘乡万担源 40-16·流水账	5708
段莘乡万担源 40-17·流水账	5709
段莘乡万担源 40-18·流水账	5710
段莘乡万担源 40-19·流水账	5711
段莘乡万担源 40-20·流水账	5712
段莘乡万担源 40-21·流水账	5713
段莘乡万担源 40-22·流水账	5714
段莘乡万担源 40-23·流水账	5715
段莘乡万担源 40-24·流水账	5716
段莘乡万担源 40-25·流水账	5717
段莘乡万担源 40-26·流水账	5718
段莘乡万担源 40-27·流水账	5719

段莘乡万担源 40-28·流水账 ······ 5720
段莘乡万担源 40-29·流水账 ······ 5721
段莘乡万担源 40-30·流水账 ······ 5722
段莘乡万担源 40-31·流水账 ······ 5723
段莘乡万担源 40-32·流水账 ······ 5724
段莘乡万担源 40-33·流水账 ······ 5725
段莘乡万担源 40-34·流水账 ······ 5726
段莘乡万担源 40-35·流水账 ······ 5727
段莘乡万担源 40-36·流水账 ······ 5728
段莘乡万担源 40-37·流水账 ······ 5729
段莘乡万担源 40-38·流水账 ······ 5730
段莘乡万担源 40-39·流水账 ······ 5731
段莘乡万担源 40-40·流水账 ······ 5732
段莘乡万担源 40-41·流水账 ······ 5733
段莘乡万担源 40-42·流水账 ······ 5734

段莘乡宦坑 1—25 ······ 5735

段莘乡宦坑 16·康熙三十四年·抵窝约·宋四旺 ······ 5735
段莘乡宦坑 22·康熙五十二年·领约·宋四旺 ······ 5736
段莘乡宦坑 18·康熙五十七年·分田皮约·宋福收 ······ 5737
段莘乡宦坑 11·乾隆十年·断骨出卖屋契·宋添生卖与房兄☐ ······ 5738
段莘乡宦坑 14·乾隆十三年·合议·宋福生、宋五旺叔侄等 ······ 5739
段莘乡宦坑 3·乾隆四十八年·断骨出卖屋地契·叶正生卖与
  宋亲眷 ······ 5740
段莘乡宦坑 21·乾隆五十九年·收字·宋余高收到宋春美、
  宋春芳 ······ 5741
段莘乡宦坑 2·乾隆六十年·杜卖楼屋契·宋春彩卖与房弟春美 ······ 5742
段莘乡宦坑 12·嘉庆十一年·承租批约·宋春美租到兴周侄 ······ 5743
段莘乡宦坑 15·嘉庆十二年·断骨出卖屋契·阿母何氏、子兴周
  卖与房兄宋春美 ······ 5744
段莘乡宦坑 17·嘉庆十三年·断骨出佃田皮约·吴添孙佃与
  亲眷宋春美 ······ 5745
段莘乡宦坑 20·嘉庆十三年·出佃田皮约·汪馨和佃与宋春美 ······ 5746

段莘乡宦坑 13·嘉庆十七年·断骨出佃田皮约·洪文兴官佃与
  吴加草 ··· 5747
段莘乡宦坑 1·道光十八年·出卖生柴约·洪华邦卖与宋兴林
  同侄金桃二人 ··· 5748
段莘乡宦坑 7·道光二十三年·断骨出卖房屋契·宋兴绕卖与
  汪房吏秋老孺人 ·· 5749
段莘乡宦坑 10·光绪二十六年·出当田皮契·宋德余当与洪沓霖 ······ 5750
段莘乡宦坑 25·民国二十年·出卖断骨田皮契·汪正其卖与
  宋裕高 ·· 5751
段莘乡宦坑 6·民国二十六年·出卖断骨荒茶坦契·汪永昌卖与
  宋裕高 ·· 5752
段莘乡宦坑 9·民国三十五年·出卖茶坦字·汪正韵卖与宋裕高 ········ 5753
段莘乡宦坑 8·民国三十六年·出卖荒田字·洪顺喜卖与宋荣华 ········ 5754
段莘乡宦坑 4·租税单·发仂等 ·· 5755
段莘乡宦坑 5·租税单·福嘉等 ·· 5756
段莘乡宦坑 19·书信·宋春彩寄与弟春美、春芳 ····························· 5757
段莘乡宦坑 23·账单 ·· 5758
段莘乡宦坑 24·流水账 ··· 5759

段莘乡六坑 1—20 ·· 5760
段莘乡六坑 20·道光三年·断骨出卖租契·程忆怀卖与吴芳谷 ·········· 5760
段莘乡六坑 11·道光二十二年·断骨出佃田皮约·程忆怀佃与
  余庆寿 ·· 5761
段莘乡六坑 10-i·同治十年·出卖田皮约·鸟饭会众隆榜等、
  励志堂众喜铎等卖与程广茂（右半部分） ································· 5762
段莘乡六坑 10-ii·同治十年·出卖田皮约·鸟饭会众隆榜等、
  励志堂众喜铎等卖与程广茂（左半部分） ································· 5763
段莘乡六坑 13·光绪三年·断骨出卖田皮租契·程再德卖与
  房叔广茂、广有 ·· 5764
段莘乡六坑 3·光绪二十五年·断骨杜卖山坦契·程有和兄弟卖与
  程晖橙 ·· 5765
段莘乡六坑 19·光绪三十二年·断骨出卖柽子树契·吴集泰卖与
  程辉堂 ·· 5766

段莘乡六坑 4·光绪三十四年·断骨杜卖菜园地契·程良贤公支裔
　　孙广茂等卖与程辉堂 ………………………………………………………… 5767

段莘乡六坑 12·光绪三十四年·断骨出卖菜园地契·良贤公支裔
　　孙四房人广太等卖与程辉堂支孙名下 ……………………………………… 5768

段莘乡六坑 14·民国十四年·出卖荒塽契·程灶坤卖与堂侄程金养 ………… 5769

段莘乡六坑 15·民国十五年·出卖茶丛契·程士金卖与程金养侄 …………… 5770

段莘乡六坑 8·民国十五年·出卖田皮并骨租契·程灶喜、程玉树
　　卖与程金隆侄 ………………………………………………………………… 5771

段莘乡六坑 6-i·民国二十一年·断骨出卖全业田租契·程社保
　　卖与本家程金养（右半部分）……………………………………………… 5772

段莘乡六坑 6-ii·民国二十一年·断骨出卖全业田租契·程社保
　　卖与本家程金养（左半部分）……………………………………………… 5773

段莘乡六坑 16-i·民国二十一年·断骨出卖田皮租契·程社保
　　卖与程金养（右半部分）…………………………………………………… 5774

段莘乡六坑 16-ii·民国二十一年·断骨出卖田皮租契·程社保
　　卖与程金养（左半部分）…………………………………………………… 5775

段莘乡六坑 7·民国二十三年·断骨出卖骨租契·詹列文卖与
　　程金养、程玉新 ……………………………………………………………… 5776

段莘乡六坑 9·民国二十三年·断骨出卖茶丛契·余荣彬卖与
　　程金养 ………………………………………………………………………… 5777

段莘乡六坑 1-1·民国十五年·出卖基地契·程社盛卖与程金养 …………… 5778

段莘乡六坑 1-2·民国三十二年·田赋税单·程社盛 ………………………… 5779

段莘乡六坑 2·民国三十二年·婺源县政府契税附加收据·程金养 ………… 5780

段莘乡六坑 5·民国三十二年·出卖断骨田皮骨租契·程林富卖与
　　本家程成志 …………………………………………………………………… 5781

段莘乡六坑 17·民国三十二年·卖契税收据·程金养 ………………………… 5782

段莘乡六坑 18·民国三十二年·婺源县政府契税附加收据·
　　程金养 ………………………………………………………………………… 5783

段莘乡大汜村 A 1—230 ……………………………………………………… 5784

段莘乡大汜村 A 3·顺治五年·断骨出卖苗山契·吴之浩等
　　卖与余□ ……………………………………………………………………… 5784

段莘乡大汜村A8·顺治五年·断骨出卖苗木山地契·吴之浩兄弟
　卖与堂叔文端 ································· 5785

段莘乡大汜村A128·顺治五年·抵还约·吴文端 ··············· 5786

段莘乡大汜村A4·顺治九年·议字约·胡成铃 ················ 5787

段莘乡大汜村A223·顺治十年·断骨出卖苗山文契·复亨卖与
　族侄允通 ··································· 5788

段莘乡大汜村A7·康熙六年·议单·余可荣兄弟等 ············· 5789

段莘乡大汜村A1-1·康熙十四年·税粮实征册·吴天兴户潢兄弟 ······ 5790

段莘乡大汜村A1-2·康熙十四年·税粮实征册·吴天兴户潢兄弟 ······ 5791

段莘乡大汜村A1-3·康熙十四年·税粮实征册·吴天兴户潢兄弟 ······ 5792

段莘乡大汜村A1-4·康熙十四年·税粮实征册·吴天兴户潢兄弟 ······ 5793

段莘乡大汜村A1-5·康熙十四年·税粮实征册·吴天兴户潢兄弟 ······ 5794

段莘乡大汜村A1-6·康熙十四年·税粮实征册·吴天兴户潢兄弟 ······ 5795

段莘乡大汜村A1-7·康熙十四年·税粮实征册·吴天兴户潢兄弟 ······ 5796

段莘乡大汜村A1-8·康熙十四年·税粮实征册·吴天兴户潢兄弟 ······ 5797

段莘乡大汜村A1-9·康熙十四年·税粮实征册·吴天兴户潢兄弟 ······ 5798

段莘乡大汜村A1-10·康熙十四年·税粮实征册·吴天兴户潢兄弟 ······ 5799

段莘乡大汜村A1-11·康熙十四年·税粮实征册·吴天兴户潢兄弟 ······ 5800

段莘乡大汜村A1-12·康熙十四年·税粮实征册·吴天兴户潢兄弟 ······ 5801

段莘乡大汜村A1-13·康熙十四年·税粮实征册·吴天兴户潢兄弟 ······ 5802

段莘乡大汜村A1-14·康熙十四年·税粮实征册·吴天兴户潢兄弟 ······ 5803

段莘乡大汜村A1-15·康熙十四年·税粮实征册·吴天兴户潢兄弟 ······ 5804

段莘乡大汜村A1-16·康熙十四年·税粮实征册·吴天兴户潢兄弟 ······ 5805

段莘乡大汜村A1-17·康熙十四年·税粮实征册·吴天兴户潢兄弟 ······ 5806

段莘乡大汜村A1-18·康熙十四年·税粮实征册·吴天兴户潢兄弟 ······ 5807

段莘乡大汜村A1-19·康熙十四年·税粮实征册·吴天兴户潢兄弟 ······ 5808

段莘乡大汜村A1-20·康熙十四年·税粮实征册·吴天兴户潢兄弟 ······ 5809

段莘乡大汜村A1-21·康熙十四年·税粮实征册·吴天兴户潢兄弟 ······ 5810

段莘乡大汜村A1-22·康熙十四年·税粮实征册·吴天兴户潢兄弟 ······ 5811

段莘乡大汜村A1-23·康熙十四年·税粮实征册·吴天兴户潢兄弟 ······ 5812

段莘乡大汜村A1-24·康熙十四年·税粮实征册·吴天兴户潢兄弟 ······ 5813

段莘乡大汜村A1-25·康熙十四年·税粮实征册·吴天兴户潢兄弟 ······ 5814

段莘乡大汜村 A 1-26·康熙十四年·税粮实征册·吴天兴户潢兄弟 ……… 5815
段莘乡大汜村 A 1-27·康熙十四年·税粮实征册·吴天兴户潢兄弟 ……… 5816
段莘乡大汜村 A 1-28·康熙十四年·税粮实征册·吴天兴户潢兄弟 ……… 5817
段莘乡大汜村 A 1-29·康熙十四年·税粮实征册·吴天兴户潢兄弟 ……… 5818
段莘乡大汜村 A 1-30·康熙十四年·税粮实征册·吴天兴户潢兄弟 ……… 5819
段莘乡大汜村 A 1-31·康熙十四年·税粮实征册·吴天兴户潢兄弟 ……… 5820
段莘乡大汜村 A 1-32·康熙十四年·税粮实征册·吴天兴户潢兄弟 ……… 5821
段莘乡大汜村 A 1-33·康熙十四年·税粮实征册·吴天兴户潢兄弟 ……… 5822
段莘乡大汜村 A 1-34·康熙十四年·税粮实征册·吴天兴户潢兄弟 ……… 5823
段莘乡大汜村 A 1-35·康熙十四年·税粮实征册·吴天兴户潢兄弟 ……… 5824
段莘乡大汜村 A 1-36·康熙十四年·税粮实征册·吴天兴户潢兄弟 ……… 5825
段莘乡大汜村 A 1-37·康熙十四年·税粮实征册·吴天兴户潢兄弟 ……… 5826
段莘乡大汜村 A 1-38·康熙十四年·税粮实征册·吴天兴户潢兄弟 ……… 5827
段莘乡大汜村 A 1-39·康熙十四年·税粮实征册·吴天兴户潢兄弟 ……… 5828
段莘乡大汜村 A 74·康熙二十一年·会书·会社乐捐清单·俞娇容等 …… 5829
段莘乡大汜村 A 221·康熙三十二年·卖田契·细酉等 ………… 5830
段莘乡大汜村 A 214·康熙三十五年·欠约·枝孙细酉欠到
 南台公清明 ……………………………………………………… 5831
段莘乡大汜村 A 209·康熙三十七年·断骨出卖田契·孙文微
 卖与清明 ………………………………………………………… 5832
段莘乡大汜村 A 225·康熙三十九年·断骨出卖契·大酉卖与
 龙池公清明 ……………………………………………………… 5833
段莘乡大汜村 A 73·康熙四十二年·推单·程遂兴户芳衡付与
 汪来旺户 ………………………………………………………… 5834
段莘乡大汜村 A 6·康熙四十五年·议墨·保耆老业主等 ………… 5835
段莘乡大汜村 A 5·康熙四十八年·合墨·珂公枝孙吴应豸等 ……… 5836
段莘乡大汜村 A 143·康熙四十八年·借约·正橹借到舟叔 ……… 5837
段莘乡大汜村 A 14·康熙五十七年·断骨出卖田契·吴应涣卖与
 亲眷汪之道 ……………………………………………………… 5838
段莘乡大汜村 A 215·雍正五年·借约·余国赓借到亲眷吴囗 ……… 5839
段莘乡大汜村 A 2·雍正七年·断骨出卖田地山塘屋宇庵堂契·
 正揖等卖与龙池公众 …………………………………………… 5840

段莘乡大汜村A139·雍正七年·断骨出卖田地山塘屋宇庵堂契·
  正樟等卖与龙池公众 …………………………………………… 5841
段莘乡大汜村A224·乾隆元年·断骨出卖山地庵基契·吴正枝同男
  有高卖与本家龙池公 …………………………………………… 5842
段莘乡大汜村A226·乾隆五年·断骨出卖田契·余应凰卖与
  亲眷吴☐ …………………………………………………………… 5843
段莘乡大汜村A53·乾隆八年·借约·吴有祯同侄季和借到汪亲眷 …… 5844
段莘乡大汜村A59·乾隆八年·借约·吴有祯同侄季和借到汪亲眷 …… 5845
段莘乡大汜村A123·乾隆十一年·合同·余利贞、吴尚如、曹汉青 … 5846
段莘乡大汜村A129·乾隆十一年·合同·余利贞、吴尚如、曹汉青 … 5847
段莘乡大汜村A29·乾隆十二年·借约·吴有祯借到汪荔燻先生 …… 5848
段莘乡大汜村A75·乾隆十二年·借约·吴有祯借到汪☐☐名下 …… 5849
段莘乡大汜村A210·乾隆十九年·租批·余应生租到亲眷吴☐ ……… 5850
段莘乡大汜村A9·乾隆三十一年·议墨·众檀越 ……………………… 5851
段莘乡大汜村A95·乾隆三十一年至三十七年·土地租额清单 ……… 5852
段莘乡大汜村A126·乾隆三十一年·承任约·理祥 …………………… 5853
段莘乡大汜村A11·乾隆三十八年·断骨出卖田契·望云庵住持
  僧人鉴华 …………………………………………………………… 5854
段莘乡大汜村A77·乾隆三十八年·公议墨字·吴凤华等 …………… 5855
段莘乡大汜村A99·乾隆三十八年·议字·吴凤华等 ………………… 5856
段莘乡大汜村A111·乾隆三十八年·议字·吴凤华等 ………………… 5857
段莘乡大汜村A94·乾隆三十九年·土地租额清单 …………………… 5858
段莘乡大汜村A151·乾隆五十四年·纳户执照·祥地 ………………… 5859
段莘乡大汜村A145·乾隆五十五年·纳米执照·祥庵 ………………… 5860
段莘乡大汜村A202·乾隆五十五年·纳米执照·祥地 ………………… 5861
段莘乡大汜村A153·乾隆五十六年·纳米执照·祥地 ………………… 5862
段莘乡大汜村A157·乾隆五十六年·纳米执照·祥地 ………………… 5863
段莘乡大汜村A171·乾隆五十七年·纳户执照·祥地 ………………… 5864
段莘乡大汜村A136·乾隆五十八年·出当茶丛约·吴亮远当与
  房侄 ………………………………………………………………… 5865
段莘乡大汜村A167·乾隆五十八年·纳米执照·祥庵 ………………… 5866
段莘乡大汜村A205·乾隆五十八年·纳户执照·祥庵 ………………… 5867

段莘乡大汜村 A 155・嘉庆三年・纳户执照・祥地 ……………………… 5868
段莘乡大汜村 A 166・嘉庆三年・纳米执照・祥地 ……………………… 5869
段莘乡大汜村 A 200・嘉庆三年・纳米执照・祥庵 ……………………… 5870
段莘乡大汜村 A 165・嘉庆四年・纳米执照・祥庵 ……………………… 5871
段莘乡大汜村 A 169・嘉庆四年・纳米执照・祥地 ……………………… 5872
段莘乡大汜村 A 161・嘉庆五年・纳米执照・祥地 ……………………… 5873
段莘乡大汜村 A 164・嘉庆五年・纳米执照・祥庵 ……………………… 5874
段莘乡大汜村 A 192・嘉庆五年・纳米执照・祥地 ……………………… 5875
段莘乡大汜村 A 159・嘉庆六年・纳米执照・祥地 ……………………… 5876
段莘乡大汜村 A 162・嘉庆六年・纳米执照・祥庵 ……………………… 5877
段莘乡大汜村 A 160・嘉庆七年・纳米执照・祥地 ……………………… 5878
段莘乡大汜村 A 168・嘉庆七年・纳米执照・祥地 ……………………… 5879
段莘乡大汜村 A 194・嘉庆七年・纳米执照・元腊 ……………………… 5880
段莘乡大汜村 A 178・嘉庆八年・纳米执照・祥庵 ……………………… 5881
段莘乡大汜村 A 182・嘉庆八年・纳米执照・祥庵 ……………………… 5882
段莘乡大汜村 A 189・嘉庆八年・纳米执照・祥地 ……………………… 5883
段莘乡大汜村 A 203・嘉庆八年・纳米执照・祥地 ……………………… 5884
段莘乡大汜村 A 204・嘉庆八年・纳米执照・祥地 ……………………… 5885
段莘乡大汜村 A 173・嘉庆九年・纳米执照・祥庵 ……………………… 5886
段莘乡大汜村 A 180・嘉庆九年・纳米执照・祥地 ……………………… 5887
段莘乡大汜村 A 138・嘉庆十年・断骨出卖田皮契・余应富卖与
　吴亮金兄弟 …………………………………………………………… 5888
段莘乡大汜村 A 193・嘉庆十年・纳米执照・祥地 ……………………… 5889
段莘乡大汜村 A 195・嘉庆十年・纳米执照・祥地 ……………………… 5890
段莘乡大汜村 A 216・嘉庆十一年・断田皮约・余大秋断与吴囗 ……… 5891
段莘乡大汜村 A 217・嘉庆十一年・佃田皮约・余大秋佃与吴囗 ……… 5892
段莘乡大汜村 A 135・嘉庆十三年・出佃田皮约・余天华佃与
　亲眷吴囗 ……………………………………………………………… 5893
段莘乡大汜村 A 218・嘉庆十六年・断骨出卖田契・詹汪氏卖与
　吴亲眷济川 …………………………………………………………… 5894
段莘乡大汜村 A 220・嘉庆十六年・断骨出卖田租契・余竟成卖与
　亲眷吴囗 ……………………………………………………………… 5895

段莘乡大汜村 A 179·嘉庆十七年·纳米执照·祥地 ………………… 5896
段莘乡大汜村 A 181·嘉庆十七年·纳米执照·祥庵 ………………… 5897
段莘乡大汜村 A 184·嘉庆十七年·纳米执照·祥庵 ………………… 5898
段莘乡大汜村 A 188·嘉庆十七年·纳米执照·祥地 ………………… 5899
段莘乡大汜村 A 72·嘉庆十八年·约排票 ………………………………… 5900
段莘乡大汜村 A 144·嘉庆十八年·纳米执照·祥地 ………………… 5901
段莘乡大汜村 A 147·嘉庆十八年·纳米执照·祥地 ………………… 5902
段莘乡大汜村 A 196·嘉庆十八年·纳米执照·祥☐ ………………… 5903
段莘乡大汜村 A 197·嘉庆十八年·纳米执照·祥庵 ………………… 5904
段莘乡大汜村 A 198·嘉庆十八年·纳米执照·祥☐ ………………… 5905
段莘乡大汜村 A 24·嘉庆十九年·判决批文 ……………………………… 5906
段莘乡大汜村 A 96·嘉庆十九年·具状词·余太增等 …………………… 5907
段莘乡大汜村 A 104·嘉庆十九年·批文 ………………………………… 5908
段莘乡大汜村 A 12·嘉庆二十年·断骨出卖正租及田皮契·余其济
　卖与亲眷吴亮金 ……………………………………………………… 5909
段莘乡大汜村 A 18·道光三年·笔据·文敷公支孙吴元铭等 ……………… 5910
段莘乡大汜村 A 137·道光七年·遗嘱·应兴公支孙济川等 ……………… 5911
段莘乡大汜村 A 228·道光八年·断骨出卖田契·何玉章卖与
　李元亢（？）眷 …………………………………………………… 5912
段莘乡大汜村 A 130·道光十年·收字·汪为工等收到吴有桢支
　孙亮金兄弟等 ………………………………………………………… 5913
段莘乡大汜村 A 172·咸丰十一年·纳米执照·祥庵 ……………………… 5914
段莘乡大汜村 A 158·同治二年·纳米执照·祥庵 ………………………… 5915
段莘乡大汜村 A 148·同治五年·纳米执照·祥云 ………………………… 5916
段莘乡大汜村 A 154·同治五年·纳米执照·祥庵 ………………………… 5917
段莘乡大汜村 A 199·同治五年·纳米执照·祥田 ………………………… 5918
段莘乡大汜村 A 207·同治五年·纳米执照·祥地 ………………………… 5919
段莘乡大汜村 A 208·同治五年·纳米执照·祥地 ………………………… 5920
段莘乡大汜村 A 44·光绪六年·断骨出卖田皮租契·☐出卖与
　族兄悦丁 ……………………………………………………………… 5921
段莘乡大汜村 A 152·光绪十八年·纳米执照·圫山 ……………………… 5922
段莘乡大汜村 A 183·光绪十八年·纳米执照·君泰 ……………………… 5923

段莘乡大汜村 A 190·光绪十八年·纳米执照·初 …………… 5924
段莘乡大汜村 A 191·光绪十八年·纳米执照·祥庵 …………… 5925
段莘乡大汜村 A 227·光绪二十六年·断骨出卖茶丛契·查母洪氏
　卖与查长财 ……………………………………………………… 5926
段莘乡大汜村 A 10·禀词·吴殿先 …………………………… 5927
段莘乡大汜村 A 13·流水账·春元佃 ………………………… 5928
段莘乡大汜村 A 15·具状词·四约告吴易文、僧大御 ……… 5929
段莘乡大汜村 A 19·批复条 …………………………………… 5930
段莘乡大汜村 A 20·具状词·僧心定告美法、美元、美义等 …… 5931
段莘乡大汜村 A 21·具状词·吴承周告余太增等 …………… 5932
段莘乡大汜村 A 22·具状词·吴成周告余太增等人 ………… 5933
段莘乡大汜村 A 23·具状词·吴凤华等四约 ………………… 5934
段莘乡大汜村 A 25·批文 ……………………………………… 5935
段莘乡大汜村 A 26·具状词·吴凤华等 ……………………… 5936
段莘乡大汜村 A 27·具状词·僧戒铎 ………………………… 5937
段莘乡大汜村 A 28·具状词·吴凤华等 ……………………… 5938
段莘乡大汜村 A 30·土地租单 ………………………………… 5939
段莘乡大汜村 A 31·流水账 …………………………………… 5940
段莘乡大汜村 A 32·批文 ……………………………………… 5941
段莘乡大汜村 A 33·具状词·吴凤华等 ……………………… 5942
段莘乡大汜村 A 34·具状词 …………………………………… 5943
段莘乡大汜村 A 35·具状词·僧大御进 ……………………… 5944
段莘乡大汜村 A 36·具状词·汪汝文、余泰增等 …………… 5945
段莘乡大汜村 A 37·具状词 …………………………………… 5946
段莘乡大汜村 A 38·规条 ……………………………………… 5947
段莘乡大汜村 A 39·批文 ……………………………………… 5948
段莘乡大汜村 A 40·具状词 …………………………………… 5949
段莘乡大汜村 A 41·僧心定确查讯究单 ……………………… 5950
段莘乡大汜村 A 42·具状词 …………………………………… 5951
段莘乡大汜村 A 43·具状词 …………………………………… 5952
段莘乡大汜村 A 45·批文 ……………………………………… 5953
段莘乡大汜村 A 46·具状词·占文□等词 …………………… 5954

段莘乡大汜村 A 47·具状词 ································· 5955

段莘乡大汜村 A 48·具状词·僧大御 ····················· 5956

段莘乡大汜村 A 49·火签 ····································· 5957

段莘乡大汜村 A 50·批文 ····································· 5958

段莘乡大汜村 A 51·具状词 ································· 5959

段莘乡大汜村 A 52·账单 ····································· 5960

段莘乡大汜村 A 54·具状词 ································· 5961

段莘乡大汜村 A 55·具状词 ································· 5962

段莘乡大汜村 A 56·具状词·吴承周 ····················· 5963

段莘乡大汜村 A 57·具状词 ································· 5964

段莘乡大汜村 A 58·具状词 ································· 5965

段莘乡大汜村 A 60·具状词 ································· 5966

段莘乡大汜村 A 61·具状词 ································· 5967

段莘乡大汜村 A 62·具状词 ································· 5968

段莘乡大汜村 A 63·程村西社乐捐单·俞伯宗等 ········ 5969

段莘乡大汜村 A 64·千蚁社乐捐单·李新娥等 ·········· 5970

段莘乡大汜村 A 65·具状词·吴承周等 ··················· 5971

段莘乡大汜村 A 66·坑头大社乐捐单·吴兰芝等 ······· 5972

段莘乡大汜村 A 67·具状词 ································· 5973

段莘乡大汜村 A 68·批文 ····································· 5974

段莘乡大汜村 A 69·具状词 ································· 5975

段莘乡大汜村 A 70·土地租税单·吴风华 ················ 5976

段莘乡大汜村 A 71·具状词·吴风华等 ··················· 5977

段莘乡大汜村 A 74·四月八会人名单及乐助单 ········· 5978

段莘乡大汜村 A 75·四月八会人名单及乐助单 ········· 5979

段莘乡大汜村 A 76·具状词 ································· 5980

段莘乡大汜村 A 76·帐单 ····································· 5981

段莘乡大汜村 A 77·账单 ····································· 5982

段莘乡大汜村 A 78·具状词·僧大御 ····················· 5983

段莘乡大汜村 A 79·公断书 ································· 5984

段莘乡大汜村 A 80·投禀单·吴成周 ····················· 5985

段莘乡大汜村 A 81·堂批·吴风华等 ····················· 5986

段莘乡大汜村 A 82・批文	5987
段莘乡大汜村 A 83・批文	5988
段莘乡大汜村 A 84・具状词	5989
段莘乡大汜村 A 85・具状词・僧心定告吴法、吴元、吴义等	5990
段莘乡大汜村 A 86・具状词・余太增等	5991
段莘乡大汜村 A 87・租佃清单	5992
段莘乡大汜村 A 88・租佃清单	5993
段莘乡大汜村 A 89・土地租额、买卖清单	5994
段莘乡大汜村 A 90・具状词	5995
段莘乡大汜村 A 91・具状词	5996
段莘乡大汜村 A 92・禀条・吴振光	5997
段莘乡大汜村 A 93・具状词・胡腾金	5998
段莘乡大汜村 A 97・断骨出卖山契・吴正枝卖与珂公清明会	5999
段莘乡大汜村 A 98・租佃清单・进盛佃	6000
段莘乡大汜村 A 100・具状词・吴承周等	6001
段莘乡大汜村 A 101・具状词・僧心定告吴法、吴元等	6002
段莘乡大汜村 A 102・具状词・吴承周	6003
段莘乡大汜村 A 103・土地四至清单	6004
段莘乡大汜村 A 105・具状词・余太增等	6005
段莘乡大汜村 A 106・具状词・僧心定告吴法、吴元、吴义等	6006
段莘乡大汜村 A 107・具状词・吴应兴	6007
段莘乡大汜村 A 108・议墨字・吴凤华与詹文荣等	6008
段莘乡大汜村 A 109・具状词・吴凤华等	6009
段莘乡大汜村 A 110・批文	6010
段莘乡大汜村 A 112・具状词・僧大御	6011
段莘乡大汜村 A 113・具状词	6012
段莘乡大汜村 A 114・杂文	6013
段莘乡大汜村 A 115・杂文	6014
段莘乡大汜村 A 117・具状词	6015
段莘乡大汜村 A 118・具状词・僧心定	6016
段莘乡大汜村 A 119・具状词	6017
段莘乡大汜村 A 121・出卖田皮骨租契・吴宇桂卖与☐	6018

段莘乡大汜村A 122·批文 …………………………………… 6019

段莘乡大汜村A 124·规约条 ………………………………… 6020

段莘乡大汜村A 127·具状词 ………………………………… 6021

段莘乡大汜村A 131·合同·吴贵孙同兄等 ………………… 6022

段莘乡大汜村A 132·土地清单·正时户 …………………… 6023

段莘乡大汜村A 133·土地清单·正时户 …………………… 6024

段莘乡大汜村A 134·土地清单·正时户 …………………… 6025

段莘乡大汜村A 140·具状词·吴承周 ……………………… 6026

段莘乡大汜村A 141·租佃清单·福寿 ……………………… 6027

段莘乡大汜村A 142·账单 …………………………………… 6028

段莘乡大汜村A 211·租佃清单·庆寿 ……………………… 6029

段莘乡大汜村A 212·出佃细目·细九 ……………………… 6030

段莘乡大汜村A 213·出佃细目·州佃 ……………………… 6031

段莘乡大汜村A 222-i·具状词（第一面）………………… 6032

段莘乡大汜村A 222-ii·具状词（第二面）………………… 6033

拾叁　段莘乡（二）
大汜村（2）

段莘乡大汜村 B 1—18	6035
段莘乡大汜村 B 1-1·乾隆十一年·流水账·余玉保	6035
段莘乡大汜村 B 1-2·乾隆十一年·流水账·余玉保	6036
段莘乡大汜村 B 1-3·乾隆十一年·流水账·余玉保	6037
段莘乡大汜村 B 1-4·乾隆十一年·流水账·余玉保	6038
段莘乡大汜村 B 1-5·乾隆十一年·流水账·余玉保	6039
段莘乡大汜村 B 1-6·乾隆十一年·流水账·余玉保	6040
段莘乡大汜村 B 1-7·乾隆十一年·流水账·余玉保	6041
段莘乡大汜村 B 1-8·乾隆十一年·流水账·余玉保	6042
段莘乡大汜村 B 10-1·嘉庆元年至十六年·会产经营簿	6043
段莘乡大汜村 B 10-2·嘉庆元年至十六年·会产经营簿	6044
段莘乡大汜村 B 10-3·嘉庆元年至十六年·会产经营簿	6045
段莘乡大汜村 B 10-4·嘉庆元年至十六年·会产经营簿	6046
段莘乡大汜村 B 10-5·嘉庆元年至十六年·会产经营簿	6047
段莘乡大汜村 B 10-6·嘉庆元年至十六年·会产经营簿	6048
段莘乡大汜村 B 10-7·嘉庆元年至十六年·会产经营簿	6049
段莘乡大汜村 B 10-8·嘉庆元年至十六年·会产经营簿	6050
段莘乡大汜村 B 10-9·嘉庆元年至十六年·会产经营簿	6051
段莘乡大汜村 B 10-10·嘉庆元年至十六年·会产经营簿	6052
段莘乡大汜村 B 10-11·嘉庆元年至十六年·会产经营簿	6053
段莘乡大汜村 B 10-12·嘉庆元年至十六年·会产经营簿	6054
段莘乡大汜村 B 10-13·嘉庆元年至十六年·会产经营簿	6055
段莘乡大汜村 B 10-14·嘉庆元年至十六年·会产经营簿	6056
段莘乡大汜村 B 10-15·嘉庆元年至十六年·会产经营簿	6057
段莘乡大汜村 B 10-16·嘉庆元年至十六年·会产经营簿	6058
段莘乡大汜村 B 10-17·嘉庆元年至十六年·会产经营簿	6059
段莘乡大汜村 B 10-18·嘉庆元年至十六年·会产经营簿	6060
段莘乡大汜村 B 10-19·嘉庆元年至十六年·会产经营簿	6061

段莘乡大汜村 B 10–20·嘉庆元年至十六年·会产经营簿 …………… 6062
段莘乡大汜村 B 10–21·嘉庆元年至十六年·会产经营簿 …………… 6063
段莘乡大汜村 B 10–22·嘉庆元年至十六年·会产经营簿 …………… 6064
段莘乡大汜村 B 10–23·嘉庆元年至十六年·会产经营簿 …………… 6065
段莘乡大汜村 B 10–24·嘉庆元年至十六年·会产经营簿 …………… 6066
段莘乡大汜村 B 10–25·嘉庆元年至十六年·会产经营簿 …………… 6067
段莘乡大汜村 B 10–26·嘉庆元年至十六年·会产经营簿 …………… 6068
段莘乡大汜村 B 10–27·嘉庆元年至十六年·会产经营簿 …………… 6069
段莘乡大汜村 B 10–28·嘉庆元年至十六年·会产经营簿 …………… 6070
段莘乡大汜村 B 10–29·嘉庆元年至十六年·会产经营簿 …………… 6071
段莘乡大汜村 B 10–30·嘉庆元年至十六年·会产经营簿 …………… 6072
段莘乡大汜村 B 10–31·嘉庆元年至十六年·会产经营簿 …………… 6073
段莘乡大汜村 B 10–32·嘉庆元年至十六年·会产经营簿 …………… 6074
段莘乡大汜村 B 10–33·嘉庆元年至十六年·会产经营簿 …………… 6075
段莘乡大汜村 B 10–34·嘉庆元年至十六年·会产经营簿 …………… 6076
段莘乡大汜村 B 10–35·嘉庆元年至十六年·会产经营簿 …………… 6077
段莘乡大汜村 B 10–36·嘉庆元年至十六年·会产经营簿 …………… 6078
段莘乡大汜村 B 10–37·嘉庆元年至十六年·会产经营簿 …………… 6079
段莘乡大汜村 B 3–1·嘉庆二十年至道光十六年·永兴春醮会簿 ……… 6080
段莘乡大汜村 B 3–2·嘉庆二十年至道光十六年·永兴春醮会簿 ……… 6081
段莘乡大汜村 B 3–3·嘉庆二十年至道光十六年·永兴春醮会簿 ……… 6082
段莘乡大汜村 B 3–4·嘉庆二十年至道光十六年·永兴春醮会簿 ……… 6083
段莘乡大汜村 B 3–5·嘉庆二十年至道光十六年·永兴春醮会簿 ……… 6084
段莘乡大汜村 B 3–6·嘉庆二十年至道光十六年·永兴春醮会簿 ……… 6085
段莘乡大汜村 B 3–7·嘉庆二十年至道光十六年·永兴春醮会簿 ……… 6086
段莘乡大汜村 B 3–8·嘉庆二十年至道光十六年·永兴春醮会簿 ……… 6087
段莘乡大汜村 B 3–9·嘉庆二十年至道光十六年·永兴春醮会簿 ……… 6088
段莘乡大汜村 B 3–10·嘉庆二十年至道光十六年·永兴春醮会簿 …… 6089
段莘乡大汜村 B 3–11·嘉庆二十年至道光十六年·永兴春醮会簿 …… 6090
段莘乡大汜村 B 3–12·嘉庆二十年至道光十六年·永兴春醮会簿 …… 6091
段莘乡大汜村 B 3–13·嘉庆二十年至道光十六年·永兴春醮会簿 …… 6092
段莘乡大汜村 B 3–14·嘉庆二十年至道光十六年·永兴春醮会簿 …… 6093

段莘乡大汜村B 3-15·嘉庆二十年至道光十六年·永兴春醮会簿 …… 6094
段莘乡大汜村B 3-16·嘉庆二十年至道光十六年·永兴春醮会簿 …… 6095
段莘乡大汜村B 3-17·嘉庆二十年至道光十六年·永兴春醮会簿 …… 6096
段莘乡大汜村B 3-18·嘉庆二十年至道光十六年·永兴春醮会簿 …… 6097
段莘乡大汜村B 3-19·嘉庆二十年至道光十六年·永兴春醮会簿 …… 6098
段莘乡大汜村B 2-1·道光元年至咸丰三年·流水账 …… 6099
段莘乡大汜村B 2-2·道光元年至咸丰三年·流水账 …… 6100
段莘乡大汜村B 2-3·道光元年至咸丰三年·流水账 …… 6101
段莘乡大汜村B 2-4·道光元年至咸丰三年·流水账 …… 6102
段莘乡大汜村B 2-5·道光元年至咸丰三年·流水账 …… 6103
段莘乡大汜村B 2-6·道光元年至咸丰三年·流水账 …… 6104
段莘乡大汜村B 2-7·道光元年至咸丰三年·流水账 …… 6105
段莘乡大汜村B 2-8·道光元年至咸丰三年·流水账 …… 6106
段莘乡大汜村B 2-9·道光元年至咸丰三年·流水账 …… 6107
段莘乡大汜村B 2-10·道光元年至咸丰三年·流水账 …… 6108
段莘乡大汜村B 2-11·道光元年至咸丰三年·流水账 …… 6109
段莘乡大汜村B 2-12·道光元年至咸丰三年·流水账 …… 6110
段莘乡大汜村B 2-13·道光元年至咸丰三年·流水账 …… 6111
段莘乡大汜村B 2-14·道光元年至咸丰三年·流水账 …… 6112
段莘乡大汜村B 2-15·道光元年至咸丰三年·流水账 …… 6113
段莘乡大汜村B 2-16·道光元年至咸丰三年·流水账 …… 6114
段莘乡大汜村B 2-17·道光元年至咸丰三年·流水账 …… 6115
段莘乡大汜村B 2-18·道光元年至咸丰三年·流水账 …… 6116
段莘乡大汜村B 2-19·道光元年至咸丰三年·流水账 …… 6117
段莘乡大汜村B 2-20·道光元年至咸丰三年·流水账 …… 6118
段莘乡大汜村B 2-21·道光元年至咸丰三年·流水账 …… 6119
段莘乡大汜村B 2-22·道光元年至咸丰三年·流水账 …… 6120
段莘乡大汜村B 2-23·道光元年至咸丰三年·流水账 …… 6121
段莘乡大汜村B 2-24·道光元年至咸丰三年·流水账 …… 6122
段莘乡大汜村B 2-25·道光元年至咸丰三年·流水账 …… 6123
段莘乡大汜村B 2-26·道光元年至咸丰三年·流水账 …… 6124
段莘乡大汜村B 2-27·道光元年至咸丰三年·流水账 …… 6125

段莘乡大汜村B 2-28·道光元年至咸丰三年·流水账……………… 6126
段莘乡大汜村B 2-29·道光元年至咸丰三年·流水账……………… 6127
段莘乡大汜村B 2-30·道光元年至咸丰三年·流水账……………… 6128
段莘乡大汜村B 2-31·道光元年至咸丰三年·流水账……………… 6129
段莘乡大汜村B 2-32·道光元年至咸丰三年·流水账……………… 6130
段莘乡大汜村B 2-33·道光元年至咸丰三年·流水账……………… 6131
段莘乡大汜村B 2-34·道光元年至咸丰三年·流水账……………… 6132
段莘乡大汜村B 2-35·道光元年至咸丰三年·流水账……………… 6133
段莘乡大汜村B 2-36·道光元年至咸丰三年·流水账……………… 6134
段莘乡大汜村B 2-37·道光元年至咸丰三年·流水账……………… 6135
段莘乡大汜村B 2-38·道光元年至咸丰三年·流水账……………… 6136
段莘乡大汜村B 2-39·道光元年至咸丰三年·流水账……………… 6137
段莘乡大汜村B 2-40·道光元年至咸丰三年·流水账……………… 6138
段莘乡大汜村B 2-41·道光元年至咸丰三年·流水账……………… 6139
段莘乡大汜村B 2-42·道光元年至咸丰三年·流水账……………… 6140
段莘乡大汜村B 2-43·道光元年至咸丰三年·流水账……………… 6141
段莘乡大汜村B 2-44·道光元年至咸丰三年·流水账……………… 6142
段莘乡大汜村B 2-45·道光元年至咸丰三年·流水账……………… 6143
段莘乡大汜村B 2-46·道光元年至咸丰三年·流水账……………… 6144
段莘乡大汜村B 2-47·道光元年至咸丰三年·流水账……………… 6145
段莘乡大汜村B 5-1·道光四年至二十八年·流水账……………… 6146
段莘乡大汜村B 5-2·道光四年至二十八年·流水账……………… 6147
段莘乡大汜村B 5-3·道光四年至二十八年·流水账……………… 6148
段莘乡大汜村B 5-4·道光四年至二十八年·流水账……………… 6149
段莘乡大汜村B 5-5·道光四年至二十八年·流水账……………… 6150
段莘乡大汜村B 5-6·道光四年至二十八年·流水账……………… 6151
段莘乡大汜村B 5-7·道光四年至二十八年·流水账……………… 6152
段莘乡大汜村B 5-8·道光四年至二十八年·流水账……………… 6153
段莘乡大汜村B 5-9·道光四年至二十八年·流水账……………… 6154
段莘乡大汜村B 5-10·道光四年至二十八年·流水账……………… 6155
段莘乡大汜村B 5-11·道光四年至二十八年·流水账……………… 6156
段莘乡大汜村B 5-12·道光四年至二十八年·流水账……………… 6157

段莘乡大汜村 B 5–13·道光四年至二十八年·流水账 …………… 6158
段莘乡大汜村 B 5–14·道光四年至二十八年·流水账 …………… 6159
段莘乡大汜村 B 5–15·道光四年至二十八年·流水账 …………… 6160
段莘乡大汜村 B 5–16·道光四年至二十八年·流水账 …………… 6161
段莘乡大汜村 B 5–17·道光四年至二十八年·流水账 …………… 6162
段莘乡大汜村 B 5–18·道光四年至二十八年·流水账 …………… 6163
段莘乡大汜村 B 5–19·道光四年至二十八年·流水账 …………… 6164
段莘乡大汜村 B 7–1·道光十一年至二十一年·流水账 …………… 6165
段莘乡大汜村 B 7–2·道光十一年至二十一年·流水账 …………… 6166
段莘乡大汜村 B 7–3·道光十一年至二十一年·流水账 …………… 6167
段莘乡大汜村 B 7–4·道光十一年至二十一年·流水账 …………… 6168
段莘乡大汜村 B 7–5·道光十一年至二十一年·流水账 …………… 6169
段莘乡大汜村 B 7–6·道光十一年至二十一年·流水账 …………… 6170
段莘乡大汜村 B 7–7·道光十一年至二十一年·流水账 …………… 6171
段莘乡大汜村 B 7–8·道光十一年至二十一年·流水账 …………… 6172
段莘乡大汜村 B 7–9·道光十一年至二十一年·流水账 …………… 6173
段莘乡大汜村 B 7–10·道光十一年至二十一年·流水账 ………… 6174
段莘乡大汜村 B 7–11·道光十一年至二十一年·流水账 ………… 6175
段莘乡大汜村 B 7–12·道光十一年至二十一年·流水账 ………… 6176
段莘乡大汜村 B 7–13·道光十一年至二十一年·流水账 ………… 6177
段莘乡大汜村 B 7–14·道光十一年至二十一年·流水账 ………… 6178
段莘乡大汜村 B 7–15·道光十一年至二十一年·流水账 ………… 6179
段莘乡大汜村 B 7–16·道光十一年至二十一年·流水账 ………… 6180
段莘乡大汜村 B 7–17·道光十一年至二十一年·流水账 ………… 6181
段莘乡大汜村 B 7–18·道光十一年至二十一年·流水账 ………… 6182
段莘乡大汜村 B 7–19·道光十一年至二十一年·流水账 ………… 6183
段莘乡大汜村 B 7–20·道光十一年至二十一年·流水账 ………… 6184
段莘乡大汜村 B 7–21·道光十一年至二十一年·流水账 ………… 6185
段莘乡大汜村 B 7–22·道光十一年至二十一年·流水账 ………… 6186
段莘乡大汜村 B 7–23·道光十一年至二十一年·流水账 ………… 6187
段莘乡大汜村 B 7–24·道光十一年至二十一年·流水账 ………… 6188
段莘乡大汜村 B 7–25·道光十一年至二十一年·流水账 ………… 6189

段莘乡大汜村 B 7-26·道光十一年至二十一年·流水账························6190
段莘乡大汜村 B 7-27·道光十一年至二十一年·流水账························6191
段莘乡大汜村 B 7-28·道光十一年至二十一年·流水账························6192
段莘乡大汜村 B 7-29·道光十一年至二十一年·流水账························6193
段莘乡大汜村 B 7-30·道光十一年至二十一年·流水账························6194
段莘乡大汜村 B 7-31·道光十一年至二十一年·流水账························6195
段莘乡大汜村 B 7-32·道光十一年至二十一年·流水账························6196
段莘乡大汜村 B 7-33·道光十一年至二十一年·流水账························6197
段莘乡大汜村 B 7-34·道光十一年至二十一年·流水账························6198
段莘乡大汜村 B 7-35·道光十一年至二十一年·流水账························6199
段莘乡大汜村 B 18-1·道光十六年至光绪二十八年·会产经营簿·······6200
段莘乡大汜村 B 18-2·道光十六年至光绪二十八年·会产经营簿·······6201
段莘乡大汜村 B 18-3·道光十六年至光绪二十八年·会产经营簿·······6202
段莘乡大汜村 B 18-4·道光十六年至光绪二十八年·会产经营簿·······6203
段莘乡大汜村 B 18-5·道光十六年至光绪二十八年·会产经营簿·······6204
段莘乡大汜村 B 18-6·道光十六年至光绪二十八年·会产经营簿·······6205
段莘乡大汜村 B 18-7·道光十六年至光绪二十八年·会产经营簿·······6206
段莘乡大汜村 B 18-8·道光十六年至光绪二十八年·会产经营簿·······6207
段莘乡大汜村 B 18-9·道光十六年至光绪二十八年·会产经营簿·······6208
段莘乡大汜村 B 18-10·道光十六年至光绪二十八年·会产经营簿·······6209
段莘乡大汜村 B 18-11·道光十六年至光绪二十八年·会产经营簿·······6210
段莘乡大汜村 B 18-12·道光十六年至光绪二十八年·会产经营簿·······6211
段莘乡大汜村 B 18-13·道光十六年至光绪二十八年·会产经营簿·······6212
段莘乡大汜村 B 18-14·道光十六年至光绪二十八年·会产经营簿·······6213
段莘乡大汜村 B 18-15·道光十六年至光绪二十八年·会产经营簿·······6214
段莘乡大汜村 B 18-16·道光十六年至光绪二十八年·会产经营簿·······6215
段莘乡大汜村 B 18-17·道光十六年至光绪二十八年·会产经营簿·······6216
段莘乡大汜村 B 18-18·道光十六年至光绪二十八年·会产经营簿·······6217
段莘乡大汜村 B 18-19·道光十六年至光绪二十八年·会产经营簿·······6218
段莘乡大汜村 B 18-20·道光十六年至光绪二十八年·会产经营簿·······6219
段莘乡大汜村 B 18-21·道光十六年至光绪二十八年·会产经营簿·······6220
段莘乡大汜村 B 18-22·道光十六年至光绪二十八年·会产经营簿·······6221

段莘乡大汜村B18-23·道光十六年至光绪二十八年·会产经营簿 …… 6222

段莘乡大汜村B18-24·道光十六年至光绪二十八年·会产经营簿 …… 6223

段莘乡大汜村B18-25·道光十六年至光绪二十八年·会产经营簿 …… 6224

段莘乡大汜村B18-26·道光十六年至光绪二十八年·会产经营簿 …… 6225

段莘乡大汜村B18-27·道光十六年至光绪二十八年·会产经营簿 …… 6226

段莘乡大汜村B18-28·道光十六年至光绪二十八年·会产经营簿 …… 6227

段莘乡大汜村B18-29·道光十六年至光绪二十八年·会产经营簿 …… 6228

段莘乡大汜村B18-30·道光十六年至光绪二十八年·会产经营簿 …… 6229

段莘乡大汜村B18-31·道光十六年至光绪二十八年·会产经营簿 …… 6230

段莘乡大汜村B18-32·道光十六年至光绪二十八年·会产经营簿 …… 6231

段莘乡大汜村B18-33·道光十六年至光绪二十八年·会产经营簿 …… 6232

段莘乡大汜村B18-34·道光十六年至光绪二十八年·会产经营簿 …… 6233

段莘乡大汜村B18-35·道光十六年至光绪二十八年·会产经营簿 …… 6234

段莘乡大汜村B18-36·道光十六年至光绪二十八年·会产经营簿 …… 6235

段莘乡大汜村B18-37·道光十六年至光绪二十八年·会产经营簿 …… 6236

段莘乡大汜村B18-38·道光十六年至光绪二十八年·会产经营簿 …… 6237

段莘乡大汜村B18-39·道光十六年至光绪二十八年·会产经营簿 …… 6238

段莘乡大汜村B18-40·道光十六年至光绪二十八年·会产经营簿 …… 6239

段莘乡大汜村B18-41·道光十六年至光绪二十八年·会产经营簿 …… 6240

段莘乡大汜村B18-42·道光十六年至光绪二十八年·会产经营簿 …… 6241

段莘乡大汜村B18-43·道光十六年至光绪二十八年·会产经营簿 …… 6242

段莘乡大汜村B18-44·道光十六年至光绪二十八年·会产经营簿 …… 6243

段莘乡大汜村B18-45·道光十六年至光绪二十八年·会产经营簿 …… 6244

段莘乡大汜村B18-46·道光十六年至光绪二十八年·会产经营簿 …… 6245

段莘乡大汜村B18-47·道光十六年至光绪二十八年·会产经营簿 …… 6246

段莘乡大汜村B18-48·道光十六年至光绪二十八年·会产经营簿 …… 6247

段莘乡大汜村B18-49·道光十六年至光绪二十八年·会产经营簿 …… 6248

段莘乡大汜村B17-1·道光二十四年至咸丰十一年·流水账 …… 6249

段莘乡大汜村B17-2·道光二十四年至咸丰十一年·流水账 …… 6250

段莘乡大汜村B17-3·道光二十四年至咸丰十一年·流水账 …… 6251

段莘乡大汜村B17-4·道光二十四年至咸丰十一年·流水账 …… 6252

段莘乡大汜村B17-5·道光二十四年至咸丰十一年·流水账 …… 6253

段莘乡大汜村 B 17-6·道光二十四年至咸丰十一年·流水账 …………… 6254

段莘乡大汜村 B 17-7·道光二十四年至咸丰十一年·流水账 …………… 6255

段莘乡大汜村 B 17-8·道光二十四年至咸丰十一年·流水账 …………… 6256

段莘乡大汜村 B 17-9·道光二十四年至咸丰十一年·流水账 …………… 6257

段莘乡大汜村 B 17-10·道光二十四年至咸丰十一年·流水账 ………… 6258

段莘乡大汜村 B 17-11·道光二十四年至咸丰十一年·流水账 ………… 6259

段莘乡大汜村 B 17-12·道光二十四年至咸丰十一年·流水账 ………… 6260

段莘乡大汜村 B 17-13·道光二十四年至咸丰十一年·流水账 ………… 6261

段莘乡大汜村 B 17-14·道光二十四年至咸丰十一年·流水账 ………… 6262

段莘乡大汜村 B 17-15·道光二十四年至咸丰十一年·流水账 ………… 6263

段莘乡大汜村 B 17-16·道光二十四年至咸丰十一年·流水账 ………… 6264

段莘乡大汜村 B 17-17·道光二十四年至咸丰十一年·流水账 ………… 6265

段莘乡大汜村 B 17-18·道光二十四年至咸丰十一年·流水账 ………… 6266

段莘乡大汜村 B 17-19·道光二十四年至咸丰十一年·流水账 ………… 6267

段莘乡大汜村 B 17-20·道光二十四年至咸丰十一年·流水账 ………… 6268

段莘乡大汜村 B 17-21·道光二十四年至咸丰十一年·流水账 ………… 6269

段莘乡大汜村 B 17-22·道光二十四年至咸丰十一年·流水账 ………… 6270

段莘乡大汜村 B 17-23·道光二十四年至咸丰十一年·流水账 ………… 6271

段莘乡大汜村 B 17-24·道光二十四年至咸丰十一年·流水账 ………… 6272

段莘乡大汜村 B 17-25·道光二十四年至咸丰十一年·流水账 ………… 6273

段莘乡大汜村 B 17-26·道光二十四年至咸丰十一年·流水账 ………… 6274

段莘乡大汜村 B 17-27·道光二十四年至咸丰十一年·流水账 ………… 6275

段莘乡大汜村 B 17-28·道光二十四年至咸丰十一年·流水账 ………… 6276

段莘乡大汜村 B 17-29·道光二十四年至咸丰十一年·流水账 ………… 6277

段莘乡大汜村 B 17-30·道光二十四年至咸丰十一年·流水账 ………… 6278

段莘乡大汜村 B 17-31·道光二十四年至咸丰十一年·流水账 ………… 6279

段莘乡大汜村 B 17-32·道光二十四年至咸丰十一年·流水账 ………… 6280

段莘乡大汜村 B 17-33·道光二十四年至咸丰十一年·流水账 ………… 6281

段莘乡大汜村 B 17-34·道光二十四年至咸丰十一年·流水账 ………… 6282

段莘乡大汜村 B 17-35·道光二十四年至咸丰十一年·流水账 ………… 6283

段莘乡大汜村 B 16-1·咸丰五年至同治十一年·流水账 ……………… 6284

段莘乡大汜村 B 16-2·咸丰五年至同治十一年·流水账 ……………… 6285

段莘乡大汜村B16-3·咸丰五年至同治十一年·流水账 ······ 6286
段莘乡大汜村B16-4·咸丰五年至同治十一年·流水账 ······ 6287
段莘乡大汜村B16-5·咸丰五年至同治十一年·流水账 ······ 6288
段莘乡大汜村B16-6·咸丰五年至同治十一年·流水账 ······ 6289
段莘乡大汜村B16-7·咸丰五年至同治十一年·流水账 ······ 6290
段莘乡大汜村B16-8·咸丰五年至同治十一年·流水账 ······ 6291
段莘乡大汜村B16-9·咸丰五年至同治十一年·流水账 ······ 6292
段莘乡大汜村B16-10·咸丰五年至同治十一年·流水账 ······ 6293
段莘乡大汜村B16-11·咸丰五年至同治十一年·流水账 ······ 6294
段莘乡大汜村B16-12·咸丰五年至同治十一年·流水账 ······ 6295
段莘乡大汜村B16-13·咸丰五年至同治十一年·流水账 ······ 6296
段莘乡大汜村B16-14·咸丰五年至同治十一年·流水账 ······ 6297
段莘乡大汜村B16-15·咸丰五年至同治十一年·流水账 ······ 6298
段莘乡大汜村B16-16·咸丰五年至同治十一年·流水账 ······ 6299
段莘乡大汜村B16-17·咸丰五年至同治十一年·流水账 ······ 6300
段莘乡大汜村B16-18·咸丰五年至同治十一年·流水账 ······ 6301
段莘乡大汜村B16-19·咸丰五年至同治十一年·流水账 ······ 6302
段莘乡大汜村B16-20·咸丰五年至同治十一年·流水账 ······ 6303
段莘乡大汜村B16-21·咸丰五年至同治十一年·流水账 ······ 6304
段莘乡大汜村B16-22·咸丰五年至同治十一年·流水账 ······ 6305
段莘乡大汜村B16-23·咸丰五年至同治十一年·流水账 ······ 6306
段莘乡大汜村B16-24·咸丰五年至同治十一年·流水账 ······ 6307
段莘乡大汜村B16-25·咸丰五年至同治十一年·流水账 ······ 6308
段莘乡大汜村B16-26·咸丰五年至同治十一年·流水账 ······ 6309
段莘乡大汜村B16-27·咸丰五年至同治十一年·流水账 ······ 6310
段莘乡大汜村B16-28·咸丰五年至同治十一年·流水账 ······ 6311
段莘乡大汜村B16-29·咸丰五年至同治十一年·流水账 ······ 6312
段莘乡大汜村B16-30·咸丰五年至同治十一年·流水账 ······ 6313
段莘乡大汜村B16-31·咸丰五年至同治十一年·流水账 ······ 6314
段莘乡大汜村B16-32·咸丰五年至同治十一年·流水账 ······ 6315
段莘乡大汜村B16-33·咸丰五年至同治十一年·流水账 ······ 6316
段莘乡大汜村B16-34·咸丰五年至同治十一年·流水账 ······ 6317

段莘乡大汜村 B 16-35・咸丰五年至同治十一年・流水账 …………… 6318
段莘乡大汜村 B 13-1・咸丰十年至光绪十五年・收支流水账 ………… 6319
段莘乡大汜村 B 13-2・咸丰十年至光绪十五年・收支流水账 ………… 6320
段莘乡大汜村 B 13-3・咸丰十年至光绪十五年・收支流水账 ………… 6321
段莘乡大汜村 B 13-4・咸丰十年至光绪十五年・收支流水账 ………… 6322
段莘乡大汜村 B 13-5・咸丰十年至光绪十五年・收支流水账 ………… 6323
段莘乡大汜村 B 13-6・咸丰十年至光绪十五年・收支流水账 ………… 6324
段莘乡大汜村 B 13-7・咸丰十年至光绪十五年・收支流水账 ………… 6325
段莘乡大汜村 B 13-8・咸丰十年至光绪十五年・收支流水账 ………… 6326
段莘乡大汜村 B 13-9・咸丰十年至光绪十五年・收支流水账 ………… 6327
段莘乡大汜村 B 13-10・咸丰十年至光绪十五年・收支流水账 ………… 6328
段莘乡大汜村 B 13-11・咸丰十年至光绪十五年・收支流水账 ………… 6329
段莘乡大汜村 B 13-12・咸丰十年至光绪十五年・收支流水账 ………… 6330
段莘乡大汜村 B 13-13・咸丰十年至光绪十五年・收支流水账 ………… 6331
段莘乡大汜村 B 13-14・咸丰十年至光绪十五年・收支流水账 ………… 6332
段莘乡大汜村 B 13-15・咸丰十年至光绪十五年・收支流水账 ………… 6333
段莘乡大汜村 B 13-16・咸丰十年至光绪十五年・收支流水账 ………… 6334
段莘乡大汜村 B 13-17・咸丰十年至光绪十五年・收支流水账 ………… 6335
段莘乡大汜村 B 13-18・咸丰十年至光绪十五年・收支流水账 ………… 6336
段莘乡大汜村 B 13-19・咸丰十年至光绪十五年・收支流水账 ………… 6337
段莘乡大汜村 B 13-20・咸丰十年至光绪十五年・收支流水账 ………… 6338
段莘乡大汜村 B 13-21・咸丰十年至光绪十五年・收支流水账 ………… 6339
段莘乡大汜村 B 13-22・咸丰十年至光绪十五年・收支流水账 ………… 6340
段莘乡大汜村 B 13-23・咸丰十年至光绪十五年・收支流水账 ………… 6341
段莘乡大汜村 B 13-24・咸丰十年至光绪十五年・收支流水账 ………… 6342
段莘乡大汜村 B 13-25・咸丰十年至光绪十五年・收支流水账 ………… 6343
段莘乡大汜村 B 13-26・咸丰十年至光绪十五年・收支流水账 ………… 6344
段莘乡大汜村 B 13-27・咸丰十年至光绪十五年・收支流水账 ………… 6345
段莘乡大汜村 B 13-28・咸丰十年至光绪十五年・收支流水账 ………… 6346
段莘乡大汜村 B 13-29・咸丰十年至光绪十五年・收支流水账 ………… 6347
段莘乡大汜村 B 13-30・咸丰十年至光绪十五年・收支流水账 ………… 6348
段莘乡大汜村 B 13-31・咸丰十年至光绪十五年・收支流水账 ………… 6349

段莘乡大汜村 B 13-32·咸丰十年至光绪十五年·收支流水账 ············ 6350
段莘乡大汜村 B 13-33·咸丰十年至光绪十五年·收支流水账 ············ 6351
段莘乡大汜村 B 13-34·咸丰十年至光绪十五年·收支流水账 ············ 6352
段莘乡大汜村 B 13-35·咸丰十年至光绪十五年·收支流水账 ············ 6353
段莘乡大汜村 B 13-36·咸丰十年至光绪十五年·收支流水账 ············ 6354
段莘乡大汜村 B 13-37·咸丰十年至光绪十五年·收支流水账 ············ 6355
段莘乡大汜村 B 6-1·光绪三年·流水账 ·································· 6356
段莘乡大汜村 B 6-2·光绪三年·流水账 ·································· 6357
段莘乡大汜村 B 6-3·光绪三年·流水账 ·································· 6358
段莘乡大汜村 B 6-4·光绪三年·流水账 ·································· 6359
段莘乡大汜村 B 6-5·光绪三年·流水账 ·································· 6360
段莘乡大汜村 B 4-1·同治十一年至民国三年·流水账 ···················· 6361
段莘乡大汜村 B 4-2·同治十一年至民国三年·流水账 ···················· 6362
段莘乡大汜村 B 4-3·同治十一年至民国三年·流水账 ···················· 6363
段莘乡大汜村 B 4-4·同治十一年至民国三年·流水账 ···················· 6364
段莘乡大汜村 B 4-5·同治十一年至民国三年·流水账 ···················· 6365
段莘乡大汜村 B 4-6·同治十一年至民国三年·流水账 ···················· 6366
段莘乡大汜村 B 4-7·同治十一年至民国三年·流水账 ···················· 6367
段莘乡大汜村 B 4-8·同治十一年至民国三年·流水账 ···················· 6368
段莘乡大汜村 B 4-9·同治十一年至民国三年·流水账 ···················· 6369
段莘乡大汜村 B 4-10·同治十一年至民国三年·流水账 ··················· 6370
段莘乡大汜村 B 4-11·同治十一年至民国三年·流水账 ··················· 6371
段莘乡大汜村 B 4-12·同治十一年至民国三年·流水账 ··················· 6372
段莘乡大汜村 B 4-13·同治十一年至民国三年·流水账 ··················· 6373
段莘乡大汜村 B 4-14·同治十一年至民国三年·流水账 ··················· 6374
段莘乡大汜村 B 4-15·同治十一年至民国三年·流水账 ··················· 6375
段莘乡大汜村 B 4-16·同治十一年至民国三年·流水账 ··················· 6376
段莘乡大汜村 B 4-17·同治十一年至民国三年·流水账 ··················· 6377
段莘乡大汜村 B 4-18·同治十一年至民国三年·流水账 ··················· 6378
段莘乡大汜村 B 4-19·同治十一年至民国三年·流水账 ··················· 6379
段莘乡大汜村 B 4-20·同治十一年至民国三年·流水账 ··················· 6380
段莘乡大汜村 B 4-21·同治十一年至民国三年·流水账 ··················· 6381

段莘乡大汜村B 4-22·同治十一年至民国三年·流水账 …………… 6382
段莘乡大汜村B 4-23·同治十一年至民国三年·流水账 …………… 6383
段莘乡大汜村B 4-24·同治十一年至民国三年·流水账 …………… 6384
段莘乡大汜村B 4-25·同治十一年至民国三年·流水账 …………… 6385
段莘乡大汜村B 4-26·同治十一年至民国三年·流水账 …………… 6386
段莘乡大汜村B 4-27·同治十一年至民国三年·流水账 …………… 6387
段莘乡大汜村B 4-28·同治十一年至民国三年·流水账 …………… 6388
段莘乡大汜村B 4-29·同治十一年至民国三年·流水账 …………… 6389
段莘乡大汜村B 4-30·同治十一年至民国三年·流水账 …………… 6390
段莘乡大汜村B 4-31·同治十一年至民国三年·流水账 …………… 6391
段莘乡大汜村B 4-32·同治十一年至民国三年·流水账 …………… 6392
段莘乡大汜村B 4-33·同治十一年至民国三年·流水账 …………… 6393
段莘乡大汜村B 4-34·同治十一年至民国三年·流水账 …………… 6394
段莘乡大汜村B 4-35·同治十一年至民国三年·流水账 …………… 6395
段莘乡大汜村B 4-36·同治十一年至民国三年·流水账 …………… 6396
段莘乡大汜村B 4-37·同治十一年至民国三年·流水账 …………… 6397
段莘乡大汜村B 4-38·同治十一年至民国三年·流水账 …………… 6398
段莘乡大汜村B 4-39·同治十一年至民国三年·流水账 …………… 6399
段莘乡大汜村B 4-40·同治十一年至民国三年·流水账 …………… 6400
段莘乡大汜村B 4-41·同治十一年至民国三年·流水账 …………… 6401
段莘乡大汜村B 4-42·同治十一年至民国三年·流水账 …………… 6402
段莘乡大汜村B 4-43·同治十一年至民国三年·流水账 …………… 6403
段莘乡大汜村B 4-44·同治十一年至民国三年·流水账 …………… 6404
段莘乡大汜村B 4-45·同治十一年至民国三年·流水账 …………… 6405
段莘乡大汜村B 4-46·同治十一年至民国三年·流水账 …………… 6406
段莘乡大汜村B 4-47·同治十一年至民国三年·流水账 …………… 6407
段莘乡大汜村B 4-48·同治十一年至民国三年·流水账 …………… 6408
段莘乡大汜村B 4-49·同治十一年至民国三年·流水账 …………… 6409
段莘乡大汜村B 4-50·同治十一年至民国三年·流水账 …………… 6410
段莘乡大汜村B 4-51·同治十一年至民国三年·流水账 …………… 6411
段莘乡大汜村B 4-52·同治十一年至民国三年·流水账 …………… 6412
段莘乡大汜村B 4-53·同治十一年至民国三年·流水账 …………… 6413

段莘乡大汜村 B 4-54·同治十一年至民国三年·流水账 ……………… 6414

段莘乡大汜村 B 4-55·同治十一年至民国三年·流水账 ……………… 6415

段莘乡大汜村 B 4-56·同治十一年至民国三年·流水账 ……………… 6416

段莘乡大汜村 B 4-57·同治十一年至民国三年·流水账 ……………… 6417

段莘乡大汜村 B 4-58·同治十一年至民国三年·流水账 ……………… 6418

段莘乡大汜村 B 4-59·同治十一年至民国三年·流水账 ……………… 6419

段莘乡大汜村 B 4-60·同治十一年至民国三年·流水账 ……………… 6420

段莘乡大汜村 B 4-61·同治十一年至民国三年·流水账 ……………… 6421

段莘乡大汜村 B 4-62·同治十一年至民国三年·流水账 ……………… 6422

段莘乡大汜村 B 15-1·光绪四年至宣统元年·流水账·再兴众 ……… 6423

段莘乡大汜村 B 15-2·光绪四年至宣统元年·流水账·再兴众 ……… 6424

段莘乡大汜村 B 15-3·光绪四年至宣统元年·流水账·再兴众 ……… 6425

段莘乡大汜村 B 15-4·光绪四年至宣统元年·流水账·再兴众 ……… 6426

段莘乡大汜村 B 15-5·光绪四年至宣统元年·流水账·再兴众 ……… 6427

段莘乡大汜村 B 15-6·光绪四年至宣统元年·流水账·再兴众 ……… 6428

段莘乡大汜村 B 15-7·光绪四年至宣统元年·流水账·再兴众 ……… 6429

段莘乡大汜村 B 15-8·光绪四年至宣统元年·流水账·再兴众 ……… 6430

段莘乡大汜村 B 15-9·光绪四年至宣统元年·流水账·再兴众 ……… 6431

段莘乡大汜村 B 15-10·光绪四年至宣统元年·流水账·再兴众 ……… 6432

段莘乡大汜村 B 15-11·光绪四年至宣统元年·流水账·再兴众 ……… 6433

段莘乡大汜村 B 15-12·光绪四年至宣统元年·流水账·再兴众 ……… 6434

段莘乡大汜村 B 15-13·光绪四年至宣统元年·流水账·再兴众 ……… 6435

段莘乡大汜村 B 15-14·光绪四年至宣统元年·流水账·再兴众 ……… 6436

段莘乡大汜村 B 15-15·光绪四年至宣统元年·流水账·再兴众 ……… 6437

段莘乡大汜村 B 15-16·光绪四年至宣统元年·流水账·再兴众 ……… 6438

段莘乡大汜村 B 15-17·光绪四年至宣统元年·流水账·再兴众 ……… 6439

段莘乡大汜村 B 15-18·光绪四年至宣统元年·流水账·再兴众 ……… 6440

段莘乡大汜村 B 15-19·光绪四年至宣统元年·流水账·再兴众 ……… 6441

段莘乡大汜村 B 15-20·光绪四年至宣统元年·流水账·再兴众 ……… 6442

段莘乡大汜村 B 15-21·光绪四年至宣统元年·流水账·再兴众 ……… 6443

段莘乡大汜村 B 15-22·光绪四年至宣统元年·流水账·再兴众 ……… 6444

段莘乡大汜村 B 15-23·光绪四年至宣统元年·流水账·再兴众 ……… 6445

段莘乡大汜村 B 15-24·光绪四年至宣统元年·流水账·再兴众 ……… 6446
段莘乡大汜村 B 15-25·光绪四年至宣统元年·流水账·再兴众 ……… 6447
段莘乡大汜村 B 15-26·光绪四年至宣统元年·流水账·再兴众 ……… 6448
段莘乡大汜村 B 15-27·光绪四年至宣统元年·流水账·再兴众 ……… 6449
段莘乡大汜村 B 15-28·光绪四年至宣统元年·流水账·再兴众 ……… 6450
段莘乡大汜村 B 9-1·光绪十九年至民国三十六年·会簿·国明等 ……… 6451
段莘乡大汜村 B 9-2·光绪十九年至民国三十六年·会簿·国明等 ……… 6452
段莘乡大汜村 B 9-3·光绪十九年至民国三十六年·会簿·国明等 ……… 6453
段莘乡大汜村 B 9-4·光绪十九年至民国三十六年·会簿·国明等 ……… 6454
段莘乡大汜村 B 9-5·光绪十九年至民国三十六年·会簿·国明等 ……… 6455
段莘乡大汜村 B 9-6·光绪十九年至民国三十六年·会簿·国明等 ……… 6456
段莘乡大汜村 B 9-7·光绪十九年至民国三十六年·会簿·国明等 ……… 6457
段莘乡大汜村 B 9-8·光绪十九年至民国三十六年·会簿·国明等 ……… 6458
段莘乡大汜村 B 9-9·光绪十九年至民国三十六年·会簿·国明等 ……… 6459
段莘乡大汜村 B 9-10·光绪十九年至民国三十六年·会簿·国明等 ……… 6460
段莘乡大汜村 B 9-11·光绪十九年至民国三十六年·会簿·国明等 ……… 6461
段莘乡大汜村 B 9-12·光绪十九年至民国三十六年·会簿·国明等 ……… 6462
段莘乡大汜村 B 9-13·光绪十九年至民国三十六年·会簿·国明等 ……… 6463
段莘乡大汜村 B 9-14·光绪十九年至民国三十六年·会簿·国明等 ……… 6464
段莘乡大汜村 B 9-15·光绪十九年至民国三十六年·会簿·国明等 ……… 6465
段莘乡大汜村 B 9-16·光绪十九年至民国三十六年·会簿·国明等 ……… 6466
段莘乡大汜村 B 9-17·光绪十九年至民国三十六年·会簿·国明等 ……… 6467
段莘乡大汜村 B 9-18·光绪十九年至民国三十六年·会簿·国明等 ……… 6468
段莘乡大汜村 B 9-19·光绪十九年至民国三十六年·会簿·国明等 ……… 6469
段莘乡大汜村 B 9-20·光绪十九年至民国三十六年·会簿·国明等 ……… 6470
段莘乡大汜村 B 9-21·光绪十九年至民国三十六年·会簿·国明等 ……… 6471
段莘乡大汜村 B 9-22·光绪十九年至民国三十六年·会簿·国明等 ……… 6472
段莘乡大汜村 B 9-23·光绪十九年至民国三十六年·会簿·国明等 ……… 6473
段莘乡大汜村 B 9-24·光绪十九年至民国三十六年·会簿·国明等 ……… 6474
段莘乡大汜村 B 9-25·光绪十九年至民国三十六年·会簿·国明等 ……… 6475
段莘乡大汜村 B 9-26·光绪十九年至民国三十六年·会簿·国明等 ……… 6476
段莘乡大汜村 B 9-27·光绪十九年至民国三十六年·会簿·国明等 ……… 6477

段莘乡大汜村 B 9–28·光绪十九年至民国三十六年·会簿·国明等……6478

段莘乡大汜村 B 9–29·光绪十九年至民国三十六年·会簿·国明等……6479

段莘乡大汜村 B 9–30·光绪十九年至民国三十六年·会簿·国明等……6480

段莘乡大汜村 B 9–31·光绪十九年至民国三十六年·会簿·国明等……6481

段莘乡大汜村 B 9–32·光绪十九年至民国三十六年·会簿·国明等……6482

段莘乡大汜村 B 9–33·光绪十九年至民国三十六年·会簿·国明等……6483

段莘乡大汜村 B 9–34·光绪十九年至民国三十六年·会簿·国明等……6484

段莘乡大汜村 B 9–35·光绪十九年至民国三十六年·会簿·国明等……6485

段莘乡大汜村 B 9–36·光绪十九年至民国三十六年·会簿·国明等……6486

段莘乡大汜村 B 9–37·光绪十九年至民国三十六年·会簿·国明等……6487

段莘乡大汜村 B 9–38·光绪十九年至民国三十六年·会簿·国明等……6488

段莘乡大汜村 B 9–39·光绪十九年至民国三十六年·会簿·国明等……6489

段莘乡大汜村 B 9–40·光绪十九年至民国三十六年·会簿·国明等……6490

段莘乡大汜村 B 9–41·光绪十九年至民国三十六年·会簿·国明等……6491

段莘乡大汜村 B 9–42·光绪十九年至民国三十六年·会簿·国明等……6492

段莘乡大汜村 B 9–43·光绪十九年至民国三十六年·会簿·国明等……6493

段莘乡大汜村 B 9–44·光绪十九年至民国三十六年·会簿·国明等……6494

段莘乡大汜村 B 9–45·光绪十九年至民国三十六年·会簿·国明等……6495

段莘乡大汜村 B 9–46·光绪十九年至民国三十六年·会簿·国明等……6496

段莘乡大汜村 B 9–47·光绪十九年至民国三十六年·会簿·国明等……6497

段莘乡大汜村 B 9–48·光绪十九年至民国三十六年·会簿·国明等……6498

段莘乡大汜村 B 9–49·光绪十九年至民国三十六年·会簿·国明等……6499

段莘乡大汜村 B 9–50·光绪十九年至民国三十六年·会簿·国明等……6500

段莘乡大汜村 B 9–51·光绪十九年至民国三十六年·会簿·国明等……6501

段莘乡大汜村 B 9–52·光绪十九年至民国三十六年·会簿·国明等……6502

段莘乡大汜村 B 9–53·光绪十九年至民国三十六年·会簿·国明等……6503

段莘乡大汜村 B 9–54·光绪十九年至民国三十六年·会簿·国明等……6504

段莘乡大汜村 B 9–55·光绪十九年至民国三十六年·会簿·国明等……6505

段莘乡大汜村 B 9–56·光绪十九年至民国三十六年·会簿·国明等……6506

段莘乡大汜村 B 9–57·光绪十九年至民国三十六年·会簿·国明等……6507

段莘乡大汜村 B 9–58·光绪十九年至民国三十六年·会簿·国明等……6508

段莘乡大汜村 B 9–59·光绪十九年至民国三十六年·会簿·国明等……6509

段莘乡大汜村 B 9-60·光绪十九年至民国三十六年·会簿·国明等……6510
段莘乡大汜村 B 9-61·光绪十九年至民国三十六年·会簿·国明等……6511
段莘乡大汜村 B 9-62·光绪十九年至民国三十六年·会簿·国明等……6512
段莘乡大汜村 B 9-63·光绪十九年至民国三十六年·会簿·国明等……6513
段莘乡大汜村 B 9-64·光绪十九年至民国三十六年·会簿·国明等……6514
段莘乡大汜村 B 9-65·光绪十九年至民国三十六年·会簿·国明等……6515
段莘乡大汜村 B 9-66·光绪十九年至民国三十六年·会簿·国明等……6516
段莘乡大汜村 B 9-67·光绪十九年至民国三十六年·会簿·国明等……6517
段莘乡大汜村 B 9-68·光绪十九年至民国三十六年·会簿·国明等……6518
段莘乡大汜村 B 9-69·光绪十九年至民国三十六年·会簿·国明等……6519
段莘乡大汜村 B 9-70·光绪十九年至民国三十六年·会簿·国明等……6520
段莘乡大汜村 B 9-71·光绪十九年至民国三十六年·会簿·国明等……6521
段莘乡大汜村 B 9-72·光绪十九年至民国三十六年·会簿·国明等……6522
段莘乡大汜村 B 9-73·光绪十九年至民国三十六年·会簿·国明等……6523
段莘乡大汜村 B 9-74·光绪十九年至民国三十六年·会簿·国明等……6524
段莘乡大汜村 B 9-75·光绪十九年至民国三十六年·会簿·国明等……6525
段莘乡大汜村 B 9-76·光绪十九年至民国三十六年·会簿·国明等……6526
段莘乡大汜村 B 9-77·光绪十九年至民国三十六年·会簿·国明等……6527
段莘乡大汜村 B 9-78·光绪十九年至民国三十六年·会簿·国明等……6528
段莘乡大汜村 B 9-79·光绪十九年至民国三十六年·会簿·国明等……6529
段莘乡大汜村 B 9-80·光绪十九年至民国三十六年·会簿·国明等……6530
段莘乡大汜村 B 9-81·光绪十九年至民国三十六年·会簿·国明等……6531
段莘乡大汜村 B 9-82·光绪十九年至民国三十六年·会簿·国明等……6532
段莘乡大汜村 B 9-83·光绪十九年至民国三十六年·会簿·国明等……6533
段莘乡大汜村 B 9-84·光绪十九年至民国三十六年·会簿·国明等……6534
段莘乡大汜村 B 9-85·光绪十九年至民国三十六年·会簿·国明等……6535
段莘乡大汜村 B 14-1·民国二年至四年·流水账·利□簿……6536
段莘乡大汜村 B 14-2·民国二年至四年·流水账·利□簿……6537
段莘乡大汜村 B 14-3·民国二年至四年·流水账·利□簿……6538
段莘乡大汜村 B 14-4·民国二年至四年·流水账·利□簿……6539
段莘乡大汜村 B 14-5·民国二年至四年·流水账·利□簿……6540
段莘乡大汜村 B 14-6·民国二年至四年·流水账·利□簿……6541

段莘乡大汜村B14-7·民国二年至四年·流水账·利□簿 …………6542
段莘乡大汜村B14-8·民国二年至四年·流水账·利□簿 …………6543
段莘乡大汜村B14-9·民国二年至四年·流水账·利□簿 …………6544
段莘乡大汜村B14-10·民国二年至四年·流水账·利□簿 …………6545
段莘乡大汜村B14-11·民国二年至四年·流水账·利□簿 …………6546
段莘乡大汜村B14-12·民国二年至四年·流水账·利□簿 …………6547
段莘乡大汜村B14-13·民国二年至四年·流水账·利□簿 …………6548
段莘乡大汜村B14-14·民国二年至四年·流水账·利□簿 …………6549
段莘乡大汜村B8-1·民国六年至三十二年·货物流水账·孤会账 ………6550
段莘乡大汜村B8-2·民国六年至三十二年·货物流水账·孤会账 ………6551
段莘乡大汜村B8-3·民国六年至三十二年·货物流水账·孤会账 ………6552
段莘乡大汜村B8-4·民国六年至三十二年·货物流水账·孤会账 ………6553
段莘乡大汜村B8-5·民国六年至三十二年·货物流水账·孤会账 ………6554
段莘乡大汜村B8-6·民国六年至三十二年·货物流水账·孤会账 ………6555
段莘乡大汜村B8-7·民国六年至三十二年·货物流水账·孤会账 ………6556
段莘乡大汜村B8-8·民国六年至三十二年·货物流水账·孤会账 ………6557
段莘乡大汜村B8-9·民国六年至三十二年·货物流水账·孤会账 ………6558
段莘乡大汜村B8-10·民国六年至三十二年·货物流水账·孤会账 ………6559
段莘乡大汜村B8-11·民国六年至三十二年·货物流水账·孤会账 ………6560
段莘乡大汜村B8-12·民国六年至三十二年·货物流水账·孤会账 ………6561
段莘乡大汜村B8-13·民国六年至三十二年·货物流水账·孤会账 ………6562
段莘乡大汜村B8-14·民国六年至三十二年·货物流水账·孤会账 ………6563
段莘乡大汜村B8-15·民国六年至三十二年·货物流水账·孤会账 ………6564
段莘乡大汜村B8-16·民国六年至三十二年·货物流水账·孤会账 ………6565
段莘乡大汜村B8-17·民国六年至三十二年·货物流水账·孤会账 ………6566
段莘乡大汜村B8-18·民国六年至三十二年·货物流水账·孤会账 ………6567
段莘乡大汜村B8-19·民国六年至三十二年·货物流水账·孤会账 ………6568
段莘乡大汜村B8-20·民国六年至三十二年·货物流水账·孤会账 ………6569
段莘乡大汜村B8-21·民国六年至三十二年·货物流水账·孤会账 ………6570
段莘乡大汜村B8-22·民国六年至三十二年·货物流水账·孤会账 ………6571
段莘乡大汜村B8-23·民国六年至三十二年·货物流水账·孤会账 ………6572
段莘乡大汜村B8-24·民国六年至三十二年·货物流水账·孤会账 ………6573

段莘乡大汜村 B 8–25·民国六年至三十二年·货物流水账·孤会账 ········· 6574
段莘乡大汜村 B 8–26·民国六年至三十二年·货物流水账·孤会账 ········· 6575
段莘乡大汜村 B 8–27·民国六年至三十二年·货物流水账·孤会账 ········· 6576
段莘乡大汜村 B 8–28·民国六年至三十二年·货物流水账·孤会账 ········· 6577
段莘乡大汜村 B 8–29·民国六年至三十二年·货物流水账·孤会账 ········· 6578
段莘乡大汜村 B 8–30·民国六年至三十二年·货物流水账·孤会账 ········· 6579
段莘乡大汜村 B 8–31·民国六年至三十二年·货物流水账·孤会账 ········· 6580
段莘乡大汜村 B 8–32·民国六年至三十二年·货物流水账·孤会账 ········· 6581
段莘乡大汜村 B 8–33·民国六年至三十二年·货物流水账·孤会账 ········· 6582
段莘乡大汜村 B 8–34·民国六年至三十二年·货物流水账·孤会账 ········· 6583
段莘乡大汜村 B 8–35·民国六年至三十二年·货物流水账·孤会账 ········· 6584
段莘乡大汜村 B 8–36·民国六年至三十二年·货物流水账·孤会账 ········· 6585
段莘乡大汜村 B 8–37·民国六年至三十二年·货物流水账·孤会账 ········· 6586
段莘乡大汜村 B 8–38·民国六年至三十二年·货物流水账·孤会账 ········· 6587
段莘乡大汜村 B 8–39·民国六年至三十二年·货物流水账·孤会账 ········· 6588
段莘乡大汜村 B 8–40·民国六年至三十二年·货物流水账·孤会账 ········· 6589
段莘乡大汜村 B 8–41·民国六年至三十二年·货物流水账·孤会账 ········· 6590
段莘乡大汜村 B 8–42·民国六年至三十二年·货物流水账·孤会账 ········· 6591
段莘乡大汜村 B 8–43·民国六年至三十二年·货物流水账·孤会账 ········· 6592
段莘乡大汜村 B 8–44·民国六年至三十二年·货物流水账·孤会账 ········· 6593
段莘乡大汜村 B 8–45·民国六年至三十二年·货物流水账·孤会账 ········· 6594
段莘乡大汜村 B 8–46·民国六年至三十二年·货物流水账·孤会账 ········· 6595
段莘乡大汜村 B 8–47·民国六年至三十二年·货物流水账·孤会账 ········· 6596
段莘乡大汜村 B 8–48·民国六年至三十二年·货物流水账·孤会账 ········· 6597
段莘乡大汜村 B 8–49·民国六年至三十二年·货物流水账·孤会账 ········· 6598
段莘乡大汜村 B 8–50·民国六年至三十二年·货物流水账·孤会账 ········· 6599
段莘乡大汜村 B 8–51·民国六年至三十二年·货物流水账·孤会账 ········· 6600
段莘乡大汜村 B 8–52·民国六年至三十二年·货物流水账·孤会账 ········· 6601
段莘乡大汜村 B 8–53·民国六年至三十二年·货物流水账·孤会账 ········· 6602
段莘乡大汜村 B 11–1·民国三十八年至三十九年·家支流水账 ·········· 6603
段莘乡大汜村 B 11–2·民国三十八年至三十九年·家支流水账 ·········· 6604
段莘乡大汜村 B 11–3·民国三十八年至三十九年·家支流水账 ·········· 6605

段莘乡大汜村 B 11-4·民国三十八年至三十九年·家支流水账········6606
段莘乡大汜村 B 11-5·民国三十八年至三十九年·家支流水账········6607
段莘乡大汜村 B 11-6·民国三十八年至三十九年·家支流水账········6608
段莘乡大汜村 B 11-7·民国三十八年至三十九年·家支流水账········6609
段莘乡大汜村 B 11-8·民国三十八年至三十九年·家支流水账········6610
段莘乡大汜村 B 11-9·民国三十八年至三十九年·家支流水账········6611
段莘乡大汜村 B 11-10·民国三十八年至三十九年·家支流水账········6612
段莘乡大汜村 B 11-11·民国三十八年至三十九年·家支流水账········6613
段莘乡大汜村 B 11-12·民国三十八年至三十九年·家支流水账········6614
段莘乡大汜村 B 11-13·民国三十八年至三十九年·家支流水账········6615
段莘乡大汜村 B 11-14·民国三十八年至三十九年·家支流水账········6616
段莘乡大汜村 B 11-15·民国三十八年至三十九年·家支流水账········6617
段莘乡大汜村 B 11-16·民国三十八年至三十九年·家支流水账········6618
段莘乡大汜村 B 11-17·民国三十八年至三十九年·家支流水账········6619
段莘乡大汜村 B 11-18·民国三十八年至三十九年·家支流水账········6620
段莘乡大汜村 B 11-19·民国三十八年至三十九年·家支流水账········6621
段莘乡大汜村 B 11-20·民国三十八年至三十九年·家支流水账········6622
段莘乡大汜村 B 11-21·民国三十八年至三十九年·家支流水账········6623
段莘乡大汜村 B 11-22·民国三十八年至三十九年·家支流水账········6624
段莘乡大汜村 B 11-23·民国三十八年至三十九年·家支流水账········6625
段莘乡大汜村 B 11-24·民国三十八年至三十九年·家支流水账········6626
段莘乡大汜村 B 11-25·民国三十八年至三十九年·家支流水账········6627
段莘乡大汜村 B 11-26·民国三十八年至三十九年·家支流水账········6628
段莘乡大汜村 B 11-27·民国三十八年至三十九年·家支流水账········6629
段莘乡大汜村 B 11-28·民国三十八年至三十九年·家支流水账········6630
段莘乡大汜村 B 11-29·民国三十八年至三十九年·家支流水账········6631
段莘乡大汜村 B 11-30·民国三十八年至三十九年·家支流水账········6632
段莘乡大汜村 B 11-31·民国三十八年至三十九年·家支流水账········6633
段莘乡大汜村 B 11-32·民国三十八年至三十九年·家支流水账········6634
段莘乡大汜村 B 11-33·民国三十八年至三十九年·家支流水账········6635
段莘乡大汜村 B 11-34·民国三十八年至三十九年·家支流水账········6636
段莘乡大汜村 B 11-35·民国三十八年至三十九年·家支流水账········6637

段莘乡大汜村 B 11–36·民国三十八年至三十九年·家支流水账 ········ 6638
段莘乡大汜村 B 11–37·民国三十八年至三十九年·家支流水账 ········ 6639
段莘乡大汜村 B 11–38·民国三十八年至三十九年·家支流水账 ········ 6640
段莘乡大汜村 B 11–39·民国三十八年至三十九年·家支流水账 ········ 6641
段莘乡大汜村 B 11–40·民国三十八年至三十九年·家支流水账 ········ 6642
段莘乡大汜村 B 11–41·民国三十八年至三十九年·家支流水账 ········ 6643
段莘乡大汜村 B 11–42·民国三十八年至三十九年·家支流水账 ········ 6644
段莘乡大汜村 B 12–1·流水账 ···································· 6645
段莘乡大汜村 B 12–2·流水账 ···································· 6646
段莘乡大汜村 B 12–3·流水账 ···································· 6647
段莘乡大汜村 B 12–4·流水账 ···································· 6648
段莘乡大汜村 B 12–5·流水账 ···································· 6649
段莘乡大汜村 B 12–6·流水账 ···································· 6650
段莘乡大汜村 B 12–7·流水账 ···································· 6651
段莘乡大汜村 B 12–8·流水账 ···································· 6652
段莘乡大汜村 B 12–9·流水账 ···································· 6653
段莘乡大汜村 B 12–10·流水账 ··································· 6654
段莘乡大汜村 B 12–11·流水账 ··································· 6655
段莘乡大汜村 B 12–12·流水账 ··································· 6656

拾肆　段莘乡（三）
裔村·大秋岭村·阆山村

段莘乡裔村 A 1—38	6657
段莘乡裔村 A 37-1·康熙五年·流水账·八月初二会账底	6657
段莘乡裔村 A 37-2·康熙五年·流水账·八月初二会账底	6658
段莘乡裔村 A 37-3·康熙五年·流水账·八月初二会账底	6659
段莘乡裔村 A 37-4·康熙五年·流水账·八月初二会账底	6660
段莘乡裔村 A 37-5·康熙五年·流水账·八月初二会账底	6661
段莘乡裔村 A 37-6·康熙五年·流水账·八月初二会账底	6662
段莘乡裔村 A 37-7·康熙五年·流水账·八月初二会账底	6663
段莘乡裔村 A 37-8·康熙五年·流水账·八月初二会账底	6664
段莘乡裔村 A 37-9·康熙五年·流水账·八月初二会账底	6665
段莘乡裔村 A 37-10·康熙五年·流水账·八月初二会账底	6666
段莘乡裔村 A 37-11·康熙五年·流水账·八月初二会账底	6667
段莘乡裔村 A 37-12·康熙五年·流水账·八月初二会账底	6668
段莘乡裔村 A 37-13·康熙五年·流水账·八月初二会账底	6669
段莘乡裔村 A 37-14·康熙五年·流水账·八月初二会账底	6670
段莘乡裔村 A 37-15·康熙五年·流水账·八月初二会账底	6671
段莘乡裔村 A 37-16·康熙五年·流水账·八月初二会账底	6672
段莘乡裔村 A 37-17·康熙五年·流水账·八月初二会账底	6673
段莘乡裔村 A 37-18·康熙五年·流水账·八月初二会账底	6674
段莘乡裔村 A 23·乾隆十九年·绝卖文契·俞士珊、俞士璜卖与亲眷何□	6675
段莘乡裔村 A 18·乾隆二十二年·出绝俵田皮约·何锦忽俵与□	6676
段莘乡裔村 A 26·乾隆四十年·断骨出卖坦契·鸿季同弟鸿香卖与众伯□	6677
段莘乡裔村 A 35-1·乾隆五十二年·税粮实征册·王正嘉户裕斌股	6678
段莘乡裔村 A 35-2·乾隆五十二年·税粮实征册·王正嘉户裕斌股	6679
段莘乡裔村 A 35-3·乾隆五十二年·税粮实征册·王正嘉户裕斌股	6680
段莘乡裔村 A 35-4·乾隆五十二年·税粮实征册·王正嘉户裕斌股	6681

段莘乡裔村 A 35-5·乾隆五十二年·税粮实征册·王正嘉户裕斌股 …… 6682

段莘乡裔村 A 35-6·乾隆五十二年·税粮实征册·王正嘉户裕斌股 …… 6683

段莘乡裔村 A 35-7·乾隆五十二年·税粮实征册·王正嘉户裕斌股 …… 6684

段莘乡裔村 A 35-8·乾隆五十二年·税粮实征册·王正嘉户裕斌股 …… 6685

段莘乡裔村 A 35-9·乾隆五十二年·税粮实征册·王正嘉户裕斌股 …… 6686

段莘乡裔村 A 35-10·乾隆五十二年·税粮实征册·王正嘉户
　裕斌股 ………………………………………………………………… 6687

段莘乡裔村 A 35-11·乾隆五十二年·税粮实征册·王正嘉户
　裕斌股 ………………………………………………………………… 6688

段莘乡裔村 A 1-1·嘉庆五年·流水账、祭文·王希武 …………… 6689

段莘乡裔村 A 1-2·嘉庆五年·流水账、祭文·王希武 …………… 6690

段莘乡裔村 A 1-3·嘉庆五年·流水账、祭文·王希武 …………… 6691

段莘乡裔村 A 1-4·嘉庆五年·流水账、祭文·王希武 …………… 6692

段莘乡裔村 A 1-5·嘉庆五年·流水账、祭文·王希武 …………… 6693

段莘乡裔村 A 1-6·嘉庆五年·流水账、祭文·王希武 …………… 6694

段莘乡裔村 A 1-7·嘉庆五年·流水账、祭文·王希武 …………… 6695

段莘乡裔村 A 1-8·嘉庆五年·流水账、祭文·王希武 …………… 6696

段莘乡裔村 A 1-9·嘉庆五年·流水账、祭文·王希武 …………… 6697

段莘乡裔村 A 1-10·嘉庆五年·流水账、祭文·王希武 …………… 6698

段莘乡裔村 A 1-11·嘉庆五年·流水账、祭文·王希武 …………… 6699

段莘乡裔村 A 1-12·嘉庆五年·流水账、祭文·王希武 …………… 6700

段莘乡裔村 A 1-13·嘉庆五年·流水账、祭文·王希武 …………… 6701

段莘乡裔村 A 1-14·嘉庆五年·流水账、祭文·王希武 …………… 6702

段莘乡裔村 A 1-15·嘉庆五年·流水账、祭文·王希武 …………… 6703

段莘乡裔村 A 1-16·嘉庆五年·流水账、祭文·王希武 …………… 6704

段莘乡裔村 A 1-17·嘉庆五年·流水账、祭文·王希武 …………… 6705

段莘乡裔村 A 1-18·嘉庆五年·流水账、祭文·王希武 …………… 6706

段莘乡裔村 A 1-19·嘉庆五年·流水账、祭文·王希武 …………… 6707

段莘乡裔村 A 1-20·嘉庆五年·流水账、祭文·王希武 …………… 6708

段莘乡裔村 A 1-21·嘉庆五年·流水账、祭文·王希武 …………… 6709

段莘乡裔村 A 1-22·嘉庆五年·流水账、祭文·王希武 …………… 6710

段莘乡裔村 A 1-23·嘉庆五年·流水账、祭文·王希武 …………… 6711

段莘乡裔村A1-24·嘉庆五年·流水账、祭文·王希武 …………… 6712
段莘乡裔村A1-25·嘉庆五年·流水账、祭文·王希武 …………… 6713
段莘乡裔村A1-26·嘉庆五年·流水账、祭文·王希武 …………… 6714
段莘乡裔村A1-27·嘉庆五年·流水账、祭文·王希武 …………… 6715
段莘乡裔村A1-28·嘉庆五年·流水账、祭文·王希武 …………… 6716
段莘乡裔村A1-29·嘉庆五年·流水账、祭文·王希武 …………… 6717
段莘乡裔村A1-30·嘉庆五年·流水账、祭文·王希武 …………… 6718
段莘乡裔村A1-31·嘉庆五年·流水账、祭文·王希武 …………… 6719
段莘乡裔村A1-32·嘉庆五年·流水账、祭文·王希武 …………… 6720
段莘乡裔村A1-33·嘉庆五年·流水账、祭文·王希武 …………… 6721
段莘乡裔村A1-34·嘉庆五年·流水账、祭文·王希武 …………… 6722
段莘乡裔村A20·嘉庆七年·期约·江晓堂欠到何上元 …………… 6723
段莘乡裔村A25·道光二年·许子书·胡文宾许与胞兄文林 …… 6724
段莘乡裔村A29·道光十八年·具状词·胡彩文等 ……………… 6725
段莘乡裔村A33·道光二十二年·断骨绝卖田契·良锦卖与
　房侄启海 ………………………………………………………… 6726
段莘乡裔村A19·咸丰三年·出揆（俵）田皮约·应福揆（俵）与
　志成灯会 ………………………………………………………… 6727
段莘乡裔村A28·咸丰三年·出卖粪草田皮契·胡舆安卖与
　族中培芝、再俊 ………………………………………………… 6728
段莘乡裔村A34-1·咸丰十年·税粮实征册·王正嘉户启坤股 ……… 6729
段莘乡裔村A34-2·咸丰十年·税粮实征册·王正嘉户启坤股 ……… 6730
段莘乡裔村A34-3·咸丰十年·税粮实征册·王正嘉户启坤股 ……… 6731
段莘乡裔村A34-4·咸丰十年·税粮实征册·王正嘉户启坤股 ……… 6732
段莘乡裔村A4·同治五年·断骨出卖田皮骨契·何詹氏同孙男卖与
　族侄士超 ………………………………………………………… 6733
段莘乡裔村A32·收支清单 ………………………………………… 6734
段莘乡裔村A11·同治十年·收领约·李乐春等收王益坚 ……… 6735
段莘乡裔村A22·同治十年·断骨出卖基地契·应礽卖与应钢 ……… 6736
段莘乡裔村A36-1·同治十三年至光绪十九年·流水账·新兴社
　会友面算账底 …………………………………………………… 6737
段莘乡裔村A36-2·同治十三年至光绪十九年·流水账·新兴社
　会友面算账底 …………………………………………………… 6738

段莘乡裔村A36-3·同治十三年至光绪十九年·流水账·新兴社会友面算账底 ····································· 6739

段莘乡裔村A36-4·同治十三年至光绪十九年·流水账·新兴社会友面算账底 ····································· 6740

段莘乡裔村A36-5·同治十三年至光绪十九年·流水账·新兴社会友面算账底 ····································· 6741

段莘乡裔村A36-6·同治十三年至光绪十九年·流水账·新兴社会友面算账底 ····································· 6742

段莘乡裔村A36-7·同治十三年至光绪十九年·流水账·新兴社会友面算账底 ····································· 6743

段莘乡裔村A36-8·同治十三年至光绪十九年·流水账·新兴社会友面算账底 ····································· 6744

段莘乡裔村A36-9·同治十三年至光绪十九年·流水账·新兴社会友面算账底 ····································· 6745

段莘乡裔村A36-10·同治十三年至光绪十九年·流水账·新兴社会友面算账底 ···································· 6746

段莘乡裔村A36-11·同治十三年至光绪十九年·流水账·新兴社会友面算账底 ···································· 6747

段莘乡裔村A36-12·同治十三年至光绪十九年·流水账·新兴社会友面算账底 ···································· 6748

段莘乡裔村A36-13·同治十三年至光绪十九年·流水账·新兴社会友面算账底 ···································· 6749

段莘乡裔村A36-14·同治十三年至光绪十九年·流水账·新兴社会友面算账底 ···································· 6750

段莘乡裔村A36-15·同治十三年至光绪十九年·流水账·新兴社会友面算账底 ···································· 6751

段莘乡裔村A36-16·同治十三年至光绪十九年·流水账·新兴社会友面算账底 ···································· 6752

段莘乡裔村A36-17·同治十三年至光绪十九年·流水账·新兴社会友面算账底 ···································· 6753

段莘乡裔村A36-18·同治十三年至光绪十九年·流水账·新兴社会友面算账底 ···································· 6754

段莘乡裔村A36-19·同治十三年至光绪十九年·流水账·新兴社会友面算账底 ················· 6755

段莘乡裔村A36-20·同治十三年至光绪十九年·流水账·新兴社会友面算账底 ················· 6756

段莘乡裔村A36-21·同治十三年至光绪十九年·流水账·新兴社会友面算账底 ················· 6757

段莘乡裔村A36-22·同治十三年至光绪十九年·流水账·新兴社会友面算账底 ················· 6758

段莘乡裔村A36-23·同治十三年至光绪十九年·流水账·新兴社会友面算账底 ················· 6759

段莘乡裔村A36-24·同治十三年至光绪十九年·流水账·新兴社会友面算账底 ················· 6760

段莘乡裔村A36-25·同治十三年至光绪十九年·流水账·新兴社会友面算账底 ················· 6761

段莘乡裔村A36-26·同治十三年至光绪十九年·流水账·新兴社会友面算账底 ················· 6762

段莘乡裔村A36-27·同治十三年至光绪十九年·流水账·新兴社会友面算账底 ················· 6763

段莘乡裔村A36-28·同治十三年至光绪十九年·流水账·新兴社会友面算账底 ················· 6764

段莘乡裔村A36-29·同治十三年至光绪十九年·流水账·新兴社会友面算账底 ················· 6765

段莘乡裔村A36-30·同治十三年至光绪十九年·流水账·新兴社会友面算账底 ················· 6766

段莘乡裔村A36-31·同治十三年至光绪十九年·流水账·新兴社会友面算账底 ················· 6767

段莘乡裔村A36-32·同治十三年至光绪十九年·流水账·新兴社会友面算账底 ················· 6768

段莘乡裔村A36-33·同治十三年至光绪十九年·流水账·新兴社会友面算账底 ················· 6769

段莘乡裔村A27·光绪二年·断骨出卖屋基地契·王根来卖与应钢、应炎 ················· 6770

段莘乡裔村 A 3·光绪五年·出卖冬至清明会次约·承汉等卖与
　　钢叔父 ··· 6771
段莘乡裔村 A 15-i·光绪六年·断骨绝卖茶丛地契（附借约）·
　　何新屋卖与族弟灶来（第一面） ··································· 6772
段莘乡裔村 A 15-ii·光绪六年·断骨绝卖茶丛地契（附借约）·
　　何新屋借何灶来（第二面） ·· 6773
段莘乡裔村 A 13·光绪十一年·断骨出卖菜园地约·承鸿卖与应钢 ··· 6774
段莘乡裔村 A 16-1·光绪十七年·分关文书·灏房 ·············· 6775
段莘乡裔村 A 16-2·光绪十七年·分关文书·灏房 ·············· 6776
段莘乡裔村 A 16-3·光绪十七年·分关文书·瀁房 ·············· 6777
段莘乡裔村 A 16-4·光绪十七年·分关文书·瀁房 ·············· 6778
段莘乡裔村 A 16-5·光绪十七年·分关文书·瀁房 ·············· 6779
段莘乡裔村 A 16-6·光绪十七年·分关文书·瀁房 ·············· 6780
段莘乡裔村 A 17·光绪十七年·分关文书·王承灏、承瀁等 ········ 6781
段莘乡裔村 A 31·光绪二十八年·断骨绝卖山契·何九才卖与
　　崇本堂 ··· 6782
段莘乡裔村 A 30·光绪三十二年·断骨绝卖鱼塘余地契·何士柱
　　卖与房侄泰安兄弟 ··· 6783
段莘乡裔村 A 12·宣统三年·收领约·王瑞祥收到好能叔 ········· 6784
段莘乡裔村 A 38-1·民国元年·税粮实征册·王正嘉户浒公、
　　西崖股 ··· 6785
段莘乡裔村 A 38-2·民国元年·税粮实征册·王正嘉户浒公、
　　西崖股 ··· 6786
段莘乡裔村 A 38-3·民国元年·税粮实征册·王正嘉户浒公、
　　西崖股 ··· 6787
段莘乡裔村 A 38-4·民国元年·税粮实征册·王正嘉户浒公、
　　西崖股 ··· 6788
段莘乡裔村 A 38-5·民国元年·税粮实征册·王正嘉户浒公、
　　西崖股 ··· 6789
段莘乡裔村 A 38-6·民国元年·税粮实征册·王正嘉户浒公、
　　西崖股 ··· 6790
段莘乡裔村 A 38-7·民国元年·税粮实征册·王正嘉户浒公、
　　西崖股 ··· 6791

段莘乡裔村 A 38-8·民国元年·税粮实征册·王正嘉户浒公、
　西崖股 ……………………………………………………………… 6792

段莘乡裔村 A 38-9·民国元年·税粮实征册·王正嘉户浒公、
　西崖股 ……………………………………………………………… 6793

段莘乡裔村 A 38-10·民国元年·税粮实征册·王正嘉户浒公、
　西崖股 ……………………………………………………………… 6794

段莘乡裔村 A 24·民国三十七年·出押晚田皮骨租契·何桂能等
　三人同押与何崇本堂 ……………………………………………… 6795

段莘乡裔村 A 5·一九五一年·甲种公粮收据·俞开炽 …………… 6796

段莘乡裔村 A 6·一九五一年·甲种公粮收据·俞开炽 …………… 6797

段莘乡裔村 A 7·一九五一年·甲种公粮收据·俞开炽 …………… 6798

段莘乡裔村 A 10·一九五一年·甲种公粮收据·俞开炽 ………… 6799

段莘乡裔村 A 8·甲种公粮收据·俞开炽 ………………………… 6800

段莘乡裔村 A 9·甲种公粮收据·俞开炽 ………………………… 6801

段莘乡裔村 A 14·轮会清单 ……………………………………… 6802

段莘乡裔村 A 21·合墨·晃祖公裔众 …………………………… 6803

段莘乡裔村 B 1—24 ……………………………………………… 6804

段莘乡裔村 B 10·咸丰元年·出卖十八会契约·叶富林卖与程囗 …… 6804

段莘乡裔村 B 9·同治二年·断骨出卖会契·叶程氏同男起富卖与
　颛凤娘 ……………………………………………………………… 6805

段莘乡裔村 B 14·光绪二十六年·断骨出卖会契·汪吉祥卖与
　程金铃 ……………………………………………………………… 6806

段莘乡裔村 B 18·宣统三年·出当茶坦契·汪门程氏同男汪加寿当与
　程兴茂 ……………………………………………………………… 6807

段莘乡裔村 B 17·民国二年·出卖佃皮契·汪门吴氏卖与程兴茂 …… 6808

段莘乡裔村 B 12·民国三年·出卖佃皮契·汪门詹氏同男魁能卖与
　程兴茂 ……………………………………………………………… 6809

段莘乡裔村 B 16·民国五年·出卖断骨田皮契·汪社宽卖与程兴茂 …… 6810

段莘乡裔村 B 7·民国十二年·出当茶地契·汪品咸当与程兴茂、
　佑喜 ………………………………………………………………… 6811

段莘乡裔村 B 6·民国十五年·出卖田皮契·汪门叶氏卖与兴茂 …… 6812

段莘乡裔村 B 15·民国十五年·出当田皮契·汪长男当与桂好 …… 6813

289

段莘乡裔村 B 13·民国十六年·出卖断骨坦契·灶茂卖与程兴茂 …… 6814

段莘乡裔村 B 19·民国十六年·收领字·汪振河收到程兴茂 ………… 6815

段莘乡裔村 B 2·民国二十年·收条字·汪延长等收到叶八斤 ………… 6816

段莘乡裔村 B 3·民国二十年·收条字约·盛时公支丁收到叶八斤 …… 6817

段莘乡裔村 B 21·民国二十年·断骨出卖茶坦契·汪仁丁卖与
　程兴茂 ……………………………………………………………… 6818

段莘乡裔村 B 22·民国二十年·断骨出卖田皮契·叶八金卖与
　程兴茂 ……………………………………………………………… 6819

段莘乡裔村 B 23·民国二十年·出卖永远断骨茶坦契·汪余氏同男
　汪金生卖与程兴茂 ………………………………………………… 6820

段莘乡裔村 B 24·民国二十四年·断骨出卖田皮契·叶生林卖与
　程社鸿 ……………………………………………………………… 6821

段莘乡裔村 B 11·民国二十五年·出当田皮租契·叶生林当与
　程社鸿 ……………………………………………………………… 6822

段莘乡裔村 B 20·民国二十六年·出卖乌田会契·黄兴德卖与
　程社鸿 ……………………………………………………………… 6823

段莘乡裔村 B 5·民国三十一年·出卖断骨田皮契·程德杉卖与
　程社鸿 ……………………………………………………………… 6824

段莘乡裔村 B 8·民国三十一年·出卖断骨田皮契·黄兴德卖与
　程社鸿 ……………………………………………………………… 6825

段莘乡裔村 B 1·起造吉期单 …………………………………………… 6826

段莘乡大秋岭村 1—3 …………………………………………………… 6827

段莘乡大秋岭村 1-1·道光三十年至光绪三十年·税粮实征册·
　元丰户 ……………………………………………………………… 6827

段莘乡大秋岭村 1-2·道光三十年至光绪三十年·税粮实征册·
　元丰户 ……………………………………………………………… 6828

段莘乡大秋岭村 1-3·道光三十年至光绪三十年·税粮实征册·
　元丰户 ……………………………………………………………… 6829

段莘乡大秋岭村 1-4·道光三十年至光绪三十年·税粮实征册·
　元丰户 ……………………………………………………………… 6830

段莘乡大秋岭村 1-5·道光三十年至光绪三十年·税粮实征册·
　元丰户 ……………………………………………………………… 6831

段莘乡大秋岭村 1-6·道光三十年至光绪三十年·税粮实征册·
元丰户 ··· 6832

段莘乡大秋岭村 3-1·光绪八年·分阄文书·詹阿汪氏与子城树、
城样 ··· 6833

段莘乡大秋岭村 3-2·光绪八年·分阄文书·詹阿汪氏与子城树、
城样 ··· 6834

段莘乡大秋岭村 3-3·光绪八年·分阄文书·詹阿汪氏与子城树、
城样 ··· 6835

段莘乡大秋岭村 3-4·光绪八年·分阄文书·詹阿汪氏与子城树、
城样 ··· 6836

段莘乡大秋岭村 3-5·光绪八年·分阄文书·詹阿汪氏与子城树、
城样 ··· 6837

段莘乡大秋岭村 3-6·光绪八年·分阄文书·詹阿汪氏与子城树、
城样 ··· 6838

段莘乡大秋岭村 3-7·光绪八年·分阄文书·詹阿汪氏与子城树、
城样 ··· 6839

段莘乡大秋岭村 3-8·光绪八年·分阄文书·詹阿汪氏与子城树、
城样 ··· 6840

段莘乡大秋岭村 2-1·民国八年·分阄书·余氏 ·· 6841

段莘乡大秋岭村 2-2·民国八年·分阄书·余氏 ·· 6842

段莘乡大秋岭村 2-3·民国八年·分阄书·余氏 ·· 6843

段莘乡大秋岭村 2-4·民国八年·分阄书·余氏 ·· 6844

段莘乡大秋岭村 2-5·民国八年·分阄书·余氏 ·· 6845

段莘乡大秋岭村 2-6·民国八年·分阄书·余氏 ·· 6846

段莘乡大秋岭村 2-7·民国八年·分阄书·余氏 ·· 6847

段莘乡大秋岭村 2-8·民国八年·分阄书·余氏 ·· 6848

段莘乡阆山村 A 1—61 ··· 6849

段莘乡阆山村 A 30·乾隆四十五年·断骨出佃田皮约·吴起佃与
汪□ ··· 6849

段莘乡阆山村 A 55·乾隆五十一年·断骨出卖田契·曹士昑卖与
房叔文威 ··· 6850

段莘乡阆山村 A 29·嘉庆七年·断骨出佃田皮约·吴发喜佃与曹☐ …… 6851

段莘乡阆山村 A 49·嘉庆二十五年·断骨出佃田皮约·曹阿詹氏佃与房叔曹添林 …… 6852

段莘乡阆山村 A 59·道光四年·断骨出卖租契·曹杞锵（？）卖与房叔士晃 …… 6853

段莘乡阆山村 A 47·道光二十三年·出佃田皮约·王培好佃与堂叔志仔 …… 6854

段莘乡阆山村 A 60·咸丰元年·断骨出卖地契·汪兴传卖与曹杞裕 …… 6855

段莘乡阆山村 A 42·咸丰二年·断骨出当田皮约·曹杞裕当与曹杞社 …… 6856

段莘乡阆山村 A 31·咸丰六年·断骨出卖田皮约·王培时卖与房叔志仔 …… 6857

段莘乡阆山村 A 38·咸丰七年·转当出佃田皮契·程嘉仍佃与曹起文 …… 6858

段莘乡阆山村 A 51·咸丰八年·断骨出卖田皮租契·曹杞容卖与房兄曹杞裕 …… 6859

段莘乡阆山村 A 1·同治九年·纳米执照·杞文 …… 6860

段莘乡阆山村 A 2·同治十二年·纳米执照·文威 …… 6861

段莘乡阆山村 A 3·光绪元年·便民易知由单·荣星 …… 6862

段莘乡阆山村 A 5·光绪四年·便民易知由单·荣星 …… 6863

段莘乡阆山村 A 9·光绪十年·便民易知由单·荣星 …… 6864

段莘乡阆山村 A 10·光绪十四年·便民易知由单·荣星 …… 6865

段莘乡阆山村 A 11·光绪十五年·便民易知由单·荣星 …… 6866

段莘乡阆山村 A 53·光绪十五年·断骨出卖田皮契·汪兴杰卖与曹湖利 …… 6867

段莘乡阆山村 A 12·光绪十六年·便民易知由单·荣星 …… 6868

段莘乡阆山村 A 13·光绪十六年·纳米执照·云千 …… 6869

段莘乡阆山村 A 14·光绪十八年·便民易知由单·荣星 …… 6870

段莘乡阆山村 A 36·光绪十九年·出当田皮契·王志汉当与曹☐ …… 6871

段莘乡阆山村 A 32·光绪二十二年·断骨出卖田皮契·王培杉卖与曹湖利 …… 6872

段莘乡阆山村 A 16·光绪二十四年·纳米执照·德基 …………… 6873

段莘乡阆山村 A 15·光绪二十五年·便民易知由单·荣星 …………… 6874

段莘乡阆山村 A 20·光绪二十七年·纳米执照·德基 …………… 6875

段莘乡阆山村 A 61·光绪二十八年·议合墨·曹王两姓等 …………… 6876

段莘乡阆山村 A 58·光绪三十一年·劝议·茂琏公支曹奕孝等 ……… 6877

段莘乡阆山村 A 25·光绪三十三年·纳米执照·德基 …………… 6878

段莘乡阆山村 A 54·民国二年至二十二年·流水账 …………… 6879

段莘乡阆山村 A 50·民国三年·断骨杜卖田租契·曹湖利卖与
　程品安 …………………………………………………………… 6880

段莘乡阆山村 A 46·民国五年·断骨出卖田皮契约·胡熙华卖与
　曹启森 …………………………………………………………… 6881

段莘乡阆山村 A 52-1·民国五年·断骨杜卖田租字·程楠甫卖与
　曹启伸 …………………………………………………………… 6882

段莘乡阆山村 A 52-2·民国五年·断骨杜卖田租字·程楠甫卖与
　曹启伸 …………………………………………………………… 6883

段莘乡阆山村 A 57·民国六年·断骨杜卖田皮契·曹长庆同祖母
　同母詹氏卖与本家曹启森 ……………………………………… 6884

段莘乡阆山村 A 43·民国十六年·借字·程升甫借到福喜 ……… 6885

段莘乡阆山村 A 40·民国十七年·借字·程升甫借到福喜 ……… 6886

段莘乡阆山村 A 56·民国十九年·杜卖断骨田租契字·程礼堂卖与
　曹☐ ……………………………………………………………… 6887

段莘乡阆山村 A 33·借据·族弟赓借到启新 ……………………… 6888

段莘乡阆山村 A 34·交租清单 ……………………………………… 6889

段莘乡阆山村 A 35·书信·曹廷炜寄绩臣学兄先生 …………… 6890

段莘乡阆山村 A 39·土地税清单 ………………………………… 6891

段莘乡阆山村 A 41·具状词 ………………………………………… 6892

段莘乡阆山村 A 44·详选安葬吉课 ……………………………… 6893

段莘乡阆山村 A 48·公告·文公二十三世裔孙等启 …………… 6894

段莘乡阆山村 B 1—6 …………………………………………… 6895

段莘乡阆山村 B 2-1·道光二十六年至光绪三十年·☐公会租额簿 …… 6895

段莘乡阆山村 B 2-2·道光二十六年至光绪三十年·☐公会租额簿 …… 6896

段莘乡阆山村 B 2-3·道光二十六年至光绪三十年·☐公会租额簿········6897
段莘乡阆山村 B 2-4·道光二十六年至光绪三十年·☐公会租额簿········6898
段莘乡阆山村 B 2-5·道光二十六年至光绪三十年·☐公会租额簿········6899
段莘乡阆山村 B 2-6·道光二十六年至光绪三十年·☐公会租额簿········6900
段莘乡阆山村 B 2-7·道光二十六年至光绪三十年·☐公会租额簿········6901
段莘乡阆山村 B 2-8·道光二十六年至光绪三十年·☐公会租额簿········6902
段莘乡阆山村 B 2-9·道光二十六年至光绪三十年·☐公会租额簿········6903
段莘乡阆山村 B 2-10·道光二十六年至光绪三十年·☐公会租额簿········6904
段莘乡阆山村 B 2-11·道光二十六年至光绪三十年·☐公会租额簿········6905
段莘乡阆山村 B 2-12·道光二十六年至光绪三十年·☐公会租额簿········6906
段莘乡阆山村 B 2-13·道光二十六年至光绪三十年·☐公会租额簿········6907
段莘乡阆山村 B 2-14·道光二十六年至光绪三十年·☐公会租额簿········6908
段莘乡阆山村 B 2-15·道光二十六年至光绪三十年·☐公会租额簿········6909
段莘乡阆山村 B 2-16·道光二十六年至光绪三十年·☐公会租额簿········6910
段莘乡阆山村 B 2-17·道光二十六年至光绪三十年·☐公会租额簿········6911
段莘乡阆山村 B 2-18·道光二十六年至光绪三十年·☐公会租额簿········6912
段莘乡阆山村 B 2-19·道光二十六年至光绪三十年·☐公会租额簿········6913
段莘乡阆山村 B 2-20·道光二十六年至光绪三十年·☐公会租额簿········6914
段莘乡阆山村 B 2-21·道光二十六年至光绪三十年·☐公会租额簿········6915
段莘乡阆山村 B 2-22·道光二十六年至光绪三十年·☐公会租额簿········6916
段莘乡阆山村 B 2-23·道光二十六年至光绪三十年·☐公会租额簿········6917
段莘乡阆山村 B 2-24·道光二十六年至光绪三十年·☐公会租额簿········6918
段莘乡阆山村 B 2-25·道光二十六年至光绪三十年·☐公会租额簿········6919
段莘乡阆山村 B 2-26·道光二十六年至光绪三十年·☐公会租额簿········6920
段莘乡阆山村 B 2-27·道光二十六年至光绪三十年·☐公会租额簿········6921
段莘乡阆山村 B 2-28·道光二十六年至光绪三十年·☐公会租额簿········6922
段莘乡阆山村 B 2-29·道光二十六年至光绪三十年·☐公会租额簿········6923
段莘乡阆山村 B 2-30·道光二十六年至光绪三十年·☐公会租额簿········6924
段莘乡阆山村 B 2-31·道光二十六年至光绪三十年·☐公会租额簿········6925
段莘乡阆山村 B 2-32·道光二十六年至光绪三十年·☐公会租额簿········6926
段莘乡阆山村 B 2-33·道光二十六年至光绪三十年·☐公会租额簿········6927
段莘乡阆山村 B 2-34·道光二十六年至光绪三十年·☐公会租额簿········6928

段莘乡阆山村 B 2–35・道光二十六年至光绪三十年・☐公会租额簿………6929

段莘乡阆山村 B 2–36・道光二十六年至光绪三十年・☐公会租额簿………6930

段莘乡阆山村 B 2–37・道光二十六年至光绪三十年・☐公会租额簿………6931

段莘乡阆山村 B 2–38・道光二十六年至光绪三十年・☐公会租额簿………6932

段莘乡阆山村 B 2–39・道光二十六年至光绪三十年・☐公会租额簿………6933

段莘乡阆山村 B 2–40・道光二十六年至光绪三十年・☐公会租额簿………6934

段莘乡阆山村 B 2–41・道光二十六年至光绪三十年・☐公会租额簿………6935

段莘乡阆山村 B 2–42・道光二十六年至光绪三十年・☐公会租额簿………6936

段莘乡阆山村 B 2–43・道光二十六年至光绪三十年・☐公会租额簿………6937

段莘乡阆山村 B 2–44・道光二十六年至光绪三十年・☐公会租额簿………6938

段莘乡阆山村 B 2–45・道光二十六年至光绪三十年・☐公会租额簿………6939

段莘乡阆山村 B 2–46・道光二十六年至光绪三十年・☐公会租额簿………6940

段莘乡阆山村 B 2–47・道光二十六年至光绪三十年・☐公会租额簿………6941

段莘乡阆山村 B 2–48・道光二十六年至光绪三十年・☐公会租额簿………6942

段莘乡阆山村 B 2–49・道光二十六年至光绪三十年・☐公会租额簿………6943

段莘乡阆山村 B 2–50・道光二十六年至光绪三十年・☐公会租额簿………6944

段莘乡阆山村 B 2–51・道光二十六年至光绪三十年・☐公会租额簿………6945

段莘乡阆山村 B 2–52・道光二十六年至光绪三十年・☐公会租额簿………6946

段莘乡阆山村 B 2–53・道光二十六年至光绪三十年・☐公会租额簿………6947

段莘乡阆山村 B 2–54・道光二十六年至光绪三十年・☐公会租额簿………6948

段莘乡阆山村 B 2–55・道光二十六年至光绪三十年・☐公会租额簿………6949

段莘乡阆山村 B 2–56・道光二十六年至光绪三十年・☐公会租额簿………6950

段莘乡阆山村 B 2–57・道光二十六年至光绪三十年・☐公会租额簿………6951

段莘乡阆山村 B 2–58・道光二十六年至光绪三十年・☐公会租额簿………6952

段莘乡阆山村 B 2–59・道光二十六年至光绪三十年・☐公会租额簿………6953

段莘乡阆山村 B 2–60・道光二十六年至光绪三十年・☐公会租额簿………6954

段莘乡阆山村 B 2–61・道光二十六年至光绪三十年・☐公会租额簿………6955

段莘乡阆山村 B 2–62・道光二十六年至光绪三十年・☐公会租额簿………6956

段莘乡阆山村 B 2–63・道光二十六年至光绪三十年・☐公会租额簿………6957

段莘乡阆山村 B 2–64・道光二十六年至光绪三十年・☐公会租额簿………6958

段莘乡阆山村 B 2–65・道光二十六年至光绪三十年・☐公会租额簿………6959

段莘乡阆山村 B 2–66・道光二十六年至光绪三十年・☐公会租额簿………6960

段莘乡阆山村B2-67·道光二十六年至光绪三十年·□公会租额簿………6961
段莘乡阆山村B2-68·道光二十六年至光绪三十年·□公会租额簿………6962
段莘乡阆山村B2-69·道光二十六年至光绪三十年·□公会租额簿………6963
段莘乡阆山村B2-70·道光二十六年至光绪三十年·□公会租额簿………6964
段莘乡阆山村B2-71·道光二十六年至光绪三十年·□公会租额簿………6965
段莘乡阆山村B2-72·道光二十六年至光绪三十年·□公会租额簿………6966
段莘乡阆山村B2-73·道光二十六年至光绪三十年·□公会租额簿………6967
段莘乡阆山村B2-74·道光二十六年至光绪三十年·□公会租额簿………6968
段莘乡阆山村B2-75·道光二十六年至光绪三十年·□公会租额簿………6969
段莘乡阆山村B2-76·道光二十六年至光绪三十年·□公会租额簿………6970
段莘乡阆山村B2-77·道光二十六年至光绪三十年·□公会租额簿………6971
段莘乡阆山村B2-78·道光二十六年至光绪三十年·□公会租额簿………6972
段莘乡阆山村B2-79·道光二十六年至光绪三十年·□公会租额簿………6973
段莘乡阆山村B2-80·道光二十六年至光绪三十年·□公会租额簿………6974
段莘乡阆山村B2-81·道光二十六年至光绪三十年·□公会租额簿………6975
段莘乡阆山村B2-82·道光二十六年至光绪三十年·□公会租额簿………6976
段莘乡阆山村B2-83·道光二十六年至光绪三十年·□公会租额簿………6977
段莘乡阆山村B2-84·道光二十六年至光绪三十年·□公会租额簿………6978
段莘乡阆山村B2-85·道光二十六年至光绪三十年·□公会租额簿………6979
段莘乡阆山村B2-86·道光二十六年至光绪三十年·□公会租额簿………6980
段莘乡阆山村B2-87·道光二十六年至光绪三十年·□公会租额簿………6981
段莘乡阆山村B2-88·道光二十六年至光绪三十年·□公会租额簿………6982
段莘乡阆山村B2-89·道光二十六年至光绪三十年·□公会租额簿………6983
段莘乡阆山村B2-90·道光二十六年至光绪三十年·□公会租额簿………6984
段莘乡阆山村B2-91·道光二十六年至光绪三十年·□公会租额簿………6985
段莘乡阆山村B2-92·道光二十六年至光绪三十年·□公会租额簿………6986
段莘乡阆山村B2-93·道光二十六年至光绪三十年·□公会租额簿………6987
段莘乡阆山村B2-94·道光二十六年至光绪三十年·□公会租额簿………6988
段莘乡阆山村B2-95·道光二十六年至光绪三十年·□公会租额簿………6989
段莘乡阆山村B2-96·道光二十六年至光绪三十年·□公会租额簿………6990
段莘乡阆山村B2-97·道光二十六年至光绪三十年·□公会租额簿………6991
段莘乡阆山村B2-98·道光二十六年至光绪三十年·□公会租额簿………6992

段莘乡阆山村B2-99·道光二十六年至光绪三十年·囗公会租额簿………6993

段莘乡阆山村B2-100·道光二十六年至光绪三十年·囗公会租额簿………6994

段莘乡阆山村B2-101·道光二十六年至光绪三十年·囗公会租额簿………6995

段莘乡阆山村B2-102·道光二十六年至光绪三十年·囗公会租额簿………6996

段莘乡阆山村B2-103·道光二十六年至光绪三十年·囗公会租额簿………6997

段莘乡阆山村B2-104·道光二十六年至光绪三十年·囗公会租额簿………6998

段莘乡阆山村B2-105·道光二十六年至光绪三十年·囗公会租额簿………6999

段莘乡阆山村B2-106·道光二十六年至光绪三十年·囗公会租额簿………7000

段莘乡阆山村B2-107·道光二十六年至光绪三十年·囗公会租额簿………7001

段莘乡阆山村B2-108·道光二十六年至光绪三十年·囗公会租额簿………7002

段莘乡阆山村B2-109·道光二十六年至光绪三十年·囗公会租额簿………7003

段莘乡阆山村B2-110·道光二十六年至光绪三十年·囗公会租额簿………7004

段莘乡阆山村B2-111·道光二十六年至光绪三十年·囗公会租额簿………7005

段莘乡阆山村B2-112·道光二十六年至光绪三十年·囗公会租额簿………7006

段莘乡阆山村B2-113·道光二十六年至光绪三十年·囗公会租额簿………7007

段莘乡阆山村B2-114·道光二十六年至光绪三十年·囗公会租额簿………7008

段莘乡阆山村B1-1·民国二十二年至二十三年·会书·方如松等………7009

段莘乡阆山村B1-2·民国二十二年至二十三年·会书·方如松等………7010

段莘乡阆山村B1-3·民国二十二年至二十三年·会书·方如松等………7011

段莘乡阆山村B1-4·民国二十二年至二十三年·会书·方如松等………7012

段莘乡阆山村B1-5·民国二十二年至二十三年·会书·方如松等………7013

段莘乡阆山村B1-6·民国二十二年至二十三年·会书·方如松等………7014

段莘乡阆山村B1-7·民国二十二年至二十三年·会书·方如松等………7015

段莘乡阆山村B1-8·民国二十二年至二十三年·会书·方如松等………7016

段莘乡阆山村B1-9·民国二十二年至二十三年·会书·方如松等………7017

段莘乡阆山村B1-10·民国二十二年至二十三年·会书·方如松等………7018

段莘乡阆山村B3-1·四言杂字·汪志文…………………………………7019

段莘乡阆山村B3-2·四言杂字·汪志文…………………………………7020

段莘乡阆山村B3-3·四言杂字·汪志文…………………………………7021

段莘乡阆山村B3-4·四言杂字·汪志文…………………………………7022

段莘乡阆山村B3-5·四言杂字·汪志文…………………………………7023

段莘乡阆山村B3-6·四言杂字·汪志文…………………………………7024

段莘乡阆山村 B 3-7·四言杂字·汪志文 …… 7025
段莘乡阆山村 B 3-8·四言杂字·汪志文 …… 7026
段莘乡阆山村 B 3-9·四言杂字·汪志文 …… 7027
段莘乡阆山村 B 3-10·四言杂字·汪志文 …… 7028
段莘乡阆山村 B 3-11·四言杂字·汪志文 …… 7029
段莘乡阆山村 B 3-12·四言杂字·汪志文 …… 7030
段莘乡阆山村 B 3-13·四言杂字·汪志文 …… 7031
段莘乡阆山村 B 3-14·四言杂字·汪志文 …… 7032
段莘乡阆山村 B 3-15·四言杂字·汪志文 …… 7033
段莘乡阆山村 B 3-16·四言杂字·汪志文 …… 7034
段莘乡阆山村 B 3-17·四言杂字·汪志文 …… 7035
段莘乡阆山村 B 3-18·四言杂字·汪志文 …… 7036
段莘乡阆山村 B 3-19·四言杂字·汪志文 …… 7037
段莘乡阆山村 B 3-20·四言杂字·汪志文 …… 7038
段莘乡阆山村 B 3-21·四言杂字·汪志文 …… 7039
段莘乡阆山村 B 3-22·四言杂字·汪志文 …… 7040
段莘乡阆山村 B 3-23·四言杂字·汪志文 …… 7041
段莘乡阆山村 B 3-24·四言杂字·汪志文 …… 7042
段莘乡阆山村 B 3-25·四言杂字·汪志文 …… 7043
段莘乡阆山村 B 3-26·四言杂字·汪志文 …… 7044
段莘乡阆山村 B 3-27·四言杂字·汪志文 …… 7045
段莘乡阆山村 B 3-28·四言杂字·汪志文 …… 7046
段莘乡阆山村 B 3-29·四言杂字·汪志文 …… 7047
段莘乡阆山村 B 3-30·四言杂字·汪志文 …… 7048
段莘乡阆山村 B 3-31·四言杂字·汪志文 …… 7049
段莘乡阆山村 B 3-32·四言杂字·汪志文 …… 7050
段莘乡阆山村 B 3-33·四言杂字·汪志文 …… 7051
段莘乡阆山村 B 3-34·四言杂字·汪志文 …… 7052
段莘乡阆山村 B 3-35·四言杂字·汪志文 …… 7053
段莘乡阆山村 B 3-36·四言杂字·汪志文 …… 7054
段莘乡阆山村 B 3-37·四言杂字·汪志文 …… 7055
段莘乡阆山村 B 3-38·四言杂字·汪志文 …… 7056

段莘乡阆山村 B 4–1·咸丰十年·分关文书	7057
段莘乡阆山村 B 4–2·咸丰十年·分关文书	7058
段莘乡阆山村 B 4–3·咸丰十年·分关文书	7059
段莘乡阆山村 B 4–4·咸丰十年·分关文书	7060
段莘乡阆山村 B 4–5·咸丰十年·分关文书	7061
段莘乡阆山村 B 4–6·咸丰十年·分关文书	7062
段莘乡阆山村 B 4–7·咸丰十年·分关文书	7063
段莘乡阆山村 B 4–8·咸丰十年·分关文书	7064
段莘乡阆山村 B 4–9·咸丰十年·分关文书	7065
段莘乡阆山村 B 5–1·贴式	7066
段莘乡阆山村 B 5–2·贴式	7067
段莘乡阆山村 B 5–3·贴式	7068
段莘乡阆山村 B 5–4·贴式	7069
段莘乡阆山村 B 5–5·贴式	7070
段莘乡阆山村 B 5–6·贴式	7071
段莘乡阆山村 B 5–7·贴式	7072
段莘乡阆山村 B 5–8·贴式	7073
段莘乡阆山村 B 5–9·贴式	7074
段莘乡阆山村 B 5–10·贴式	7075
段莘乡阆山村 B 5–11·贴式	7076
段莘乡阆山村 B 5–12·贴式	7077
段莘乡阆山村 B 5–13·贴式	7078
段莘乡阆山村 B 5–14·贴式	7079
段莘乡阆山村 B 5–15·贴式	7080
段莘乡阆山村 B 5–16·贴式	7081
段莘乡阆山村 B 5–17·贴式	7082
段莘乡阆山村 B 5–18·贴式	7083
段莘乡阆山村 B 5–19·贴式	7084
段莘乡阆山村 B 5–20·贴式	7085
段莘乡阆山村 B 5–21·贴式	7086
段莘乡阆山村 B 5–22·贴式	7087
段莘乡阆山村 B 5–23·贴式	7088

段莘乡阆山村 B 5-24·贴式 …………………………………………………… 7089
段莘乡阆山村 B 5-25·贴式 …………………………………………………… 7090
段莘乡阆山村 B 5-26·贴式 …………………………………………………… 7091
段莘乡阆山村 B 5-27·贴式 …………………………………………………… 7092
段莘乡阆山村 B 5-28·贴式 …………………………………………………… 7093
段莘乡阆山村 B 5-29·贴式 …………………………………………………… 7094
段莘乡阆山村 B 5-30·贴式 …………………………………………………… 7095
段莘乡阆山村 B 5-31·贴式 …………………………………………………… 7096
段莘乡阆山村 B 5-32·贴式 …………………………………………………… 7097
段莘乡阆山村 B 5-33·贴式 …………………………………………………… 7098
段莘乡阆山村 B 5-34·贴式 …………………………………………………… 7099
段莘乡阆山村 B 5-35·贴式 …………………………………………………… 7100
段莘乡阆山村 B 5-36·贴式 …………………………………………………… 7101
段莘乡阆山村 B 5-37·贴式 …………………………………………………… 7102
段莘乡阆山村 B 5-38·贴式 …………………………………………………… 7103
段莘乡阆山村 B 5-39·贴式 …………………………………………………… 7104
段莘乡阆山村 B 5-40·贴式 …………………………………………………… 7105
段莘乡阆山村 B 5-41·贴式 …………………………………………………… 7106
段莘乡阆山村 B 5-42·贴式 …………………………………………………… 7107
段莘乡阆山村 B 5-43·贴式 …………………………………………………… 7108
段莘乡阆山村 B 5-44·贴式 …………………………………………………… 7109
段莘乡阆山村 B 5-45·贴式 …………………………………………………… 7110
段莘乡阆山村 B 5-46·贴式 …………………………………………………… 7111
段莘乡阆山村 B 5-47·贴式 …………………………………………………… 7112
段莘乡阆山村 B 5-48·贴式 …………………………………………………… 7113
段莘乡阆山村 B 5-49·贴式 …………………………………………………… 7114
段莘乡阆山村 B 5-50·贴式 …………………………………………………… 7115
段莘乡阆山村 B 5-51·贴式 …………………………………………………… 7116
段莘乡阆山村 B 5-52·贴式 …………………………………………………… 7117
段莘乡阆山村 B 5-53·贴式 …………………………………………………… 7118
段莘乡阆山村 B 5-54·贴式 …………………………………………………… 7119
段莘乡阆山村 B 5-55·贴式 …………………………………………………… 7120

段莘乡阆山村B 5–56·贴式	7121
段莘乡阆山村B 5–57·贴式	7122
段莘乡阆山村B 5–58·贴式	7123
段莘乡阆山村B 5–59·贴式	7124
段莘乡阆山村B 5–60·贴式	7125
段莘乡阆山村B 5–61·贴式	7126
段莘乡阆山村B 5–62·贴式	7127
段莘乡阆山村B 5–63·贴式	7128
段莘乡阆山村B 5–64·贴式	7129
段莘乡阆山村B 5–65·贴式	7130
段莘乡阆山村B 5–66·贴式	7131
段莘乡阆山村B 5–67·贴式	7132
段莘乡阆山村B 5–68·贴式	7133
段莘乡阆山村B 5–69·贴式	7134
段莘乡阆山村B 5–70·贴式	7135
段莘乡阆山村B 5–71·贴式	7136
段莘乡阆山村B 5–72·贴式	7137
段莘乡阆山村B 5–73·贴式	7138
段莘乡阆山村B 5–74·贴式	7139
段莘乡阆山村B 5–75·贴式	7140
段莘乡阆山村B 5–76·贴式	7141
段莘乡阆山村B 5–77·贴式	7142
段莘乡阆山村B 5–78·贴式	7143
段莘乡阆山村B 5–79·贴式	7144
段莘乡阆山村B 5–80·贴式	7145
段莘乡阆山村B 5–81·贴式	7146
段莘乡阆山村B 5–82·贴式	7147
段莘乡阆山村B 5–83·贴式	7148
段莘乡阆山村B 5–84·贴式	7149
段莘乡阆山村B 5–85·贴式	7150
段莘乡阆山村B 5–86·贴式	7151
段莘乡阆山村B 5–87·贴式	7152

段莘乡阆山村 B 5-88·贴式	7153
段莘乡阆山村 B 5-89·贴式	7154
段莘乡阆山村 B 5-90·贴式	7155
段莘乡阆山村 B 5-91·贴式	7156
段莘乡阆山村 B 5-92·贴式	7157
段莘乡阆山村 B 5-93·贴式	7158
段莘乡阆山村 B 5-94·贴式	7159
段莘乡阆山村 B 5-95·贴式	7160
段莘乡阆山村 B 5-96·贴式	7161
段莘乡阆山村 B 5-97·贴式	7162
段莘乡阆山村 B 5-98·贴式	7163
段莘乡阆山村 B 5-99·贴式	7164
段莘乡阆山村 B 5-100·贴式	7165
段莘乡阆山村 B 5-101·贴式	7166
段莘乡阆山村 B 5-102·贴式	7167
段莘乡阆山村 B 5-103·贴式	7168
段莘乡阆山村 B 5-104·贴式	7169
段莘乡阆山村 B 6-1·书信活套	7170
段莘乡阆山村 B 6-2·书信活套	7171
段莘乡阆山村 B 6-3·书信活套	7172
段莘乡阆山村 B 6-4·书信活套	7173
段莘乡阆山村 B 6-5·书信活套	7174
段莘乡阆山村 B 6-6·书信活套	7175
段莘乡阆山村 B 6-7·书信活套	7176
段莘乡阆山村 B 6-8·书信活套	7177
段莘乡阆山村 B 6-9·书信活套	7178
段莘乡阆山村 B 6-10·书信活套	7179
段莘乡阆山村 B 6-11·书信活套	7180
段莘乡阆山村 B 6-12·书信活套	7181
段莘乡阆山村 B 6-13·书信活套	7182
段莘乡阆山村 B 6-14·书信活套	7183
段莘乡阆山村 B 6-15·书信活套	7184

段莘乡阆山村B6-16·书信活套 ·············· 7185
段莘乡阆山村B6-17·书信活套 ·············· 7186
段莘乡阆山村B6-18·书信活套 ·············· 7187
段莘乡阆山村B6-19·书信活套 ·············· 7188

拾伍　段莘乡（四）

东山村·官坑村·沅头村胡家

段莘乡东山村 1—6	7189
段莘乡东山村 3-1·道光十二年·分关文书·江廷保等	7189
段莘乡东山村 3-2·道光十二年·分关文书·江廷保等	7190
段莘乡东山村 3-3·道光十二年·分关文书·江廷保等	7191
段莘乡东山村 3-4·道光十二年·分关文书·江廷保等	7192
段莘乡东山村 3-5·道光十二年·分关文书·江廷保等	7193
段莘乡东山村 3-6·道光十二年·分关文书·江廷保等	7194
段莘乡东山村 3-7·道光十二年·分关文书·江廷保等	7195
段莘乡东山村 3-8·道光十二年·分关文书·江廷保等	7196
段莘乡东山村 3-9·道光十二年·分关文书·江廷保等	7197
段莘乡东山村 4-1·咸丰十年·关书·江俞氏	7198
段莘乡东山村 4-2·咸丰十年·关书·江俞氏	7199
段莘乡东山村 4-3·咸丰十年·关书·江俞氏	7200
段莘乡东山村 4-4·咸丰十年·关书·江俞氏	7201
段莘乡东山村 4-5·咸丰十年·关书·江俞氏	7202
段莘乡东山村 4-6·咸丰十年·关书·江俞氏	7203
段莘乡东山村 4-7·咸丰十年·关书·江俞氏	7204
段莘乡东山村 2-1·流水账	7205
段莘乡东山村 2-2·流水账	7206
段莘乡东山村 2-3·流水账	7207
段莘乡东山村 2-4·流水账	7208
段莘乡东山村 2-5·流水账	7209
段莘乡东山村 2-6·流水账	7210
段莘乡东山村 7-1·民国六年至十六年·流水账	7211
段莘乡东山村 7-2·民国六年至十六年·流水账	7212
段莘乡东山村 7-3·民国六年至十六年·流水账	7213
段莘乡东山村 7-4·民国六年至十六年·流水账	7214
段莘乡东山村 7-5·民国六年至十六年·流水账	7215

段莘乡东山村 7-6·民国六年至十六年·流水账 ………… 7216
段莘乡东山村 7-7·民国六年至十六年·流水账 ………… 7217
段莘乡东山村 7-8·民国六年至十六年·流水账 ………… 7218
段莘乡东山村 7-9·民国六年至十六年·流水账 ………… 7219
段莘乡东山村 7-10·民国六年至十六年·流水账 ………… 7220
段莘乡东山村 7-11·民国六年至十六年·流水账 ………… 7221
段莘乡东山村 7-12·民国六年至十六年·流水账 ………… 7222
段莘乡东山村 7-13·民国六年至十六年·流水账 ………… 7223
段莘乡东山村 1-1·流水账·江秀青流水支账 ………… 7224
段莘乡东山村 1-2·流水账·江秀青流水支账 ………… 7225
段莘乡东山村 1-3·流水账·江秀青流水支账 ………… 7226
段莘乡东山村 1-4·流水账·江秀青流水支账 ………… 7227
段莘乡东山村 1-5·流水账·江秀青流水支账 ………… 7228
段莘乡东山村 1-6·流水账·江秀青流水支账 ………… 7229
段莘乡东山村 1-7·流水账·江秀青流水支账 ………… 7230
段莘乡东山村 1-8·流水账·江秀青流水支账 ………… 7231
段莘乡东山村 1-9·流水账·江秀青流水支账 ………… 7232
段莘乡东山村 1-10·流水账·江秀青流水支账 ………… 7233
段莘乡东山村 1-11·流水账·江秀青流水支账 ………… 7234
段莘乡东山村 1-12·流水账·江秀青流水支账 ………… 7235
段莘乡东山村 1-13·流水账·江秀青流水支账 ………… 7236
段莘乡东山村 1-14·流水账·江秀青流水支账 ………… 7237
段莘乡东山村 1-15·流水账·江秀青流水支账 ………… 7238
段莘乡东山村 1-16·流水账·江秀青流水支账 ………… 7239
段莘乡东山村 1-17·流水账·江秀青流水支账 ………… 7240
段莘乡东山村 1-18·流水账·江秀青流水支账 ………… 7241
段莘乡东山村 1-19·流水账·江秀青流水支账 ………… 7242
段莘乡东山村 1-20·流水账·江秀青流水支账 ………… 7243
段莘乡东山村 1-21·流水账·江秀青流水支账 ………… 7244
段莘乡东山村 1-22·流水账·江秀青流水支账 ………… 7245
段莘乡东山村 1-23·流水账·江秀青流水支账 ………… 7246
段莘乡东山村 1-24·流水账·江秀青流水支账 ………… 7247

段莘乡东山村1-25·流水账·江秀青流水支账 ⋯⋯⋯⋯⋯⋯⋯⋯⋯⋯⋯⋯⋯⋯ 7248
段莘乡东山村1-26·流水账·江秀青流水支账 ⋯⋯⋯⋯⋯⋯⋯⋯⋯⋯⋯⋯⋯⋯ 7249
段莘乡东山村1-27·流水账·江秀青流水支账 ⋯⋯⋯⋯⋯⋯⋯⋯⋯⋯⋯⋯⋯⋯ 7250
段莘乡东山村1-28·流水账·江秀青流水支账 ⋯⋯⋯⋯⋯⋯⋯⋯⋯⋯⋯⋯⋯⋯ 7251
段莘乡东山村1-29·流水账·江秀青流水支账 ⋯⋯⋯⋯⋯⋯⋯⋯⋯⋯⋯⋯⋯⋯ 7252
段莘乡东山村1-30·流水账·江秀青流水支账 ⋯⋯⋯⋯⋯⋯⋯⋯⋯⋯⋯⋯⋯⋯ 7253
段莘乡东山村1-31·流水账·江秀青流水支账 ⋯⋯⋯⋯⋯⋯⋯⋯⋯⋯⋯⋯⋯⋯ 7254
段莘乡东山村1-32·流水账·江秀青流水支账 ⋯⋯⋯⋯⋯⋯⋯⋯⋯⋯⋯⋯⋯⋯ 7255
段莘乡东山村1-33·流水账·江秀青流水支账 ⋯⋯⋯⋯⋯⋯⋯⋯⋯⋯⋯⋯⋯⋯ 7256
段莘乡东山村1-34·流水账·江秀青流水支账 ⋯⋯⋯⋯⋯⋯⋯⋯⋯⋯⋯⋯⋯⋯ 7257
段莘乡东山村1-35·流水账·江秀青流水支账 ⋯⋯⋯⋯⋯⋯⋯⋯⋯⋯⋯⋯⋯⋯ 7258
段莘乡东山村1-36·流水账·江秀青流水支账 ⋯⋯⋯⋯⋯⋯⋯⋯⋯⋯⋯⋯⋯⋯ 7259
段莘乡东山村1-37·流水账·江秀青流水支账 ⋯⋯⋯⋯⋯⋯⋯⋯⋯⋯⋯⋯⋯⋯ 7260
段莘乡东山村1-38·流水账·江秀青流水支账 ⋯⋯⋯⋯⋯⋯⋯⋯⋯⋯⋯⋯⋯⋯ 7261
段莘乡东山村1-39·流水账·江秀青流水支账 ⋯⋯⋯⋯⋯⋯⋯⋯⋯⋯⋯⋯⋯⋯ 7262
段莘乡东山村1-40·流水账·江秀青流水支账 ⋯⋯⋯⋯⋯⋯⋯⋯⋯⋯⋯⋯⋯⋯ 7263
段莘乡东山村1-41·流水账·江秀青流水支账 ⋯⋯⋯⋯⋯⋯⋯⋯⋯⋯⋯⋯⋯⋯ 7264
段莘乡东山村1-42·流水账·江秀青流水支账 ⋯⋯⋯⋯⋯⋯⋯⋯⋯⋯⋯⋯⋯⋯ 7265
段莘乡东山村1-43·流水账·江秀青流水支账 ⋯⋯⋯⋯⋯⋯⋯⋯⋯⋯⋯⋯⋯⋯ 7266

段莘乡官坑村1—12 ⋯⋯⋯⋯⋯⋯⋯⋯⋯⋯⋯⋯⋯⋯⋯⋯⋯⋯⋯⋯⋯⋯⋯⋯⋯⋯⋯ 7267

段莘乡官坑村4-1·同治元年·书信活套簿·裘烈坤记 ⋯⋯⋯⋯⋯⋯⋯⋯⋯⋯⋯⋯⋯ 7267
段莘乡官坑村4-2·同治元年·书信活套簿·裘烈坤记 ⋯⋯⋯⋯⋯⋯⋯⋯⋯⋯⋯⋯⋯ 7268
段莘乡官坑村4-3·同治元年·书信活套簿·裘烈坤记 ⋯⋯⋯⋯⋯⋯⋯⋯⋯⋯⋯⋯⋯ 7269
段莘乡官坑村4-4·同治元年·书信活套簿·裘烈坤记 ⋯⋯⋯⋯⋯⋯⋯⋯⋯⋯⋯⋯⋯ 7270
段莘乡官坑村4-5·同治元年·书信活套簿·裘烈坤记 ⋯⋯⋯⋯⋯⋯⋯⋯⋯⋯⋯⋯⋯ 7271
段莘乡官坑村4-6·同治元年·书信活套簿·裘烈坤记 ⋯⋯⋯⋯⋯⋯⋯⋯⋯⋯⋯⋯⋯ 7272
段莘乡官坑村4-7·同治元年·书信活套簿·裘烈坤记 ⋯⋯⋯⋯⋯⋯⋯⋯⋯⋯⋯⋯⋯ 7273
段莘乡官坑村4-8·同治元年·书信活套簿·裘烈坤记 ⋯⋯⋯⋯⋯⋯⋯⋯⋯⋯⋯⋯⋯ 7274
段莘乡官坑村4-9·同治元年·书信活套簿·裘烈坤记 ⋯⋯⋯⋯⋯⋯⋯⋯⋯⋯⋯⋯⋯ 7275
段莘乡官坑村4-10·同治元年·书信活套簿·裘烈坤记 ⋯⋯⋯⋯⋯⋯⋯⋯⋯⋯⋯⋯ 7276
段莘乡官坑村4-11·同治元年·书信活套簿·裘烈坤记 ⋯⋯⋯⋯⋯⋯⋯⋯⋯⋯⋯⋯ 7277

段莘乡官坑村 4-12・同治元年・书信活套簿・裘烈坤记 …………… 7278
段莘乡官坑村 4-13・同治元年・书信活套簿・裘烈坤记 …………… 7279
段莘乡官坑村 4-14・同治元年・书信活套簿・裘烈坤记 …………… 7280
段莘乡官坑村 4-15・同治元年・书信活套簿・裘烈坤记 …………… 7281
段莘乡官坑村 4-16・同治元年・书信活套簿・裘烈坤记 …………… 7282
段莘乡官坑村 4-17・同治元年・书信活套簿・裘烈坤记 …………… 7283
段莘乡官坑村 4-18・同治元年・书信活套簿・裘烈坤记 …………… 7284
段莘乡官坑村 4-19・同治元年・书信活套簿・裘烈坤记 …………… 7285
段莘乡官坑村 4-20・同治元年・书信活套簿・裘烈坤记 …………… 7286
段莘乡官坑村 4-21・同治元年・书信活套簿・裘烈坤记 …………… 7287
段莘乡官坑村 4-22・同治元年・书信活套簿・裘烈坤记 …………… 7288
段莘乡官坑村 4-23・同治元年・书信活套簿・裘烈坤记 …………… 7289
段莘乡官坑村 4-24・同治元年・书信活套簿・裘烈坤记 …………… 7290
段莘乡官坑村 4-25・同治元年・书信活套簿・裘烈坤记 …………… 7291
段莘乡官坑村 4-26・同治元年・书信活套簿・裘烈坤记 …………… 7292
段莘乡官坑村 4-27・同治元年・书信活套簿・裘烈坤记 …………… 7293
段莘乡官坑村 4-28・同治元年・书信活套簿・裘烈坤记 …………… 7294
段莘乡官坑村 4-29・同治元年・书信活套簿・裘烈坤记 …………… 7295
段莘乡官坑村 4-30・同治元年・书信活套簿・裘烈坤记 …………… 7296
段莘乡官坑村 4-31・同治元年・书信活套簿・裘烈坤记 …………… 7297
段莘乡官坑村 4-32・同治元年・书信活套簿・裘烈坤记 …………… 7298
段莘乡官坑村 4-33・同治元年・书信活套簿・裘烈坤记 …………… 7299
段莘乡官坑村 4-34・同治元年・书信活套簿・裘烈坤记 …………… 7300
段莘乡官坑村 4-35・同治元年・书信活套簿・裘烈坤记 …………… 7301
段莘乡官坑村 4-36・同治元年・书信活套簿・裘烈坤记 …………… 7302
段莘乡官坑村 4-37・同治元年・书信活套簿・裘烈坤记 …………… 7303
段莘乡官坑村 4-38・同治元年・书信活套簿・裘烈坤记 …………… 7304
段莘乡官坑村 4-39・同治元年・书信活套簿・裘烈坤记 …………… 7305
段莘乡官坑村 4-40・同治元年・书信活套簿・裘烈坤记 …………… 7306
段莘乡官坑村 4-41・同治元年・书信活套簿・裘烈坤记 …………… 7307
段莘乡官坑村 4-42・同治元年・书信活套簿・裘烈坤记 …………… 7308
段莘乡官坑村 4-43・同治元年・书信活套簿・裘烈坤记 …………… 7309

段莘乡官坑村 4-44·同治元年·书信活套簿·裘烈坤记 ………… 7310
段莘乡官坑村 4-45·同治元年·书信活套簿·裘烈坤记 ………… 7311
段莘乡官坑村 4-46·同治元年·书信活套簿·裘烈坤记 ………… 7312
段莘乡官坑村 4-47·同治元年·书信活套簿·裘烈坤记 ………… 7313
段莘乡官坑村 4-48·同治元年·书信活套簿·裘烈坤记 ………… 7314
段莘乡官坑村 4-49·同治元年·书信活套簿·裘烈坤记 ………… 7315
段莘乡官坑村 4-50·同治元年·书信活套簿·裘烈坤记 ………… 7316
段莘乡官坑村 4-51·同治元年·书信活套簿·裘烈坤记 ………… 7317
段莘乡官坑村 4-52·同治元年·书信活套簿·裘烈坤记 ………… 7318
段莘乡官坑村 4-53·同治元年·书信活套簿·裘烈坤记 ………… 7319
段莘乡官坑村 4-54·同治元年·书信活套簿·裘烈坤记 ………… 7320
段莘乡官坑村 4-55·同治元年·书信活套簿·裘烈坤记 ………… 7321
段莘乡官坑村 4-56·同治元年·书信活套簿·裘烈坤记 ………… 7322
段莘乡官坑村 4-57·同治元年·书信活套簿·裘烈坤记 ………… 7323
段莘乡官坑村 4-58·同治元年·书信活套簿·裘烈坤记 ………… 7324
段莘乡官坑村 4-59·同治元年·书信活套簿·裘烈坤记 ………… 7325
段莘乡官坑村 4-60·同治元年·书信活套簿·裘烈坤记 ………… 7326
段莘乡官坑村 4-61·同治元年·书信活套簿·裘烈坤记 ………… 7327
段莘乡官坑村 4-62·同治元年·书信活套簿·裘烈坤记 ………… 7328
段莘乡官坑村 4-63·同治元年·书信活套簿·裘烈坤记 ………… 7329
段莘乡官坑村 4-64·同治元年·书信活套簿·裘烈坤记 ………… 7330
段莘乡官坑村 4-65·同治元年·书信活套簿·裘烈坤记 ………… 7331
段莘乡官坑村 4-66·同治元年·书信活套簿·裘烈坤记 ………… 7332
段莘乡官坑村 4-67·同治元年·书信活套簿·裘烈坤记 ………… 7333
段莘乡官坑村 4-68·同治元年·书信活套簿·裘烈坤记 ………… 7334
段莘乡官坑村 4-69·同治元年·书信活套簿·裘烈坤记 ………… 7335
段莘乡官坑村 4-70·同治元年·书信活套簿·裘烈坤记 ………… 7336
段莘乡官坑村 4-71·同治元年·书信活套簿·裘烈坤记 ………… 7337
段莘乡官坑村 4-72·同治元年·书信活套簿·裘烈坤记 ………… 7338
段莘乡官坑村 4-73·同治元年·书信活套簿·裘烈坤记 ………… 7339
段莘乡官坑村 4-74·同治元年·书信活套簿·裘烈坤记 ………… 7340
段莘乡官坑村 4-75·同治元年·书信活套簿·裘烈坤记 ………… 7341

段莘乡官坑村 4-76·同治元年·书信活套簿·裘烈坤记 …………… 7342
段莘乡官坑村 4-77·同治元年·书信活套簿·裘烈坤记 …………… 7343
段莘乡官坑村 4-78·同治元年·书信活套簿·裘烈坤记 …………… 7344
段莘乡官坑村 4-79·同治元年·书信活套簿·裘烈坤记 …………… 7345
段莘乡官坑村 4-80·同治元年·书信活套簿·裘烈坤记 …………… 7346
段莘乡官坑村 4-81·同治元年·书信活套簿·裘烈坤记 …………… 7347
段莘乡官坑村 4-82·同治元年·书信活套簿·裘烈坤记 …………… 7348
段莘乡官坑村 4-83·同治元年·书信活套簿·裘烈坤记 …………… 7349
段莘乡官坑村 4-84·同治元年·书信活套簿·裘烈坤记 …………… 7350
段莘乡官坑村 4-85·同治元年·书信活套簿·裘烈坤记 …………… 7351
段莘乡官坑村 4-86·同治元年·书信活套簿·裘烈坤记 …………… 7352
段莘乡官坑村 4-87·同治元年·书信活套簿·裘烈坤记 …………… 7353
段莘乡官坑村 4-88·同治元年·书信活套簿·裘烈坤记 …………… 7354
段莘乡官坑村 4-89·同治元年·书信活套簿·裘烈坤记 …………… 7355
段莘乡官坑村 4-90·同治元年·书信活套簿·裘烈坤记 …………… 7356
段莘乡官坑村 4-91·同治元年·书信活套簿·裘烈坤记 …………… 7357
段莘乡官坑村 4-92·同治元年·书信活套簿·裘烈坤记 …………… 7358
段莘乡官坑村 4-93·同治元年·书信活套簿·裘烈坤记 …………… 7359
段莘乡官坑村 4-94·同治元年·书信活套簿·裘烈坤记 …………… 7360
段莘乡官坑村 12-1·光绪二年至三十一年·流水账 …………… 7361
段莘乡官坑村 12-2·光绪二年至三十一年·流水账 …………… 7362
段莘乡官坑村 12-3·光绪二年至三十一年·流水账 …………… 7363
段莘乡官坑村 12-4·光绪二年至三十一年·流水账 …………… 7364
段莘乡官坑村 12-5·光绪二年至三十一年·流水账 …………… 7365
段莘乡官坑村 12-6·光绪二年至三十一年·流水账 …………… 7366
段莘乡官坑村 12-7·光绪二年至三十一年·流水账 …………… 7367
段莘乡官坑村 12-8·光绪二年至三十一年·流水账 …………… 7368
段莘乡官坑村 12-9·光绪二年至三十一年·流水账 …………… 7369
段莘乡官坑村 12-10·光绪二年至三十一年·流水账 …………… 7370
段莘乡官坑村 12-11·光绪二年至三十一年·流水账 …………… 7371
段莘乡官坑村 12-12·光绪二年至三十一年·流水账 …………… 7372
段莘乡官坑村 12-13·光绪二年至三十一年·流水账 …………… 7373

段莘乡官坑村 12-14·光绪二年至三十一年·流水账 ·················· 7374

段莘乡官坑村 12-15·光绪二年至三十一年·流水账 ·················· 7375

段莘乡官坑村 12-16·光绪二年至三十一年·流水账 ·················· 7376

段莘乡官坑村 12-17·光绪二年至三十一年·流水账 ·················· 7377

段莘乡官坑村 12-18·光绪二年至三十一年·流水账 ·················· 7378

段莘乡官坑村 12-19·光绪二年至三十一年·流水账 ·················· 7379

段莘乡官坑村 12-20·光绪二年至三十一年·流水账 ·················· 7380

段莘乡官坑村 12-21·光绪二年至三十一年·流水账 ·················· 7381

段莘乡官坑村 12-22·光绪二年至三十一年·流水账 ·················· 7382

段莘乡官坑村 12-23·光绪二年至三十一年·流水账 ·················· 7383

段莘乡官坑村 12-24·光绪二年至三十一年·流水账 ·················· 7384

段莘乡官坑村 12-25·光绪二年至三十一年·流水账 ·················· 7385

段莘乡官坑村 12-26·光绪二年至三十一年·流水账 ·················· 7386

段莘乡官坑村 12-27·光绪二年至三十一年·流水账 ·················· 7387

段莘乡官坑村 12-28·光绪二年至三十一年·流水账 ·················· 7388

段莘乡官坑村 12-29·光绪二年至三十一年·流水账 ·················· 7389

段莘乡官坑村 12-30·光绪二年至三十一年·流水账 ·················· 7390

段莘乡官坑村 12-31·光绪二年至三十一年·流水账 ·················· 7391

段莘乡官坑村 12-32·光绪二年至三十一年·流水账 ·················· 7392

段莘乡官坑村 12-33·光绪二年至三十一年·流水账 ·················· 7393

段莘乡官坑村 12-34·光绪二年至三十一年·流水账 ·················· 7394

段莘乡官坑村 12-35·光绪二年至三十一年·流水账 ·················· 7395

段莘乡官坑村 12-36·光绪二年至三十一年·流水账 ·················· 7396

段莘乡官坑村 12-37·光绪二年至三十一年·流水账 ·················· 7397

段莘乡官坑村 12-38·光绪二年至三十一年·流水账 ·················· 7398

段莘乡官坑村 12-39·光绪二年至三十一年·流水账 ·················· 7399

段莘乡官坑村 12-40·光绪二年至三十一年·流水账 ·················· 7400

段莘乡官坑村 11-1·民国元年至三十五年·会产经营收支簿 ············ 7401

段莘乡官坑村 11-2·民国元年至三十五年·会产经营收支簿 ············ 7402

段莘乡官坑村 11-3·民国元年至三十五年·会产经营收支簿 ············ 7403

段莘乡官坑村 11-4·民国元年至三十五年·会产经营收支簿 ············ 7404

段莘乡官坑村 11-5·民国元年至三十五年·会产经营收支簿 ············ 7405

段莘乡官坑村11-6·民国元年至三十五年·会产经营收支簿 …………7406
段莘乡官坑村11-7·民国元年至三十五年·会产经营收支簿 …………7407
段莘乡官坑村11-8·民国元年至三十五年·会产经营收支簿 …………7408
段莘乡官坑村11-9·民国元年至三十五年·会产经营收支簿 …………7409
段莘乡官坑村11-10·民国元年至三十五年·会产经营收支簿 …………7410
段莘乡官坑村11-11·民国元年至三十五年·会产经营收支簿 …………7411
段莘乡官坑村11-12·民国元年至三十五年·会产经营收支簿 …………7412
段莘乡官坑村11-13·民国元年至三十五年·会产经营收支簿 …………7413
段莘乡官坑村11-14·民国元年至三十五年·会产经营收支簿 …………7414
段莘乡官坑村11-15·民国元年至三十五年·会产经营收支簿 …………7415
段莘乡官坑村11-16·民国元年至三十五年·会产经营收支簿 …………7416
段莘乡官坑村11-17·民国元年至三十五年·会产经营收支簿 …………7417
段莘乡官坑村11-18·民国元年至三十五年·会产经营收支簿 …………7418
段莘乡官坑村11-19·民国元年至三十五年·会产经营收支簿 …………7419
段莘乡官坑村11-20·民国元年至三十五年·会产经营收支簿 …………7420
段莘乡官坑村11-21·民国元年至三十五年·会产经营收支簿 …………7421
段莘乡官坑村11-22·民国元年至三十五年·会产经营收支簿 …………7422
段莘乡官坑村11-23·民国元年至三十五年·会产经营收支簿 …………7423
段莘乡官坑村11-24·民国元年至三十五年·会产经营收支簿 …………7424
段莘乡官坑村11-25·民国元年至三十五年·会产经营收支簿 …………7425
段莘乡官坑村11-26·民国元年至三十五年·会产经营收支簿 …………7426
段莘乡官坑村11-27·民国元年至三十五年·会产经营收支簿 …………7427
段莘乡官坑村11-28·民国元年至三十五年·会产经营收支簿 …………7428
段莘乡官坑村11-29·民国元年至三十五年·会产经营收支簿 …………7429
段莘乡官坑村11-30·民国元年至三十五年·会产经营收支簿 …………7430
段莘乡官坑村11-31·民国元年至三十五年·会产经营收支簿 …………7431
段莘乡官坑村11-32·民国元年至三十五年·会产经营收支簿 …………7432
段莘乡官坑村11-33·民国元年至三十五年·会产经营收支簿 …………7433
段莘乡官坑村11-34·民国元年至三十五年·会产经营收支簿 …………7434
段莘乡官坑村11-35·民国元年至三十五年·会产经营收支簿 …………7435
段莘乡官坑村11-36·民国元年至三十五年·会产经营收支簿 …………7436
段莘乡官坑村11-37·民国元年至三十五年·会产经营收支簿 …………7437

段莘乡官坑村 11-38·民国元年至三十五年·会产经营收支簿 ············ 7438
段莘乡官坑村 11-39·民国元年至三十五年·会产经营收支簿 ············ 7439
段莘乡官坑村 11-40·民国元年至三十五年·会产经营收支簿 ············ 7440
段莘乡官坑村 11-41·民国元年至三十五年·会产经营收支簿 ············ 7441
段莘乡官坑村 11-42·民国元年至三十五年·会产经营收支簿 ············ 7442
段莘乡官坑村 11-43·民国元年至三十五年·会产经营收支簿 ············ 7443
段莘乡官坑村 11-44·民国元年至三十五年·会产经营收支簿 ············ 7444
段莘乡官坑村 11-45·民国元年至三十五年·会产经营收支簿 ············ 7445
段莘乡官坑村 11-46·民国元年至三十五年·会产经营收支簿 ············ 7446
段莘乡官坑村 11-47·民国元年至三十五年·会产经营收支簿 ············ 7447
段莘乡官坑村 11-48·民国元年至三十五年·会产经营收支簿 ············ 7448
段莘乡官坑村 11-49·民国元年至三十五年·会产经营收支簿 ············ 7449
段莘乡官坑村 11-50·民国元年至三十五年·会产经营收支簿 ············ 7450
段莘乡官坑村 11-51·民国元年至三十五年·会产经营收支簿 ············ 7451
段莘乡官坑村 11-52·民国元年至三十五年·会产经营收支簿 ············ 7452
段莘乡官坑村 11-53·民国元年至三十五年·会产经营收支簿 ············ 7453
段莘乡官坑村 11-54·民国元年至三十五年·会产经营收支簿 ············ 7454
段莘乡官坑村 11-55·民国元年至三十五年·会产经营收支簿 ············ 7455
段莘乡官坑村 11-56·民国元年至三十五年·会产经营收支簿 ············ 7456
段莘乡官坑村 11-57·民国元年至三十五年·会产经营收支簿 ············ 7457
段莘乡官坑村 11-58·民国元年至三十五年·会产经营收支簿 ············ 7458
段莘乡官坑村 11-59·民国元年至三十五年·会产经营收支簿 ············ 7459
段莘乡官坑村 11-60·民国元年至三十五年·会产经营收支簿 ············ 7460
段莘乡官坑村 11-61·民国元年至三十五年·会产经营收支簿 ············ 7461
段莘乡官坑村 11-62·民国元年至三十五年·会产经营收支簿 ············ 7462
段莘乡官坑村 11-63·民国元年至三十五年·会产经营收支簿 ············ 7463
段莘乡官坑村 11-64·民国元年至三十五年·会产经营收支簿 ············ 7464
段莘乡官坑村 11-65·民国元年至三十五年·会产经营收支簿 ············ 7465
段莘乡官坑村 11-66·民国元年至三十五年·会产经营收支簿 ············ 7466
段莘乡官坑村 11-67·民国元年至三十五年·会产经营收支簿 ············ 7467
段莘乡官坑村 11-68·民国元年至三十五年·会产经营收支簿 ············ 7468
段莘乡官坑村 11-69·民国元年至三十五年·会产经营收支簿 ············ 7469

段莘乡官坑村 11-70·民国元年至三十五年·会产经营收支簿………… 7470
段莘乡官坑村 11-71·民国元年至三十五年·会产经营收支簿………… 7471
段莘乡官坑村 11-72·民国元年至三十五年·会产经营收支簿………… 7472
段莘乡官坑村 1-1·民国八年·剧本《畅叙曲情》·焕章吴记………… 7473
段莘乡官坑村 1-2·民国八年·剧本《畅叙曲情》·焕章吴记………… 7474
段莘乡官坑村 1-3·民国八年·剧本《畅叙曲情》·焕章吴记………… 7475
段莘乡官坑村 1-4·民国八年·剧本《畅叙曲情》·焕章吴记………… 7476
段莘乡官坑村 1-5·民国八年·剧本《畅叙曲情》·焕章吴记………… 7477
段莘乡官坑村 1-6·民国八年·剧本《畅叙曲情》·焕章吴记………… 7478
段莘乡官坑村 1-7·民国八年·剧本《畅叙曲情》·焕章吴记………… 7479
段莘乡官坑村 1-8·民国八年·剧本《畅叙曲情》·焕章吴记………… 7480
段莘乡官坑村 1-9·民国八年·剧本《畅叙曲情》·焕章吴记………… 7481
段莘乡官坑村 1-10·民国八年·剧本《畅叙曲情》·焕章吴记………… 7482
段莘乡官坑村 1-11·民国八年·剧本《畅叙曲情》·焕章吴记………… 7483
段莘乡官坑村 1-12·民国八年·剧本《畅叙曲情》·焕章吴记………… 7484
段莘乡官坑村 1-13·民国八年·剧本《畅叙曲情》·焕章吴记………… 7485
段莘乡官坑村 1-14·民国八年·剧本《畅叙曲情》·焕章吴记………… 7486
段莘乡官坑村 1-15·民国八年·剧本《畅叙曲情》·焕章吴记………… 7487
段莘乡官坑村 1-16·民国八年·剧本《畅叙曲情》·焕章吴记………… 7488
段莘乡官坑村 7-1·民国九年·瑜伽正教起主科文·曹岐山抄………… 7489
段莘乡官坑村 7-2·民国九年·瑜伽正教起主科文·曹岐山抄………… 7490
段莘乡官坑村 7-3·民国九年·瑜伽正教起主科文·曹岐山抄………… 7491
段莘乡官坑村 7-4·民国九年·瑜伽正教起主科文·曹岐山抄………… 7492
段莘乡官坑村 7-5·民国九年·瑜伽正教起主科文·曹岐山抄………… 7493
段莘乡官坑村 7-6·民国九年·瑜伽正教起主科文·曹岐山抄………… 7494
段莘乡官坑村 7-7·民国九年·瑜伽正教起主科文·曹岐山抄………… 7495
段莘乡官坑村 7-8·民国九年·瑜伽正教起主科文·曹岐山抄………… 7496
段莘乡官坑村 7-9·民国九年·瑜伽正教起主科文·曹岐山抄………… 7497
段莘乡官坑村 7-10·民国九年·瑜伽正教起主科文·曹岐山抄………… 7498
段莘乡官坑村 7-11·民国九年·瑜伽正教起主科文·曹岐山抄………… 7499
段莘乡官坑村 7-12·民国九年·瑜伽正教起主科文·曹岐山抄………… 7500
段莘乡官坑村 7-13·民国九年·瑜伽正教起主科文·曹岐山抄……… 7501

段莘乡官坑村 7-14·民国九年·瑜伽正教起主科文·曹岐山抄 ········· 7502
段莘乡官坑村 7-15·民国九年·瑜伽正教起主科文·曹岐山抄 ········· 7503
段莘乡官坑村 7-16·民国九年·瑜伽正教起主科文·曹岐山抄 ········· 7504
段莘乡官坑村 7-17·民国九年·瑜伽正教起主科文·曹岐山抄 ········· 7505
段莘乡官坑村 7-18·民国九年·瑜伽正教起主科文·曹岐山抄 ········· 7506
段莘乡官坑村 7-19·民国九年·瑜伽正教起主科文·曹岐山抄 ········· 7507
段莘乡官坑村 7-20·民国九年·瑜伽正教起主科文·曹岐山抄 ········· 7508
段莘乡官坑村 7-21·民国九年·瑜伽正教起主科文·曹岐山抄 ········· 7509
段莘乡官坑村 7-22·民国九年·瑜伽正教起主科文·曹岐山抄 ········· 7510
段莘乡官坑村 7-23·民国九年·瑜伽正教起主科文·曹岐山抄 ········· 7511
段莘乡官坑村 7-24·民国九年·瑜伽正教起主科文·曹岐山抄 ········· 7512
段莘乡官坑村 7-25·民国九年·瑜伽正教起主科文·曹岐山抄 ········· 7513
段莘乡官坑村 7-26·民国九年·瑜伽正教起主科文·曹岐山抄 ········· 7514
段莘乡官坑村 7-27·民国九年·瑜伽正教起主科文·曹岐山抄 ········· 7515
段莘乡官坑村 7-28·民国九年·瑜伽正教起主科文·曹岐山抄 ········· 7516
段莘乡官坑村 7-29·民国九年·瑜伽正教起主科文·曹岐山抄 ········· 7517
段莘乡官坑村 7-30·民国九年·瑜伽正教起主科文·曹岐山抄 ········· 7518
段莘乡官坑村 7-31·民国九年·瑜伽正教起主科文·曹岐山抄 ········· 7519
段莘乡官坑村 7-32·民国九年·瑜伽正教起主科文·曹岐山抄 ········· 7520
段莘乡官坑村 7-33·民国九年·瑜伽正教起主科文·曹岐山抄 ········· 7521
段莘乡官坑村 7-34·民国九年·瑜伽正教起主科文·曹岐山抄 ········· 7522
段莘乡官坑村 7-35·民国九年·瑜伽正教起主科文·曹岐山抄 ········· 7523
段莘乡官坑村 7-36·民国九年·瑜伽正教起主科文·曹岐山抄 ········· 7524
段莘乡官坑村 7-37·民国九年·瑜伽正教起主科文·曹岐山抄 ········· 7525
段莘乡官坑村 7-38·民国九年·瑜伽正教起主科文·曹岐山抄 ········· 7526
段莘乡官坑村 7-39·民国九年·瑜伽正教起主科文·曹岐山抄 ········· 7527
段莘乡官坑村 7-40·民国九年·瑜伽正教起主科文·曹岐山抄 ········· 7528
段莘乡官坑村 7-41·民国九年·瑜伽正教起主科文·曹岐山抄 ········· 7529
段莘乡官坑村 7-42·民国九年·瑜伽正教起主科文·曹岐山抄 ········· 7530
段莘乡官坑村 10-1·民国十二年·祭祖配食簿 ········· 7531
段莘乡官坑村 10-2·民国十二年·祭祖配食簿 ········· 7532
段莘乡官坑村 10-3·民国十二年·祭祖配食簿 ········· 7533

段莘乡官坑村9-1·民国二十七年·补立遗产承管阄书（长房股）·
洪荣茂、洪荣庆、洪仙海兄弟 ································· 7534
段莘乡官坑村9-2·民国二十七年·补立遗产承管阄书（长房股）·
洪荣茂、洪荣庆、洪仙海兄弟 ································· 7535
段莘乡官坑村9-3·民国二十七年·补立遗产承管阄书（长房股）·
洪荣茂、洪荣庆、洪仙海兄弟 ································· 7536
段莘乡官坑村9-4·民国二十七年·补立遗产承管阄书（长房股）·
洪荣茂、洪荣庆、洪仙海兄弟 ································· 7537
段莘乡官坑村9-5·民国二十七年·补立遗产承管阄书（长房股）·
洪荣茂、洪荣庆、洪仙海兄弟 ································· 7538
段莘乡官坑村2-1·杂文集 ··· 7539
段莘乡官坑村2-2·杂文集 ··· 7540
段莘乡官坑村2-3·杂文集 ··· 7541
段莘乡官坑村2-4·杂文集 ··· 7542
段莘乡官坑村2-5·杂文集 ··· 7543
段莘乡官坑村2-6·杂文集 ··· 7544
段莘乡官坑村2-7·杂文集 ··· 7545
段莘乡官坑村2-8·杂文集 ··· 7546
段莘乡官坑村2-9·杂文集 ··· 7547
段莘乡官坑村2-10·杂文集 ··· 7548
段莘乡官坑村2-11·杂文集 ··· 7549
段莘乡官坑村2-12·杂文集 ··· 7550
段莘乡官坑村2-13·杂文集 ··· 7551
段莘乡官坑村2-14·杂文集 ··· 7552
段莘乡官坑村2-15·杂文集 ··· 7553
段莘乡官坑村2-16·杂文集 ··· 7554
段莘乡官坑村2-17·杂文集 ··· 7555
段莘乡官坑村2-18·杂文集 ··· 7556
段莘乡官坑村2-19·杂文集 ··· 7557
段莘乡官坑村2-20·杂文集 ··· 7558
段莘乡官坑村2-21·杂文集 ··· 7559
段莘乡官坑村5-1·画符指引册 ··· 7560

段莘乡官坑村 5-2·画符指引册	7561
段莘乡官坑村 5-3·画符指引册	7562
段莘乡官坑村 5-4·画符指引册	7563
段莘乡官坑村 6-1·书信活套簿·《见心大全》	7564
段莘乡官坑村 6-2·书信活套簿·《见心大全》	7565
段莘乡官坑村 6-3·书信活套簿·《见心大全》	7566
段莘乡官坑村 6-4·书信活套簿·《见心大全》	7567
段莘乡官坑村 6-5·书信活套簿·《见心大全》	7568
段莘乡官坑村 6-6·书信活套簿·《见心大全》	7569
段莘乡官坑村 6-7·书信活套簿·《见心大全》	7570
段莘乡官坑村 6-8·书信活套簿·《见心大全》	7571
段莘乡官坑村 6-9·书信活套簿·《见心大全》	7572
段莘乡官坑村 6-10·书信活套簿·《见心大全》	7573
段莘乡官坑村 6-11·书信活套簿·《见心大全》	7574
段莘乡官坑村 6-12·书信活套簿·《见心大全》	7575
段莘乡官坑村 6-13·书信活套簿·《见心大全》	7576
段莘乡官坑村 6-14·书信活套簿·《见心大全》	7577
段莘乡官坑村 6-15·书信活套簿·《见心大全》	7578
段莘乡官坑村 6-16·书信活套簿·《见心大全》	7579
段莘乡官坑村 6-17·书信活套簿·《见心大全》	7580
段莘乡官坑村 6-18·书信活套簿·《见心大全》	7581
段莘乡官坑村 6-19·书信活套簿·《见心大全》	7582
段莘乡官坑村 6-20·书信活套簿·《见心大全》	7583
段莘乡官坑村 6-21·书信活套簿·《见心大全》	7584
段莘乡官坑村 6-22·书信活套簿·《见心大全》	7585
段莘乡官坑村 6-23·书信活套簿·《见心大全》	7586
段莘乡官坑村 6-24·书信活套簿·《见心大全》	7587
段莘乡官坑村 6-25·书信活套簿·《见心大全》	7588
段莘乡官坑村 6-26·书信活套簿·《见心大全》	7589
段莘乡官坑村 6-27·书信活套簿·《见心大全》	7590
段莘乡官坑村 6-28·书信活套簿·《见心大全》	7591
段莘乡官坑村 6-29·书信活套簿·《见心大全》	7592

段莘乡官坑村 6-30·书信活套簿·《见心大全》 ······ 7593
段莘乡官坑村 6-31·书信活套簿·《见心大全》 ······ 7594
段莘乡官坑村 6-32·书信活套簿·《见心大全》 ······ 7595
段莘乡官坑村 6-33·书信活套簿·《见心大全》 ······ 7596
段莘乡官坑村 6-34·书信活套簿·《见心大全》 ······ 7597
段莘乡官坑村 6-35·书信活套簿·《见心大全》 ······ 7598
段莘乡官坑村 6-36·书信活套簿·《见心大全》 ······ 7599
段莘乡官坑村 6-37·书信活套簿·《见心大全》 ······ 7600
段莘乡官坑村 6-38·书信活套簿·《见心大全》 ······ 7601
段莘乡官坑村 6-39·书信活套簿·《见心大全》 ······ 7602
段莘乡官坑村 6-40·书信活套簿·《见心大全》 ······ 7603
段莘乡官坑村 6-41·书信活套簿·《见心大全》 ······ 7604
段莘乡官坑村 6-42·书信活套簿·《见心大全》 ······ 7605
段莘乡官坑村 6-43·书信活套簿·《见心大全》 ······ 7606
段莘乡官坑村 6-44·书信活套簿·《见心大全》 ······ 7607
段莘乡官坑村 6-45·书信活套簿·《见心大全》 ······ 7608
段莘乡官坑村 6-46·书信活套簿·《见心大全》 ······ 7609
段莘乡官坑村 6-47·书信活套簿·《见心大全》 ······ 7610
段莘乡官坑村 6-48·书信活套簿·《见心大全》 ······ 7611
段莘乡官坑村 6-49·书信活套簿·《见心大全》 ······ 7612
段莘乡官坑村 6-50·书信活套簿·《见心大全》 ······ 7613
段莘乡官坑村 6-51·书信活套簿·《见心大全》 ······ 7614
段莘乡官坑村 6-52·书信活套簿·《见心大全》 ······ 7615
段莘乡官坑村 6-53·书信活套簿·《见心大全》 ······ 7616
段莘乡官坑村 6-54·书信活套簿·《见心大全》 ······ 7617
段莘乡官坑村 6-55·书信活套簿·《见心大全》 ······ 7618
段莘乡官坑村 6-56·书信活套簿·《见心大全》 ······ 7619
段莘乡官坑村 6-57·书信活套簿·《见心大全》 ······ 7620
段莘乡官坑村 6-58·书信活套簿·《见心大全》 ······ 7621
段莘乡官坑村 6-59·书信活套簿·《见心大全》 ······ 7622
段莘乡官坑村 6-60·书信活套簿·《见心大全》 ······ 7623
段莘乡官坑村 6-61·书信活套簿·《见心大全》 ······ 7624

段莘乡官坑村 6-62·书信活套簿·《见心大全》 7625
段莘乡官坑村 6-63·书信活套簿·《见心大全》 7626
段莘乡官坑村 6-64·书信活套簿·《见心大全》 7627
段莘乡官坑村 6-65·书信活套簿·《见心大全》 7628
段莘乡官坑村 6-66·书信活套簿·《见心大全》 7629
段莘乡官坑村 6-67·书信活套簿·《见心大全》 7630
段莘乡官坑村 6-68·书信活套簿·《见心大全》 7631
段莘乡官坑村 6-69·书信活套簿·《见心大全》 7632
段莘乡官坑村 6-70·书信活套簿·《见心大全》 7633
段莘乡官坑村 6-71·书信活套簿·《见心大全》 7634
段莘乡官坑村 6-72·书信活套簿·《见心大全》 7635
段莘乡官坑村 6-73·书信活套簿·《见心大全》 7636
段莘乡官坑村 6-74·书信活套簿·《见心大全》 7637
段莘乡官坑村 6-75·书信活套簿·《见心大全》 7638
段莘乡官坑村 6-76·书信活套簿·《见心大全》 7639
段莘乡官坑村 6-77·书信活套簿·《见心大全》 7640
段莘乡官坑村 6-78·书信活套簿·《见心大全》 7641
段莘乡官坑村 6-79·书信活套簿·《见心大全》 7642
段莘乡官坑村 6-80·书信活套簿·《见心大全》 7643
段莘乡官坑村 6-81·书信活套簿·《见心大全》 7644
段莘乡官坑村 6-82·书信活套簿·《见心大全》 7645
段莘乡官坑村 6-83·书信活套簿·《见心大全》 7646
段莘乡官坑村 6-84·书信活套簿·《见心大全》 7647
段莘乡官坑村 6-85·书信活套簿·《见心大全》 7648
段莘乡官坑村 6-86·书信活套簿·《见心大全》 7649
段莘乡官坑村 6-87·书信活套簿·《见心大全》 7650
段莘乡官坑村 6-88·书信活套簿·《见心大全》 7651
段莘乡官坑村 6-89·书信活套簿·《见心大全》 7652
段莘乡官坑村 6-90·书信活套簿·《见心大全》 7653
段莘乡官坑村 8-1·戏文·《孟姜女寻夫》 7654
段莘乡官坑村 8-2·戏文·《孟姜女寻夫》 7655
段莘乡官坑村 8-3·戏文·《孟姜女寻夫》 7656

段莘乡官坑村 8-4·戏文·《孟姜女寻夫》 ································· 7657

段莘乡官坑村 8-5·戏文·《孟姜女寻夫》 ································· 7658

段莘乡官坑村 8-6·戏文·《孟姜女寻夫》 ································· 7659

段莘乡官坑村 8-7·戏文·《孟姜女寻夫》 ································· 7660

段莘乡官坑村 8-8·戏文·《孟姜女寻夫》 ································· 7661

段莘乡官坑村 8-9·戏文·《孟姜女寻夫》 ································· 7662

段莘乡官坑村 8-10·戏文·《孟姜女寻夫》 ································ 7663

段莘乡官坑村 8-11·戏文·《孟姜女寻夫》 ································ 7664

段莘乡官坑村 8-12·戏文·《孟姜女寻夫》 ································ 7665

段莘乡沅头村胡家 1—38 ·· 7666

段莘乡沅头村胡家 8·咸丰元年·出当田皮约·胡鉴发当与
新胡老会众友 ··· 7666

段莘乡沅头村胡家 12·咸丰四年·断骨出卖鲍台地基契·胡基承
卖与胡有志 ··· 7667

段莘乡沅头村胡家 23·咸丰四年·断骨出卖田皮契·胡俞氏同子
鉴清、鉴禄卖与房叔胡基宏 ··· 7668

段莘乡沅头村胡家 1·咸丰十年·付执红契·胡祖寿、胡加保
原付胡顺宝 ··· 7669

段莘乡沅头村胡家 26·同治四年·断骨出卖地坦契·胡汉兴卖与
胡鉴卿 ··· 7670

段莘乡沅头村胡家 27·同治四年·断骨出卖柴屋契·胡汉兴卖与
胡基钊 ··· 7671

段莘乡沅头村胡家 28·同治四年·出当田皮约·胡门宋氏同子
兴丁、兴茂、兴隆当与胡加宝 ··· 7672

段莘乡沅头村胡家 38·同治四年·出当柴屋约·胡汉兴当与房叔
胡基钊 ··· 7673

段莘乡沅头村胡家 6·同治六年·断骨出卖灰仓并茶丛契·胡汉榛
卖与胡汉标 ··· 7674

段莘乡沅头村胡家 13·同治六年·断骨出卖茶丛衫松树木约·胡汉榛
卖与囗 ··· 7675

段莘乡沅头村胡家16·同治六年·出当房屋约·胡汉兴当与胡基钊 ………………………………………………………………… 7676

段莘乡沅头村胡家36·同治六年·断骨出卖田皮契·胡宋氏同男胡鉴辉、鉴宾卖与胡基钊 ……………………………………… 7677

段莘乡沅头村胡家7·同治八年·断骨出卖茶丛、竹园山契·胡汉榛卖与胡基钊 …………………………………………………… 7678

段莘乡沅头村胡家2·同治九年·出当田皮契·胡兴茂当与本家清明支丁 ………………………………………………………… 7679

段莘乡沅头村胡家25·同治九年·出卖断骨谷仓契·胡汉兴卖与胡加宝 ………………………………………………………… 7680

段莘乡沅头村胡家34·同治九年·断骨出卖住居房契·胡基钊卖与胡成保 ……………………………………………………… 7681

段莘乡沅头村胡家9·同治十年·出当押会约·胡汉标出当押与众会友 ………………………………………………………… 7682

段莘乡沅头村胡家35·同治十一年·断骨出卖荒田皮坦契·胡汉兴卖与房叔胡基钊 …………………………………………… 7683

段莘乡沅头村胡家37·同治十二年·断骨出卖田皮契·胡鉴卿卖与胡基钗叔伯父 ……………………………………………… 7684

段莘乡沅头村胡家10·同治十三年·出卖贺生会约·胡成保卖与胡加保 ……………………………………………………… 7685

段莘乡沅头村胡家24·同治十三年·断骨出卖贺生会约·胡成保同弟银保卖与胡基钊 ………………………………………… 7686

段莘乡沅头村胡家20·光绪元年·出卖断骨竹园树木契·胡汉兴卖与胡基钊 …………………………………………………… 7687

段莘乡沅头村胡家29·光绪元年·断骨出卖基地并茶丛坦契·胡汉发卖与胡基钊 ……………………………………………… 7688

段莘乡沅头村胡家33·宣统三年·出卖断骨田皮契·胡天喜卖与胡新兴会 ……………………………………………………… 7689

段莘乡沅头村胡家4·光绪三年·批收领字·胡祖勋堂支丁众等收到胡加宝 ……………………………………………………… 7690

段莘乡沅头村胡家31·光绪三年·断骨出卖田皮契·胡门汪氏成美卖与胡兴发 ………………………………………………… 7691

段莘乡沅头村胡家 3·光绪八年·出当田皮约·胡春成出当与
　　胡新兴会众友 ··· 7692
段莘乡沅头村胡家 32·光绪十年·断骨出卖正住居契·胡汉法
　　卖与胡鉴鋑 ··· 7693
段莘乡沅头村胡家 19-i·光绪十九年·断骨出卖牛栏屋契·
　　胡社泰同子胡桂培、胡士培卖与胡观九 ·························· 7694
段莘乡沅头村胡家 19-ii·光绪十九年·断骨出卖牛栏屋契·
　　胡社泰同子胡桂培、胡士培卖与胡观九 ·························· 7695
段莘乡沅头村胡家 14·光绪二十三年·具状词·宋旺发告兴发
　　兄弟侄 ··· 7696
段莘乡沅头村胡家 17·光绪二十三年·具状词·胡社泰告胡兴发 ······ 7697
段莘乡沅头村胡家 11·光绪三十一年·断骨出卖坦契·胡庆林卖与
　　观九叔 ··· 7698
段莘乡沅头村胡家 30·光绪三十四年·出当租佃田皮约·胡长泰
　　卖与胡士培 ··· 7699
段莘乡沅头村胡家 18·光绪三十四年·出卖断骨田皮契·胡长泰
　　卖与胡士培 ··· 7700
段莘乡沅头村胡家 21·光绪三年·断骨出卖田皮契·胡门汪氏成美
　　卖与胡兴发 ··· 7701
段莘乡沅头村胡家 22-1·民国二十四年·出当骨租契·汪七金当与
　　胡如培 ··· 7702
段莘乡沅头村胡家 22-2·民国二十四年·出当骨租契·汪七金当与
　　如培 ··· 7703
段莘乡沅头村胡家 5·收据·承隆等 ·· 7704
段莘乡沅头村胡家 15·书信·江俊卿寄明仁 ··· 7705

拾陆　大郭山乡（一）
郭山·郭山村·郭山通元村

大郭山乡郭山 A 1—57 ·· 7709
 大郭山乡郭山 A 25-1·乾隆四十九年·分关文书·德锡、德银兄弟······ 7709
 大郭山乡郭山 A 25-2·乾隆四十九年·分关文书·德锡、德银兄弟······ 7710
 大郭山乡郭山 A 25-3·乾隆四十九年·分关文书·德锡、德银兄弟······ 7711
 大郭山乡郭山 A 25-4·乾隆四十九年·分关文书·德锡、德银兄弟······ 7712
 大郭山乡郭山 A 25-5·乾隆四十九年·分关文书·德锡、德银兄弟······ 7713
 大郭山乡郭山 A 25-6·乾隆四十九年·分关文书·德锡、德银兄弟······ 7714
 大郭山乡郭山 A 25-7·乾隆四十九年·分关文书·德锡、德银兄弟······ 7715
 大郭山乡郭山 A 25-8·乾隆四十九年·分关文书·德锡、德银兄弟······ 7716
 大郭山乡郭山 A 25-9·乾隆四十九年·分关文书·德锡、德银兄弟······ 7717
 大郭山乡郭山 A 26-1·嘉庆二年·分关文书（贞字号振伟）·戴淮
  同男振仁、振伟、振杰、振何 ······································ 7718
 大郭山乡郭山 A 26-2·嘉庆二年·分关文书（贞字号振伟）·戴淮
  同男振仁、振伟、振杰、振何 ······································ 7719
 大郭山乡郭山 A 26-3·嘉庆二年·分关文书（贞字号振伟）·戴淮
  同男振仁、振伟、振杰、振何 ······································ 7720
 大郭山乡郭山 A 26-4·嘉庆二年·分关文书（贞字号振伟）·戴淮
  同男振仁、振伟、振杰、振何 ······································ 7721
 大郭山乡郭山 A 26-5·嘉庆二年·分关文书（贞字号振伟）·戴淮
  同男振仁、振伟、振杰、振何 ······································ 7722
 大郭山乡郭山 A 26-6·嘉庆二年·分关文书（贞字号振伟）·戴淮
  同男振仁、振伟、振杰、振何 ······································ 7723
 大郭山乡郭山 A 26-7·嘉庆二年·分关文书（贞字号振伟）·戴淮
  同男振仁、振伟、振杰、振何 ······································ 7724
 大郭山乡郭山 A 26-8·嘉庆二年·分关文书（贞字号振伟）·戴淮
  同男振仁、振伟、振杰、振何 ······································ 7725
 大郭山乡郭山 A 26-9·嘉庆二年·分关文书（贞字号振伟）·戴淮
  同男振仁、振伟、振杰、振何 ······································ 7726

大郢山乡郢山 A 26-10·嘉庆二年·分关文书（贞字号振伟）·戴淮
　同男振仁、振伟、振杰、振何 ································· 7727
大郢山乡郢山 A 12-1·嘉庆五年·税粮实征册·列光户 ············ 7728
大郢山乡郢山 A 12-2·嘉庆五年·税粮实征册·列光户 ············ 7729
大郢山乡郢山 A 12-3·嘉庆五年·税粮实征册·列光户 ············ 7730
大郢山乡郢山 A 12-4·嘉庆五年·税粮实征册·列光户 ············ 7731
大郢山乡郢山 A 12-5·嘉庆五年·税粮实征册·列光户 ············ 7732
大郢山乡郢山 A 12-6·嘉庆五年·税粮实征册·列光户 ············ 7733
大郢山乡郢山 A 12-7·嘉庆五年·税粮实征册·列光户 ············ 7734
大郢山乡郢山 A 12-8·嘉庆五年·税粮实征册·列光户 ············ 7735
大郢山乡郢山 A 12-9·嘉庆五年·税粮实征册·列光户 ············ 7736
大郢山乡郢山 A 12-10·嘉庆五年·税粮实征册·列光户 ··········· 7737
大郢山乡郢山 A 8-1·嘉庆二十年·分关文书·戴洪氏等 ············ 7738
大郢山乡郢山 A 8-2·嘉庆二十年·分关文书·戴洪氏等 ············ 7739
大郢山乡郢山 A 8-3·嘉庆二十年·分关文书·戴洪氏等 ············ 7740
大郢山乡郢山 A 8-4·嘉庆二十年·分关文书·戴洪氏等 ············ 7741
大郢山乡郢山 A 8-5·嘉庆二十年·分关文书·戴洪氏等 ············ 7742
大郢山乡郢山 A 8-6·嘉庆二十年·分关文书·戴洪氏等 ············ 7743
大郢山乡郢山 A 8-7·嘉庆二十年·分关文书·戴洪氏等 ············ 7744
大郢山乡郢山 A 27-1·嘉庆二十年·分关文书（利字阄书振杰）·
　戴洪氏同男振仁、振伟、振杰、振何、孙式华 ················· 7745
大郢山乡郢山 A 27-2·嘉庆二十年·分关文书（利字阄书振杰）·
　戴洪氏同男振仁、振伟、振杰、振何、孙式华 ················· 7746
大郢山乡郢山 A 27-3·嘉庆二十年·分关文书（利字阄书振杰）·
　戴洪氏同男振仁、振伟、振杰、振何、孙式华 ················· 7747
大郢山乡郢山 A 27-4·嘉庆二十年·分关文书（利字阄书振杰）·
　戴洪氏同男振仁、振伟、振杰、振何、孙式华 ················· 7748
大郢山乡郢山 A 27-5·嘉庆二十年·分关文书（利字阄书振杰）·
　戴洪氏同男振仁、振伟、振杰、振何、孙式华 ················· 7749
大郢山乡郢山 A 27-6·嘉庆二十年·分关文书（利字阄书振杰）·
　戴洪氏同男振仁、振伟、振杰、振何、孙式华 ················· 7750
大郢山乡郢山 A 27-7·嘉庆二十年·分关文书（利字阄书振杰）·
　戴洪氏同男振仁、振伟、振杰、振何、孙式华 ················· 7751

大鄣山乡鄣山A 27-8·嘉庆二十年·分关文书（利字阄书振杰）·
戴洪氏同男振仁、振伟、振杰、振何、孙式华 ················· 7752

大鄣山乡鄣山A 27-9·嘉庆二十年·分关文书（利字阄书振杰）·
戴洪氏同男振仁、振伟、振杰、振何、孙式华 ················· 7753

大鄣山乡鄣山A 27-10·嘉庆二十年·分关文书（利字阄书振杰）·
戴洪氏同男振仁、振伟、振杰、振何、孙式华 ················· 7754

大鄣山乡鄣山A 27-11·嘉庆二十年·分关文书（利字阄书振杰）·
戴洪氏同男振仁、振伟、振杰、振何、孙式华 ················· 7755

大鄣山乡鄣山A 30-1·道光十六年·分关文书（礼字佑股）·
振佑（同弟振征等） ··· 7756

大鄣山乡鄣山A 30-2·道光十六年·分关文书（礼字佑股）·
振佑（同弟振征等） ··· 7757

大鄣山乡鄣山A 30-3·道光十六年·分关文书（礼字佑股）·
振佑（同弟振征等） ··· 7758

大鄣山乡鄣山A 30-4·道光十六年·分关文书（礼字佑股）·
振佑（同弟振征等） ··· 7759

大鄣山乡鄣山A 30-5·道光十六年·分关文书（礼字佑股）·
振佑（同弟振征等） ··· 7760

大鄣山乡鄣山A 30-6·道光十六年·分关文书（礼字佑股）·
振佑（同弟振征等） ··· 7761

大鄣山乡鄣山A 30-7·道光十六年·分关文书（礼字佑股）·
振佑（同弟振征等） ··· 7762

大鄣山乡鄣山A 30-8·道光十六年·分关文书（礼字佑股）·
振佑（同弟振征等） ··· 7763

大鄣山乡鄣山A 33-1·道光十六年·分关文书（智字号）·
振佑同弟振征等 ··· 7764

大鄣山乡鄣山A 33-2·道光十六年·分关文书（智字号）·
振佑同弟振征等 ··· 7765

大鄣山乡鄣山A 33-3·道光十六年·分关文书（智字号）·
振佑同弟振征等 ··· 7766

大鄣山乡鄣山A 33-4·道光十六年·分关文书（智字号）·
振佑同弟振征等 ··· 7767

大鄣山乡鄣山 A 33-5·道光十六年·分关文书（智字号）·
　振佑同弟振征等 ································· 7768
大鄣山乡鄣山 A 33-6·道光十六年·分关文书（智字号）·
　振佑同弟振征等 ································· 7769
大鄣山乡鄣山 A 33-7·道光十六年·分关文书（智字号）·
　振佑同弟振征等 ································· 7770
大鄣山乡鄣山 A 33-8·道光十六年·分关文书（智字号）·
　振佑同弟振征等 ································· 7771
大鄣山乡鄣山 A 24-1·道光十八年·账本 ············· 7772
大鄣山乡鄣山 A 24-2·道光十八年·账本 ············· 7773
大鄣山乡鄣山 A 24-3·道光十八年·账本 ············· 7774
大鄣山乡鄣山 A 24-4·道光十八年·账本 ············· 7775
大鄣山乡鄣山 A 24-5·道光十八年·账本 ············· 7776
大鄣山乡鄣山 A 24-6·道光十八年·账本 ············· 7777
大鄣山乡鄣山 A 24-7·道光十八年·账本 ············· 7778
大鄣山乡鄣山 A 24-8·道光十八年·账本 ············· 7779
大鄣山乡鄣山 A 24-9·道光十八年·账本 ············· 7780
大鄣山乡鄣山 A 24-10·道光十八年·账本 ············ 7781
大鄣山乡鄣山 A 24-11·道光十八年·账本 ············ 7782
大鄣山乡鄣山 A 24-12·道光十八年·账本 ············ 7783
大鄣山乡鄣山 A 13-1·咸丰元年至四年·誊契簿 ······· 7784
大鄣山乡鄣山 A 13-2·咸丰元年至四年·誊契簿 ······· 7785
大鄣山乡鄣山 A 13-3·咸丰元年至四年·誊契簿 ······· 7786
大鄣山乡鄣山 A 13-4·咸丰元年至四年·誊契簿 ······· 7787
大鄣山乡鄣山 A 13-5·咸丰元年至四年·誊契簿 ······· 7788
大鄣山乡鄣山 A 13-6·咸丰元年至四年·誊契簿 ······· 7789
大鄣山乡鄣山 A 13-7·咸丰元年至四年·誊契簿 ······· 7790
大鄣山乡鄣山 A 13-8·咸丰元年至四年·誊契簿 ······· 7791
大鄣山乡鄣山 A 13-9·咸丰元年至四年·誊契簿 ······· 7792
大鄣山乡鄣山 A 48·咸丰六年·断骨出卖屋地契·詹腾和卖与
　锦堂 ··· 7793
大鄣山乡鄣山 A 52·同治四年·出拼田皮契·詹渭滨、詹再起卖与
　敬甫宗台 ····································· 7794

大鄣山乡鄣山 A 51·同治九年·断骨出卖基地契·詹宜志卖与
本房敬甫 …………………………………………………………… 7795

大鄣山乡鄣山 A 46·光绪三年·情愿出卖菜园契·文治当与
房叔敬甫 …………………………………………………………… 7796

大鄣山乡鄣山 A 49·光绪三年·断骨出拼田皮茶丛契·斯焰卖与
房兄敬甫 …………………………………………………………… 7797

大鄣山乡鄣山 A 41·光绪七年·收领字约·引之收和兴 …………… 7798

大鄣山乡鄣山 A 50·光绪七年·断骨出卖菜园鱼塘契·斯瑞卖与
敬甫 ………………………………………………………………… 7799

大鄣山乡鄣山 A 47·光绪九年·断骨出卖房屋契·恒熺卖与
房叔祖敬甫 ………………………………………………………… 7800

大鄣山乡鄣山 A 36·光绪三十一年·合墨·新诃、新训等 ………… 7801

大鄣山乡鄣山 A 54·光绪三十三年·断骨绝卖竹园山契·顺标卖与
族弟淦金 …………………………………………………………… 7802

大鄣山乡鄣山 A 57·宣统元年·断骨绝卖茶丛坦契·汪甘瑞卖与
鉴金 ………………………………………………………………… 7803

大鄣山乡鄣山 A 10-1·生殁册与会书等 …………………………… 7804
大鄣山乡鄣山 A 10-2·生殁册与会书等 …………………………… 7805
大鄣山乡鄣山 A 10-3·生殁册与会书等 …………………………… 7806
大鄣山乡鄣山 A 10-4·生殁册与会书等 …………………………… 7807
大鄣山乡鄣山 A 10-5·生殁册与会书等 …………………………… 7808
大鄣山乡鄣山 A 10-6·生殁册与会书等 …………………………… 7809
大鄣山乡鄣山 A 10-7·生殁册与会书等 …………………………… 7810
大鄣山乡鄣山 A 10-8·生殁册与会书等 …………………………… 7811
大鄣山乡鄣山 A 10-9·生殁册与会书等 …………………………… 7812
大鄣山乡鄣山 A 10-10·生殁册与会书等 ………………………… 7813

大鄣山乡鄣山 A 55·民国二年·断骨出卖正屋契·汪旺时卖与
本房天成侄孙 ……………………………………………………… 7814

大鄣山乡鄣山 A 11·民国三年·出卖田契·汪从炎出与火凤公祠 …… 7815

大鄣山乡鄣山 A 44·民国十三年·断骨绝卖余屋契·汪秋何卖与
本族兆欣 …………………………………………………………… 7816

大鄣山乡鄣山 A 53·民国十三年·断骨绝卖住居屋契·旺时同子岩保
卖与本族兆欣 ……………………………………………………… 7817

大鄣山乡鄣山 A 38·民国十五年·字据·汪秋和 7818

大鄣山乡鄣山 A 37·民国二十年·收领字·汪吴氏好娇收金保侄 7819

大鄣山乡鄣山 A 56·民国二十年·断骨绝卖茶坦契·金宝卖与
族侄肇馨、周馨兄弟 7820

大鄣山乡鄣山 A 34·民国三十一年·承佃约·王运来承到幼甫 7821

大鄣山乡鄣山 A 2·民国三十六年·田赋征实折征法币通知单·
秉绳 7822

大鄣山乡鄣山 A 3·民国三十六年·田赋征实折征法币通知单·
明德 7823

大鄣山乡鄣山 A 4·民国三十六年·田赋征实折征法币通知单·
邦畿 7824

大鄣山乡鄣山 A 5·民国三十六年·田赋征实折征法币通知单·
俞藻 7825

大鄣山乡鄣山 A 7·民国三十六年·田赋征实折征法币通知单·
昌光 7826

大鄣山乡鄣山 A 1·一九五一年·皖南人民行政公署税务局临时
商业税完税凭证·何茂太 7827

大鄣山乡鄣山 A 42·一九五三年·土地房产所有证·臧灶春、
桂英、张招弟、程灶生 7828

大鄣山乡鄣山 A 6·一九五四年·证明条·程周保户 7829

大鄣山乡鄣山 A 23-1·家庭成员年谱 7830

大鄣山乡鄣山 A 23-2·家庭成员年谱 7831

大鄣山乡鄣山 A 23-3·家庭成员年谱 7832

大鄣山乡鄣山 A 23-4·家庭成员年谱 7833

大鄣山乡鄣山 A 32-1·税粮实征册·德全户 7834

大鄣山乡鄣山 A 32-2·税粮实征册·德全户 7835

大鄣山乡鄣山 A 32-3·税粮实征册·德全户 7836

大鄣山乡鄣山 A 32-4·税粮实征册·德全户 7837

大鄣山乡鄣山 A 32-5·税粮实征册·德全户 7838

大鄣山乡鄣山 A 32-6·税粮实征册·德全户 7839

大鄣山乡鄣山 A 32-7·税粮实征册·德全户 7840

大鄣山乡鄣山 B 1—24 ……………………………………………………………… 7841

 大鄣山乡鄣山 B 11·咸丰三年·正镣兄弟卖与族叔祖 ………………… 7841

 大鄣山乡鄣山 B 13·咸丰七年·断骨出卖田契·吴汪氏卖与
  王盛珉翁 …………………………………………………………………… 7842

 大鄣山乡鄣山 B 14-1·光绪七年·分关文书·正钜等 ………………… 7843

 大鄣山乡鄣山 B 14-2·光绪七年·分关文书·正钜等 ………………… 7844

 大鄣山乡鄣山 B 14-3·光绪七年·分关文书·正钜等 ………………… 7845

 大鄣山乡鄣山 B 14-4·光绪七年·分关文书·正钜等 ………………… 7846

 大鄣山乡鄣山 B 14-5·光绪七年·分关文书·正钜等 ………………… 7847

 大鄣山乡鄣山 B 14-6·光绪七年·分关文书·正钜等 ………………… 7848

 大鄣山乡鄣山 B 14-7·光绪七年·分关文书·正钜等 ………………… 7849

 大鄣山乡鄣山 B 5·光绪十六年·断骨出卖清明会契·焕林卖与
  房侄孙喜泉 ………………………………………………………………… 7850

 大鄣山乡鄣山 B 12·光绪二十二年·断骨出卖菜园基地契·吴喜全
  卖与胡汪茂眷弟 …………………………………………………………… 7851

 大鄣山乡鄣山 B 9·光绪二十五年·纳米执照·庆锛户、广锛户 ……… 7852

 大鄣山乡鄣山 B 4·宣统元年·立股字 …………………………………… 7853

 大鄣山乡鄣山 B 22·民国二年·善后会粮局票·庆馀户 ………………… 7854

 大鄣山乡鄣山 B 16·民国十八年·出佃约·吴爱塘公裔孙等佃与
  王亮生、王楼生 …………………………………………………………… 7855

 大鄣山乡鄣山 B 23·民国二十二年·纳米执照·可月 ………………… 7856

 大鄣山乡鄣山 B 19·一九五〇年·公粮收据·吴天保 ………………… 7857

 大鄣山乡鄣山 B 2-1·一九五一年·收谷计数账·源口村保管
  委员会 ……………………………………………………………………… 7858

 大鄣山乡鄣山 B 2-2·一九五一年·收谷计数账·源口村保管
  委员会 ……………………………………………………………………… 7859

 大鄣山乡鄣山 B 2-3·一九五一年·收谷计数账·源口村保管
  委员会 ……………………………………………………………………… 7860

 大鄣山乡鄣山 B 2-4·一九五一年·收谷计数账·源口村保管
  委员会 ……………………………………………………………………… 7861

 大鄣山乡鄣山 B 2-5·一九五一年·收谷计数账·源口村保管
  委员会 ……………………………………………………………………… 7862

大鄡山乡鄡山 B 2-6・一九五一年・收谷计数账・源口村保管委员会 ················· 7863

大鄡山乡鄡山 B 2-7・一九五一年・收谷计数账・源口村保管委员会 ················· 7864

大鄡山乡鄡山 B 2-8・一九五一年・收谷计数账・源口村保管委员会 ················· 7865

大鄡山乡鄡山 B 2-9・一九五一年・收谷计数账・源口村保管委员会 ················· 7866

大鄡山乡鄡山 B 2-10・一九五一年・收谷计数账・源口村保管委员会 ················ 7867

大鄡山乡鄡山 B 2-11・一九五一年・收谷计数账・源口村保管委员会 ················ 7868

大鄡山乡鄡山 B 2-12・一九五一年・收谷计数账・源口村保管委员会 ················ 7869

大鄡山乡鄡山 B 2-13・一九五一年・收谷计数账・源口村保管委员会 ················ 7870

大鄡山乡鄡山 B 2-14・一九五一年・收谷计数账・源口村保管委员会 ················ 7871

大鄡山乡鄡山 B 2-15・一九五一年・收谷计数账・源口村保管委员会 ················ 7872

大鄡山乡鄡山 B 2-16・一九五一年・收谷计数账・源口村保管委员会 ················ 7873

大鄡山乡鄡山 B 3-1・一九五一年・银钱进出账・源口村保管委员会 ················· 7874

大鄡山乡鄡山 B 3-2・一九五一年・银钱进出账・源口村保管委员会 ················· 7875

大鄡山乡鄡山 B 3-3・一九五一年・银钱进出账・源口村保管委员会 ················· 7876

大鄡山乡鄡山 B 3-4・一九五一年・银钱进出账・源口村保管委员会 ················· 7877

大鄡山乡鄡山 B 21-1・一九五一年・乙种公粮收据・吴天保 ·············· 7878

大鄡山乡鄡山 B 21-2・一九五一年・公田收租收据・吴天保 ·············· 7879

大郭山乡郭山 B 20·一九五四年·农税收据·吴天保 ………………… 7880

大郭山乡郭山 B 1·书信·舜王寄与益周 ………………………………… 7881

大郭山乡郭山 B 7·一九五〇年·公粮收据·吴金荣 ………………… 7882

大郭山乡郭山 B 17·收条 …………………………………………………… 7883

大郭山乡郭山 B 18·承佃约·□□承到吴爱塘公 ……………………… 7884

大郭山乡郭山 C 1—27 ……………………………………………………… 7885

大郭山乡郭山 C 3·民国元年·遗嘱·吴王氏 …………………………… 7885

大郭山乡郭山 C 2·康熙三十六年·出拚田皮契·汪佴拚与房东 …… 7886

大郭山乡郭山 C 14·康熙六十年·断骨出卖田皮契·汪文佴断骨拚与
汪桂枝、汪圣富等 ……………………………………………………… 7887

大郭山乡郭山 C 13·乾隆六年·断骨出卖基地契·汪阿刘卖与
房侄大凤 ………………………………………………………………… 7888

大郭山乡郭山 C 16·乾隆三十五年·出当田皮契·詹我升当与
□禄 ……………………………………………………………………… 7889

大郭山乡郭山 C 1·乾隆三十九年·议墨·余世懋、余有功等 ……… 7890

大郭山乡郭山 C 17·道光十一年·出卖楼屋契·胡仕楫卖与
李□ ……………………………………………………………………… 7891

大郭山乡郭山 C 6·同治元年·断骨出卖山场契·国衫卖与
房侄□ …………………………………………………………………… 7892

大郭山乡郭山 C 19·同治三年·断骨绝卖茶丛地坦契·有基卖与
族叔祖炳炎 ……………………………………………………………… 7893

大郭山乡郭山 C 22·同治三年·断骨出卖茶丛契·喜泉卖与
族叔祖德燦 ……………………………………………………………… 7894

大郭山乡郭山 C 10·光绪三年·断骨出卖竹园苗山契·社得卖与
社生胞兄 ………………………………………………………………… 7895

大郭山乡郭山 C 21·光绪三年·断骨出卖茶坦契·法枝卖与
族兄兴旺 ………………………………………………………………… 7896

大郭山乡郭山 C 4·光绪十二年·断骨出卖茶丛菜园地契·金龙
卖与族兄观喜 …………………………………………………………… 7897

大郭山乡郭山 C 15·光绪二十一年·断骨出卖地基契·吴添培卖与
源泰兴室公 ……………………………………………………………… 7898

大鄣山乡鄣山 C 23·光绪二十一年·断骨出卖屋契·吴汪沛卖与
天培侄 ··· 7899

大鄣山乡鄣山 C 25·光绪二十一年·断骨绝卖屋基地契·李俭德堂
卖与吴观喜兄 ··· 7900

大鄣山乡鄣山 C 27·光绪二十一年·断骨出卖茶业山场契·吴金杨
卖与和喜宗兄 ··· 7901

大鄣山乡鄣山 C 24·光绪二十二年·断骨出卖房屋契·吴灶旺卖与
族叔正松 ·· 7902

大鄣山乡鄣山 C 26·光绪二十二年·断骨出卖房屋契·吴灶旺卖与
族叔正松 ·· 7903

大鄣山乡鄣山 C 8·光绪二十三年·借约·吴启禄借到房兄广泰 ········ 7904

大鄣山乡鄣山 C 9·光绪二十四年·断骨出卖茶丛坦契·吴启禄卖与
族兄观喜 ·· 7905

大鄣山乡鄣山 C 20·光绪二十四年·断骨出卖竹园契·吴岩开卖与
胡接来 ··· 7906

大鄣山乡鄣山 C 11·光绪二十六年·断骨出卖田塝茶契·吴詹氏成爱
卖与族叔祖赞卿 ··· 7907

大鄣山乡鄣山 C 5·光绪二十八年·断骨出卖茶丛坦契·吴启禄卖与
族侄禧良兄弟 ··· 7908

大鄣山乡鄣山 C 12·民国三年·青承契·汪从炎当与本祠大凤公祠 ··· 7909

大鄣山乡鄣山 C 18·民国十七年·付佃约·洪南辉 ······················· 7910

大鄣山乡鄣山 C 7·民国二十二年·断骨出卖晚田契·吴元良卖与
族叔益蕃 ·· 7911

大鄣山乡鄣山村 1—52 ··· 7912

大鄣山乡鄣山村 46·道光二十二年·断骨出卖会契·潘金得卖与
曹☐ ··· 7912

大鄣山乡鄣山村 48·道光二十二年·断骨绝卖会契·立基卖与
侄☐ ··· 7913

大鄣山乡鄣山村 7·道光二十五年·从议阄分屋书·起富、
任富、元富 ·· 7914

大鄣山乡鄣山村 42·道光二十九年·租承种茶丛山约·六生租到
和公众 ··· 7915

大鄣山乡鄣山村14·咸丰元年·承断约·顾允淮承到曹宅宗谱 ········ 7916

大鄣山乡鄣山村22·咸丰二年·断骨出卖坦契·何思穆卖与王☐ ······ 7917

大鄣山乡鄣山村41·咸丰二年·租茶坦约·正科租到☐兄 ··········· 7918

大鄣山乡鄣山村2·咸丰四年·断骨出卖田契·潘成烻卖与曹文枝、
曹子云 ··· 7919

大鄣山乡鄣山村35·咸丰五年·出俵田皮约·王泽其俵与曹☐ ····· 7920

大鄣山乡鄣山村36·咸丰五年·承佃约·王泽其承到曹☐ ············ 7921

大鄣山乡鄣山村26·咸丰六年·借约·起富借到父叔☐ ··············· 7922

大鄣山乡鄣山村17·咸丰九年·会书·曹起富 ··························· 7923

大鄣山乡鄣山村27·咸丰十一年·断骨出卖坦契·吴来香卖与
曹润富 ··· 7924

大鄣山乡鄣山村32·咸丰十一年·租茶丛坦约·细祥租到四科伯 ···· 7925

大鄣山乡鄣山村28·同治元年·退书·潘星荣退儿媳曹氏 ············ 7926

大鄣山乡鄣山村33·同治元年·借约·曹四科借到潘☐ ··············· 7927

大鄣山乡鄣山村37·同治元年·借种佃约·曹双富借到替肯祠众 ···· 7928

大鄣山乡鄣山村39·同治二年·出俵田皮约·李正奎俵与族侄发茂 ··· 7929

大鄣山乡鄣山村29·同治三年·借约·成喜借观富 ····················· 7930

大鄣山乡鄣山村10·同治四年·出卖田皮契·潘天灼卖与萃春会 ···· 7931

大鄣山乡鄣山村43·同治八年·断骨出卖茶丛契·福喜卖与
兴祥侄 ··· 7932

大鄣山乡鄣山村20·同治九年·出拼杉松浮木契·曹子瑗拼与
潘财富 ··· 7933

大鄣山乡鄣山村6·同治十一年·断骨出卖茶丛山契·曹启祥卖与
永册公 ··· 7934

大鄣山乡鄣山村19·同治十一年·断骨出卖茶山契·曹三富卖与
潘☐ ··· 7935

大鄣山乡鄣山村49·同治十一年·断骨绝卖生荁契·郑大纳、
郑细纳卖与曹☐ ·· 7936

大鄣山乡鄣山村11·同治十二年·断骨出卖田契·潘日华等卖与
曹永珊公众 ··· 7937

大鄣山乡鄣山村16·同治十二年·断骨出卖茶丛苗山契·郑金龙
卖与曹众冬至会 ··· 7938

333

大鄣山乡鄣山村 51·同治十三年·借约·潘炳根借到曹文毫公清明 ············ 7939

大鄣山乡鄣山村 4·光绪二年·断骨出卖茶山坦契·承昌卖与文枝公 ············ 7940

大鄣山乡鄣山村 45·光绪五年·断骨出卖茶丛山契·郑根焰卖与曹众冬至会 ············ 7941

大鄣山乡鄣山村 5·光绪六年·断骨出卖茶丛山契·潘四旺卖与曹任富 ············ 7942

大鄣山乡鄣山村 9·光绪六年·断骨出卖茶丛山契·任富卖与冬至会 ············ 7943

大鄣山乡鄣山村 21·光绪六年·断骨出卖茶丛山契·来富卖与元旦会 ············ 7944

大鄣山乡鄣山村 1·光绪九年·断骨出卖屋契约·李发煜卖与族侄汝宗 ············ 7945

大鄣山乡鄣山村 23·光绪十三年·断骨出卖茶丛山契·来富卖与元旦会 ············ 7946

大鄣山乡鄣山村 40·光绪十四年·租茶丛约·金祥租到冬至会 ············ 7947

大鄣山乡鄣山村 24·光绪十八年·租茶约·金祥租到永珊公、元旦会 ············ 7948

大鄣山乡鄣山村 8·会书·李胜发 ············ 7949

大鄣山乡鄣山村 12·光绪三十一年·会书·金成等 ············ 7950

大鄣山乡鄣山村 44·宣统二年·租屋约·潘三科租到曹兴法 ············ 7951

大鄣山乡鄣山村 25·宣统三年·出招书·兆乡出醮与王贞盛 ············ 7952

大鄣山乡鄣山村 15·民国二十三年至二十四年·账单 ············ 7953

大鄣山乡鄣山村 13·民国二十九年·断骨出卖田皮约·朱春和卖与曹桂泉 ············ 7954

大鄣山乡鄣山村 3·断骨出卖茶丛山坦契·潘汪生卖与曹☐ ············ 7955

大鄣山乡鄣山村 18·地藏会员名单 ············ 7956

大鄣山乡鄣山村 30·流水账 ············ 7957

大鄣山乡鄣山村 31·土地租额·税清单 ············ 7958

大鄣山乡鄣山村 34·留言条·胡福来留与胡则庆兄 ············ 7959

大鄣山乡鄣山村 38·会书·紫云等 ············ 7960

大鄣山乡鄣山村50·断骨出卖茶山契·曹三富卖与潘☐ …………… 7961

大鄣山乡鄣山村52·断骨绝卖生茔契·郑大纳、郑细纳卖与曹☐ …… 7962

大鄣山乡鄣山通元村 1—55 ……………………………………… 7963

大鄣山乡鄣山通元村54-1·嘉庆十年·税粮实征册·奉祥户家圣股 …… 7963

大鄣山乡鄣山通元村54-2·嘉庆十年·税粮实征册·奉祥户家圣股 …… 7964

大鄣山乡鄣山通元村54-3·嘉庆十年·税粮实征册·奉祥户家圣股 …… 7965

大鄣山乡鄣山通元村54-4·嘉庆十年·税粮实征册·奉祥户家圣股 …… 7966

大鄣山乡鄣山通元村54-5·嘉庆十年·税粮实征册·奉祥户家圣股 …… 7967

大鄣山乡鄣山通元村54-6·嘉庆十年·税粮实征册·奉祥户家圣股 …… 7968

大鄣山乡鄣山通元村54-7·嘉庆十年·税粮实征册·奉祥户家圣股 …… 7969

大鄣山乡鄣山通元村10·光绪十九年·断骨出卖房宇契·汪如椿卖与
汪春桂、汪严桂 ………………………………………………… 7970

大鄣山乡鄣山通元村1-1·光绪二十年·断骨出卖田契·汪怀达卖与
堂汪森旺 ………………………………………………………… 7971

大鄣山乡鄣山通元村1-2·光绪二十年·断骨出卖田契·汪怀达卖与
堂汪森旺 ………………………………………………………… 7972

大鄣山乡鄣山通元村29·民国十一年·纳米执照·成烈 ……………… 7973

大鄣山乡鄣山通元村21·民国十四年·纳米执照·家胜 ……………… 7974

大鄣山乡鄣山通元村19·民国十六年·纳米执照·胜 ………………… 7975

大鄣山乡鄣山通元村20·民国十六年·纳米执照·家胜 ……………… 7976

大鄣山乡鄣山通元村30·民国十六年·纳米执照·有成 ……………… 7977

大鄣山乡鄣山通元村47·民国十六年·纳米执照·汝成 ……………… 7978

大鄣山乡鄣山通元村2·民国十九年·议字约·汪庆寿、
汪庆燮兄弟 ……………………………………………………… 7979

大鄣山乡鄣山通元村38·民国二十年·纳米执照·汝成 ……………… 7980

大鄣山乡鄣山通元村39·民国二十年·纳米执照·家胜 ……………… 7981

大鄣山乡鄣山通元村27·民国二十一年·纳米执照·家胜 …………… 7982

大鄣山乡鄣山通元村7·民国二十二年·断骨出表田契·汪观养卖与
何岩海表叔 ……………………………………………………… 7983

大鄣山乡鄣山通元村8·民国二十二年·出当圣子茶山约·汪焕林出
当与友 …………………………………………………………… 7984

大鄣山乡鄣山通元村15·民国二十一年·纳米执照·成 7985
大鄣山乡鄣山通元村17·民国二十二年·纳米执照·汝成 7986
大鄣山乡鄣山通元村28·民国二十二年·纳米执照·家胜 7987
大鄣山乡鄣山通元村45·民国二十四年·田赋串票·汝成 7988
大鄣山乡鄣山通元村52·民国二十四年·田赋串票·家胜 7989
大鄣山乡鄣山通元村6·民国二十五年·断骨出卖茶山契·汪焕林
　卖与族叔汪深旺 7990
大鄣山乡鄣山通元村49·民国二十五年·田赋执照·家胜 7991
大鄣山乡鄣山通元村32·民国二十六年·田赋执照·汝成 7992
大鄣山乡鄣山通元村48·民国二十六年·田赋执照·家胜 7993
大鄣山乡鄣山通元村4·民国二十七年·出当屋约·汪其林当与
　庚泰 7994
大鄣山乡鄣山通元村11·民国二十七年·出卖猪栏粪缸东厮基契·
　毕文盛卖与汪庚太 7995
大鄣山乡鄣山通元村34·民国二十七年·征收田赋通知单·家胜 7996
大鄣山乡鄣山通元村36·民国二十七年·征收田赋收据·家胜 7997
大鄣山乡鄣山通元村35·民国二十八年·征收田赋收据·家胜 7998
大鄣山乡鄣山通元村42·民国二十九年·征收田赋收据·汝成 7999
大鄣山乡鄣山通元村44·民国二十九年·征收田赋收据·家胜 8000
大鄣山乡鄣山通元村5·民国三十一年·断骨出易田契·何岩海
　易与汪庚泰 8001
大鄣山乡鄣山通元村53-1·民国三十一年·税粮实征册·家胜户 8002
大鄣山乡鄣山通元村53-2·民国三十一年·税粮实征册·家胜户 8003
大鄣山乡鄣山通元村53-3·民国三十一年·税粮实征册·家胜户 8004
大鄣山乡鄣山通元村53-4·民国三十一年·税粮实征册·家胜户 8005
大鄣山乡鄣山通元村53-5·民国三十一年·税粮实征册·家胜户 8006
大鄣山乡鄣山通元村53-6·民国三十一年·税粮实征册·家胜户 8007
大鄣山乡鄣山通元村41·一九五〇年·田赋柴草代金收据·汪月先 8008
大鄣山乡鄣山通元村31·一九五二年·农业税收据联·汪月先 8009
大鄣山乡鄣山通元村3·一九五三年·断骨出卖屋契·何龙达卖与
　汪月先 8010
大鄣山乡鄣山通元村12·一九五三年·婺源县人民政府税务局免税
　证明书·汪□先 8011

大鄣山乡鄣山通元村9·一九六〇年·断骨卖地基契·汪岩养卖与汪月先……8012

大鄣山乡鄣山通元村55-1·排日账……8013

大鄣山乡鄣山通元村55-2·排日账……8014

大鄣山乡鄣山通元村55-3·排日账……8015

大鄣山乡鄣山通元村55-4·排日账……8016

大鄣山乡鄣山通元村55-5·排日账……8017

大鄣山乡鄣山通元村55-6·排日账……8018

大鄣山乡鄣山通元村55-7·排日账……8019

大鄣山乡鄣山通元村55-8·排日账……8020

大鄣山乡鄣山通元村55-9·排日账……8021

大鄣山乡鄣山通元村55-10·排日账……8022

大鄣山乡鄣山通元村55-11·排日账……8023

大鄣山乡鄣山通元村55-12·排日账……8024

大鄣山乡鄣山通元村55-13·排日账……8025

大鄣山乡鄣山通元村55-14·排日账……8026

大鄣山乡鄣山通元村55-15·排日账……8027

大鄣山乡鄣山通元村55-16·排日账……8028

大鄣山乡鄣山通元村55-17·排日账……8029

大鄣山乡鄣山通元村55-18·排日账……8030

大鄣山乡鄣山通元村55-19·排日账……8031

大鄣山乡鄣山通元村55-20·排日账……8032

大鄣山乡鄣山通元村55-21·排日账……8033

大鄣山乡鄣山通元村55-22·排日账……8034

大鄣山乡鄣山通元村55-23·排日账……8035

大鄣山乡鄣山通元村55-24·排日账……8036

大鄣山乡鄣山通元村55-25·排日账……8037

大鄣山乡鄣山通元村55-26·排日账……8038

大鄣山乡鄣山通元村55-27·排日账……8039

大鄣山乡鄣山通元村55-28·排日账……8040

大鄣山乡鄣山通元村55-29·排日账……8041

大鄣山乡鄣山通元村55-30·排日账……8042

大鄣山乡鄣山通元村55-31·排日账 …………………………………… 8043
大鄣山乡鄣山通元村55-32·排日账 …………………………………… 8044
大鄣山乡鄣山通元村55-33·排日账 …………………………………… 8045
大鄣山乡鄣山通元村55-34·排日账 …………………………………… 8046

拾柒 大郭山乡（二）
江村（1）

大郭山乡江村 1–218 ⋯⋯⋯⋯⋯⋯⋯⋯⋯⋯⋯⋯⋯⋯⋯⋯⋯⋯⋯⋯⋯⋯⋯⋯⋯⋯⋯⋯⋯⋯ 8047

  大郭山乡江村 94·黄帝壬子年·付佃约·吴思成公裔孙付到李有顺 ⋯⋯ 8047

  大郭山乡江村 127·康熙四十九年·断骨卖屋契·世胜卖与
    房弟世理 ⋯⋯⋯⋯⋯⋯⋯⋯⋯⋯⋯⋯⋯⋯⋯⋯⋯⋯⋯⋯⋯⋯⋯⋯⋯⋯⋯⋯ 8048

  大郭山乡江村 178·康熙五十一年·断骨出卖房屋契·世胜卖与
    房弟世理 ⋯⋯⋯⋯⋯⋯⋯⋯⋯⋯⋯⋯⋯⋯⋯⋯⋯⋯⋯⋯⋯⋯⋯⋯⋯⋯⋯⋯ 8049

  大郭山乡江村 126·康熙五十二年·断骨出卖屋契·世胜将左边
    断骨出卖与弟世本 ⋯⋯⋯⋯⋯⋯⋯⋯⋯⋯⋯⋯⋯⋯⋯⋯⋯⋯⋯⋯⋯⋯⋯ 8050

  大郭山乡江村 140·乾隆五十一年·断骨绝卖田租契·李鸿相兄弟
    卖与汪□宅 ⋯⋯⋯⋯⋯⋯⋯⋯⋯⋯⋯⋯⋯⋯⋯⋯⋯⋯⋯⋯⋯⋯⋯⋯⋯⋯⋯ 8051

  大郭山乡江村 131·乾隆五十八年·断骨卖田租契·洪之理卖与
    亲眷汪□ ⋯⋯⋯⋯⋯⋯⋯⋯⋯⋯⋯⋯⋯⋯⋯⋯⋯⋯⋯⋯⋯⋯⋯⋯⋯⋯⋯⋯ 8052

  大郭山乡江村 30-1·嘉庆八年至二十五年·流水账·汪养佳 ⋯⋯ 8053

  大郭山乡江村 30-2·嘉庆八年至二十五年·流水账·汪养佳 ⋯⋯ 8054

  大郭山乡江村 30-3·嘉庆八年至二十五年·流水账·汪养佳 ⋯⋯ 8055

  大郭山乡江村 30-4·嘉庆八年至二十五年·流水账·汪养佳 ⋯⋯ 8056

  大郭山乡江村 30-5·嘉庆八年至二十五年·流水账·汪养佳 ⋯⋯ 8057

  大郭山乡江村 30-6·嘉庆八年至二十五年·流水账·汪养佳 ⋯⋯ 8058

  大郭山乡江村 30-7·嘉庆八年至二十五年·流水账·汪养佳 ⋯⋯ 8059

  大郭山乡江村 30-8·嘉庆八年至二十五年·流水账·汪养佳 ⋯⋯ 8060

  大郭山乡江村 30-9·嘉庆八年至二十五年·流水账·汪养佳 ⋯⋯ 8061

  大郭山乡江村 30-10·嘉庆八年至二十五年·流水账·汪养佳 ⋯⋯ 8062

  大郭山乡江村 32-1·嘉庆十七年至道光二十三年·流水账·汪立昌 ⋯⋯ 8063

  大郭山乡江村 32-2·嘉庆十七年至道光二十三年·流水账·汪立昌 ⋯⋯ 8064

  大郭山乡江村 32-3·嘉庆十七年至道光二十三年·流水账·汪立昌 ⋯⋯ 8065

  大郭山乡江村 32-4·嘉庆十七年至道光二十三年·流水账·汪立昌 ⋯⋯ 8066

  大郭山乡江村 32-5·嘉庆十七年至道光二十三年·流水账·汪立昌 ⋯⋯ 8067

  大郭山乡江村 32-6·嘉庆十七年至道光二十三年·流水账·汪立昌 ⋯⋯ 8068

大鄣山乡江村 32-7·嘉庆十七年至道光二十三年·流水账·汪立昌 …… 8069
大鄣山乡江村 32-8·嘉庆十七年至道光二十三年·流水账·汪立昌 …… 8070
大鄣山乡江村 32-9·嘉庆十七年至道光二十三年·流水账·汪立昌 …… 8071
大鄣山乡江村 32-10·嘉庆十七年至道光二十三年·流水账·
　汪立昌 ………………………………………………………… 8072
大鄣山乡江村 32-11·嘉庆十七年至道光二十三年·流水账·
　汪立昌 ………………………………………………………… 8073
大鄣山乡江村 32-12·嘉庆十七年至道光二十三年·流水账·
　汪立昌 ………………………………………………………… 8074
大鄣山乡江村 32-13·嘉庆十七年至道光二十三年·流水账·
　汪立昌 ………………………………………………………… 8075
大鄣山乡江村 32-14·嘉庆十七年至道光二十三年·流水账·
　汪立昌 ………………………………………………………… 8076
大鄣山乡江村 32-15·嘉庆十七年至道光二十三年·流水账·
　汪立昌 ………………………………………………………… 8077
大鄣山乡江村 32-16·嘉庆十七年至道光二十三年·流水账·
　汪立昌 ………………………………………………………… 8078
大鄣山乡江村 32-17·嘉庆十七年至道光二十三年·流水账·
　汪立昌 ………………………………………………………… 8079
大鄣山乡江村 32-18·嘉庆十七年至道光二十三年·流水账·
　汪立昌 ………………………………………………………… 8080
大鄣山乡江村 32-19·嘉庆十七年至道光二十三年·流水账·
　汪立昌 ………………………………………………………… 8081
大鄣山乡江村 32-20·嘉庆十七年至道光二十三年·流水账·
　汪立昌 ………………………………………………………… 8082
大鄣山乡江村 32-21·嘉庆十七年至道光二十三年·流水账·
　汪立昌 ………………………………………………………… 8083
大鄣山乡江村 32-22·嘉庆十七年至道光二十三年·流水账·
　汪立昌 ………………………………………………………… 8084
大鄣山乡江村 32-23·嘉庆十七年至道光二十三年·流水账·
　汪立昌 ………………………………………………………… 8085
大鄣山乡江村 32-24·嘉庆十七年至道光二十三年·流水账·
　汪立昌 ………………………………………………………… 8086

大鄣山乡江村32-25·嘉庆十七年至道光二十三年·流水账·
汪立昌 ··· 8087

大鄣山乡江村32-26·嘉庆十七年至道光二十三年·流水账·
汪立昌 ··· 8088

大鄣山乡江村32-27·嘉庆十七年至道光二十三年·流水账·
汪立昌 ··· 8089

大鄣山乡江村32-28·嘉庆十七年至道光二十三年·流水账·
汪立昌 ··· 8090

大鄣山乡江村32-29·嘉庆十七年至道光二十三年·流水账·
汪立昌 ··· 8091

大鄣山乡江村32-30·嘉庆十七年至道光二十三年·流水账·
汪立昌 ··· 8092

大鄣山乡江村32-31·嘉庆十七年至道光二十三年·流水账·
汪立昌 ··· 8093

大鄣山乡江村32-32·嘉庆十七年至道光二十三年·流水账·
汪立昌 ··· 8094

大鄣山乡江村32-33·嘉庆十七年至道光二十三年·流水账·
汪立昌 ··· 8095

大鄣山乡江村32-34·嘉庆十七年至道光二十三年·流水账·
汪立昌 ··· 8096

大鄣山乡江村32-35·嘉庆十七年至道光二十三年·流水账·
汪立昌 ··· 8097

大鄣山乡江村32-36·嘉庆十七年至道光二十三年·流水账·
汪立昌 ··· 8098

大鄣山乡江村28-1·嘉庆十九年前后·流水账 ················· 8099
大鄣山乡江村28-2·嘉庆十九年前后·流水账 ················· 8100
大鄣山乡江村28-3·嘉庆十九年前后·流水账 ················· 8101
大鄣山乡江村28-4·嘉庆十九年前后·流水账 ················· 8102
大鄣山乡江村28-5·嘉庆十九年前后·流水账 ················· 8103
大鄣山乡江村28-6·嘉庆十九年前后·流水账 ················· 8104
大鄣山乡江村28-7·嘉庆十九年前后·流水账 ················· 8105
大鄣山乡江村28-8·嘉庆十九年前后·流水账 ················· 8106

大鄣山乡江村 28-9·嘉庆十九年前后·流水账	8107
大鄣山乡江村 28-10·嘉庆十九年前后·流水账	8108
大鄣山乡江村 28-11·嘉庆十九年前后·流水账	8109
大鄣山乡江村 28-12·嘉庆十九年前后·流水账	8110
大鄣山乡江村 28-13·嘉庆十九年前后·流水账	8111
大鄣山乡江村 28-14·嘉庆十九年前后·流水账	8112
大鄣山乡江村 28-15·嘉庆十九年前后·流水账	8113
大鄣山乡江村 28-16·嘉庆十九年前后·流水账	8114
大鄣山乡江村 28-17·嘉庆十九年前后·流水账	8115
大鄣山乡江村 28-18·嘉庆十九年前后·流水账	8116
大鄣山乡江村 28-19·嘉庆十九年前后·流水账	8117
大鄣山乡江村 28-20·嘉庆十九年前后·流水账	8118
大鄣山乡江村 28-21·嘉庆十九年前后·流水账	8119
大鄣山乡江村 28-22·嘉庆十九年前后·流水账	8120
大鄣山乡江村 28-23·嘉庆十九年前后·流水账	8121
大鄣山乡江村 28-24·嘉庆十九年前后·流水账	8122
大鄣山乡江村 28-25·嘉庆十九年前后·流水账	8123
大鄣山乡江村 28-26·嘉庆十九年前后·流水账	8124
大鄣山乡江村 28-27·嘉庆十九年前后·流水账	8125
大鄣山乡江村 28-28·嘉庆十九年前后·流水账	8126
大鄣山乡江村 28-29·嘉庆十九年前后·流水账	8127
大鄣山乡江村 28-30·嘉庆十九年前后·流水账	8128
大鄣山乡江村 28-31·嘉庆十九年前后·流水账	8129
大鄣山乡江村 28-32·嘉庆十九年前后·流水账	8130
大鄣山乡江村 28-33·嘉庆十九年前后·流水账	8131
大鄣山乡江村 28-34·嘉庆十九年前后·流水账	8132
大鄣山乡江村 28-35·嘉庆十九年前后·流水账	8133
大鄣山乡江村 28-36·嘉庆十九年前后·流水账	8134
大鄣山乡江村 28-37·嘉庆十九年前后·流水账	8135
大鄣山乡江村 28-38·嘉庆十九年前后·流水账	8136
大鄣山乡江村 28-39·嘉庆十九年前后·流水账	8137
大鄣山乡江村 28-40·嘉庆十九年前后·流水账	8138

大鄣山乡江村 28-41·嘉庆十九年前后·流水账 ……………………………… 8139
大鄣山乡江村 28-42·嘉庆十九年前后·流水账 ……………………………… 8140
大鄣山乡江村 28-43·嘉庆十九年前后·流水账 ……………………………… 8141
大鄣山乡江村 28-44·嘉庆十九年前后·流水账 ……………………………… 8142
大鄣山乡江村 28-45·嘉庆十九年前后·流水账 ……………………………… 8143
大鄣山乡江村 28-46·嘉庆十九年前后·流水账 ……………………………… 8144
大鄣山乡江村 28-47·嘉庆十九年前后·流水账 ……………………………… 8145
大鄣山乡江村 28-48·嘉庆十九年前后·流水账 ……………………………… 8146
大鄣山乡江村 28-49·嘉庆十九年前后·流水账 ……………………………… 8147
大鄣山乡江村 28-50·嘉庆十九年前后·流水账 ……………………………… 8148
大鄣山乡江村 28-51·嘉庆十九年前后·流水账 ……………………………… 8149
大鄣山乡江村 28-52·嘉庆十九年前后·流水账 ……………………………… 8150
大鄣山乡江村 28-53·嘉庆十九年前后·流水账 ……………………………… 8151
大鄣山乡江村 28-54·嘉庆十九年前后·流水账 ……………………………… 8152
大鄣山乡江村 28-55·嘉庆十九年前后·流水账 ……………………………… 8153
大鄣山乡江村 28-56·嘉庆十九年前后·流水账 ……………………………… 8154
大鄣山乡江村 28-57·嘉庆十九年前后·流水账 ……………………………… 8155
大鄣山乡江村 28-58·嘉庆十九年前后·流水账 ……………………………… 8156
大鄣山乡江村 28-59·嘉庆十九年前后·流水账 ……………………………… 8157
大鄣山乡江村 28-60·嘉庆十九年前后·流水账 ……………………………… 8158
大鄣山乡江村 28-61·嘉庆十九年前后·流水账 ……………………………… 8159
大鄣山乡江村 28-62·嘉庆十九年前后·流水账 ……………………………… 8160
大鄣山乡江村 28-63·嘉庆十九年前后·流水账 ……………………………… 8161
大鄣山乡江村 28-64·嘉庆十九年前后·流水账 ……………………………… 8162
大鄣山乡江村 28-65·嘉庆十九年前后·流水账 ……………………………… 8163
大鄣山乡江村 28-66·嘉庆十九年前后·流水账 ……………………………… 8164
大鄣山乡江村 77·嘉庆二十一年·断骨出卖房屋契·文万卖与
　堂兄文栢 ……………………………………………………………………… 8165
大鄣山乡江村 168·嘉庆二十一年·出卖田皮契·荣佐卖与
　房弟荣堤 ……………………………………………………………………… 8166
大鄣山乡江村 202·嘉庆二十一年·断骨绝卖田租契·洪王氏卖与
　葛兴存 ………………………………………………………………………… 8167

大郘山乡江村29-1·嘉庆二十三年·流水账（往苗杂用）……………8168
大郘山乡江村29-2·嘉庆二十三年·流水账（往苗杂用）……………8169
大郘山乡江村29-3·嘉庆二十三年·流水账（往苗杂用）……………8170
大郘山乡江村29-4·嘉庆二十三年·流水账（往苗杂用）……………8171
大郘山乡江村29-5·嘉庆二十三年·流水账（往苗杂用）……………8172
大郘山乡江村29-6·嘉庆二十三年·流水账（往苗杂用）……………8173
大郘山乡江村29-7·嘉庆二十三年·流水账（往苗杂用）……………8174
大郘山乡江村29-8·嘉庆二十三年·流水账（往苗杂用）……………8175
大郘山乡江村29-9·嘉庆二十三年·流水账（往苗杂用）……………8176
大郘山乡江村29-10·嘉庆二十三年·流水账（往苗杂用）……………8177
大郘山乡江村29-11·嘉庆二十三年·流水账（往苗杂用）……………8178
大郘山乡江村29-12·嘉庆二十三年·流水账（往苗杂用）……………8179
大郘山乡江村29-13·嘉庆二十三年·流水账（往苗杂用）……………8180
大郘山乡江村29-14·嘉庆二十三年·流水账（往苗杂用）……………8181
大郘山乡江村29-15·嘉庆二十三年·流水账（往苗杂用）……………8182
大郘山乡江村29-16·嘉庆二十三年·流水账（往苗杂用）……………8183
大郘山乡江村29-17·嘉庆二十三年·流水账（往苗杂用）……………8184
大郘山乡江村29-18·嘉庆二十三年·流水账（往苗杂用）……………8185
大郘山乡江村29-19·嘉庆二十三年·流水账（往苗杂用）……………8186
大郘山乡江村29-20·嘉庆二十三年·流水账（往苗杂用）……………8187
大郘山乡江村29-21·嘉庆二十三年·流水账（往苗杂用）……………8188
大郘山乡江村29-22·嘉庆二十三年·流水账（往苗杂用）……………8189
大郘山乡江村29-23·嘉庆二十三年·流水账（往苗杂用）……………8190
大郘山乡江村29-24·嘉庆二十三年·流水账（往苗杂用）……………8191
大郘山乡江村29-25·嘉庆二十三年·流水账（往苗杂用）……………8192
大郘山乡江村29附·嘉庆二十三年·流水账（往苗杂用）……………8193
大郘山乡江村34-1·道光元年至二十三年·流水账………………8194
大郘山乡江村34-2·道光元年至二十三年·流水账………………8195
大郘山乡江村34-3·道光元年至二十三年·流水账………………8196
大郘山乡江村34-4·道光元年至二十三年·流水账………………8197
大郘山乡江村34-5·道光元年至二十三年·流水账………………8198
大郘山乡江村34-6·道光元年至二十三年·流水账………………8199

大鄣山乡江村34-7·道光元年至二十三年·流水账 ············· 8200

大鄣山乡江村34-8·道光元年至二十三年·流水账 ············· 8201

大鄣山乡江村34-9·道光元年至二十三年·流水账 ············· 8202

大鄣山乡江村34-10·道光元年至二十三年·流水账 ············ 8203

大鄣山乡江村34-11·道光元年至二十三年·流水账 ············ 8204

大鄣山乡江村34-12·道光元年至二十三年·流水账 ············ 8205

大鄣山乡江村34-13·道光元年至二十三年·流水账 ············ 8206

大鄣山乡江村34-14·道光元年至二十三年·流水账 ············ 8207

大鄣山乡江村34-15·道光元年至二十三年·流水账 ············ 8208

大鄣山乡江村34-16·道光元年至二十三年·流水账 ············ 8209

大鄣山乡江村34-17·道光元年至二十三年·流水账 ············ 8210

大鄣山乡江村34-18·道光元年至二十三年·流水账 ············ 8211

大鄣山乡江村34-19·道光元年至二十三年·流水账 ············ 8212

大鄣山乡江村34-20·道光元年至二十三年·流水账 ············ 8213

大鄣山乡江村34-21·道光元年至二十三年·流水账 ············ 8214

大鄣山乡江村34-22·道光元年至二十三年·流水账 ············ 8215

大鄣山乡江村34-23·道光元年至二十三年·流水账 ············ 8216

大鄣山乡江村34-24·道光元年至二十三年·流水账 ············ 8217

大鄣山乡江村34-25·道光元年至二十三年·流水账 ············ 8218

大鄣山乡江村34-26·道光元年至二十三年·流水账 ············ 8219

大鄣山乡江村34附·道光元年至二十三年·流水账 ············· 8220

大鄣山乡江村135·道光元年·断骨杜卖茶坦并田皮菜园契·
汪荣兴、汪荣福卖与房弟荣堤 ···························· 8221

大鄣山乡江村136·道光元年·出卖茶坦并菜园地契·汪荣林卖与
荣堤 ··· 8222

大鄣山乡江村129·道光六年·断骨卖竹园山契·汪旺生卖与房叔
荣堤 ··· 8223

大鄣山乡江村130·道光七年·断骨卖田皮契·汪章炘卖与
房弟祖顺 ······································ 8224

大鄣山乡江村115·道光九年·断骨绝卖竹园山契·王嘉桡卖与
汪章库 ······································· 8225

大鄣山乡江村181·道光十四年·断骨出卖房屋契·汪文蔚卖与
房侄章煌 ······································ 8226

大郹山乡江村 8-1·道光十五年·分关文书（章锦阄书）·章锦、章铭、章铉、章镠 8227

大郹山乡江村 8-2·道光十五年·分关文书（章锦阄书）·章锦、章铭、章铉、章镠 8228

大郹山乡江村 8-3·道光十五年·分关文书（章锦阄书）·章锦、章铭、章铉、章镠 8229

大郹山乡江村 8-4·道光十五年·分关文书（章锦阄书）·章锦、章铭、章铉、章镠 8230

大郹山乡江村 8-5·道光十五年·分关文书（章锦阄书）·章锦、章铭、章铉、章镠 8231

大郹山乡江村 8-6·道光十五年·分关文书（章锦阄书）·章锦、章铭、章铉、章镠 8232

大郹山乡江村 8-7·道光十五年·分关文书（章锦阄书）·章锦、章铭、章铉、章镠 8233

大郹山乡江村 8-8·道光十五年·分关文书（章锦阄书）·章锦、章铭、章铉、章镠 8234

大郹山乡江村 8-9·道光十五年·分关文书（章锦阄书）·章锦、章铭、章铉、章镠 8235

大郹山乡江村 8-10·道光十五年·分关文书（章锦阄书）·章锦、章铭、章铉、章镠 8236

大郹山乡江村 8-11·道光十五年·分关文书（章锦阄书）·章锦、章铭、章铉、章镠 8237

大郹山乡江村 8-12·道光十五年·分关文书（章锦阄书）·章锦、章铭、章铉、章镠 8238

大郹山乡江村 8-13·道光十五年·分关文书（章锦阄书）·章锦、章铭、章铉、章镠 8239

大郹山乡江村 159·道光十五年·断骨出卖牛栏灰仓屋契·汪章铭卖与家兄汪章锦 8240

大郹山乡江村 5-1·道光十六年·税粮实征册·立昌户 8241

大郹山乡江村 5-2·道光十六年·税粮实征册·立昌户 8242

大郹山乡江村 5-3·道光十六年·税粮实征册·立昌户 8243

大郹山乡江村 5-4·道光十六年·税粮实征册·立昌户 8244

大鄣山乡江村137·道光二十一年·断骨绝卖苗山契·汪章武卖与
房兄章镠 8245

大鄣山乡江村138·道光二十二年·断骨出卖竹园山契·章武、
章全卖与房兄章镠 8246

大鄣山乡江村31-1·咸丰二年至光绪三十年·流水账（工帐）·
观得司等 8247

大鄣山乡江村31-2·咸丰二年至光绪三十年·流水账（工帐）·
观得司等 8248

大鄣山乡江村31-3·咸丰二年至光绪三十年·流水账（工帐）·
观得司等 8249

大鄣山乡江村31-4·咸丰二年至光绪三十年·流水账（工帐）·
观得司等 8250

大鄣山乡江村31-5·咸丰二年至光绪三十年·流水账（工帐）·
观得司等 8251

大鄣山乡江村31-6·咸丰二年至光绪三十年·流水账（工帐）·
观得司等 8252

大鄣山乡江村31-7·咸丰二年至光绪三十年·流水账（工帐）·
观得司等 8253

大鄣山乡江村31-8·咸丰二年至光绪三十年·流水账（工帐）·
观得司等 8254

大鄣山乡江村31-9·咸丰二年至光绪三十年·流水账（工帐）·
观得司等 8255

大鄣山乡江村31-10·咸丰二年至光绪三十年·流水账（工帐）·
观得司等 8256

大鄣山乡江村31-11·咸丰二年至光绪三十年·流水账（工帐）·
观得司等 8257

大鄣山乡江村31-12·咸丰二年至光绪三十年·流水账（工帐）·
观得司等 8258

大鄣山乡江村31-13·咸丰二年至光绪三十年·流水账（工帐）·
观得司等 8259

大鄣山乡江村31-14·咸丰二年至光绪三十年·流水账（工帐）·
观得司等 8260

大鄣山乡江村31-15·咸丰二年至光绪三十年·流水账（工帐）·
观得司等 8261

大鄣山乡江村31-16·咸丰二年至光绪三十年·流水账（工帐）·
观得司等 8262

大鄣山乡江村31-17·咸丰二年至光绪三十年·流水账（工帐）·
观得司等 8263

大鄣山乡江村31-18·咸丰二年至光绪三十年·流水账（工帐）·
观得司等 8264

大鄣山乡江村31-19·咸丰二年至光绪三十年·流水账（工帐）·
观得司等 8265

大鄣山乡江村31-20·咸丰二年至光绪三十年·流水账（工帐）·
观得司等 8266

大鄣山乡江村31-21·咸丰二年至光绪三十年·流水账（工帐）·
观得司等 8267

大鄣山乡江村31-22·咸丰二年至光绪三十年·流水账（工帐）·
观得司等 8268

大鄣山乡江村31-23·咸丰二年至光绪三十年·流水账（工帐）·
观得司等 8269

大鄣山乡江村31-24·咸丰二年至光绪三十年·流水账（工帐）·
观得司等 8270

大鄣山乡江村31-25·咸丰二年至光绪三十年·流水账（工帐）·
观得司等 8271

大鄣山乡江村31-26·咸丰二年至光绪三十年·流水账（工帐）·
观得司等 8272

大鄣山乡江村31-27·咸丰二年至光绪三十年·流水账（工帐）·
观得司等 8273

大鄣山乡江村31-28·咸丰二年至光绪三十年·流水账（工帐）·
观得司等 8274

大鄣山乡江村31-29·咸丰二年至光绪三十年·流水账（工帐）·
观得司等 8275

大鄣山乡江村31-30·咸丰二年至光绪三十年·流水账（工帐）·
观得司等 8276

大鄣山乡江村 31-31·咸丰二年至光绪三十年·流水账（工帐）·
观得司等 ················· 8277

大鄣山乡江村 31-32·咸丰二年至光绪三十年·流水账（工帐）·
观得司等 ················· 8278

大鄣山乡江村 31-33·咸丰二年至光绪三十年·流水账（工帐）·
观得司等 ················· 8279

大鄣山乡江村 31-34·咸丰二年至光绪三十年·流水账（工帐）·
观得司等 ················· 8280

大鄣山乡江村 31 附 1·咸丰二年至光绪三十年·流水账（工帐）·
观得司等 ················· 8281

大鄣山乡江村 31 附 2·咸丰二年至光绪三十年·流水账（工帐）·
观得司等 ················· 8282

大鄣山乡江村 31 附 3·咸丰二年至光绪三十年·流水账（工帐）·
观得司等 ················· 8283

大鄣山乡江村 7-1·咸丰七年·分关文书（巺号从沐阄书）·
从淮、从江、从汝、从汉、从沐 ················· 8284

大鄣山乡江村 7-2·咸丰七年·分关文书（巺号从沐阄书）·
从淮、从江、从汝、从汉、从沐 ················· 8285

大鄣山乡江村 7-3·咸丰七年·分关文书（巺号从沐阄书）·
从淮、从江、从汝、从汉、从沐 ················· 8286

大鄣山乡江村 7-4·咸丰七年·分关文书（巺号从沐阄书）·
从淮、从江、从汝、从汉、从沐 ················· 8287

大鄣山乡江村 7-5·咸丰七年·分关文书（巺号从沐阄书）·
从淮、从江、从汝、从汉、从沐 ················· 8288

大鄣山乡江村 7-6·咸丰七年·分关文书（巺号从沐阄书）·
从淮、从江、从汝、从汉、从沐 ················· 8289

大鄣山乡江村 7-7·咸丰七年·分关文书（巺号从沐阄书）·
从淮、从江、从汝、从汉、从沐 ················· 8290

大鄣山乡江村 120·咸丰九年·断骨出卖佃皮契·从谨出卖与
房兄从洛 ················· 8291

大鄣山乡江村 160·咸丰九年·断骨出卖余地契·从泗卖与
房兄从洛 ················· 8292

大鄣山乡江村 13-1·同治三年·税粮实征册·步东户 …… 8293
大鄣山乡江村 13-2·同治三年·税粮实征册·步东户 …… 8294
大鄣山乡江村 13-3·同治三年·税粮实征册·步东户 …… 8295
大鄣山乡江村 13-4·同治三年·税粮实征册·步东户 …… 8296
大鄣山乡江村 13-5·同治三年·税粮实征册·步东户 …… 8297
大鄣山乡江村 35-1·同治九年至民国十七年·流水账
　（面算账底）·同仁会众友 …… 8298
大鄣山乡江村 35-2·同治九年至民国十七年·流水账
　（面算账底）·同仁会众友 …… 8299
大鄣山乡江村 35-3·同治九年至民国十七年·流水账
　（面算账底）·同仁会众友 …… 8300
大鄣山乡江村 35-4·同治九年至民国十七年·流水账
　（面算账底）·同仁会众友 …… 8301
大鄣山乡江村 35-5·同治九年至民国十七年·流水账
　（面算账底）·同仁会众友 …… 8302
大鄣山乡江村 35-6·同治九年至民国十七年·流水账
　（面算账底）·同仁会众友 …… 8303
大鄣山乡江村 35-7·同治九年至民国十七年·流水账
　（面算账底）·同仁会众友 …… 8304
大鄣山乡江村 35-8·同治九年至民国十七年·流水账
　（面算账底）·同仁会众友 …… 8305
大鄣山乡江村 35-9·同治九年至民国十七年·流水账
　（面算账底）·同仁会众友 …… 8306
大鄣山乡江村 35-10·同治九年至民国十七年·流水账
　（面算账底）·同仁会众友 …… 8307
大鄣山乡江村 35-11·同治九年至民国十七年·流水账
　（面算账底）·同仁会众友 …… 8308
大鄣山乡江村 35-12·同治九年至民国十七年·流水账
　（面算账底）·同仁会众友 …… 8309
大鄣山乡江村 35-13·同治九年至民国十七年·流水账
　（面算账底）·同仁会众友 …… 8310
大鄣山乡江村 35-14·同治九年至民国十七年·流水账
　（面算账底）·同仁会众友 …… 8311

大鄣山乡江村35-15·同治九年至民国十七年·流水账
（面算账底）·同仁会众友 ·················· 8312

大鄣山乡江村35-16·同治九年至民国十七年·流水账
（面算账底）·同仁会众友 ·················· 8313

大鄣山乡江村35-17·同治九年至民国十七年·流水账
（面算账底）·同仁会众友 ·················· 8314

大鄣山乡江村35-18·同治九年至民国十七年·流水账
（面算账底）·同仁会众友 ·················· 8315

大鄣山乡江村35-19·同治九年至民国十七年·流水账
（面算账底）·同仁会众友 ·················· 8316

大鄣山乡江村35-20·同治九年至民国十七年·流水账
（面算账底）·同仁会众友 ·················· 8317

大鄣山乡江村35-21·同治九年至民国十七年·流水账
（面算账底）·同仁会众友 ·················· 8318

大鄣山乡江村35-22·同治九年至民国十七年·流水账
（面算账底）·同仁会众友 ·················· 8319

大鄣山乡江村35-23·同治九年至民国十七年·流水账
（面算账底）·同仁会众友 ·················· 8320

大鄣山乡江村35-24·同治九年至民国十七年·流水账
（面算账底）·同仁会众友 ·················· 8321

大鄣山乡江村35-25·同治九年至民国十七年·流水账
（面算账底）·同仁会众友 ·················· 8322

大鄣山乡江村35-26·同治九年至民国十七年·流水账
（面算账底）·同仁会众友 ·················· 8323

大鄣山乡江村35-27·同治九年至民国十七年·流水账
（面算账底）·同仁会众友 ·················· 8324

大鄣山乡江村35-28·同治九年至民国十七年·流水账
（面算账底）·同仁会众友 ·················· 8325

大鄣山乡江村35-29·同治九年至民国十七年·流水账
（面算账底）·同仁会众友 ·················· 8326

大鄣山乡江村35-30·同治九年至民国十七年·流水账
（面算账底）·同仁会众友 ·················· 8327

大鄣山乡江村 35-31·同治九年至民国十七年·流水账（面算账底）·同仁会众友 ·············· 8328

大鄣山乡江村 35-32·同治九年至民国十七年·流水账（面算账底）·同仁会众友 ·············· 8329

大鄣山乡江村 35-33·同治九年至民国十七年·流水账（面算账底）·同仁会众友 ·············· 8330

大鄣山乡江村 35-34·同治九年至民国十七年·流水账（面算账底）·同仁会众友 ·············· 8331

大鄣山乡江村 35-35·同治九年至民国十七年·流水账（面算账底）·同仁会众友 ·············· 8332

大鄣山乡江村 35-36·同治九年至民国十七年·流水账（面算账底）·同仁会众友 ·············· 8333

大鄣山乡江村 35-37·同治九年至民国十七年·流水账（面算账底）·同仁会众友 ·············· 8334

大鄣山乡江村 35-38·同治九年至民国十七年·流水账（面算账底）·同仁会众友 ·············· 8335

大鄣山乡江村 35-39·同治九年至民国十七年·流水账（面算账底）·同仁会众友 ·············· 8336

大鄣山乡江村 35-40·同治九年至民国十七年·流水账（面算账底）·同仁会众友 ·············· 8337

大鄣山乡江村 35-41·同治九年至民国十七年·流水账（面算账底）·同仁会众友 ·············· 8338

大鄣山乡江村 35-42·同治九年至民国十七年·流水账（面算账底）·同仁会众友 ·············· 8339

大鄣山乡江村 35-43·同治九年至民国十七年·流水账（面算账底）·同仁会众友 ·············· 8340

大鄣山乡江村 35-44·同治九年至民国十七年·流水账（面算账底）·同仁会众友 ·············· 8341

大鄣山乡江村 35-45·同治九年至民国十七年·流水账（面算账底）·同仁会众友 ·············· 8342

大鄣山乡江村 35-46·同治九年至民国十七年·流水账（面算账底）·同仁会众友 ·············· 8343

大鄣山乡江村 35-47·同治九年至民国十七年·流水账
（面算账底）·同仁会众友 ······ 8344

大鄣山乡江村 35-48·同治九年至民国十七年·流水账
（面算账底）·同仁会众友 ······ 8345

大鄣山乡江村 35-49·同治九年至民国十七年·流水账
（面算账底）·同仁会众友 ······ 8346

大鄣山乡江村 35-50·同治九年至民国十七年·流水账
（面算账底）·同仁会众友 ······ 8347

大鄣山乡江村 35-51·同治九年至民国十七年·流水账
（面算账底）·同仁会众友 ······ 8348

大鄣山乡江村 121·光绪五年·断骨绝卖田皮契·叶九能卖与
汪春来 ······ 8349

大鄣山乡江村 9-1·光绪十年·分关文书（新说阄股）·从洛 ······ 8350

大鄣山乡江村 9-2·光绪十年·分关文书（新说阄股）·从洛 ······ 8351

大鄣山乡江村 9-3·光绪十年·分关文书（新说阄股）·从洛 ······ 8352

大鄣山乡江村 9-4·光绪十年·分关文书（新说阄股）·从洛 ······ 8353

大鄣山乡江村 9-5·光绪十年·分关文书（新说阄股）·从洛 ······ 8354

大鄣山乡江村 9-6·光绪十年·分关文书（新说阄股）·从洛 ······ 8355

大鄣山乡江村 139·光绪十年·断骨出卖竹园契·汪圭瑞卖与
族叔观子 ······ 8356

大鄣山乡江村 166·光绪十年·断骨出卖竹园契·汪福田卖与
房叔汪春回 ······ 8357

大鄣山乡江村 184·光绪十一年·断骨绝卖正房契·汪洪氏卖与
房伯荣华 ······ 8358

大鄣山乡江村 175·光绪十二年·断骨绝卖茶坦契·汪石田卖与
新田 ······ 8359

大鄣山乡江村 192·光绪十二年·断骨出卖竹园山契·汪林能、
汪德辉卖与本家族兄荣华 ······ 8360

大鄣山乡江村 157·光绪十三年·断骨绝卖茶园地契·从渊卖与
堂弟从涯、从泮 ······ 8361

大鄣山乡江村 133·光绪十四年·断骨绝卖清明契·汪成光卖与
族叔春华 ······ 8362

大鄣山乡江村 2-1·光绪年间·排日账·程典祥 …………… 8363
大鄣山乡江村 2-2·光绪年间·排日账·程典祥 …………… 8364
大鄣山乡江村 2-3·光绪年间·排日账·程典祥 …………… 8365
大鄣山乡江村 2-4·光绪年间·排日账·程典祥 …………… 8366
大鄣山乡江村 2-5·光绪年间·排日账·程典祥 …………… 8367
大鄣山乡江村 2-6·光绪年间·排日账·程典祥 …………… 8368
大鄣山乡江村 2-7·光绪年间·排日账·程典祥 …………… 8369
大鄣山乡江村 2-8·光绪年间·排日账·程典祥 …………… 8370
大鄣山乡江村 2-9·光绪年间·排日账·程典祥 …………… 8371
大鄣山乡江村 2-10·光绪年间·排日账·程典祥 ………… 8372
大鄣山乡江村 2-11·光绪年间·排日账·程典祥 ………… 8373
大鄣山乡江村 2-12·光绪年间·排日账·程典祥 ………… 8374
大鄣山乡江村 2-13·光绪年间·排日账·程典祥 ………… 8375
大鄣山乡江村 2-14·光绪年间·排日账·程典祥 ………… 8376
大鄣山乡江村 2-15·光绪年间·排日账·程典祥 ………… 8377
大鄣山乡江村 2-16·光绪年间·排日账·程典祥 ………… 8378
大鄣山乡江村 2-17·光绪年间·排日账·程典祥 ………… 8379
大鄣山乡江村 2-18·光绪年间·排日账·程典祥 ………… 8380
大鄣山乡江村 2-19·光绪年间·排日账·程典祥 ………… 8381
大鄣山乡江村 2-20·光绪年间·排日账·程典祥 ………… 8382
大鄣山乡江村 2-21·光绪年间·排日账·程典祥 ………… 8383
大鄣山乡江村 2-22·光绪十八年·排日账·程典祥 ……… 8384
大鄣山乡江村 2-23·光绪十八年·排日账·程典祥 ……… 8385
大鄣山乡江村 2-24·光绪十八年·排日账·程典祥 ……… 8386
大鄣山乡江村 2-25·光绪十八年·排日账·程典祥 ……… 8387
大鄣山乡江村 2-26·光绪十八年·排日账·程典祥 ……… 8388
大鄣山乡江村 2-27·光绪十八年·排日账·程典祥 ……… 8389
大鄣山乡江村 2-28·光绪十八年·排日账·程典祥 ……… 8390
大鄣山乡江村 118·光绪十九年·断骨绝卖茶坦契·汪生保卖与
　新田 ……………………………………………………… 8391
大鄣山乡江村 218·光绪二十年·断骨绝卖茶坦契·吴根光卖与
　汪观子、汪新田 ………………………………………… 8392

大鄣山乡江村187·光绪二十一年·断骨绝卖菜园地契·汪洪氏卖与房侄利保 ································· 8393

大鄣山乡江村191·光绪二十一年·断骨绝卖竹园契·汪章镠卖与本房侄孙新田 ································· 8394

大鄣山乡江村195·光绪二十一年·断骨绝卖竹园契·汪章镠卖与本房侄孙新说 ································· 8395

大鄣山乡江村196·光绪二十一年·断骨绝卖苧地契·汪章镠卖与本房侄孙新说 ································· 8396

大鄣山乡江村197·光绪二十一年·断骨绝卖竹园契·汪章镠卖与房侄孙新说 ································· 8397

大鄣山乡江村198·光绪二十一年·断骨绝卖竹园契·汪章镠卖与房侄孙新说 ································· 8398

大鄣山乡江村165·光绪二十二年·断骨绝卖菜园地契·章镠卖与房侄春华 ································· 8399

大鄣山乡江村117·光绪二十三年·断骨杜绝出卖田皮契·吴时开卖与汪新田 ································· 8400

大鄣山乡江村100·光绪二十四年·断骨绝卖新挂灯会契·汪甲兴卖与本族灶旺公 ································· 8401

大鄣山乡江村134·光绪二十四年·断骨绝卖余屋契·汪新枝卖与本房春华叔 ································· 8402

大鄣山乡江村142·光绪二十四年·断骨绝卖住屋契·汪新枝卖与本房春华叔 ································· 8403

大鄣山乡江村171·光绪二十四年·断骨绝卖菜园地契·加保同母李氏卖与新田 ································· 8404

大鄣山乡江村217·光绪二十四年·断骨绝卖房屋契·汪连开卖与房叔春华 ································· 8405

大鄣山乡江村6-1·光绪二十五年·分关文书（岩忻阄书）·岩忻同弟炎能 ································· 8406

大鄣山乡江村6-2·光绪二十五年·分关文书（岩忻阄书）·岩忻同弟炎能 ································· 8407

大鄣山乡江村6-3·光绪二十五年·分关文书（岩忻阄书）·岩忻同弟炎能 ································· 8408

大鄣山乡江村 6-4·光绪二十五年·分关文书（岩忻阄书）·岩忻同弟炎能 …… 8409

大鄣山乡江村 6-5·光绪二十五年·分关文书（岩忻阄书）·岩忻同弟炎能 …… 8410

大鄣山乡江村 92·光绪二十五年·付佃约·吴周喜立到李高顺 …… 8411

大鄣山乡江村 164·光绪二十五年·断骨绝卖猪栏屋契·汪连开卖与房叔春华 …… 8412

大鄣山乡江村 125·光绪二十七年·断骨绝卖田皮契·汪炤能卖与包弟汪中能 …… 8413

大鄣山乡江村 122·光绪二十八年·断骨绝卖田皮契·汪忠能卖与本族汪新田兄 …… 8414

大鄣山乡江村 200·光绪二十八年·断骨绝卖竹园契·汪有得、汪周礼卖与本族新田兄 …… 8415

大鄣山乡江村 3-1·光绪二十九年·税粮实征册·新说户 …… 8416

大鄣山乡江村 3-2·光绪二十九年·税粮实征册·新说户 …… 8417

大鄣山乡江村 3-3·光绪二十九年·税粮实征册·新说户 …… 8418

大鄣山乡江村 3-4·光绪二十九年·税粮实征册·新说户 …… 8419

大鄣山乡江村 3-5·光绪二十九年·税粮实征册·新说户 …… 8420

大鄣山乡江村 141·光绪二十九年·断骨绝卖竹园契·汪嘉元卖与新田兄 …… 8421

大鄣山乡江村 194·光绪二十九年·断骨出卖田皮租契·新汪帝会卖与汪新田 …… 8422

大鄣山乡江村 91·光绪三十一年·借约·江灶福借到汪新田 …… 8423

大鄣山乡江村 75·光绪三十二年·断骨绝卖契·汪佳贤卖与本族汪新田 …… 8424

大鄣山乡江村 119·光绪三十二年·断骨绝卖竹园契·汪细保卖与本房新田 …… 8425

大鄣山乡江村 188·光绪三十三年·断骨绝卖菜园地契·汪灶养卖与房伯叔新田 …… 8426

大鄣山乡江村 210·光绪三十三年·断骨绝卖茶坦竹园契·汪生保卖与本房心田 …… 8427

大鄣山乡江村 174·光绪三十四年·断骨出卖汪帝会契·汪福林、汪迎祥卖与汪旺时 …… 8428

大鄣山乡江村 201·光绪三十四年·断骨绝卖同商会契·汪佳贤
　卖与本族汪新田 ……………………………………………… 8429
大鄣山乡江村 14-1·宣统元年·银钱交易流水账本·汪梦奇记 ……… 8430
大鄣山乡江村 14-2·宣统元年·银钱交易流水账本·汪梦奇记 ……… 8431
大鄣山乡江村 14-3·宣统元年·银钱交易流水账本·汪梦奇记 ……… 8432
大鄣山乡江村 14-4·宣统元年·银钱交易流水账本·汪梦奇记 ……… 8433
大鄣山乡江村 14-5·宣统元年·银钱交易流水账本·汪梦奇记 ……… 8434
大鄣山乡江村 14-6·宣统元年·银钱交易流水账本·汪梦奇记 ……… 8435
大鄣山乡江村 14-7·宣统元年·银钱交易流水账本·汪梦奇记 ……… 8436
大鄣山乡江村 14-8·宣统元年·银钱交易流水账本·汪梦奇记 ……… 8437
大鄣山乡江村 14-9·宣统元年·银钱交易流水账本·汪梦奇记 ……… 8438
大鄣山乡江村 14-10·宣统元年·银钱交易流水账本·汪梦奇记 ……… 8439
大鄣山乡江村 14-11·宣统元年·银钱交易流水账本·汪梦奇记 ……… 8440
大鄣山乡江村 14-12·宣统元年·银钱交易流水账本·汪梦奇记 ……… 8441
大鄣山乡江村 14-13·宣统元年·银钱交易流水账本·汪梦奇记 ……… 8442
大鄣山乡江村 14-14·宣统元年·银钱交易流水账本·汪梦奇记 ……… 8443
大鄣山乡江村 14-15·宣统元年·银钱交易流水账本·汪梦奇记 ……… 8444
大鄣山乡江村 76·宣统元年·断骨出卖茶坦契·汪灶欢卖与
　族叔汪新田 ……………………………………………… 8445
大鄣山乡江村 86·宣统元年·付佃约·吴岩顺付到王欢来 …………… 8446
大鄣山乡江村 21-1·宣统二年·税粮实征册·吴兆圭户 ……………… 8447
大鄣山乡江村 21-2·宣统二年·税粮实征册·吴兆圭户 ……………… 8448
大鄣山乡江村 21-3·宣统二年·税粮实征册·吴兆圭户 ……………… 8449
大鄣山乡江村 21-4·宣统二年·税粮实征册·吴兆圭户 ……………… 8450
大鄣山乡江村 21-5·宣统二年·税粮实征册·吴兆圭户 ……………… 8451
大鄣山乡江村 90·宣统二年·借约·洪启金借到汪新田 ……………… 8452
大鄣山乡江村 4-1·宣统三年·税粮实征册·义昌户 ………………… 8453
大鄣山乡江村 4-2·宣统三年·税粮实征册·义昌户 ………………… 8454
大鄣山乡江村 4-3·宣统三年·税粮实征册·义昌户 ………………… 8455
大鄣山乡江村 4-4·宣统三年·税粮实征册·义昌户 ………………… 8456
大鄣山乡江村 4-5·宣统三年·税粮实征册·义昌户 ………………… 8457
大鄣山乡江村 15-1·民国元年·银总账本·汪义兴号 ………………… 8458

大鄣山乡江村 15-2·民国元年·银总账本·汪义兴号 ……………… 8459
大鄣山乡江村 15-3·民国元年·银总账本·汪义兴号 ……………… 8460
大鄣山乡江村 15-4·民国元年·银总账本·汪义兴号 ……………… 8461
大鄣山乡江村 15-5·民国元年·银总账本·汪义兴号 ……………… 8462
大鄣山乡江村 15-6·民国元年·银总账本·汪义兴号 ……………… 8463
大鄣山乡江村 15-7·民国元年·银总账本·汪义兴号 ……………… 8464
大鄣山乡江村 15-8·民国元年·银总账本·汪义兴号 ……………… 8465
大鄣山乡江村 15-9·民国元年·银总账本·汪义兴号 ……………… 8466
大鄣山乡江村 15-10·民国元年·银总账本·汪义兴号 …………… 8467
大鄣山乡江村 15-11·民国元年·银总账本·汪义兴号 …………… 8468
大鄣山乡江村 15-12·民国元年·银总账本·汪义兴号 …………… 8469
大鄣山乡江村 15-13·民国元年·银总账本·汪义兴号 …………… 8470
大鄣山乡江村 16-1·民国元年·往来交接流水账本 ……………… 8471
大鄣山乡江村 16-2·民国元年·往来交接流水账本 ……………… 8472
大鄣山乡江村 16-3·民国元年·往来交接流水账本 ……………… 8473
大鄣山乡江村 16-4·民国元年·往来交接流水账本 ……………… 8474
大鄣山乡江村 16-5·民国元年·往来交接流水账本 ……………… 8475
大鄣山乡江村 16-6·民国元年·往来交接流水账本 ……………… 8476
大鄣山乡江村 16-7·民国元年·往来交接流水账本 ……………… 8477
大鄣山乡江村 16-8·民国元年·往来交接流水账本 ……………… 8478
大鄣山乡江村 16-9·民国元年·往来交接流水账本 ……………… 8479
大鄣山乡江村 16-10·民国元年·往来交接流水账本 …………… 8480
大鄣山乡江村 16-11·民国元年·往来交接流水账本 …………… 8481
大鄣山乡江村 16-12·民国元年·往来交接流水账本 …………… 8482
大鄣山乡江村 16-13·民国元年·往来交接流水账本 …………… 8483
大鄣山乡江村 16-14·民国元年·往来交接流水账本 …………… 8484
大鄣山乡江村 16-15·民国元年·往来交接流水账本 …………… 8485
大鄣山乡江村 16-16·民国元年·往来交接流水账本 …………… 8486
大鄣山乡江村 16-17·民国元年·往来交接流水账本 …………… 8487
大鄣山乡江村 16-18·民国元年·往来交接流水账本 …………… 8488
大鄣山乡江村 95·民国元年·付佃垦种山约·思成公裔孙等付到
　　李有顺 ……………………………………………………………… 8489

大鄣山乡江村102·民国元年·会书·吴有礼 …… 8490
大鄣山乡江村109·民国元年·会书·胡韵和 …… 8491
大鄣山乡江村84·民国二年·借约·吴岩瑞借到汪新田 …… 8492
大鄣山乡江村85·民国二年·借约·吴岩树借到汪新田 …… 8493
大鄣山乡江村163·民国二年·断骨绝卖茶坦山场契·胡庆卖与
本族新田 …… 8494
大鄣山乡江村87·民国三年·借约·根林借到本族新田 …… 8495
大鄣山乡江村104·民国三年·会书·汪青桂 …… 8496
大鄣山乡江村161·民国三年·断骨绝卖佃租契·叶金海卖与
汪新田 …… 8497
大鄣山乡江村203·民国三年·断骨绝卖茶坦契·汪立和卖与
堂弟岩保、尚保 …… 8498
大鄣山乡江村213·民国三年·出寄养杉苗契·吴岩顺、
吴西顺出寄与汪新田 …… 8499
大鄣山乡江村89·民国五年·合同·吴寿喜、吴灶兴与俞汪发
三人等 …… 8500
大鄣山乡江村199·民国五年·断骨绝卖杉松竹木竹园山契·
汪周桂、汪连金同弟元金、灶成卖与本房新田 …… 8501
大鄣山乡江村72·民国六年·出拼苗山杉树契·洪启种、
洪启珍、洪启祖拼与汪祥和号 …… 8502
大鄣山乡江村82·民国六年·借约·甲兴借到新田族叔 …… 8503
大鄣山乡江村88·民国六年·借约·岩瑞借到长宣公清明 …… 8504
大鄣山乡江村177·民国六年·具状词·汪玉衡、汪胡辉告汪仲卿 …… 8505
大鄣山乡江村10-1·民国七年·分关文书（新諰阄书）·新证、
新諰 …… 8506
大鄣山乡江村10-2·民国七年·分关文书（新諰阄书）·新证、
新諰 …… 8507
大鄣山乡江村10-3·民国七年·分关文书（新諰阄书）·新证、
新諰 …… 8508
大鄣山乡江村10-4·民国七年·分关文书（新諰阄书）·新证、
新諰 …… 8509
大鄣山乡江村10-5·民国七年·分关文书（新諰阄书）·新证、
新諰 …… 8510

大鄣山乡江村 81·民国七年·借字约·汪社祥借到新说公清明 ………… 8511
大鄣山乡江村 73·民国八年·借字约·葛麒麟借到汪辛田 …………… 8512
大鄣山乡江村 105·民国八年·会书·汪胡辉 …………………………… 8513
大鄣山乡江村 123·民国八年·断骨绝卖田皮契·汪兴泰卖与
　　汪新田 ……………………………………………………………… 8514
大鄣山乡江村 162·民国八年·出押竹园茶坦契·叶金海押与
　　汪新田 ……………………………………………………………… 8515
大鄣山乡江村 180·民国八年·出寄养杉苗契·李有顺寄养与
　　汪新田 ……………………………………………………………… 8516
大鄣山乡江村 205·民国八年·断骨绝卖菜园地契·周养卖与
　　堂叔新田 …………………………………………………………… 8517
大鄣山乡江村 74·民国九年·断骨绝卖新挂灯会约·庆云卖与
　　族叔新田 …………………………………………………………… 8518
大鄣山乡江村 101·民国九年·断骨绝卖菜园契·年祥卖与
　　堂弟淦金 …………………………………………………………… 8519
大鄣山乡江村 112·民国九年·会书·倪金裕 …………………………… 8520
大鄣山乡江村 116·民国九年·断骨绝卖菜园契·年祥卖与
　　堂兄新田 …………………………………………………………… 8521
大鄣山乡江村 182·民国九年·断骨出卖竹园契·洪培光卖与
　　洪培庆 ……………………………………………………………… 8522
大鄣山乡江村 22-1·民国十年至十五年·租账簿 ……………………… 8523
大鄣山乡江村 22-2·民国十年至十五年·租账簿 ……………………… 8524
大鄣山乡江村 22-3·民国十年至十五年·租账簿 ……………………… 8525
大鄣山乡江村 22-4·民国十年至十五年·租账簿 ……………………… 8526
大鄣山乡江村 22-5·民国十年至十五年·租账簿 ……………………… 8527
大鄣山乡江村 22-6·民国十年至十五年·租账簿 ……………………… 8528
大鄣山乡江村 22-7·民国十年至十五年·租账簿 ……………………… 8529
大鄣山乡江村 22-8·民国十年至十五年·租账簿 ……………………… 8530
大鄣山乡江村 22-9·民国十年至十五年·租账簿 ……………………… 8531
大鄣山乡江村 22-10·民国十年至十五年·租账簿 ……………………… 8532
大鄣山乡江村 22-11·民国十年至十五年·租账簿 ……………………… 8533
大鄣山乡江村 22-12·民国十年至十五年·租账簿 ……………………… 8534
大鄣山乡江村 22-13·民国十年至十五年·租账簿 ……………………… 8535

大郙山乡江村 22-14·民国十年至十五年·租账簿 …………… 8536

大郙山乡江村 22-15·民国十年至十五年·租账簿 …………… 8537

大郙山乡江村 22-16·民国十年至十五年·租账簿 …………… 8538

大郙山乡江村 22-17·民国十年至十五年·租账簿 …………… 8539

大郙山乡江村 22-18·民国十年至十五年·租账簿 …………… 8540

大郙山乡江村 22-19·民国十年至十五年·租账簿 …………… 8541

大郙山乡江村 22-20·民国十年至十五年·租账簿 …………… 8542

大郙山乡江村 22-21·民国十年至十五年·租账簿 …………… 8543

大郙山乡江村 22-22·民国十年至十五年·租账簿 …………… 8544

大郙山乡江村 22-23·民国十年至十五年·租账簿 …………… 8545

大郙山乡江村 111·民国十年·会书·吴元保 ………………… 8546

大郙山乡江村 211·民国十年·断骨绝卖生茔契·昌焴之裔五房人等
卖与本房之裔新田 ……………………………………………… 8547

大郙山乡江村 215·民国十年·断骨出卖竹园山契·葛兴当公支裔
卖与汪新田 ……………………………………………………… 8548

大郙山乡江村 93·民国十一年·出寄养杉木契·吴坤树出寄与
汪义兴 …………………………………………………………… 8549

大郙山乡江村 98·民国十一年·牛字约·余法其立到汪新田 …… 8550

大郙山乡江村 99·民国十一年·断骨绝卖花灯会契·汪秋兴卖与
新田叔 …………………………………………………………… 8551

大郙山乡江村 143·民国十一年·会书·汪泰元 …………………… 8552

大郙山乡江村 172·民国十一年·出寄浮苗契·时文能寄与汪新田 … 8553

大郙山乡江村 204·民国十一年·出寄养杉苗契·俞灶悦寄养与
汪义兴 …………………………………………………………… 8554

大郙山乡江村 216·民国十一年·断骨绝卖田皮租契·汪岩保、
汪棱富卖与汪新田 ……………………………………………… 8555

大郙山乡江村 96·民国十二年·借约·汪裕金立到汪李氏爱女姙 … 8556

大郙山乡江村 107·民国十二年·会书·汪岩今 …………………… 8557

大郙山乡江村 149·民国十二年·会书·汪加杨 …………………… 8558

大郙山乡江村 150·民国十二年·会书·汪加杨 …………………… 8559

大郙山乡江村 151·民国十二年·会书·汪新祥 …………………… 8560

大郙山乡江村 154-i·民国十二年·会书·叶灶炎（第一面）……… 8561

大鄣山乡江村 154-ii·民国十二年·会书·叶灶炎（第二面）………… 8562

大鄣山乡江村 167·民国十二年·出寄浮苗契·余德根寄与
　汪莘田……………………………………………………………… 8563

大鄣山乡江村 183·民国十二年·断骨出卖房屋契·洪百容卖与
　堂侄培庆叔侄……………………………………………………… 8564

大鄣山乡江村 186·民国十二年·出寄养杉苗契·吴灶生寄与
　汪义兴……………………………………………………………… 8565

大鄣山乡江村 206·民国十二年·断骨出卖茶丛山契·吴岩树卖与
　汪新田……………………………………………………………… 8566

大鄣山乡江村 19-1·民国十三年·往来腾清流水账本·汪梦奇记…… 8567

大鄣山乡江村 19-2·民国十三年·往来腾清流水账本·汪梦奇记…… 8568

大鄣山乡江村 19-3·民国十三年·往来腾清流水账本·汪梦奇记…… 8569

大鄣山乡江村 19-4·民国十三年·往来腾清流水账本·汪梦奇记…… 8570

大鄣山乡江村 19-5·民国十三年·往来腾清流水账本·汪梦奇记…… 8571

大鄣山乡江村 19-6·民国十三年·往来腾清流水账本·汪梦奇记…… 8572

大鄣山乡江村 19-7·民国十三年·往来腾清流水账本·汪梦奇记…… 8573

大鄣山乡江村 19-8·民国十三年·往来腾清流水账本·汪梦奇记…… 8574

大鄣山乡江村 19-9·民国十三年·往来腾清流水账本·汪梦奇记…… 8575

大鄣山乡江村 19-10·民国十三年·往来腾清流水账本·汪梦奇记…… 8576

大鄣山乡江村 19-11·民国十三年·往来腾清流水账本·汪梦奇记…… 8577

大鄣山乡江村 19-12·民国十三年·往来腾清流水账本·汪梦奇记…… 8578

大鄣山乡江村 19-13·民国十三年·往来腾清流水账本·汪梦奇记…… 8579

大鄣山乡江村 19-14·民国十三年·往来腾清流水账本·汪梦奇记…… 8580

大鄣山乡江村 19-15·民国十三年·往来腾清流水账本·汪梦奇记…… 8581

大鄣山乡江村 19-16·民国十三年·往来腾清流水账本·汪梦奇记…… 8582

大鄣山乡江村 19-17·民国十三年·往来腾清流水账本·汪梦奇记…… 8583

大鄣山乡江村 19-18·民国十三年·往来腾清流水账本·汪梦奇记…… 8584

大鄣山乡江村 19-19·民国十三年·往来腾清流水账本·汪梦奇记…… 8585

大鄣山乡江村 19-20·民国十三年·往来腾清流水账本·汪梦奇记…… 8586

大鄣山乡江村 19-21·民国十三年·往来腾清流水账本·汪梦奇记…… 8587

大鄣山乡江村 19-22·民国十三年·往来腾清流水账本·汪梦奇记…… 8588

大鄣山乡江村 19-23·民国十三年·往来腾清流水账本·汪梦奇记…… 8589

大鄣山乡江村 19-24·民国十三年·往来腾清流水账本·汪梦奇记 …… 8590

大鄣山乡江村 19 附 1·民国十三年·往来腾清流水账本·汪梦奇记 …… 8591

大鄣山乡江村 19 附 2·民国十三年·往来腾清流水账本·汪梦奇记 …… 8592

大鄣山乡江村 19 附 3·民国十三年·往来腾清流水账本·汪梦奇记 …… 8593

大鄣山乡江村 19 附 4·民国十三年·往来腾清流水账本·汪梦奇记 …… 8594

大鄣山乡江村 106·民国十三年·会书·汪澍先 …… 8595

大鄣山乡江村 108·民国十三年·会书·洪启太 …… 8596

大鄣山乡江村 144·民国十三年·会书·汪宗祥 …… 8597

大鄣山乡江村 145·民国十三年·会书·汪宗祥 …… 8598

大鄣山乡江村 147·民国十三年·会书·汪兆欣 …… 8599

大鄣山乡江村 148-i·民国十三年·会书·汪连金 …… 8600

大鄣山乡江村 148-ii·民国十三年·会书·汪连金 …… 8601

大鄣山乡江村 153·民国十三年·会书·汪淦银 …… 8602

大鄣山乡江村 185·民国十三年·断骨绝卖汪帝会契·裕金卖与
本族梦奇叔 …… 8603

大鄣山乡江村 189·民国十三年·出寄养杉苗契·胡双发寄与
汪义兴 …… 8604

大鄣山乡江村 190·民国十三年·断骨绝卖汪帝会契·汪旺时卖与
本房新田侄 …… 8605

大鄣山乡江村 193·民国十三年·断骨绝卖汪帝会契·汪裕金卖与
本族梦奇叔 …… 8606

大鄣山乡江村 208·民国十三年·断骨绝卖茶坦契·汪裕金卖与
本房叔新田 …… 8607

大鄣山乡江村 209·民国十三年·断骨绝卖菜园地契·福桂卖与
堂侄莘田 …… 8608

大鄣山乡江村 212·民国十三年·断骨出卖田皮契·汪旺时等卖与
本房新田贤侄 …… 8609

大鄣山乡江村 33-1·民国十四年·腾清正册·汪务本堂记 …… 8610

大鄣山乡江村 33-2·民国十四年·腾清正册·汪务本堂记 …… 8611

大鄣山乡江村 33-3·民国十四年·腾清正册·汪务本堂记 …… 8612

大鄣山乡江村 33-4·民国十四年·腾清正册·汪务本堂记 …… 8613

大鄣山乡江村 33-5·民国十四年·腾清正册·汪务本堂记 …… 8614

大鄣山乡江村33-6·民国十四年·腾清正册·汪务本堂记 …………… 8615

大鄣山乡江村33-7·民国十四年·腾清正册·汪务本堂记 …………… 8616

大鄣山乡江村33-8·民国十四年·腾清正册·汪务本堂记 …………… 8617

大鄣山乡江村33-9·民国十四年·腾清正册·汪务本堂记 …………… 8618

大鄣山乡江村33-10·民国十四年·腾清正册·汪务本堂记 ………… 8619

大鄣山乡江村33-11·民国十四年·腾清正册·汪务本堂记 ………… 8620

大鄣山乡江村33-12·民国十四年·腾清正册·汪务本堂记 ………… 8621

大鄣山乡江村33-13·民国十四年·腾清正册·汪务本堂记 ………… 8622

大鄣山乡江村33-14·民国十四年·腾清正册·汪务本堂记 ………… 8623

大鄣山乡江村33-15·民国十四年·腾清正册·汪务本堂记 ………… 8624

大鄣山乡江村33-16·民国十四年·腾清正册·汪务本堂记 ………… 8625

大鄣山乡江村33-17·民国十四年·腾清正册·汪务本堂记 ………… 8626

大鄣山乡江村33-18·民国十四年·腾清正册·汪务本堂记 ………… 8627

大鄣山乡江村33-19·民国十四年·腾清正册·汪务本堂记 ………… 8628

大鄣山乡江村33-20·民国十四年·腾清正册·汪务本堂记 ………… 8629

大鄣山乡江村33-21·民国十四年·腾清正册·汪务本堂记 ………… 8630

大鄣山乡江村33-22·民国十四年·腾清正册·汪务本堂记 ………… 8631

大鄣山乡江村33-23·民国十四年·腾清正册·汪务本堂记 ………… 8632

大鄣山乡江村33-24·民国十四年·腾清正册·汪务本堂记 ………… 8633

大鄣山乡江村33-25·民国十四年·腾清正册·汪务本堂记 ………… 8634

大鄣山乡江村97·民国十四年·接票·汪梅先接到新田 …………… 8635

大鄣山乡江村128·民国十四年·出寄养苗山契·李品鸿寄养与
　　汪义兴 ……………………………………………………………… 8636

大鄣山乡江村146·民国十四年·会书·凤桂 ……………………… 8637

大鄣山乡江村155·民国十四年·会书·汪岩保 …………………… 8638

大鄣山乡江村156-i·民国十四年·会书·汪加良（第一面）……… 8639

大鄣山乡江村156-ii·民国十四年·会书·汪加良（第二面）……… 8640

大鄣山乡江村207·民国十四年·断骨出寄杉苗契·李双洪寄与
　　汪义兴 ……………………………………………………………… 8641

大鄣山乡江村124·民国十五年·出寄浮苗契·时文能寄出与
　　汪义兴号 …………………………………………………………… 8642

大鄣山乡江村152·民国十五年·会书·汪元计 …………………… 8643

大鄣山乡江村173·民国十五年·出寄养杉苗契·洪启保、洪启树等
　　寄与汪义兴 ··· 8644

大鄣山乡江村214·民国十五年·出寄养杉苗·汪观发寄与汪义兴 ···· 8645

大鄣山乡江村17-1·民国二十一年·钱洋流水账本·张豫丰河记 ······ 8646

大鄣山乡江村17-2·民国二十一年·钱洋流水账本·张豫丰河记 ······ 8647

大鄣山乡江村17-3·民国二十一年·钱洋流水账本·张豫丰河记 ······ 8648

大鄣山乡江村17-4·民国二十一年·钱洋流水账本·张豫丰河记 ······ 8649

大鄣山乡江村17-5·民国二十一年·钱洋流水账本·张豫丰河记 ······ 8650

大鄣山乡江村17-6·民国二十一年·钱洋流水账本·张豫丰河记 ······ 8651

大鄣山乡江村17-7·民国二十一年·钱洋流水账本·张豫丰河记 ······ 8652

大鄣山乡江村17-8·民国二十一年·钱洋流水账本·张豫丰河记 ······ 8653

大鄣山乡江村17-9·民国二十一年·钱洋流水账本·张豫丰河记 ······ 8654

大鄣山乡江村17-10·民国二十一年·钱洋流水账本·张豫丰河记 ······ 8655

大鄣山乡江村17-11·民国二十一年·钱洋流水账本·张豫丰河记 ······ 8656

大鄣山乡江村17-12·民国二十一年·钱洋流水账本·张豫丰河记 ······ 8657

大鄣山乡江村17-13·民国二十一年·钱洋流水账本·张豫丰河记 ······ 8658

大鄣山乡江村17-14·民国二十一年·钱洋流水账本·张豫丰河记 ······ 8659

大鄣山乡江村17-15·民国二十一年·钱洋流水账本·张豫丰河记 ······ 8660

大鄣山乡江村17-16·民国二十一年·钱洋流水账本·张豫丰河记 ······ 8661

大鄣山乡江村17-17·民国二十一年·钱洋流水账本·张豫丰河记 ······ 8662

大鄣山乡江村17-18·民国二十一年·钱洋流水账本·张豫丰河记 ······ 8663

大鄣山乡江村20-1·民国二十一年·腾清流水账本·豫丰和记 ········· 8664

大鄣山乡江村20-2·民国二十一年·腾清流水账本·豫丰和记 ········· 8665

大鄣山乡江村20-3·民国二十一年·腾清流水账本·豫丰和记 ········· 8666

拾捌 大鄣山乡（三）
江村（2）·车田村

大鄣山乡江村 20-4·民国二十一年·腾清流水账本·豫丰和记 ········ 8667
大鄣山乡江村 20-5·民国二十一年·腾清流水账本·豫丰和记 ········ 8668
大鄣山乡江村 20-6·民国二十一年·腾清流水账本·豫丰和记 ········ 8669
大鄣山乡江村 20-7·民国二十一年·腾清流水账本·豫丰和记 ········ 8670
大鄣山乡江村 20-8·民国二十一年·腾清流水账本·豫丰和记 ········ 8671
大鄣山乡江村 20-9·民国二十一年·腾清流水账本·豫丰和记 ········ 8672
大鄣山乡江村 20-10·民国二十一年·腾清流水账本·豫丰和记 ······· 8673
大鄣山乡江村 20-11·民国二十一年·腾清流水账本·豫丰和记 ······· 8674
大鄣山乡江村 20-12·民国二十一年·腾清流水账本·豫丰和记 ······· 8675
大鄣山乡江村 20-13·民国二十一年·腾清流水账本·豫丰和记 ······· 8676
大鄣山乡江村 20-14·民国二十一年·腾清流水账本·豫丰和记 ······· 8677
大鄣山乡江村 20-15·民国二十一年·腾清流水账本·豫丰和记 ······· 8678
大鄣山乡江村 20-16·民国二十一年·腾清流水账本·豫丰和记 ······· 8679
大鄣山乡江村 20-17·民国二十一年·腾清流水账本·豫丰和记 ······· 8680
大鄣山乡江村 20-18·民国二十一年·腾清流水账本·豫丰和记 ······· 8681
大鄣山乡江村 20-19·民国二十一年·腾清流水账本·豫丰和记 ······· 8682
大鄣山乡江村 20-20·民国二十一年·腾清流水账本·豫丰和记 ······· 8683
大鄣山乡江村 20-21·民国二十一年·腾清流水账本·豫丰和记 ······· 8684
大鄣山乡江村 20-22·民国二十一年·腾清流水账本·豫丰和记 ······· 8685
大鄣山乡江村 20-23·民国二十一年·腾清流水账本·豫丰和记 ······· 8686
大鄣山乡江村 20-24·民国二十一年·腾清流水账本·豫丰和记 ······· 8687
大鄣山乡江村 20-25·民国二十一年·腾清流水账本·豫丰和记 ······· 8688
大鄣山乡江村 20-26·民国二十一年·腾清流水账本·豫丰和记 ······· 8689
大鄣山乡江村 20-27·民国二十一年·腾清流水账本·豫丰和记 ······· 8690
大鄣山乡江村 20-28·民国二十一年·腾清流水账本·豫丰和记 ······· 8691
大鄣山乡江村 20-29·民国二十一年·腾清流水账本·豫丰和记 ······· 8692
大鄣山乡江村 20-30·民国二十一年·腾清流水账本·豫丰和记 ······· 8693
大鄣山乡江村 20-31·民国二十一年·腾清流水账本·豫丰和记 ······· 8694

大郢山乡江村20-32·民国二十一年·腾清流水账本·豫丰和记……8695
大郢山乡江村37-1·民国二十一年·流水账·和记……8696
大郢山乡江村37-2·民国二十一年·流水账·和记……8697
大郢山乡江村37-3·民国二十一年·流水账·和记……8698
大郢山乡江村37-4·民国二十一年·流水账·和记……8699
大郢山乡江村37-5·民国二十一年·流水账·和记……8700
大郢山乡江村37-6·民国二十一年·流水账·和记……8701
大郢山乡江村37-7·民国二十一年·流水账·和记……8702
大郢山乡江村37-8·民国二十一年·流水账·和记……8703
大郢山乡江村37-9·民国二十一年·流水账·和记……8704
大郢山乡江村37-10·民国二十一年·流水账·和记……8705
大郢山乡江村37-11·民国二十一年·流水账·和记……8706
大郢山乡江村37-12·民国二十一年·流水账·和记……8707
大郢山乡江村37-13·民国二十一年·流水账·和记……8708
大郢山乡江村37-14·民国二十一年·流水账·和记……8709
大郢山乡江村37-15·民国二十一年·流水账·和记……8710
大郢山乡江村37-16·民国二十一年·流水账·和记……8711
大郢山乡江村37-17·民国二十一年·流水账·和记……8712
大郢山乡江村37-18·民国二十一年·流水账·和记……8713
大郢山乡江村37-19·民国二十一年·流水账·和记……8714
大郢山乡江村37-20·民国二十一年·流水账·和记……8715
大郢山乡江村37-21·民国二十一年·流水账·和记……8716
大郢山乡江村37-22·民国二十一年·流水账·和记……8717
大郢山乡江村37-23·民国二十一年·流水账·和记……8718
大郢山乡江村37-24·民国二十一年·流水账·和记……8719
大郢山乡江村37-25·民国二十一年·流水账·和记……8720
大郢山乡江村37-26·民国二十一年·流水账·和记……8721
大郢山乡江村37-27·民国二十一年·流水账·和记……8722
大郢山乡江村37-28·民国二十一年·流水账·和记……8723
大郢山乡江村37-29·民国二十一年·流水账·和记……8724
大郢山乡江村37-30·民国二十一年·流水账·和记……8725
大郢山乡江村37-31·民国二十一年·流水账·和记……8726

大郭山乡江村37-32·民国二十一年·流水账·和记……8727
大郭山乡江村37-33·民国二十一年·流水账·和记……8728
大郭山乡江村37-34·民国二十一年·流水账·和记……8729
大郭山乡江村37-35·民国二十一年·流水账·和记……8730
大郭山乡江村37-36·民国二十一年·流水账·和记……8731
大郭山乡江村37-37·民国二十一年·流水账·和记……8732
大郭山乡江村37-38·民国二十一年·流水账·和记……8733
大郭山乡江村37-39·民国二十一年·流水账·和记……8734
大郭山乡江村37-40·民国二十一年·流水账·和记……8735
大郭山乡江村37-41·民国二十一年·流水账·和记……8736
大郭山乡江村37-42·民国二十一年·流水账·和记……8737
大郭山乡江村37-43·民国二十一年·流水账·和记……8738
大郭山乡江村37-44·民国二十一年·流水账·和记……8739
大郭山乡江村37-45·民国二十一年·流水账·和记……8740
大郭山乡江村37-46·民国二十一年·流水账·和记……8741
大郭山乡江村37-47·民国二十一年·流水账·和记……8742
大郭山乡江村37-48·民国二十一年·流水账·和记……8743
大郭山乡江村37-49·民国二十一年·流水账·和记……8744
大郭山乡江村37-50·民国二十一年·流水账·和记……8745
大郭山乡江村37-51·民国二十一年·流水账·和记……8746
大郭山乡江村37-52·民国二十一年·流水账·和记……8747
大郭山乡江村37-53·民国二十一年·流水账·和记……8748
大郭山乡江村37-54·民国二十一年·流水账·和记……8749
大郭山乡江村37-55·民国二十一年·流水账·和记……8750
大郭山乡江村37-56·民国二十一年·流水账·和记……8751
大郭山乡江村37-57·民国二十一年·流水账·和记……8752
大郭山乡江村37-58·民国二十一年·流水账·和记……8753
大郭山乡江村37-59·民国二十一年·流水账·和记……8754
大郭山乡江村37-60·民国二十一年·流水账·和记……8755
大郭山乡江村37-61·民国二十一年·流水账·和记……8756
大郭山乡江村37-62·民国二十一年·流水账·和记……8757
大郭山乡江村37-63·民国二十一年·流水账·和记……8758

大鄣山乡江村 37-64·民国二十一年·流水账·和记 …………………… 8759
大鄣山乡江村 37-65·民国二十一年·流水账·和记 …………………… 8760
大鄣山乡江村 37-66·民国二十一年·流水账·和记 …………………… 8761
大鄣山乡江村 37-67·民国二十一年·流水账·和记 …………………… 8762
大鄣山乡江村 37-68·民国二十一年·流水账·和记 …………………… 8763
大鄣山乡江村 37-69·民国二十一年·流水账·和记 …………………… 8764
大鄣山乡江村 37-70·民国二十一年·流水账·和记 …………………… 8765
大鄣山乡江村 37-71·民国二十一年·流水账·和记 …………………… 8766
大鄣山乡江村 37-72·民国二十一年·流水账·和记 …………………… 8767
大鄣山乡江村 37-73·民国二十一年·流水账·和记 …………………… 8768
大鄣山乡江村 37-74·民国二十一年·流水账·和记 …………………… 8769
大鄣山乡江村 37-75·民国二十一年·流水账·和记 …………………… 8770
大鄣山乡江村 37-76·民国二十一年·流水账·和记 …………………… 8771
大鄣山乡江村 37-77·民国二十一年·流水账·和记 …………………… 8772
大鄣山乡江村 37-78·民国二十一年·流水账·和记 …………………… 8773
大鄣山乡江村 37-79·民国二十一年·流水账·和记 …………………… 8774
大鄣山乡江村 37-80·民国二十一年·流水账·和记 …………………… 8775
大鄣山乡江村 37-81·民国二十一年·流水账·和记 …………………… 8776
大鄣山乡江村 37-82·民国二十一年·流水账·和记 …………………… 8777
大鄣山乡江村 37-83·民国二十一年·流水账·和记 …………………… 8778
大鄣山乡江村 37-84·民国二十一年·流水账·和记 …………………… 8779
大鄣山乡江村 37-85·民国二十一年·流水账·和记 …………………… 8780
大鄣山乡江村 37-86·民国二十一年·流水账·和记 …………………… 8781
大鄣山乡江村 37-87·民国二十一年·流水账·和记 …………………… 8782
大鄣山乡江村 37-88·民国二十一年·流水账·和记 …………………… 8783
大鄣山乡江村 37-89·民国二十一年·流水账·和记 …………………… 8784
大鄣山乡江村 37-90·民国二十一年·流水账·和记 …………………… 8785
大鄣山乡江村 37-91·民国二十一年·流水账·和记 …………………… 8786
大鄣山乡江村 110·民国二十一年·会书·吴端志 …………………… 8787
大鄣山乡江村 23-1·民国二十二年·流水账本（元册）·豫丰河记 ……… 8788
大鄣山乡江村 23-2·民国二十二年·流水账本（元册）·豫丰河记 ……… 8789
大鄣山乡江村 23-3·民国二十二年·流水账本（元册）·豫丰河记 ……… 8790

大鄣山乡江村 23-4・民国二十二年・流水账本（元册）・豫丰河记┄┄┄┄ 8791

大鄣山乡江村 23-5・民国二十二年・流水账本（元册）・豫丰河记┄┄┄┄ 8792

大鄣山乡江村 23-6・民国二十二年・流水账本（元册）・豫丰河记┄┄┄┄ 8793

大鄣山乡江村 23-7・民国二十二年・流水账本（元册）・豫丰河记┄┄┄┄ 8794

大鄣山乡江村 23-8・民国二十二年・流水账本（元册）・豫丰河记┄┄┄┄ 8795

大鄣山乡江村 23-9・民国二十二年・流水账本（元册）・豫丰河记┄┄┄┄ 8796

大鄣山乡江村 23-10・民国二十二年・流水账本（元册）・
　豫丰河记┄┄┄┄┄┄┄┄┄┄┄┄┄┄┄┄┄┄┄┄┄┄┄┄┄┄┄┄ 8797

大鄣山乡江村 23-11・民国二十二年・流水账本（元册）・
　豫丰河记┄┄┄┄┄┄┄┄┄┄┄┄┄┄┄┄┄┄┄┄┄┄┄┄┄┄┄┄ 8798

大鄣山乡江村 23-12・民国二十二年・流水账本（元册）・
　豫丰河记┄┄┄┄┄┄┄┄┄┄┄┄┄┄┄┄┄┄┄┄┄┄┄┄┄┄┄┄ 8799

大鄣山乡江村 23-13・民国二十二年・流水账本（元册）・
　豫丰河记┄┄┄┄┄┄┄┄┄┄┄┄┄┄┄┄┄┄┄┄┄┄┄┄┄┄┄┄ 8800

大鄣山乡江村 23-14・民国二十二年・流水账本（元册）・
　豫丰河记┄┄┄┄┄┄┄┄┄┄┄┄┄┄┄┄┄┄┄┄┄┄┄┄┄┄┄┄ 8801

大鄣山乡江村 23-15・民国二十二年・流水账本（元册）・
　豫丰河记┄┄┄┄┄┄┄┄┄┄┄┄┄┄┄┄┄┄┄┄┄┄┄┄┄┄┄┄ 8802

大鄣山乡江村 23-16・民国二十二年・流水账本（元册）・
　豫丰河记┄┄┄┄┄┄┄┄┄┄┄┄┄┄┄┄┄┄┄┄┄┄┄┄┄┄┄┄ 8803

大鄣山乡江村 23-17・民国二十二年・流水账本（元册）・
　豫丰河记┄┄┄┄┄┄┄┄┄┄┄┄┄┄┄┄┄┄┄┄┄┄┄┄┄┄┄┄ 8804

大鄣山乡江村 23-18・民国二十二年・流水账本（元册）・
　豫丰河记┄┄┄┄┄┄┄┄┄┄┄┄┄┄┄┄┄┄┄┄┄┄┄┄┄┄┄┄ 8805

大鄣山乡江村 23-19・民国二十二年・流水账本（元册）・
　豫丰河记┄┄┄┄┄┄┄┄┄┄┄┄┄┄┄┄┄┄┄┄┄┄┄┄┄┄┄┄ 8806

大鄣山乡江村 23-20・民国二十二年・流水账本（元册）・
　豫丰河记┄┄┄┄┄┄┄┄┄┄┄┄┄┄┄┄┄┄┄┄┄┄┄┄┄┄┄┄ 8807

大鄣山乡江村 23-21・民国二十二年・流水账本（元册）・
　豫丰河记┄┄┄┄┄┄┄┄┄┄┄┄┄┄┄┄┄┄┄┄┄┄┄┄┄┄┄┄ 8808

大鄣山乡江村 23-22・民国二十二年・流水账本（元册）・
　豫丰河记┄┄┄┄┄┄┄┄┄┄┄┄┄┄┄┄┄┄┄┄┄┄┄┄┄┄┄┄ 8809

大鄣山乡江村23-23·民国二十二年·流水账本（元册）·
　豫丰河记 8810

大鄣山乡江村23-24·民国二十二年·流水账本（元册）·
　豫丰河记 8811

大鄣山乡江村23-25·民国二十二年·流水账本（元册）·
　豫丰河记 8812

大鄣山乡江村23-26·民国二十二年·流水账本（元册）·
　豫丰河记 8813

大鄣山乡江村23-27·民国二十二年·流水账本（元册）·
　豫丰河记 8814

大鄣山乡江村23-28·民国二十二年·流水账本（元册）·
　豫丰河记 8815

大鄣山乡江村23-29·民国二十二年·流水账本（元册）·
　豫丰河记 8816

大鄣山乡江村23-30·民国二十二年·流水账本（元册）·
　豫丰河记 8817

大鄣山乡江村23-31·民国二十二年·流水账本（元册）·
　豫丰河记 8818

大鄣山乡江村23-32·民国二十二年·流水账本（元册）·
　豫丰河记 8819

大鄣山乡江村23-33·民国二十二年·流水账本（元册）·
　豫丰河记 8820

大鄣山乡江村23-34·民国二十二年·流水账本（元册）·
　豫丰河记 8821

大鄣山乡江村23-35·民国二十二年·流水账本（元册）·
　豫丰河记 8822

大鄣山乡江村23-36·民国二十二年·流水账本（元册）·
　豫丰河记 8823

大鄣山乡江村23-37·民国二十二年·流水账本（元册）·
　豫丰河记 8824

大鄣山乡江村23-38·民国二十二年·流水账本（元册）·
　豫丰河记 8825

大鄣山乡江村23-39·民国二十二年·流水账本（元册）·
豫丰河记 ················ 8826

大鄣山乡江村23-40·民国二十二年·流水账本（元册）·
豫丰河记 ················ 8827

大鄣山乡江村23-41·民国二十二年·流水账本（元册）·
豫丰河记 ················ 8828

大鄣山乡江村23-42·民国二十二年·流水账本（元册）·
豫丰河记 ················ 8829

大鄣山乡江村23-43·民国二十二年·流水账本（元册）·
豫丰河记 ················ 8830

大鄣山乡江村23-44·民国二十二年·流水账本（元册）·
豫丰河记 ················ 8831

大鄣山乡江村23-45·民国二十二年·流水账本（元册）·
豫丰河记 ················ 8832

大鄣山乡江村23-46·民国二十二年·流水账本（元册）·
豫丰河记 ················ 8833

大鄣山乡江村23-47·民国二十二年·流水账本（元册）·
豫丰河记 ················ 8834

大鄣山乡江村23-48·民国二十二年·流水账本（元册）·
豫丰河记 ················ 8835

大鄣山乡江村23-49·民国二十二年·流水账本（元册）·
豫丰河记 ················ 8836

大鄣山乡江村23-50·民国二十二年·流水账本（元册）·
豫丰河记 ················ 8837

大鄣山乡江村23-51·民国二十二年·流水账本（元册）·
豫丰河记 ················ 8838

大鄣山乡江村23-52·民国二十二年·流水账本（元册）·
豫丰河记 ················ 8839

大鄣山乡江村23-53·民国二十二年·流水账本（元册）·
豫丰河记 ················ 8840

大鄣山乡江村23-54·民国二十二年·流水账本（元册）·
豫丰河记 ················ 8841

大鄣山乡江村23-55·民国二十二年·流水账本（元册）·
豫丰河记 ·· 8842

大鄣山乡江村23-56·民国二十二年·流水账本（元册）·
豫丰河记 ·· 8843

大鄣山乡江村23-57·民国二十二年·流水账本（元册）·
豫丰河记 ·· 8844

大鄣山乡江村23-58·民国二十二年·流水账本（元册）·
豫丰河记 ·· 8845

大鄣山乡江村23-59·民国二十二年·流水账本（元册）·
豫丰河记 ·· 8846

大鄣山乡江村23-60·民国二十二年·流水账本（元册）·
豫丰河记 ·· 8847

大鄣山乡江村23-61·民国二十二年·流水账本（元册）·
豫丰河记 ·· 8848

大鄣山乡江村23-62·民国二十二年·流水账本（元册）·
豫丰河记 ·· 8849

大鄣山乡江村23-63·民国二十二年·流水账本（元册）·
豫丰河记 ·· 8850

大鄣山乡江村23-64·民国二十二年·流水账本（元册）·
豫丰河记 ·· 8851

大鄣山乡江村23-65·民国二十二年·流水账本（元册）·
豫丰河记 ·· 8852

大鄣山乡江村23-66·民国二十二年·流水账本（元册）·
豫丰河记 ·· 8853

大鄣山乡江村23-67·民国二十二年·流水账本（元册）·
豫丰河记 ·· 8854

大鄣山乡江村23-68·民国二十二年·流水账本（元册）·
豫丰河记 ·· 8855

大鄣山乡江村23-69·民国二十二年·流水账本（元册）·
豫丰河记 ·· 8856

大鄣山乡江村23-70·民国二十二年·流水账本（元册）·
豫丰河记 ·· 8857

大郙山乡江村23-71·民国二十二年·流水账本（元册）·
豫丰河记 ·· 8858

大郙山乡江村23-72·民国二十二年·流水账本（元册）·
豫丰河记 ·· 8859

大郙山乡江村23-73·民国二十二年·流水账本（元册）·
豫丰河记 ·· 8860

大郙山乡江村23-74·民国二十二年·流水账本（元册）·
豫丰河记 ·· 8861

大郙山乡江村23-75·民国二十二年·流水账本（元册）·
豫丰河记 ·· 8862

大郙山乡江村23-76·民国二十二年·流水账本（元册）·
豫丰河记 ·· 8863

大郙山乡江村23-77·民国二十二年·流水账本（元册）·
豫丰河记 ·· 8864

大郙山乡江村23-78·民国二十二年·流水账本（元册）·
豫丰河记 ·· 8865

大郙山乡江村23-79·民国二十二年·流水账本（元册）·
豫丰河记 ·· 8866

大郙山乡江村23-80·民国二十二年·流水账本（元册）·
豫丰河记 ·· 8867

大郙山乡江村23-81·民国二十二年·流水账本（元册）·
豫丰河记 ·· 8868

大郙山乡江村23-82·民国二十二年·流水账本（元册）·
豫丰河记 ·· 8869

大郙山乡江村23-83·民国二十二年·流水账本（元册）·
豫丰河记 ·· 8870

大郙山乡江村23-84·民国二十二年·流水账本（元册）·
豫丰河记 ·· 8871

大郙山乡江村23附·民国二十二年·流水账本（元册）·
豫丰河记 ·· 8872

大郙山乡江村24-1·民国二十二年·流水账本（二册）·
张豫丰河记 ·· 8873

大鄣山乡江村 24-2·民国二十二年·流水账本（二册）·
张豫丰河记 ……………………………………………………… 8874

大鄣山乡江村 24-3·民国二十二年·流水账本（二册）·
张豫丰河记 ……………………………………………………… 8875

大鄣山乡江村 24-4·民国二十二年·流水账本（二册）·
张豫丰河记 ……………………………………………………… 8876

大鄣山乡江村 24-5·民国二十二年·流水账本（二册）·
张豫丰河记 ……………………………………………………… 8877

大鄣山乡江村 24-6·民国二十二年·流水账本（二册）·
张豫丰河记 ……………………………………………………… 8878

大鄣山乡江村 24-7·民国二十二年·流水账本（二册）·
张豫丰河记 ……………………………………………………… 8879

大鄣山乡江村 24-8·民国二十二年·流水账本（二册）·
张豫丰河记 ……………………………………………………… 8880

大鄣山乡江村 24-9·民国二十二年·流水账本（二册）·
张豫丰河记 ……………………………………………………… 8881

大鄣山乡江村 24-10·民国二十二年·流水账本（二册）·
张豫丰河记 ……………………………………………………… 8882

大鄣山乡江村 24-11·民国二十二年·流水账本（二册）·
张豫丰河记 ……………………………………………………… 8883

大鄣山乡江村 24-12·民国二十二年·流水账本（二册）·
张豫丰河记 ……………………………………………………… 8884

大鄣山乡江村 24-13·民国二十二年·流水账本（二册）·
张豫丰河记 ……………………………………………………… 8885

大鄣山乡江村 24-14·民国二十二年·流水账本（二册）·
张豫丰河记 ……………………………………………………… 8886

大鄣山乡江村 24-15·民国二十二年·流水账本（二册）·
张豫丰河记 ……………………………………………………… 8887

大鄣山乡江村 24-16·民国二十二年·流水账本（二册）·
张豫丰河记 ……………………………………………………… 8888

大鄣山乡江村 24-17·民国二十二年·流水账本（二册）·
张豫丰河记 ……………………………………………………… 8889

大鄣山乡江村24-18·民国二十二年·流水账本（二册）·
　张豫丰河记 ··· 8890

大鄣山乡江村24-19·民国二十二年·流水账本（二册）·
　张豫丰河记 ··· 8891

大鄣山乡江村24-20·民国二十二年·流水账本（二册）·
　张豫丰河记 ··· 8892

大鄣山乡江村24-21·民国二十二年·流水账本（二册）·
　张豫丰河记 ··· 8893

大鄣山乡江村24-22·民国二十二年·流水账本（二册）·
　张豫丰河记 ··· 8894

大鄣山乡江村24-23·民国二十二年·流水账本（二册）·
　张豫丰河记 ··· 8895

大鄣山乡江村24-24·民国二十二年·流水账本（二册）·
　张豫丰河记 ··· 8896

大鄣山乡江村24-25·民国二十二年·流水账本（二册）·
　张豫丰河记 ··· 8897

大鄣山乡江村24-26·民国二十二年·流水账本（二册）·
　张豫丰河记 ··· 8898

大鄣山乡江村24-27·民国二十二年·流水账本（二册）·
　张豫丰河记 ··· 8899

大鄣山乡江村24-28·民国二十二年·流水账本（二册）·
　张豫丰河记 ··· 8900

大鄣山乡江村24-29·民国二十二年·流水账本（二册）·
　张豫丰河记 ··· 8901

大鄣山乡江村24-30·民国二十二年·流水账本（二册）·
　张豫丰河记 ··· 8902

大鄣山乡江村24-31·民国二十二年·流水账本（二册）·
　张豫丰河记 ··· 8903

大鄣山乡江村24-32·民国二十二年·流水账本（二册）·
　张豫丰河记 ··· 8904

大鄣山乡江村24-33·民国二十二年·流水账本（二册）·
　张豫丰河记 ··· 8905

大鄣山乡江村 24-34·民国二十二年·流水账本（二册）·
张豫丰河记 ································· 8906

大鄣山乡江村 24-35·民国二十二年·流水账本（二册）·
张豫丰河记 ································· 8907

大鄣山乡江村 24-36·民国二十二年·流水账本（二册）·
张豫丰河记 ································· 8908

大鄣山乡江村 24-37·民国二十二年·流水账本（二册）·
张豫丰河记 ································· 8909

大鄣山乡江村 24-38·民国二十二年·流水账本（二册）·
张豫丰河记 ································· 8910

大鄣山乡江村 24-39·民国二十二年·流水账本（二册）·
张豫丰河记 ································· 8911

大鄣山乡江村 24-40·民国二十二年·流水账本（二册）·
张豫丰河记 ································· 8912

大鄣山乡江村 24-41·民国二十二年·流水账本（二册）·
张豫丰河记 ································· 8913

大鄣山乡江村 24-42·民国二十二年·流水账本（二册）·
张豫丰河记 ································· 8914

大鄣山乡江村 24-43·民国二十二年·流水账本（二册）·
张豫丰河记 ································· 8915

大鄣山乡江村 24-44·民国二十二年·流水账本（二册）·
张豫丰河记 ································· 8916

大鄣山乡江村 24-45·民国二十二年·流水账本（二册）·
张豫丰河记 ································· 8917

大鄣山乡江村 24-46·民国二十二年·流水账本（二册）·
张豫丰河记 ································· 8918

大鄣山乡江村 24-47·民国二十二年·流水账本（二册）·
张豫丰河记 ································· 8919

大鄣山乡江村 24-48·民国二十二年·流水账本（二册）·
张豫丰河记 ································· 8920

大鄣山乡江村 24-49·民国二十二年·流水账本（二册）·
张豫丰河记 ································· 8921

大鄣山乡江村 24-50·民国二十二年·流水账本（二册）·
张豫丰河记 ·· 8922

大鄣山乡江村 24-51·民国二十二年·流水账本（二册）·
张豫丰河记 ·· 8923

大鄣山乡江村 24-52·民国二十二年·流水账本（二册）·
张豫丰河记 ·· 8924

大鄣山乡江村 24-53·民国二十二年·流水账本（二册）·
张豫丰河记 ·· 8925

大鄣山乡江村 24-54·民国二十二年·流水账本（二册）·
张豫丰河记 ·· 8926

大鄣山乡江村 24-55·民国二十二年·流水账本（二册）·
张豫丰河记 ·· 8927

大鄣山乡江村 24-56·民国二十二年·流水账本（二册）·
张豫丰河记 ·· 8928

大鄣山乡江村 24-57·民国二十二年·流水账本（二册）·
张豫丰河记 ·· 8929

大鄣山乡江村 24-58·民国二十二年·流水账本（二册）·
张豫丰河记 ·· 8930

大鄣山乡江村 24-59·民国二十二年·流水账本（二册）·
张豫丰河记 ·· 8931

大鄣山乡江村 24-60·民国二十二年·流水账本（二册）·
张豫丰河记 ·· 8932

大鄣山乡江村 24-61·民国二十二年·流水账本（二册）·
张豫丰河记 ·· 8933

大鄣山乡江村 24-62·民国二十二年·流水账本（二册）·
张豫丰河记 ·· 8934

大鄣山乡江村 24-63·民国二十二年·流水账本（二册）·
张豫丰河记 ·· 8935

大鄣山乡江村 24-64·民国二十二年·流水账本（二册）·
张豫丰河记 ·· 8936

大鄣山乡江村 24-65·民国二十二年·流水账本（二册）·
张豫丰河记 ·· 8937

大郜山乡江村 24-66・民国二十二年・流水账本（二册）・
　张豫丰河记 ··· 8938

大郜山乡江村 24-67・民国二十二年・流水账本（二册）・
　张豫丰河记 ··· 8939

大郜山乡江村 24-68・民国二十二年・流水账本（二册）・
　张豫丰河记 ··· 8940

大郜山乡江村 24-69・民国二十二年・流水账本（二册）・
　张豫丰河记 ··· 8941

大郜山乡江村 24-70・民国二十二年・流水账本（二册）・
　张豫丰河记 ··· 8942

大郜山乡江村 24-71・民国二十二年・流水账本（二册）・
　张豫丰河记 ··· 8943

大郜山乡江村 24-72・民国二十二年・流水账本（二册）・
　张豫丰河记 ··· 8944

大郜山乡江村 24-73・民国二十二年・流水账本（二册）・
　张豫丰河记 ··· 8945

大郜山乡江村 24-74・民国二十二年・流水账本（二册）・
　张豫丰河记 ··· 8946

大郜山乡江村 24-75・民国二十二年・流水账本（二册）・
　张豫丰河记 ··· 8947

大郜山乡江村 24-76・民国二十二年・流水账本（二册）・
　张豫丰河记 ··· 8948

大郜山乡江村 24-77・民国二十二年・流水账本（二册）・
　张豫丰河记 ··· 8949

大郜山乡江村 24-78・民国二十二年・流水账本（二册）・
　张豫丰河记 ··· 8950

大郜山乡江村 24-79・民国二十二年・流水账本（二册）・
　张豫丰河记 ··· 8951

大郜山乡江村 24-80・民国二十二年・流水账本（二册）・
　张豫丰河记 ··· 8952

大郜山乡江村 24 附・民国二十二年・流水账本（二册）・
　张豫丰河记 ··· 8953

大鄣山乡江村 25-1·民国二十二年·流水账本（三册）·
张豫丰河记 ································· 8954

大鄣山乡江村 25-2·民国二十二年·流水账本（三册）·
张豫丰河记 ································· 8955

大鄣山乡江村 25-3·民国二十二年·流水账本（三册）·
张豫丰河记 ································· 8956

大鄣山乡江村 25-4·民国二十二年·流水账本（三册）·
张豫丰河记 ································· 8957

大鄣山乡江村 25-5·民国二十二年·流水账本（三册）·
张豫丰河记 ································· 8958

大鄣山乡江村 25-6·民国二十二年·流水账本（三册）·
张豫丰河记 ································· 8959

大鄣山乡江村 25-7·民国二十二年·流水账本（三册）·
张豫丰河记 ································· 8960

大鄣山乡江村 25-8·民国二十二年·流水账本（三册）·
张豫丰河记 ································· 8961

大鄣山乡江村 25-9·民国二十二年·流水账本（三册）·
张豫丰河记 ································· 8962

大鄣山乡江村 25-10·民国二十二年·流水账本（三册）·
张豫丰河记 ································· 8963

大鄣山乡江村 25-11·民国二十二年·流水账本（三册）·
张豫丰河记 ································· 8964

大鄣山乡江村 25-12·民国二十二年·流水账本（三册）·
张豫丰河记 ································· 8965

大鄣山乡江村 25-13·民国二十二年·流水账本（三册）·
张豫丰河记 ································· 8966

大鄣山乡江村 25-14·民国二十二年·流水账本（三册）·
张豫丰河记 ································· 8967

大鄣山乡江村 25-15·民国二十二年·流水账本（三册）·
张豫丰河记 ································· 8968

大鄣山乡江村 25-16·民国二十二年·流水账本（三册）·
张豫丰河记 ································· 8969

大鄣山乡江村 25-17・民国二十二年・流水账本（三册）・
　张豫丰河记 ··· 8970
大鄣山乡江村 25-18・民国二十二年・流水账本（三册）・
　张豫丰河记 ··· 8971
大鄣山乡江村 25-19・民国二十二年・流水账本（三册）・
　张豫丰河记 ··· 8972
大鄣山乡江村 25-20・民国二十二年・流水账本（三册）・
　张豫丰河记 ··· 8973
大鄣山乡江村 25-21・民国二十二年・流水账本（三册）・
　张豫丰河记 ··· 8974
大鄣山乡江村 25-22・民国二十二年・流水账本（三册）・
　张豫丰河记 ··· 8975
大鄣山乡江村 25-23・民国二十二年・流水账本（三册）・
　张豫丰河记 ··· 8976
大鄣山乡江村 25-24・民国二十二年・流水账本（三册）・
　张豫丰河记 ··· 8977
大鄣山乡江村 25-25・民国二十二年・流水账本（三册）・
　张豫丰河记 ··· 8978
大鄣山乡江村 25-26・民国二十二年・流水账本（三册）・
　张豫丰河记 ··· 8979
大鄣山乡江村 25-27・民国二十二年・流水账本（三册）・
　张豫丰河记 ··· 8980
大鄣山乡江村 25-28・民国二十二年・流水账本（三册）・
　张豫丰河记 ··· 8981
大鄣山乡江村 25-29・民国二十二年・流水账本（三册）・
　张豫丰河记 ··· 8982
大鄣山乡江村 25-30・民国二十二年・流水账本（三册）・
　张豫丰河记 ··· 8983
大鄣山乡江村 25-31・民国二十二年・流水账本（三册）・
　张豫丰河记 ··· 8984
大鄣山乡江村 25-32・民国二十二年・流水账本（三册）・
　张豫丰河记 ··· 8985

大鄣山乡江村 25-33·民国二十二年·流水账本（三册）·
    张豫丰河记 ·· 8986
大鄣山乡江村 25-34·民国二十二年·流水账本（三册）·
    张豫丰河记 ·· 8987
大鄣山乡江村 25-35·民国二十二年·流水账本（三册）·
    张豫丰河记 ·· 8988
大鄣山乡江村 25-36·民国二十二年·流水账本（三册）·
    张豫丰河记 ·· 8989
大鄣山乡江村 25-37·民国二十二年·流水账本（三册）·
    张豫丰河记 ·· 8990
大鄣山乡江村 25-38·民国二十二年·流水账本（三册）·
    张豫丰河记 ·· 8991
大鄣山乡江村 25-39·民国二十二年·流水账本（三册）·
    张豫丰河记 ·· 8992
大鄣山乡江村 25-40·民国二十二年·流水账本（三册）·
    张豫丰河记 ·· 8993
大鄣山乡江村 25-41·民国二十二年·流水账本（三册）·
    张豫丰河记 ·· 8994
大鄣山乡江村 25-42·民国二十二年·流水账本（三册）·
    张豫丰河记 ·· 8995
大鄣山乡江村 25-43·民国二十二年·流水账本（三册）·
    张豫丰河记 ·· 8996
大鄣山乡江村 25-44·民国二十二年·流水账本（三册）·
    张豫丰河记 ·· 8997
大鄣山乡江村 25-45·民国二十二年·流水账本（三册）·
    张豫丰河记 ·· 8998
大鄣山乡江村 25-46·民国二十二年·流水账本（三册）·
    张豫丰河记 ·· 8999
大鄣山乡江村 25-47·民国二十二年·流水账本（三册）·
    张豫丰河记 ·· 9000
大鄣山乡江村 25-48·民国二十二年·流水账本（三册）·
    张豫丰河记 ·· 9001

大鄣山乡江村 25-49·民国二十二年·流水账本（三册）·
　张豫丰河记 ……………………………………………………… 9002

大鄣山乡江村 25-50·民国二十二年·流水账本（三册）·
　张豫丰河记 ……………………………………………………… 9003

大鄣山乡江村 25-51·民国二十二年·流水账本（三册）·
　张豫丰河记 ……………………………………………………… 9004

大鄣山乡江村 25-52·民国二十二年·流水账本（三册）·
　张豫丰河记 ……………………………………………………… 9005

大鄣山乡江村 25-53·民国二十二年·流水账本（三册）·
　张豫丰河记 ……………………………………………………… 9006

大鄣山乡江村 25-54·民国二十二年·流水账本（三册）·
　张豫丰河记 ……………………………………………………… 9007

大鄣山乡江村 25-55·民国二十二年·流水账本（三册）·
　张豫丰河记 ……………………………………………………… 9008

大鄣山乡江村 25-56·民国二十二年·流水账本（三册）·
　张豫丰河记 ……………………………………………………… 9009

大鄣山乡江村 25-57·民国二十二年·流水账本（三册）·
　张豫丰河记 ……………………………………………………… 9010

大鄣山乡江村 25-58·民国二十二年·流水账本（三册）·
　张豫丰河记 ……………………………………………………… 9011

大鄣山乡江村 25-59·民国二十二年·流水账本（三册）·
　张豫丰河记 ……………………………………………………… 9012

大鄣山乡江村 25-60·民国二十二年·流水账本（三册）·
　张豫丰河记 ……………………………………………………… 9013

大鄣山乡江村 25-61·民国二十二年·流水账本（三册）·
　张豫丰河记 ……………………………………………………… 9014

大鄣山乡江村 25-62·民国二十二年·流水账本（三册）·
　张豫丰河记 ……………………………………………………… 9015

大鄣山乡江村 25-63·民国二十二年·流水账本（三册）·
　张豫丰河记 ……………………………………………………… 9016

大鄣山乡江村 25-64·民国二十二年·流水账本（三册）·
　张豫丰河记 ……………………………………………………… 9017

大鄣山乡江村 25-65·民国二十二年·流水账本（三册）·
张豫丰河记 ·· 9018
大鄣山乡江村 25-66·民国二十二年·流水账本（三册）·
张豫丰河记 ·· 9019
大鄣山乡江村 25-67·民国二十二年·流水账本（三册）·
张豫丰河记 ·· 9020
大鄣山乡江村 25-68·民国二十二年·流水账本（三册）·
张豫丰河记 ·· 9021
大鄣山乡江村 25-69·民国二十二年·流水账本（三册）·
张豫丰河记 ·· 9022
大鄣山乡江村 25-70·民国二十二年·流水账本（三册）·
张豫丰河记 ·· 9023
大鄣山乡江村 25-71·民国二十二年·流水账本（三册）·
张豫丰河记 ·· 9024
大鄣山乡江村 25-72·民国二十二年·流水账本（三册）·
张豫丰河记 ·· 9025
大鄣山乡江村 25-73·民国二十二年·流水账本（三册）·
张豫丰河记 ·· 9026
大鄣山乡江村 25-74·民国二十二年·流水账本（三册）·
张豫丰河记 ·· 9027
大鄣山乡江村 25-75·民国二十二年·流水账本（三册）·
张豫丰河记 ·· 9028
大鄣山乡江村 25-76·民国二十二年·流水账本（三册）·
张豫丰河记 ·· 9029
大鄣山乡江村 25-77·民国二十二年·流水账本（三册）·
张豫丰河记 ·· 9030
大鄣山乡江村 26-1·民国二十四年·流水账本·张豫丰号 ·················· 9031
大鄣山乡江村 26-2·民国二十四年·流水账本·张豫丰号 ·················· 9032
大鄣山乡江村 26-3·民国二十四年·流水账本·张豫丰号 ·················· 9033
大鄣山乡江村 26-4·民国二十四年·流水账本·张豫丰号 ·················· 9034
大鄣山乡江村 26-5·民国二十四年·流水账本·张豫丰号 ·················· 9035
大鄣山乡江村 26-6·民国二十四年·流水账本·张豫丰号 ·················· 9036

大鄣山乡江村26-7·民国二十四年·流水账本·张豫丰号 …………… 9037
大鄣山乡江村26-8·民国二十四年·流水账本·张豫丰号 …………… 9038
大鄣山乡江村26-9·民国二十四年·流水账本·张豫丰号 …………… 9039
大鄣山乡江村26-10·民国二十四年·流水账本·张豫丰号 ………… 9040
大鄣山乡江村26-11·民国二十四年·流水账本·张豫丰号 ………… 9041
大鄣山乡江村26-12·民国二十四年·流水账本·张豫丰号 ………… 9042
大鄣山乡江村26-13·民国二十四年·流水账本·张豫丰号 ………… 9043
大鄣山乡江村26-14·民国二十四年·流水账本·张豫丰号 ………… 9044
大鄣山乡江村26-15·民国二十四年·流水账本·张豫丰号 ………… 9045
大鄣山乡江村26-16·民国二十四年·流水账本·张豫丰号 ………… 9046
大鄣山乡江村26-17·民国二十四年·流水账本·张豫丰号 ………… 9047
大鄣山乡江村26-18·民国二十四年·流水账本·张豫丰号 ………… 9048
大鄣山乡江村26-19·民国二十四年·流水账本·张豫丰号 ………… 9049
大鄣山乡江村26-20·民国二十四年·流水账本·张豫丰号 ………… 9050
大鄣山乡江村26-21·民国二十四年·流水账本·张豫丰号 ………… 9051
大鄣山乡江村26-22·民国二十四年·流水账本·张豫丰号 ………… 9052
大鄣山乡江村26-23·民国二十四年·流水账本·张豫丰号 ………… 9053
大鄣山乡江村26-24·民国二十四年·流水账本·张豫丰号 ………… 9054
大鄣山乡江村26-25·民国二十四年·流水账本·张豫丰号 ………… 9055
大鄣山乡江村26-26·民国二十四年·流水账本·张豫丰号 ………… 9056
大鄣山乡江村26-27·民国二十四年·流水账本·张豫丰号 ………… 9057
大鄣山乡江村26-28·民国二十四年·流水账本·张豫丰号 ………… 9058
大鄣山乡江村26-29·民国二十四年·流水账本·张豫丰号 ………… 9059
大鄣山乡江村26-30·民国二十四年·流水账本·张豫丰号 ………… 9060
大鄣山乡江村26-31·民国二十四年·流水账本·张豫丰号 ………… 9061
大鄣山乡江村26-32·民国二十四年·流水账本·张豫丰号 ………… 9062
大鄣山乡江村26-33·民国二十四年·流水账本·张豫丰号 ………… 9063
大鄣山乡江村26-34·民国二十四年·流水账本·张豫丰号 ………… 9064
大鄣山乡江村26-35·民国二十四年·流水账本·张豫丰号 ………… 9065
大鄣山乡江村26-36·民国二十四年·流水账本·张豫丰号 ………… 9066
大鄣山乡江村26-37·民国二十四年·流水账本·张豫丰号 ………… 9067
大鄣山乡江村26-38·民国二十四年·流水账本·张豫丰号 ………… 9068

大鄣山乡江村18-1·民国二十五年·流水账本（二号流水）·
　张豫丰号 ··· 9069

大鄣山乡江村18-2·民国二十五年·流水账本（二号流水）·
　张豫丰号 ··· 9070

大鄣山乡江村18-3·民国二十五年·流水账本（二号流水）·
　张豫丰号 ··· 9071

大鄣山乡江村18-4·民国二十五年·流水账本（二号流水）·
　张豫丰号 ··· 9072

大鄣山乡江村18-5·民国二十五年·流水账本（二号流水）·
　张豫丰号 ··· 9073

大鄣山乡江村18-6·民国二十五年·流水账本（二号流水）·
　张豫丰号 ··· 9074

大鄣山乡江村18-7·民国二十五年·流水账本（二号流水）·
　张豫丰号 ··· 9075

大鄣山乡江村18-8·民国二十五年·流水账本（二号流水）·
　张豫丰号 ··· 9076

大鄣山乡江村18-9·民国二十五年·流水账本（二号流水）·
　张豫丰号 ··· 9077

大鄣山乡江村18-10·民国二十五年·流水账本（二号流水）·
　张豫丰号 ··· 9078

大鄣山乡江村18-11·民国二十五年·流水账本（二号流水）·
　张豫丰号 ··· 9079

大鄣山乡江村18-12·民国二十五年·流水账本（二号流水）·
　张豫丰号 ··· 9080

大鄣山乡江村18-13·民国二十五年·流水账本（二号流水）·
　张豫丰号 ··· 9081

大鄣山乡江村18-14·民国二十五年·流水账本（二号流水）·
　张豫丰号 ··· 9082

大鄣山乡江村18-15·民国二十五年·流水账本（二号流水）·
　张豫丰号 ··· 9083

大鄣山乡江村18-16·民国二十五年·流水账本（二号流水）·
　张豫丰号 ··· 9084

大鄣山乡江村 18-17·民国二十五年·流水账本（二号流水）·
张豫丰号 9085

大鄣山乡江村 18-18·民国二十五年·流水账本（二号流水）·
张豫丰号 9086

大鄣山乡江村 18-19·民国二十五年·流水账本（二号流水）·
张豫丰号 9087

大鄣山乡江村 18-20·民国二十五年·流水账本（二号流水）·
张豫丰号 9088

大鄣山乡江村 18-21·民国二十五年·流水账本（二号流水）·
张豫丰号 9089

大鄣山乡江村 18-22·民国二十五年·流水账本（二号流水）·
张豫丰号 9090

大鄣山乡江村 36-1·民国二十五年·流水账（一号流水）·张豫丰 9091
大鄣山乡江村 36-2·民国二十五年·流水账（一号流水）·张豫丰 9092
大鄣山乡江村 36-3·民国二十五年·流水账（一号流水）·张豫丰 9093
大鄣山乡江村 36-4·民国二十五年·流水账（一号流水）·张豫丰 9094
大鄣山乡江村 36-5·民国二十五年·流水账（一号流水）·张豫丰 9095
大鄣山乡江村 36-6·民国二十五年·流水账（一号流水）·张豫丰 9096
大鄣山乡江村 36-7·民国二十五年·流水账（一号流水）·张豫丰 9097
大鄣山乡江村 36-8·民国二十五年·流水账（一号流水）·张豫丰 9098
大鄣山乡江村 36-9·民国二十五年·流水账（一号流水）·张豫丰 9099

大鄣山乡江村 36-10·民国二十五年·流水账（一号流水）·
张豫丰 9100

大鄣山乡江村 36-11·民国二十五年·流水账（一号流水）·
张豫丰 9101

大鄣山乡江村 36-12·民国二十五年·流水账（一号流水）·
张豫丰 9102

大鄣山乡江村 36-13·民国二十五年·流水账（一号流水）·
张豫丰 9103

大鄣山乡江村 36-14·民国二十五年·流水账（一号流水）·
张豫丰 9104

大鄣山乡江村 36-15·民国二十五年·流水账（一号流水）·
张豫丰 9105

大郢山乡江村36-16·民国二十五年·流水账（一号流水）·
张豫丰 ·· 9106

大郢山乡江村36-17·民国二十五年·流水账（一号流水）·
张豫丰 ·· 9107

大郢山乡江村36-18·民国二十五年·流水账（一号流水）·
张豫丰 ·· 9108

大郢山乡江村36-19·民国二十五年·流水账（一号流水）·
张豫丰 ·· 9109

大郢山乡江村36-20·民国二十五年·流水账（一号流水）·
张豫丰 ·· 9110

大郢山乡江村36-21·民国二十五年·流水账（一号流水）·
张豫丰 ·· 9111

大郢山乡江村36-22·民国二十五年·流水账（一号流水）·
张豫丰 ·· 9112

大郢山乡江村36-23·民国二十五年·流水账（一号流水）·
张豫丰 ·· 9113

大郢山乡江村36-24·民国二十五年·流水账（一号流水）·
张豫丰 ·· 9114

大郢山乡江村36-25·民国二十五年·流水账（一号流水）·
张豫丰 ·· 9115

大郢山乡江村36-26·民国二十五年·流水账（一号流水）·
张豫丰 ·· 9116

大郢山乡江村36-27·民国二十五年·流水账（一号流水）·
张豫丰 ·· 9117

大郢山乡江村36-28·民国二十五年·流水账（一号流水）·
张豫丰 ·· 9118

大郢山乡江村36-29·民国二十五年·流水账（一号流水）·
张豫丰 ·· 9119

大郢山乡江村36-30·民国二十五年·流水账（一号流水）·
张豫丰 ·· 9120

大郢山乡江村36-31·民国二十五年·流水账（一号流水）·
张豫丰 ·· 9121

大郓山乡江村 36-32·民国二十五年·流水账（一号流水）·
　张豫丰 ··· 9122
大郓山乡江村 36-33·民国二十五年·流水账（一号流水）·
　张豫丰 ··· 9123
大郓山乡江村 36-34·民国二十五年·流水账（一号流水）·
　张豫丰 ··· 9124
大郓山乡江村 36-35·民国二十五年·流水账（一号流水）·
　张豫丰 ··· 9125
大郓山乡江村 36-36·民国二十五年·流水账（一号流水）·
　张豫丰 ··· 9126
大郓山乡江村 36-37·民国二十五年·流水账（一号流水）·
　张豫丰 ··· 9127
大郓山乡江村 36 附 1·民国二十五年·流水账（一号流水）·
　张豫丰 ··· 9128
大郓山乡江村 36 附 2·民国二十五年·流水账（一号流水）·
　张豫丰 ··· 9129
大郓山乡江村 132·民国二十六年·出押田皮契·汪开养同母
　江氏押与本族豹文兄 ·· 9130
大郓山乡江村 179·民国三十一年·合约·义和堂众裔洪岩枝等 ········ 9131
大郓山乡江村 83·民国三十八年·收条·汪岩耕收到富辉 ··················· 9132
大郓山乡江村 1-1·一九二八年·分关阄书·洪培庆同侄宝根、
　宝金等 ··· 9133
大郓山乡江村 1-2·一九二八年·分关阄书·洪培庆同侄宝根、
　宝金等 ··· 9134
大郓山乡江村 1-3·一九二八年·分关阄书·洪培庆同侄宝根、
　宝金等 ··· 9135
大郓山乡江村 1-4·一九二八年·分关阄书·洪培庆同侄宝根、
　宝金等 ··· 9136
大郓山乡江村 1-5·一九二八年·分关阄书·洪培庆同侄宝根、
　宝金等 ··· 9137
大郓山乡江村 1-6·一九二八年·分关阄书·洪培庆同侄宝根、
　宝金等 ··· 9138

大鄣山乡江村1-7·一九二八年·分关阄书·洪培庆同侄宝根、
　　宝金等 ··· 9139
大鄣山乡江村1-8·一九二八年·分关阄书·洪培庆同侄宝根、
　　宝金等 ··· 9140
大鄣山乡江村11-1·生辰时期清单·新证等 ······················· 9141
大鄣山乡江村11-2·生辰时期清单·新证等 ······················· 9142
大鄣山乡江村27-1·流水账本 ··· 9143
大鄣山乡江村27-2·流水账本 ··· 9144
大鄣山乡江村27-3·流水账本 ··· 9145
大鄣山乡江村27-4·流水账本 ··· 9146
大鄣山乡江村27-5·流水账本 ··· 9147
大鄣山乡江村27-6·流水账本 ··· 9148
大鄣山乡江村27-7·流水账本 ··· 9149
大鄣山乡江村27-8·流水账本 ··· 9150
大鄣山乡江村27-9·流水账本 ··· 9151
大鄣山乡江村27-10·流水账本 ··· 9152
大鄣山乡江村27-11·流水账本 ··· 9153
大鄣山乡江村27-12·流水账本 ··· 9154
大鄣山乡江村27-13·流水账本 ··· 9155
大鄣山乡江村27-14·流水账本 ··· 9156
大鄣山乡江村27-15·流水账本 ··· 9157
大鄣山乡江村27-16·流水账本 ··· 9158
大鄣山乡江村27-17·流水账本 ··· 9159
大鄣山乡江村27-18·流水账本 ··· 9160
大鄣山乡江村27-19·流水账本 ··· 9161
大鄣山乡江村27-20·流水账本 ··· 9162
大鄣山乡江村27-21·流水账本 ··· 9163
大鄣山乡江村27-22·流水账本 ··· 9164
大鄣山乡江村27-23·流水账本 ··· 9165
大鄣山乡江村27-24·流水账本 ··· 9166
大鄣山乡江村27-25·流水账本 ··· 9167
大鄣山乡江村27-26·流水账本 ··· 9168

大鄣山乡江村 27-27·流水账本 …… 9169
大鄣山乡江村 27-28·流水账本 …… 9170
大鄣山乡江村 27-29·流水账本 …… 9171
大鄣山乡江村 27-30·流水账本 …… 9172
大鄣山乡江村 27-31·流水账本 …… 9173
大鄣山乡江村 27-32·流水账本 …… 9174
大鄣山乡江村 27-33·流水账本 …… 9175
大鄣山乡江村 27-34·流水账本 …… 9176
大鄣山乡江村 27-35·流水账本 …… 9177
大鄣山乡江村 27-36·流水账本 …… 9178
大鄣山乡江村 27-37·流水账本 …… 9179
大鄣山乡江村 27-38·流水账本 …… 9180
大鄣山乡江村 27-39·流水账本 …… 9181
大鄣山乡江村 27-40·流水账本 …… 9182
大鄣山乡江村 27-41·流水账本 …… 9183
大鄣山乡江村 27-42·流水账本 …… 9184
大鄣山乡江村 27-43·流水账本 …… 9185
大鄣山乡江村 27-44·流水账本 …… 9186
大鄣山乡江村 27-45·流水账本 …… 9187
大鄣山乡江村 27-46·流水账本 …… 9188
大鄣山乡江村 27-47·流水账本 …… 9189
大鄣山乡江村 27-48·流水账本 …… 9190
大鄣山乡江村 27-49·流水账本 …… 9191
大鄣山乡江村 27-50·流水账本 …… 9192
大鄣山乡江村 27-51·流水账本 …… 9193
大鄣山乡江村 27-52·流水账本 …… 9194
大鄣山乡江村 27-53·流水账本 …… 9195
大鄣山乡江村 27-54·流水账本 …… 9196
大鄣山乡江村 38·土地税单·步东 …… 9197
大鄣山乡江村 39·土地税单·老屋点灯会 …… 9198
大鄣山乡江村 40·土地税单·新说 …… 9199
大鄣山乡江村 41·土地税单·点灯会 …… 9200

大郳山乡江村 42·土地税单·新说	9201
大郳山乡江村 43·土地税单·老屋点灯会	9202
大郳山乡江村 44·土地税单·新说、步东	9203
大郳山乡江村 45·土地税单·新说	9204
大郳山乡江村 46·土地税单·步东	9205
大郳山乡江村 47·土地税单·老屋点灯会	9206
大郳山乡江村 48·土地税单·茂枝	9207
大郳山乡江村 49·土地税单·步东	9208
大郳山乡江村 50·土地税单·新说	9209
大郳山乡江村 51·土地税单·步东	9210
大郳山乡江村 52·土地税单·老屋点灯会	9211
大郳山乡江村 53·土地税单·新说	9212
大郳山乡江村 54·账单	9213
大郳山乡江村 55·收条·豫丰宝号	9214
大郳山乡江村 56·账单	9215
大郳山乡江村 57·秋收租单·良杰公	9216
大郳山乡江村 58·处方	9217
大郳山乡江村 59·处方	9218
大郳山乡江村 60·账单	9219
大郳山乡江村 63·流水账	9220
大郳山乡江村 64·账单	9221
大郳山乡江村 68-i·杂文（第一面）	9222
大郳山乡江村 68-ii·杂文（第二面）	9223
大郳山乡江村 69·广告·武汉郑大有药房立止头痛膏	9224
大郳山乡江村 70·账单	9225
大郳山乡江村 71·账单	9226
大郳山乡江村 78·账单·多秀婆	9227
大郳山乡江村 80·流水账	9228
大郳山乡江村 103·会书·吴兴益	9229
大郳山乡江村 113·租税单	9230
大郳山乡江村 114-i·流水账·倪义泰号（第一面）	9231
大郳山乡江村 114-ii·流水账·倪义泰号（第二面）	9232

大鄣山乡江村 158·契尾 ……………………………………… 9233
　　大鄣山乡江村 170·账单 ……………………………………… 9234
　　大鄣山乡江村 176·礼单 ……………………………………… 9235

大鄣山乡车田村 1—59 ……………………………………………… 9236
　　大鄣山乡车田村 46·乾隆十四年·断骨出卖树松竹园山契·江起椒
　　　　兄弟卖与程心怡 …………………………………………… 9236
　　大鄣山乡车田村 36·乾隆五十四年·断骨出卖田契·王英怡卖与
　　　　堂兄英庆 …………………………………………………… 9237
　　大鄣山乡车田村 52·嘉庆十六年·断骨出卖老纸槽基地契·江起铮、
　　　　江起银同侄和楚、和柱卖与房侄和梓 …………………… 9238
　　大鄣山乡车田村 30·嘉庆十七年·断骨出卖竹园山契·江社桂卖与
　　　　房兄百圣 …………………………………………………… 9239
　　大鄣山乡车田村 44·嘉庆十七年·断骨出卖茶丛坦契·江胡香卖与
　　　　和梓 ………………………………………………………… 9240
　　大鄣山乡车田村 48·道光九年·断骨出卖房屋契·江四苗卖与
　　　　房弟秋和 …………………………………………………… 9241
　　大鄣山乡车田村 38·道光十九年·断骨出卖竹园山契·江美林卖与
　　　　喜保叔公 …………………………………………………… 9242
　　大鄣山乡车田村 23·道光二十年·借约·江巨勇借到金万公祀 …… 9243
　　大鄣山乡车田村 21·道光二十三年·当典租约·江巨勇当到正月公
　　　　清明祀 ……………………………………………………… 9244
　　大鄣山乡车田村 13·道光二十四年·借约·江全勇借到总祭会 …… 9245
　　大鄣山乡车田村 18·咸丰四年·借约·巨圻借到美福侄 ………… 9246
　　大鄣山乡车田村 3·同治九年·借约·三品借到爱章婶 …………… 9247
　　大鄣山乡车田村 8·同治十年·借约·江美林借到胡俊文 ………… 9248
　　大鄣山乡车田村 10·同治十年·收领约·黄步如收到江三生 …… 9249
　　大鄣山乡车田村 7·同治十一年·借约·三品借到族叔富生 ……… 9250
　　大鄣山乡车田村 9·同治十二年·借约·三品借到春瑞公清明 …… 9251
　　大鄣山乡车田村 17·同治十二年·借约·江三生借到周发叔 …… 9252
　　大鄣山乡车田村 59·同治十三年·断骨出卖竹园山契·江时荣卖与
　　　　岩贵 ………………………………………………………… 9253

大鄣山乡车田村 47·光绪二年·断骨出卖茶坦契·总祭会卖与
三生 ··· 9254
大鄣山乡车田村 5·光绪三年·借约·三生借到谷才叔 ················· 9255
大鄣山乡车田村 6·光绪三年·借约·社祥借到三生侄 ················· 9256
大鄣山乡车田村 4·光绪四年·借约·汪益辉借到黄合生号 ········· 9257
大鄣山乡车田村 14·光绪四年·借约·三生借到春树公祀 ··········· 9258
大鄣山乡车田村 24·光绪五年·收领约·黄佩如收到江三生 ······· 9259
大鄣山乡车田村 50·光绪六年·断骨出卖竹园茶丛契·灶旺、连富与
三生兄 ··· 9260
大鄣山乡车田村 54·光绪七年·断骨出卖茶坦契·春能押汪帝会
卖与孝荣 ··· 9261
大鄣山乡车田村 25·光绪十二年·会书·焕昭 ······························· 9262
大鄣山乡车田村 26·光绪二十二年·会书·江和荣 ······················· 9263
大鄣山乡车田村 37·光绪二十二年·断骨出卖杉苗茶丛山契·江吴氏
卖与亲侄孝生 ··· 9264
大鄣山乡车田村 51·光绪二十三年·断骨出卖基地契·孝荣与
房兄孝生 ··· 9265
大鄣山乡车田村 58·光绪二十三年·断骨绝卖菜园茶坦契·富丁
卖与侄周福 ··· 9266
大鄣山乡车田村 34·光绪二十六年·断骨绝卖茶坦契·江汪氏卖与
时来侄 ··· 9267
大鄣山乡车田村 22·光绪二十七年·出拼橄竹约·江根厚兄弟拼与
江孝生叔 ··· 9268
大鄣山乡车田村 55·光绪二十七年·断骨出卖竹园契·兴祀卖与
观进 ··· 9269
大鄣山乡车田村 15·光绪二十九年·出拼契·金万公达欢等拼与
清明会 ··· 9270
大鄣山乡车田村 2·光绪三十年·出典屋契·人寿立到亦新 ········· 9271
大鄣山乡车田村 29·光绪三十二年·遗嘱·孝生 ··························· 9272
大鄣山乡车田村 11·光绪三十三年·收约·孝荣收到孝生 ··········· 9273
大鄣山乡车田村 56·光绪三十三年·断骨绝卖茶山契·孝生卖与
孝荣、和荣 ··· 9274

大鄣山乡车田村 45・光绪三十四年・断骨出卖晚田契・孝生断骨绝卖与天林侄 …… 9275

大鄣山乡车田村 53・光绪三十四年・断骨绝卖菜园地契・天林卖与汉今弟 …… 9276

大鄣山乡车田村 1-1・宣统元年・税粮实征册・江金顺户 …… 9277

大鄣山乡车田村 1-2・宣统元年・税粮实征册・江金顺户 …… 9278

大鄣山乡车田村 1-3・宣统元年・税粮实征册・江金顺户 …… 9279

大鄣山乡车田村 1-4・宣统元年・税粮实征册・江金顺户 …… 9280

大鄣山乡车田村 27・宣统三年・断骨出卖碓契・江佳盛卖与汉金族侄 …… 9281

大鄣山乡车田村 31・宣统三年・断骨出卖茶坦契・江均全卖与仁寿 …… 9282

大鄣山乡车田村 39・宣统三年・杜绝出卖茶坦契・江氏翠花卖与仁寿 …… 9283

大鄣山乡车田村 12・民国六年・借约・观进借到大山公清明 …… 9284

大鄣山乡车田村 20・民国六年・借约・观进借到达珍 …… 9285

大鄣山乡车田村 57・民国六年・断骨出卖竹园契・观进卖与房叔焕金 …… 9286

大鄣山乡车田村 32・民国十四年・断骨出卖茶坦契・仁寿卖与达珍侄 …… 9287

大鄣山乡车田村 41・民国二十九年・断骨出卖竹园山杉苗茶坦契・江周水卖与观进兄 …… 9288

大鄣山乡车田村 35・民国三十年・断骨出卖茶坦并山苗契・吴氏好珠卖与观进叔 …… 9289

大鄣山乡车田村 40・民国三十年・断骨出卖鱼塘茶契・江洪氏月连卖与焕金叔 …… 9290

大鄣山乡车田村 49・民国三十二年・出寄杉苗契・江冬顺寄与洪顺华 …… 9291

大鄣山乡车田村 19・民国三十三年・出典纸槽基契・江冬顺典与房叔江焕金 …… 9292

大鄣山乡车田村 42・民国三十三年・断骨出卖屋坑菜园茶丛坦契・江冬顺卖与堂兄江观进 …… 9293

大鄌山乡车田村43·民国三十三年·断骨出卖竹园苗山茶坦料塘契·
 江全能卖与观进 ·· 9294
大鄌山乡车田村33·民国三十四年·断骨出卖茶坦契·江福兴卖与
 江观进 ·· 9295
大鄌山乡车田村28·一九三三年·会书·江万喜 ························· 9296
大鄌山乡车田村16·账单 ·· 9297